HABERMAS

STEPHEN K. WHITE (ORG.)

HABERMAS

EDITORA
IDEIAS&
LETRAS

Tradução
Saulo Krieger

Preparação
Andresa Mariana

Revisão
Daniel de Vasconcelos Andrade

Diagramação
Danielly de Jesus Teles

Capa
Airton Felix Silva Souza

Coleção Companions & Companions

Título original: *The Cambridge Companion to Habermas*

ISBN: 0-521-44120-X / 0-521-44666-X (pbk.)

1ª impressão

EDITORA IDEIAS & LETRAS

Rua Oliveira Alves, 164
Ipiranga – São Paulo/SP
Cep: 04210-060
Televendas: 0800 777 6004
vendas@ideiaseletras.com.br
www.ideiaseletras.com.br

Dados Internacionais de Catalogação na Publicação (CIP) de acordo com o ISBD

H114 Habermas / organizado por Stephen K. White ; traduzido por Saulo Krieger. – São Paulo : Ideias & Letras, 2024.

448 p. ; 16cm x 23cm. – (Companions & Companions)

Inclui bibliografia e índice.
Tradução de: The Cambridge Companion to Habermas
ISBN: 978-65-87295-66-4

1. Filosofia. 2. Habermas. 3. Democracia 4. Ação comunicativa. I. White, Stephen. II. Krieger, Saulo. III. Título. IV. Série.

2024-512 CDD 100
CDU 1

Elaborado por Vagner Rodolfo da Silva - CRB-8/9410
Índices para catálogo sistemático:
1. Filosofia 100
2. Filosofia 1

Sumário

Sobre os autores

KENNETH BAYNES é professor associado de filosofia da Universidade do Estado de Nova Iorque, em Stony Brook. É autor de *The Normative Grounds of Social Criticism: Kant, Rawls and Habermas* (State University of New York Press, 1992) e coeditor de *After Philosophy: End or Transformation?* (MIT Press, 1987).

SIMONE CHAMBERS é professora assistente de ciência política da Universidade do Colorado, em Boulder. Seus principais interesses estão no estudo da ética e da teoria democrática. Seu livro *Discourse and Procedural Ethics* foi publicado em 1990 pela Cornell University Press.

ROMAND COLES é professor assistente de ciência política da Universidade Duke. É autor de um livro sobre Agostinho, Foucault e Merleau-Ponty intitulado *Self/Power/Other: Political Theory and Dialogical Ethics* (Cornell University Press, 1992), bem como de numerosos artigos. Atualmente está concluindo um livro intitulado *Critical Theory and Difference: Toward a Post-Secular Caritas.*

JOHN S. DRYZEK é professor de ciência política da Universidade do Oregon. Entre seus livros estão *Rational Ecology: Environment and Political Economy* (Nova Iorque: Blackwell, 1987) e *Discursive Democracy: Politics, Policy, and Political Science* (Cambridge University Press, 1990). Escreve sobretudo nas áreas de teoria crítica, política ambiental, teoria democrática, análise política, filosofia da ciência social e história da ciência política.

AXEL HONNETH é professor de filosofia política da Universidade Livre de Berlim. Entre seus livros traduzidos para o inglês estão *Social*

Action and Human Nature (em parceria com Hans Joas; Cambridge University Press, 1988); *Critique of Power* (MIT Press, 1990); e *Struggle for Recognition* (Polity Press, 1995), traduzido como *Luta por reconhecimento* (Editora 34, 2003).

NANCY S. LOVE é professora associada de ciência política da Universidade Estadual da Pensilvânia. É autora de *Marx, Nietzsche and Modernity* (Columbia University Press, 1986) e de artigos em teoria crítica e pós-modernismo. Seu projeto atual é um estudo sobre o papel da música no desenvolvimento de movimentos sociais.

J. DONALD MOON é professor de administração pública da Universidade Wesleyan. Entre suas publicações estão *Constructing Community: Moral Pluralism and Tragic Conflicts* (Princeton University Press, 1993), "The Logic of Political Inquiry", no *Handbook of Political Science* (Addison-Wesley, 1975), e artigos em filosofia da investigação social e teoria política do estado de bem-estar. É coeditor de *Dissent and Affirmation* (Bowling Green University Press, 1983) e editor de *Responsibility Rights, and Welfare* (Westview, 1988).

MAX PENSKY é professor assistente de filosofia da Universidade de Binghamton. É autor de *Melancholy Dialectics: Walter Benjamin and the Play of Mourning* (University of Massachusetts Press, 1993) e tradutor de *The Past as Future*, de Habermas (University of Nebraska Press, 1994).

FRANK ANDREAS SPOSITO está concluindo uma tese em teoria política na Universidade da Califórnia, em San Diego, sobre as implicações para o liberalismo da crítica romântica à Ilustração.

TRACY B. STRONG é professora de ciência política da Universidade da Califórnia, em San Diego, e editora do periódico *Political Theory*. Entre seus livros estão *Friedrich Nietzsche and the Politics of Transformation* (University of California Press, edição ampliada, 1988) e *The Idea of*

Political Theory: Reflections on the Self in Political Time and Space (University of Notre Dame Press, 1990).

GEORGIA WARNKE é professora de filosofia da Universidade da Califórnia, em Riverside. É autora de *Gadamer: Hermeneutics, Tradition and Reason* (Stanford University Press, 1987), de *Justice and Interpretation* (MIT Press, 1993) e de artigos em teoria crítica, hermenêutica e feminismo.

MARK E. WARREN é professor associado de administração pública da Universidade Georgetown. É autor de *Nietzsche and Political Thought* (MIT Press, 1988), bem como de artigos sobre Marx, Weber, Habermas, Nietzsche e teoria democrática. Atualmente trabalha num livro intitulado *Democratic Transformations of the Self*, que recorre ao pensamento político continental para repensar conceitos do *self* (si mesmo) em teoria democrática.

STEPHEN K. WHITE é professor de ciência política do Instituto Politécnico e Universidade Estadual da Virgínia. Entre seus livros estão *The Recent Work of Jürgen Habermas* (Cambridge University Press, 1988); *Political Theory and Postmodernism* (Cambrige University Press, 1991); e *Edmund Burke: Modernity, Politics, and Aesthetics* (Sage, 1994).

PARTE I
Introdução

1 Razão, modernidade e democracia

STEPHEN K. WHITE

Um dos aspectos mais característicos da paisagem intelectual das últimas décadas do século XX é a intensidade com que dúvidas foram suscitadas a respeito das fundações conceituais da modernidade ocidental. Surgiram questões difíceis acerca das compreensões preponderantes na modernidade sobre razão, subjetividade, natureza, progresso e gênero. À exceção do último tópico, pode-se argumentar que essas questões emergiram no referido *século* em sua mais poderosa forma no âmbito de duas correntes da reflexão filosófica alemã. Nos anos do imediato pós-Segunda Guerra Mundial, Martin Heidegger escreveu seu *Ensaio sobre o humanismo* (1946) e *A pergunta pela técnica* (1949), e nos trinta anos que se seguiram ele continuou a articular uma crítica pormenorizada dos temas mais caros à modernidade ocidental.[1] Em 1947, Theodor Adorno e Max Horkheimer publicaram a sua *Dialética do esclarecimento*, onde propuseram a ideia de que a busca sistemática da razão e da liberdade iluministas ensejara *o irônico efeito de longo prazo de engendrar novas formas de irracionalidade e repressão.*[2] Essas críticas exerceram um enorme impacto tanto sobre a forma inicial da obra de Jürgen Habermas como sobre a sua contínua evolução.

O próprio caráter extremo dessas críticas, bem como a sua associação ao fascismo, no caso de Heidegger, e ao marxismo (ainda que não

---

1 Martin Heidegger, "Essay on Humanism" [Ensaio sobre o humanismo], *in Basic Writings*, edição e introdução de David Krell (Nova Iorque: Harper & Row, 1977), p. 189-242; e *The Question Concerning Technology and Other Essays* [A questão da técnica e outros ensaios], tradução e introdução de William Lovitt (Nova Iorque: Harper & Row, 1977).

2 Max Horkheimer e Theodor W. Adorno, *Dialectic of Enlightenment* [Dialética do esclarecimento], tradução de John Cumming (Nova Iorque: Seabury, 1972).

ortodoxo) no de Horkheimer e Adorno, fizeram-nas controversas desde o início. O seu efeito real – e este com frequência foi alcançado via segunda ou terceira mão – jamais foi o de convencer um público amplo a abraçar uma perspectiva político-moral nova e alternativa. Em vez disso, tais críticas conduziram interpretações dominantes de razão, progresso, natureza e subjetividade a um novo patamar de explícito questionamento. Essas ofensivas intelectuais, juntamente com os acontecimentos mundiais disruptivos de meados do século XX, asseguraram que a autocompreensão da modernidade jamais chegaria ao patamar de autoconfiança que ela um dia possuíra.

Para Heidegger, a perda de confiança foi virtualmente completa, e muitos dos que foram influenciados por ele, em especial os pós-estruturalistas e os pós-modernos contemporâneos, inclinaram-se na mesma direção. De modo semelhante, Horkheimer e Adorno deram poucas razões para um otimismo quando examinaram os recursos intelectuais e políticos que o Ocidente poderia invocar para curar suas feridas autoinfligidas. As opções pareciam ser ou uma assoberbada autoconfiança ou a total perda de confiança. E, no entanto, na *Dialética do esclarecimento* ainda assim era possível detectar um apelo feito a algum ideal de razão e de liberdade que pudesse proporcionar a iluminação, mesmo que enfraquecida e incerta, necessária para se encontrar uma saída em meio às dificuldades da modernidade.[3] Contudo, nos anos que se seguiram, nem Horkheimer nem Adorno desejaram tornar esse gesto mais convincente, tampouco teriam a capacidade de fazê-lo.

O apelo de ambos à razão e à liberdade teve suas raízes na era pré-Segunda Guerra Mundial, quando estiveram entre os fundadores do Instituto para Pesquisa Social de Frankfurt. Os membros do Instituto realizaram um amplo escopo de investigações filosóficas e sociais acerbamente críticas à economia, à política e à cultura das sociedades ocidentais. Embora eles próprios considerassem estar politicamente à esquerda, seu apego ao marxismo tornava-se cada vez mais frouxo, em especial à medida que o caráter do regime de Stalin na União Soviética tornava-se cada vez mais aparente. Para dar conta do posicionamento deles, na década de 1930, Horkheimer cunhou

3 *Ibid.*, ver "Introduction".

o termo "teoria crítica".[4] Segundo foi originalmente concebida, a teoria crítica exerceria o papel de dar nova vida aos ideais de razão e liberdade, revelando a sua falsa encarnação em cientificismo, capitalismo, "indústria cultural" e instituições políticas burguesas do Ocidente.

Os membros do Instituto viram-se forçados a fugir da Alemanha nazista, a maior parte deles vindo a se estabelecer nos Estados Unidos. Foi durante esse tempo no exílio que a *Dialética* foi escrita. Depois da guerra, Horkheimer e Adorno reestabeleceram o Instituto na Universidade de Frankfurt. Entre os jovens filósofos que se associaram a ele estava Jürgen Habermas. Durante esse período, Horkheimer e Adorno tornaram-se cada vez mais desiludidos com o mundo à sua volta. Adorno começou a articular um modo de pensar que ele chamou de "dialética negativa", que mostrava resistência a qualquer pensamento afirmativo sobre ética e política.[5] E Horkheimer foi cada vez mais atraído para a teologia.[6] Habermas, contudo, resistiu a essas mudanças de direção.

Com início nos anos 1960, ele traçou um curso para si mesmo, que, em seu espírito e em seus mais profundos compromissos morais, não se modificou em nenhum sentido importante.[7] Estava convencido de que só era possível reter a potência da crítica à vida moderna de seus predecessores mediante a clarificação de uma concepção distinta de racionalidade, e mediante a afirmação da ideia de uma sociedade justa ou "emancipada" que de algum modo corresponderia a essa concepção.

---

4 Ver em especial Horkheimer, "Traditional and Critical Theory" [Teoria tradicional e teoria crítica], *in Critical Theory: Selected Essays* [Teoria crítica: Ensaios selecionados], tradução de Matthew J. O'Connell *et al.* (Nova Iorque: Seabury, 1972), p. 188-243.

5 Adorno, *Negative Dialectics* [Dialética negativa], tradução de E. B. Ashton (Nova Iorque: Continuum, 1973).

6 Para essa viragem no pensamento de Horkheimer, ver Habermas "To Seek to Salvage an Unconditional Meaning without God is a Futile Undertaking: Reflections on a Remark of Max Horkheimer" [Procurar resgatar um sentido incondicional sem Deus é uma empreitada fútil: reflexões sobre uma observação de Max Horkheimer], *in Justification and Application: Remarks on Discourse Ethics* [Justificação e aplicação: observações sobre o discurso ético], tradução de Ciaran Cronin (Cambridge: MIT Press, 1993), p. 133-146.

7 Eu esboçaria uma distinção entre esse nível mais profundo de comprometimento e o arcabouço filosófico destinado a dar conta dele. O primeiro em sua essência não mudou; já o segundo, modificou-se de maneira significativa.

Assim, a jornada filosófica de Habermas se inicia com uma partida das posições de Horkheimer e Adorno em seus anos tardios; mas trata-se de uma partida em relação à qual Habermas sempre achou melhor reter o espírito do período pré-guerra da Escola de Frankfurt. A tensão com as obras de maturidade de Adorno é especialmente interessante. Para Habermas, o crescente pessimismo deste e o caráter totalizador de sua crítica à modernidade ocidental se constituíam numa espécie de falta de coragem. A esse respeito, há uma afinidade sutil e perturbadora entre Adorno e Heidegger. Das profundezas de tal crítica totalizadora, que espécie de política é passível de captar a imaginação? A associação dos primórdios de Heidegger com o nazismo e a sua recusa em renunciar a ela ao longo da vida traz em sua íntegra, para Habermas, uma lição que não pode ser esquecida ou minimizada. Quando o seu *Discurso filosófico da modernidade* apareceu, na década de 1980, a lista dos que haviam excessivamente ameaçado a continuidade daquele discurso incluía não apenas Nietzsche, Heidegger, Foucault e Derrida, mas também Horkheimer e Adorno.[8] Com relação a isso, no presente volume encontram-se certas ressonâncias entre alguns dos problemas suscitados pelo primeiro ensaio, de Romand Coles, sobre Adorno, e aqueles trazidos pelos últimos dois ensaios, acerca do desafio a Habermas pelo pós-modernismo.

Muitos leitores do *Discurso filosófico da modernidade* ficam perplexos com a intensidade e a implacabilidade dos ataques de Habermas a seus oponentes. Adiciona-se à perplexidade o fato de que uma das marcas características de sua carreira tem sido uma extraordinária abertura a debates críticos. Tal perplexidade pode ser pelo menos parcialmente dissipada se lembrarmos que os riscos implicados pelas críticas totalizadoras da modernidade são muito altos para um alemão que, como Habermas, tem historicamente alimentado preocupações de que certas figuras de pensamento podem ou se prestar (ainda que de maneira involuntária) a formas desesperadas de política, ou condicionar recursos insuficientes para uma resistência eficaz a essas formas. De modo puro e simples, não é

8 Habermas, *The Philosophical Discourse of Modernity* [O discurso filosófico da modernidade], tradução de Frederick Lawrence (Cambridge: MIT Press, 1987), cap. 5.

possível compreender a obra de Habermas como um todo sem se atentar a essas preocupações históricas. A contribuição de Max Pensky ao presente volume esboça essa conexão em suas várias dimensões.

O projeto de Habermas, tal como despontou nos anos 1960, tinha dois componentes principais. Em primeiro lugar, ele impôs-se a árdua tarefa de desenvolver uma concepção "mais abrangente" de razão, pela qual ele tinha em mente uma concepção que não fosse redutível a cálculos técnico-instrumentais ou estratégicos por parte de um sujeito essencialmente monádico e individual.[9] Além disso, era apenas no âmbito de uma concepção assim, mais ampla, que seria possível começar a traçar os contornos de uma sociedade "emancipada" ou "racional".[10]

O esforço de pensar sobre a razão de modo diferente rendeu seu primeiro fruto em 1965, em "Conhecimento e interesses humanos: Uma perspectiva geral", conferência inaugural de Habermas, ministrada quando ele assume a sua cátedra em Frankfurt. A tese logo se expandiu para um livro de mesmo nome.[11] Ali ele postulou a existência de três interesses antropologicamente enraizados dos seres humanos, aos quais correspondem três categorias de conhecimento e racionalidade. Temos "interesses constitutivos de conhecimento" no controle técnico do mundo à nossa volta, na compreensão dos outros e em nossa libertação das estruturas de dominação: um interesse "técnico", um "prático" e um "emancipatório".[12] Seguindo Horkheimer e Adorno, Habermas considerou que a sociedade moderna

---

9 *Idem*, "The Analytical Theory of Science and Dialectics", em Adorno *et al.*, *The Positivist Dispute in German Sociology* [A disputa positivista na sociologia alemã], tradução de Glen Adey e David Frisby (Nova Iorque: Harper & Row, 1976), p. 143; e, no mesmo volume, "A Positivistically Bisected Rationalism" [Um racionalismo positivisticamente dividido], p. 189-199, 219. Ver também *The Theory of Communicative Action* [Teoria da ação comunicativa], vol. 1, *Reason and the Rationalization of Society* [Ração e racionalização da sociedade], tradução de Thomas McCarthy (Boston: Beacon Press, 1984), p. 10.

10 Ver Habermas, *Toward a Rational Society: Student Protest, Science, and Politics* [Rumo a uma sociedade racional: Protesto estudantil, ciência e política], tradução de Jeremy Shapiro (Boston: Beacon Press, 1970).

11 Habermas, *Knowledge and Human Interests* [Conhecimento e interesses humanos], tradução de Jeremy Shapiro (Boston: Beacon Press, 1971). A conferência inaugural está incluída como um apêndice.

12 *Ibid.*, p. 308.

estaria a fomentar uma expansão desequilibrada do interesse técnico pelo controle: o impulso para dominar a natureza torna-se um impulso para dominar outros seres humanos. A especulação de Habermas sobre como atenuar essa distorção girava em torno de uma reafirmação da racionalidade inerente aos nossos interesses "práticos" e "emancipatórios". Entrelaçando esses dois interesses de maneira característica, Habermas anunciou que uma base racional para a vida coletiva só seria alcançada quando as relações sociais fossem organizadas "de acordo com o princípio de que a validade de cada norma de consequência política fosse tornada dependente de um consenso atingido numa comunicação livre de dominação".[13]

Essa ideia se tornou o fio condutor do projeto de Habermas. Contudo, ele logo descobriu que ela não poderia ser adequadamente encorpada se fosse utilizado o arcabouço epistemológico dos interesses constitutivos de conhecimento.[14] Em vez disso, ele decidiu perseguir seus objetivos mediante uma exploração da contínua "competência comunicativa", manifestada pelos falantes das línguas naturais.[15] O coração desse esforço foi uma explicação da implícita maestria de regras para suscitar e redimir "reivindicações de validade" em linguagem comum. À medida que os atores desejam coordenar sua ação pelo entendimento em vez de pela força ou por manipulação, eles implicitamente assumem o ônus de redimir reivindicações que suscitam em outros com relação à verdade do que dizem, com relação à sua retidão normativa e à sua sinceridade. Quando as pretensões são explicitamente contestadas, elas só podem ser resgatadas, respectivamente, no "discurso teórico", no "discurso prático" ou por interação posterior que revele se o falante está sendo sincero.[16]

13 *Ibid.*, p. 284,

14 Habermas, *Theory of Communicative Action* [Teoria da ação comunicativa], vol I., p. xxxix.

15 Habermas, "Toward a Theory of Communicative Competence" [Rumo a uma teoria da competência comunicativa], *in Patterns of Communicative Behavior* [Padrões de comportamento comunicativo], Hans Dreitzel (Org.) (Nova Iorque: Macmillian, 1970), p. 115-148.

16 Habermas, "What Is Universal Pragmatics?" [O que é pragmática universal?], *in Communication and the Evolution of Society* [A comunicação e a evolução da sociedade], tradução de Thomas McCarthy (Boston: Beacon Press, 1979), p. 1-68; *Theory of Communicative Action* [Teoria da ação comunicativa], vol. I, p. 8-42; e *Moral Consciousness*

Os fundamentos dessa "viragem linguística" na obra de Habermas – a viragem para a teoria da racionalidade e *ação* comunicativa – são apresentados no ensaio de Georgia Warnke.

Com essa mudança, Habermas estabeleceu um arcabouço conceitual, com base no qual ele tem dado continuidade a seu trabalho até o momento presente. Tem havido muitas modificações e elaborações, mas, como ele afirma, "meu programa de pesquisa se manteve o mesmo desde aproximadamente 1970".[17] A tarefa de tornar plausível a teoria da ação e racionalidade comunicativa é enorme, e o melhor meio de considerar os escritos de Habermas desse momento em diante é como se estivessem a trilhar vias diversas, porém interrelacionadas, visando a esse objetivo. Para Habermas, não há uma linha única e evidente de argumentação capaz de defender seu posicionamento como que por um nocaute. A plausibilidade nesse nível filosófico é obtida somente a conta gotas, mostrando, em toda uma variedade de contextos, de que maneira a teoria da ação e racionalidade comunicativa gera mais *insights* conceituais, morais e empíricos do que outras abordagens.[18] Quatro contextos são particularmente importantes: as discussões metodológicas nas ciências sociais, as abordagens sobre o caráter da modernidade e da racionalização societal a ela associada, controvérsias na filosofia moral contemporânea, e perspectivas rivais quanto à legitimidade do estado moral, democrático.

---

and Communicative Action [Consciência moral e ação comunicativa], tradução de Christian Lenhardt e Shierry Weber Nicholsen (Cambridge: MIT Press, 1990).

17 Habermas, *Justification and Application* [Justificação e aplicação], p. 149.

18 Habermas, *Faktizität und Geltung: Beiträge zur Diskurstheorie des Rechts und des demokratischen Rechtstaats* [Facticidade e validade: Contribuições para uma teoria do discurso do direito e da democracia] (Frankfurt: Suhrkamp, 1992), p. 9; "Interpretive Social Science versus Hermeneuticism" [Ciência social interpretativa *versus* hermenêutica], *in Social Science as Moral Inquiry*, Norma Hahn *et al.* (Orgs.) (Nova Iorque: Columbia University Press, 1983), p. 261; "Philosophy as Stand-in and Interpreter" [Filosofia como duplo e intérprete], *in After Philosophy: End or Transformation* [Após a filosofia: Fim ou transformação], Kenneth Baynes, James Bohman e Thomas McCarthy (Orgs.) (Cambridge: MIT Press, 1987), p. 310-311; e *The Theory of Communicative Action* [Teoria da ação comunicativa], vol. II, *Lifeworld and System: A Critique of Functionalist Reason* [Mundo da vida e sistema: Uma crítica à razão funcionalista], tradução de Thomas McCarthy (Boston: Beacon Press, 1987), p. 398-403.

No sentido metodológico mais amplo, a abordagem de razão e ação por Habermas proporciona um novo "cerne" conceitual à tradição de pesquisa da teoria crítica. Ela assim proporciona um meio de gerar coerência ao longo de um amplo campo de pesquisa nas ciências sociais. Ao final de sua monumental obra em dois volumes, a *Teoria da ação comunicativa*, é de modo explícito que ele revela a sua fidelidade aos esforços do Instituto, na década de 1930, na realização de um amplo escopo de estudos interconectados, de caráter interdisciplinar.[19] O ensaio de John Dryzek explora as implicações gerais da abordagem de Habermas para a filosofia das ciências sociais.[20]

A *Teoria da ação comunicativa* é mais conhecida, porém, pela impactante perspectiva que ela proporciona ao modo como deveríamos compreender a modernidade. Um objetivo subjacente do livro é o de elaborar de que maneira a abordagem comunicativa de razão e ação nos auxilia tanto na crítica a certos aspectos da modernidade quanto na clarificação do valor de outros aspectos, de um modo que nos dá algumas razões para uma "autoconfiança".[21]

Habermas proporciona uma interpretação em dois níveis do mundo moderno, pela qual esboça-se uma distinção entre o potencial racional implícito na "modernidade cultural" e a utilização seletiva ou unilateral daquele potencial em "processos sociais de modernização".[22] O potencial cultural da modernidade constitui o ponto de vista crítico, com base no qual aspectos particulares da modernização ocidental podem ser avaliados negativamente. O que Habermas quer dizer com isso é que a cultura moderna tem disponibilizado um "mundo da vida racionalizado" – mundo da vida no qual, de modo consistente, atores tragam consigo a expectativa de que as várias reivindicações de validade suscitadas no discurso sejam

19 Habermas, *Theory of Communicative Action* [Teoria da ação comunicativa], vol. II, p. 378 s.

20 Ver também, de Dryzek, *Discursive Democracy: Politics, Policy and Political Science* [Democracia discursiva: Políticas, diretrizes e ciência política] (Cambridge: Cambridge University Press, 1990), introdução e cap. 10.

21 Ver Habermas, *Theory of Communicative Action* [Teoria da ação comunicativa], vol. II, cap. 8; e *Philosophical Discourse of Modernity* [O discurso filosófico da modernidade], cap. 1.

22 Habermas, *Theory of Communicative Action* [Teoria da ação comunicativa], vol. I, p. 157-185, 221-222.

cognitivamente distinguidas, e que tenham de ser redimidas de diferentes maneiras. À medida que esse mundo da vida emerge, um número cada vez maior de esferas de interação social é removido de posições de direção, onde fora posto pela tradição inquestionada, fazendo-se aberto à coordenação mediante acordo conscientemente atingido. De modo simultâneo a esse avanço na racionalização comunicativa, tem-se um avanço na racionalidade da sociedade, tal como mensurada a partir de uma perspectiva funcionalista ou de sistemas. Esse último tipo de racionalização significa que há uma expansão de subsistemas sociais que coordenam ações por meio do dinheiro (economia capitalista) e do poder administrativo (Estados modernos, centralizados). Contudo, a expansão inicialmente benéfica desses meios tem avançado até o ponto em que estão cada vez mais invadindo áreas da vida social que têm sido ou poderiam ser coordenadas pelo *medium* do entendimento ou da "solidariedade". Assim, a modernização no Ocidente tem gerado uma patologia: um desenvolvimento desequilibrado de seu potencial. Habermas se refere a esse fenômeno como uma "colonização do mundo da vida", que traz em sua esteira um senso cada vez maior de perda de sentido e de liberdade minguante.[23]

Trata-se de um desequilíbrio a que se pode resistir, ele não é uma "gaiola de ferro" inquebrantável no sentido de Max Weber. Habermas vê sinais palpáveis da rejeição do suave desdobrar da razão funcionalista em diversos novos movimentos sociais que têm surgido desde os anos 1960, cujo denominador comum é a sua preocupação não tanto com "problemas de *distribuição*, mas [com] questões da *gramática das formas de vida*".[24] Se as questões surgem sob a forma de uma crítica à civilização produtivista, como no movimento ecológico, ou sob a forma de uma rejeição de identidades roteirizadas, como no feminismo ou no movimento dos direitos de gays e lésbicas, todas elas se constituem em pontos de resistência a um aprofundamento da colonização. Tal oposição é obviamente concebida por Habermas como progressiva somente até o ponto em que suas preocupações possam

23 *Ibid.*, p. 183, 239-240; e vol. II, p. 292-293, 422, 452, 470-488.

24 Habermas, *Theory of Communicative Action* [Teoria da ação comunicativa], vol. II, p. 576, 579.

ser articuladas de modo que estejam de acordo com a inclinação normativa universalista da racionalidade comunicativa; isto é, somente até o ponto em que a resistência à colonização do mundo da vida seja realizada de uma forma que, em vez de rejeitar o potencial cultural da modernidade, tome-o por base, como no caso dos apelos exclusivistas à identidade nacional.

A posição forte e universalista sobre racionalidade e moralidade, e a reivindicação de que o Ocidente moderno – com todos os seus problemas – é o que melhor encarna esses valores, deparou com intensa oposição – e isso não surpreende. Para uma ampla gama de pensadores pós-estruturalistas, modernos e feministas, essa espécie de universalismo é meramente uma variante sofisticada de formas anteriores, deletérias. E assim como elas, funciona meramente para ofuscar o Ocidente quanto aos modos tanto de como ele se enceta em direções cada vez mais disciplinares, quanto de como engendra "outros" que ficam aquém das demandas trazidas por seus critérios de razão e responsabilidade. Essas críticas por vezes têm como premissa uma compreensão equivocada até bem significativa da obra de Habermas (e por vezes uma não leitura) – mas isso nem sempre. Os dois ensaios deste volume que entram nestas questões fazem-no assumindo uma posição de entendimento adequado e com um grau de empatia que não é pequeno. Tracy Strong e Frank Sposito levantam o problema do "outro" da razão a partir do interior da tradição kantiana de filosofia como um todo, e sugerem que as insuficiências desta têm de ser confrontadas de modo mais adequado por quem quer que, a exemplo de Habermas, tire proveito dessa tradição. O ensaio de Axel Honneth traz um timbre semelhante. Passa em revista várias críticas a Habermas que vieram à tona com os interesses pós-modernos e feministas e mostra como essas críticas contêm *insights* éticos aos quais Habermas não fez plena justiça. (A última seção do ensaio de Nancy Love é igualmente relevante para essas questões.)

No contexto um tanto menos hostil da filosofia moral analítica, Habermas exibiu uma grande disposição para elaborar a sua perspectiva universalista e defendê-la com vagar contra as posições concorrentes. De modo geral, ele tem procurado mostrar por que motivo uma ética comunicativa proporciona o melhor meio de compreender o cerne universalista do entendimento ocidental da moralidade. Isso tem demandado, em primeiro lugar, a defesa da prioridade que ele concede à abordagem deontológica da moralidade, que delineia "o ponto de vista moral" em termos de justiça e direitos procedimentais, em detrimento de uma abordagem teológica, que compreende a moralidade como orientada, em primeiro lugar e acima de tudo, por uma noção substantiva do bem. Em segundo lugar, Habermas tem tido de operar uma distinção entre a sua própria concepção deontológica e aquelas de Kant e filósofos contemporâneos como John Rawls.[25] Os ensaios de Warnke e J. Donald Moon investigam esses esforços e avaliam seus êxitos.

Mesmo com a importância da abordagem comunicativa da razão e da ética se tornando mais amplamente reconhecida na década de 1980, uma persistente crítica a Habermas se manteve com relação ao que era percebido como seu fracasso em abordar adequadamente questões institucionais e políticas. Sua perspectiva ética e crítica da racionalização ocidental parecia distanciá-lo radicalmente das instituições existentes da democracia liberal. Isso se fez extremamente evidente no texto *Crise de legitimação*, que ele escreveu no início dos anos 1970.[26] A exemplo de muitas outras críticas à legitimidade das democracias liberais redigidas naquela década, Habermas argumentou que tais sistemas encontravam-se assolados por dificuldades que provavelmente os conduziriam a uma crise que só poderia ser resolvida mediante uma democratização radical. Mas a forma precisa dessa sociedade mais justa – que antes ele chamava de "emancipada" – continuava obscura. Até o início dos anos 1970, Habermas continuou a pensar em termos de uma transição fundamental de um estado liberal e constitucional para uma espécie de sistema socialista com instituições democráticas mais radicalizadas.[27] À época em que

25 As mais recentes reflexões de Habermas sobre essas questões estão presentes em *Justification and Application* [Justificação e aplicação].

26 Habermas, *Legitimation Crisis* [Crise de legitimação], tradução de Thomas McCarthy (Boston: Beacon Press, 1975). A edição alemã foi publicada em 1973.

27 Habermas, "Further Reflections on the Public Sphere" [Reflexões adicionais sobre a esfera pública], *in Habermas and the Public Sphere* [Habermas e a esfera pública], Craig Calhoum (Org.) (Cambridge: MIT Press, 1992), p. 443.

a *Teoria da ação comunicativa* apareceu na Alemanha, em 1981, estava claro que essa perspectiva passava por uma substancial modificação.[28] Conforme o dito acima, Habermas ali afirma certos modos de resistência em sociedades industriais avançadas, mas tal oposição jamais é concebida como direcionada a uma substituição maciça de estados liberais. A imagem fundamental com que se fica é a da luta pelas beiradas. Os impulsos democráticos saudáveis parecem estar em ampla medida confinados na periferia da política organizada; a partir daí eles meramente tentam resistir a um aprofundamento da usurpação sistêmica. A força da razão comunicativa, tal como se manifesta em recentes movimentos sociais e em outros afloramentos de "esferas públicas radicais", na verdade pode apenas se arremessar contra um Leviatã administrativo.

Muito embora as implicações institucionais precisas da concepção da democracia por Habermas tenham se mantido pouco claras durante a década de 1980, existem outros aspectos de tal concepção que se desenvolveram em detalhes suficientes para permitir um profícuo engajamento com várias questões em teoria democrática. O ensaio de Mark Warren investiga de que modo uma perspectiva discursiva traz consigo algo de uma "mudança de paradigma no modo como pensamos na localização e na legitimidade de expectativas radicalmente democráticas" (ver capítulo 8).

A ampla sugestividade da perspectiva de Habermas para a democracia foi finalmente trazida para o contexto de uma análise mais detalhada das instituições políticas com a publicação de seu *Entre fatos e normas: Contribuições para uma teoria do discurso do direito e da democracia*, que apareceu na Alemanha em 1992.[29] Na *Teoria da ação comunicativa*, Habermas certamente havia contemplado o surgimento do direito moderno, com seu universalismo e sua orientação para os direitos individuais, como

28 Para não se cometer o equívoco de pensar que Habermas modificou sua perspectiva simplesmente como resultado do colapso do comunismo na União Soviética, é importante observar que suas concepções sobre o socialismo vinham se alterando já desde o início dos anos 1980.

29 Texto citado na nota 18. Uma tradução para o inglês desse volume, intitulada *Between Facts and Norms: Contributions to a Discourse Theory of Law and Democracy* [Entre fatos e normas: Contribuições para uma teoria do discurso do direito e da democracia], tradução de William Rehg, foi publicada em 1998 pela MIT Press.

um significativo passo evolutivo no aprendizado prático-moral. Porém, essa qualidade positiva foi vista em ampla medida como algo que nos impede de reconhecer o grau em que o direito no estado de bem-estar, na verdade, tem se tornado um veículo para expandir o poder administrativo (problema que Habermas abordou sob o tema da "juridificação" – *Verrechtlichung*).[30] Assim, embora o direito moderno naquele livro seja compreendido como profundamente ambivalente, seu lado negativo é que recebe o tratamento mais característico. Essa unilateralidade é corrigida em *Facticidade e validade*. Os ensaios de Kenneth Baynes e Simone Chambers exploram os vários problemas suscitados por esse acréscimo significativo ao *corpus* habermasiano.

No âmbito da nova perspectiva, o papel do direito como um instrumento de estabilidade e controle social é mantido; somente ali essa capacidade é exibida como estando em perpétua "tensão" com a qualidade normativa distintiva e positiva que ele assume na política moderna.[31] As instituições do direito moderno, bem como os direitos e constituições básicas, proporcionam um meio pelo qual atores podem manter, numa forma historicamente nova, um sentido coletivo de "validade" e "solidariedade" que as instituições tradicionais não mais comportam adequadamente. As instituições anteriores podem assumir esse papel porque podem ser compreendidas como representações da ideia de uma comunidade autodeterminante de sujeitos livres e iguais que desejam guiar sua vida coletiva mediante regras vinculativas. Num sentido geral, essa reconstrução filosófica da autocompreensão da política moderna é bastante familiar. Habermas, contudo, pretende mostrar como a racionalidade comunicativa é capaz de proporcionar um novo modo de reconceitualizar essa figura de pensamento. As articulações anteriores da ideia de uma comunidade política de livres e iguais naufragaram em sua incapacidade de resolver o conflito entre autonomia privada e pública. Ou se confere prioridade aos direitos individuais sobre a autonomia coletiva (como em

30 Habermas, *Theory of Communicative Action* [Teoria da ação comunicativa], vol. II, p. 375ss.

31 *Faktizität und Geltung* [Facticidade e validade], p. 37, 109.

Kant e no liberalismo), ou a prioridade é conferida à autonomia coletiva sobre o indivíduo (como em Rousseau, no republicanismo e no comunitarismo). O problema, segundo Habermas, é que ambas as posições se encontram enraizadas nas noções de *subjetividade*, individual ou coletiva. Se a teoria política, em vez disso, encontra-se enraizada numa noção de *intersubjetividade* concretizada em termos racional-comunicativos, podemos compreender a "equiprimordialidade do direito [*Recht*] privado e público". Isso é assim porque, nos termos de Habermas, a autonomia pública torna a ser concebida como a disponibilidade de uma "rede" diferenciada de arranjos comunicativos para a formação discursiva de opinião e vontade públicas; e um sistema de "direitos" individuais básicos "proporciona exatamente as condições sob as quais as formas de comunicação necessárias para uma constituição politicamente autônoma do direito pode ser institucionalizada".[32]

Essa concepção "discursiva" de democracia se articula com outros esforços recentes para atrelar mais intimamente a legitimidade com a qualidade da deliberação exibida em processos políticos. A legitimidade democrática, para Habermas, é mensurada não apenas em termos do direito sendo implementado por uma maioria, mas também em termos da qualidade discursiva da totalidade dos processos de deliberação que conduzem a tal resultado. Os processos discursivamente saudáveis, que vão desde o mais difuso e informal ao mais estruturado e formal, são o que mantém um sentido de validade e solidariedade entre uma "comunidade constitucional" (*Rechtsgemeinschaft*); somente esses processos permitem que o direito seja estruturado não apenas pelas "necessidades" sistêmicas de controle, que se expressam na expansão autônoma do "poder administrativo", mas também pelas necessidades que surgem do mundo da vida de atores, as quais se expressam no "poder comunicativo" (aqui Habermas deve muito a Hannah Arendt). Quando o Estado democrático constitucional está funcionando bem, ele continuamente "traduz" poder comunicativo em poder administrativo.[33]

---

32 *Ibid.*, p. 134-135, 151, 207-209.

33 *Ibid.*, p. 181-187.

Entre fatos e normas assim nos brinda com algumas mudanças substanciais nas concepções de Habermas sobre política no Estado liberal. Em primeiro lugar, e de modo mais evidente, toda e qualquer noção de uma democracia socialista parece ter saído quase completamente do campo de visão. Embora Habermas não deseje renunciar inteiramente às suas raízes socialistas, não está de todo claro o que realmente restou dessas raízes. O ensaio de Nancy Love é um embate com esse aspecto da herança de Habermas.

A visão da política em *Entre fatos e normas* também constitui uma modificação da que é proporcionada na *Teoria da ação comunicativa*, que vislumbrava uma alteridade radical entre o Estado administrativo normativamente obtuso, monolítico, e as pretensões discursivas que surgem na sociedade civil. Agora a visão que se tem é a de um Estado diferenciado, cuja multiplicidade de lugares para deliberação e tomada de decisão é amplamente garantida pela racionalidade comunicativa. Contudo, cada lugar deve ser cuidadosamente julgado em termos "do nível discursivo dos debates públicos" que nele se deem. Assim, a democracia discursiva demanda uma "interação" contínua e variegada entre uma multiplicidade de "esferas públicas" a emergir em toda a sociedade civil e um amplo espectro de instituições políticas formais.[34]

A detalhada elaboração por Habermas de seu modelo discursivo e deliberativo se constitui numa contribuição fundamental para os debates em teoria democrática contemporânea. Esse modelo lida com variantes liberais, por um lado, e com variantes republicanas e comunitárias, por outro. Para Habermas, as primeiras negligenciam a necessidade de uma solidariedade social que só pode ser obtida mediante uma radicalização dos processos de comunicação pública, enquanto as segundas procuram constituir tal solidariedade em torno de noções de comunidade que são

34 *Ibid.*, p. 369, 448. Deve-se observar que a atenção à influência fermentadora das "esferas públicas" na política é um tema que, de uma forma ou de outra, tem estado presente desde a *Habilitationschrift* [tese de habilitação] de Habermas, publicada em 1962 na Alemanha. A tradução para o inglês intitula-se *The Structural Transformation of the Public Sphere: An Inquiry into a Category of Bourgeois Society* [A transformação estrutural da esfera pública: Uma investigação acera de uma categoria da sociedade burguesa], tradução de Thomas Burger, com a assistência de Frederick Lawrence (Cambridge: MIT Press, 1989).

excessivamente espessas. Sem dúvida que essas proposições serão assunto de intensa controvérsia nos próximos anos.

Essa referência a uma nova abertura no debate é o momento apropriado para concluir esta introdução. A cadência da contribuição filosófica de Habermas não esmoreceu. As conclusões, felizmente, continuam muito distantes.

PARTE II
Herança e contexto

2 Identidade e diferença nas posições éticas de Adorno e Habermas

Romand Coles

É possível explorar as sobreposições e tensões entre Adorno e Habermas em temas diversos e relacionados dizendo respeito à razão instrumental, ao potencial para crises em democracias capitalistas contemporâneas, às perspectivas de transformação histórica, às relações entre teoria crítica, ciências sociais e filosofia analítica, às posições normativas da teoria crítica e assim por diante. A depender de seu foco temático, as avaliações de proximidades, de distâncias, de vantagens e desvantagens deverão variar significativamente. Neste ensaio, minha análise da relação entre Adorno e Habermas estará limitada a questões relacionadas ao caráter normativo da teoria crítica. Em minha leitura, Adorno proporciona uma posição mais interessante e promissora do que Habermas reconhece, e tal posição a um só tempo ilumina e faz acenos para além de algumas dentre as mais importantes deficiências da ética comunicativa de Habermas.

Habermas certa vez observou, com certa melancolia, que sua escrita não tinha sido tão bem-sucedida quanto ele gostaria em "despertar a disposição hermenêutica necessária para a sua recepção".[1] Ironicamente, considerando as críticas frequentemente agressivas e reiteradas de Habermas a Adorno, há um sentido no qual Habermas pode indiretamente contribuir para um tal despertar da recepção da obra de Adorno. Afinal, a ênfase de Habermas na ética comunicativa tem contribuído para um arcabouço interrogativo – um conjunto de prementes questões a versar sobre ética e diálogo –, que ilumina e submete a um enfoque mais aguçado em temas

1 Jürgen Habermas, "A Reply to My Critics" [Uma resposta a meus críticos], *in Habermas: Critical Debates* [Debates críticos], John B. Thompson e David Held (Orgs.) (Cambridge, Mass.: MIT Press, 1982), p. 219.

que muitas vezes são esquecidos devido a seu tratamento oblíquo, por vezes elusivo (ainda que persistente e promissor), na obra de Adorno. Assim iluminado, Adorno parece suscitar a questão sobre se o autoproclamado movimento de Habermas para além dele não seria mais adequadamente caracterizado como "um passo à frente, dois para trás".

Iniciarei por uma síntese da abordagem de Adorno por Habermas quanto à questão das fundações normativas, para então passar a um esboço dos contornos centrais do esforço habermasiano em ir além dos problemas que ele percebe em Adorno mediante o desenvolvimento de uma ética do discurso. Na metade seguinte do ensaio, passarei a elaborar uma ética dialógica da não identidade que percorre toda a obra de Adorno e a criticar a posição de Habermas com base nessa vantagem estratégica.

I. A crítica de Habermas a Adorno

Enquanto a tradição da crítica à ideologia proveniente de Marx proporciona uma diferenciação entre conhecimento e poder, e solapa as falsas pretensões do primeiro revelando-as como sustentadas de fato apenas pelo segundo, de acordo com Habermas,[2] Adorno e Horkheimer solapam até mesmo a privilegiada posição da crítica à ideologia ao remeter a suspeita da falência da verdade, embebida em poder, de volta à própria crítica de uma maneira totalizante, o que aparentemente vem abalar todos os resultados construtivos. Contudo, em contraste com Nietzsche e com nietzschianos

2 Outros teóricos seguem muito de perto os contornos dessa crítica; ver, por exemplo, Seyla Benhabib, *Critique, Norm, and Utopia: A Study of the Foundations of Critical Theory* [Crítica, norma e utopia: Um estudo sobre as fundações da teoria crítica] (Nova Iorque: Columbia University Press, 1986); Axel Honneth, "Communication and Reconciliation: Habermas´s Critique of Adorno" [Comunicação e reconciliação: A crítica de Habermas a Adorno"], *Telos* 39 (1979); Thomas McCarthy, *The Critical Theory of* Jürgen Habermas [A teoria crítica de Jürgen Habermas] (Cambridge, Mass.: MIT Press, 1978) e Albrecht Wellmer, *The Persistence of Modernity: Essays on Aesthetics, Ethics, and Postmodernism* [A persistência da modernidade: Ensaios sobre estética, ética e pós-modernismo] (Cambridge, Mass.: MIT Press, 1991), embora a crítica de Wellmer se desvie em certa medida e seja mais sutil. Existem ressonâncias entre a crítica de Habermas e a análise, bem mais condenatória, de Leszek Kolakowski em *Main Currents of Marxism* [Principais correntes do marxismo], vol. III. *The Breakdown* [O colapso] (Oxford: Oxford University Press, 1970).

do século XX, que elaboram críticas totalizantes da razão e então procuram, de várias formas, negar ou contornar a "contradição performativa", ou escapar dela, envolvida, como está, no ato de continuar a fazer reivindicações de validade ao mesmo tempo em que pretende solapar todas as condições de possibilidade legítimas para fazer tais reivindicações, Adorno elabora uma crítica totalizadora que tanto suporta essa contradição quanto pensa resolutamente em face dela. A *Dialética negativa* pode ser lida como uma explanação contínua do motivo pelo qual temos de circundar o âmbito dessa *contradição performativa* e, de fato, ainda assim permanecer ali![3] Desesperançado quanto à Ilustração, Adorno, não obstante, não está disposto a se render, e permite à razão "encolher", com isso, chegar à condição de um impulso mimético que, se tem de ser recuperado, não o pode ser. "Nos poderes miméticos a promessa de reconciliação se faz cancelada. Para Adorno, isso então conduz à *Dialética negativa* – em outras palavras, a lugar nenhum."[4] Sem fundações racionais normativas, a crítica se torna um círculo vicioso, *ad hoc*, autodestrutivo.

"De que modo", ele se pergunta numa questão que é a um só tempo de interesse e de reprimenda, "esses dois homens da Ilustração... podem se mostrar tão insatisfeitos quanto ao conteúdo racional da modernidade cultural, a ponto de que tudo o que percebem, por toda a parte, seja uma vinculação entre razão e dominação?"[5] Em sua perspectiva, é em razão de, mesmo na condição de críticos intransigentes da subjetividade como "autopreservação enlouquecida", eles se manterem aprisionados ao paradigma moderno da subjetividade, que eles se encontram, assim, condenados às aporias desse paradigma. À medida que esse arcabouço prevalece, as "duas atitudes da mente" estão limitadas à "representação e ação". Nossas representações estão fundamentalmente atreladas à possibilidade de eficácia instrumental, que por sua vez demanda esse conhecimento. Mesmo a teoria crítica se mantém

3 Jürgen Habermas, *The Philosophical Discourse of Modernity* [O discurso filosófico da modernidade], tradução de Frederick Lawrence (Cambridge, Mass.: MIT Press, 1987), p. 119.

4 Jürgen Habermas, *in Autonomy and Solidarity: Interviews* [Autonomia e solidariedade: Entrevistas], Peter Dews (Org.) (Londres: Verso, 1986), p. 90.

5 Habermas, *Philosophical Discourse of Modernity* [O discurso filosófico da modernidade], p. 121.

no interior dessa violenta e alheada estrutura, e dessa forma ela não é capaz de articular nenhuma noção de reconciliação que possa guiar suas críticas, já que isso demandaria um acesso impossível a algo que está além da razão instrumental. Ainda assim, precisamente a reconciliação, que é inconcebível pela perspectiva de um subjetivismo instrumental desequilibrado, é exagerada e demandada também pelo subjetivismo estético nietzschiano, carente de equilíbrio, pelo qual Adorno e Horkheimer "se deixam inspirar."[6] Esse esteticismo simplesmente sobrecarrega questões normativas com um "anseio por uma presença interior intocada", uma aspiração pelo transitório e condicionado, por meio da qual *todas* as práticas necessariamente aparecem como subjugantes.[7] A um só tempo, permanentemente revogada e radicalmente invocada, a reconciliação, e de modo mais geral o impulso normativo de Adorno, têm de se manter muito além do reino do pensamento discursivo numa pressuposta (e filosoficamente inútil) "relação original de espírito e natureza [que] seja secretamente concebida, de modo tal que... a verdade esteja conectada com a... reconciliação universal – e nisso, a reconciliação inclui a interação de seres humanos com a natureza, com animais, plantas e minerais"[8] – em suma, "a utopia de um conhecimento há muito perdido, pertencente ao passado, franco e intuitivo."[9]

Apesar do caráter completamente falho desse projeto, Adorno aparece como um filósofo *relativamente* bom se comparado a outros, pós-nietzschianos, abordados no *Discurso filosófico da modernidade*, com Habermas até mesmo sugerindo uma dívida para com ele. Isso porque a absoluta integridade do pensamento de Adorno o leva a se manter inabalável no âmbito das contradições – e desenvolvê-las até um ponto agonizante. Estas contradições foram geradas pelo subjetivismo epistemológico,

6 *Ibid.*

7 *Ibid.*, p. 123.

8 Jürgen Habermas, *The Theory of Communicative Action* [Teoria da ação comunicativa], vol. 1, *Reason and the Rationalization of Society* [Razão e a racionalização da sociedade], tradução de Thomas McCarthy (Boston: Beacon Press, 1984), p. 381.

9 Habermas, *Philosophical Discourse of Modernity* [O discurso filosófico da modernidade], p. 186. Neste, Habermas cita Herbert Schnädelbach, "Dialektik als Vernunftkritik" [Dialética como crítica da razão], *in Adorno-Konferenz 1983* [Conferência sobre Adorno 1983], Ludwig von Friedeburg e Jürgen Habermas (Orgs.) (Frankfurt, 1983).

normativo e monologicamente estético. Ao fazê-lo, Adorno torna visíveis problemas que filósofos menores ocultam, e desse modo "nos fornece razões para uma *mudança de paradigma* em teoria social".[10] Na verdade, em resposta à elusiva passagem de Adorno sobre como "a disposição reconciliada... encontraria sua felicidade no fato de o estranho e o diverso permanecerem na proximidade por nós conferida, para além do heterogêneo tanto quanto do próprio", Habermas escreve:

> Quem quer que medite sobre essa afirmação, tornar-se-á consciente de que a condição descrita, embora nunca real, ainda é para nós a mais íntima e familiar. Ela tem a estrutura de uma vida juntos numa comunicação que seja isenta de coerção. Nós necessariamente antecipamos tal realidade... cada vez que desejamos falar o que é verdadeiro. A ideia de verdade, já implícita na primeira sentença falada, só pode ganhar forma com base no modelo do acordo idealizado e visado numa comunicação livre de dominação.[11]

Em suma, Adorno esclarece as intransponíveis dificuldades do subjetivismo e os gestos involuntários em diretrizes que – "quem quer que medite delas se fará cônscio" – conduzem na direção de Habermas.

II. Ética comunicativa habermasiana

A teoria da racionalidade comunicativa e da ética do discurso é um "projeto inacabado" que tem revelado crescente complexidade e passado por mudanças e revisões sutis. Nesta seção, tentarei apenas esboçar a versão que é endossada em seus escritos recentes, focalizando os temas que melhor iluminem suas diferenças em relação a Adorno.[12]

10 Habermas, *Theory of Communicative Action* [Teoria da ação comunicativa], vol. I, p. 366.

11 Jürgen Habermas, *Philosophical-Political Profiles* [Perfis filosófico-políticos], tradução de Frederick G. Lawrence (Cambridge, Mass.: MIT Press, 1983), p. 108-109. Theodor Adorno, *Negative Dialectics* [Dialética negativa], tradução de E. B. Ashton (Nova Iorque: Continuum, 1973), p. 191.

12 Discuto esses e outros temas em Habermas e Adorno com muito mais detalhes num livro que estou concluindo, intitulado *Critical Theory and the Question of Difference: Toward a Post-Secular Caritas* [Teoria crítica e a questão da diferença: Rumo a uma *caritas* pós-secular].

A fim de compreender a ética do discurso, temos de começar por analisar a compreensão por Habermas da ação comunicativa "normal" do dia a dia, da qual o discurso, ou a "fala argumentativa", é apenas "um caso especial – na verdade, um derivativo privilegiado – de ação orientada para a aquisição de entendimento", e somente mediante a concepção da primeira em termos do segundo "podemos compreender o verdadeiro empuxo da ética do discurso".[13] A prática comunicativa normal (valendo-se de Meade, Austin, Searle), encontra-se fundamentalmente estruturada em torno dos imperativos de uma espécie dependente de ações linguisticamente coordenadas. Dito concisamente: "Sob a pressão para decisões [uma frase frequentemente usada] adequada à prática comunicativa da vida cotidiana, os participantes são dependentes dos acordos que coordenam suas ações".[14] Os atos de fala normal facilitam nosso "*exercício no mundo dos negócios* – de descrever, estimular, contratar etc. –"[15] à medida que eles se empenham em chegar a acordos que digam respeito aos mundos objetivos e normativos, que possam fazer frente aos contínuos testes propostos pela sempre presente suposição idealizadora de um consenso sustentável, mediante um "criticismo aberto com base em pretensões de validade".[16] Por meio das "restrições" a essas idealizações que transcendem o contexto, a comunicação cotidiana pode desenvolver um sentido de legitimação, no qual uma "força vinculativa ilocucionária" proporciona "um mecanismo para ação coordenadora".[17] É esse caráter de comunicação, afirma Habermas, que nos permite transcender a ação estratégica e o fatídico mundo do poder, e agir de acordo com a "força não forçada" de obrigações baseadas no entendimento mútuo.

Em suma, a "pressão para decidir" em ações cotidianas comunicativamente coordenadas engendra "restrições" no âmbito das quais os

13 Jürgen Habermas, *Moral Consciousness and Communicative Action* [Consciência moral e ação comunicativa], tradução de Christian Lenhardt e Shierry Weber Nicholsen (Cambridge, Mass.: MIT Press, 1990), p. 130.

14 Habermas, *Philosophical Discourse of Modernity* [O discurso filosófico da modernidade], p. 198.

15 *Ibid.*, p. 201, citando afirmativamente R. Ohmann.

16 *Ibid.*, p. 199.

17 *Ibid.*, p. 196.

participantes têm de se empenhar na direção de um consenso idealizado que facilite tal ação. Essas idealizações engendradas por pressão manifestam-se como uma "preocupação em proporcionar à contribuição do indivíduo uma forma informativa, em dizer o que é relevante, a fim de ser direto e evitar pronunciamentos obscuros, ambíguos e prolixos", e elas determinam estruturalmente o caráter da comunicação cotidiana, de tal modo que os processos de aprendizado providos de lógica independente possam se destacar, a fim de nos permitir um crescente domínio sobre as dificuldades do mundo.[18]

Contudo, nem toda fala se dá dessa maneira cotidiana. As pressões da comunicação cotidiana podem ser abandonadas de um modo que, longe de nos liberar de suposições normais de idealização (como no discurso poético), permite que elas se desenvolvam por si próprias e consigam exercer a mais plena influência sobre nossos atos discursivos. Quando a pressão para agir é "minimizada" ou "aliviada", a atitude hipotética da fala ou "discurso" argumentativo pode emergir de modo que as pretensões de validade só podem ser testadas à luz das suposições idealizadoras de um exequível consenso puro.[19] O que Habermas está a implicar aqui é que as pressões mesmas, que inicialmente engendram pressuposições idealizadoras, também atuam frequentemente para solapar ou contaminar sua operação, à medida que as pressões temporais para ação truncam processos de comunicação e, dessa forma, permitem que interesses e poderes contingentes venham a distorcer acordos. Isso significa que, enquanto a *legitimidade* e a *inevitabilidade* de submeter a fala séria de alguém à orientação de suposições consensuais resultam do enraizamento da comunicação numa ação social cotidiana carregada de pressões, a *mais plena influência* e a mais clara aparição dessas suposições requerem a revogação precisamente dessas pressões. Assim, o "discurso" é o *medium* pelo qual os aspectos éticos de nossas suposições idealizadoras se mostram mais transparentes e nelas são facilmente refletidos, enquanto

18 *Ibid.*, p. 204.

19 Habermas, *Moral Consciousness and Communicative Action* [Consciência moral e ação comunicativa], p. 158 e 187.

o "verdadeiro empuxo" da ética do discurso só pode ser apreendido – em termos de sua profundidade e ubiquidade – à medida que ele não se mostre esquecido de que "a argumentação é uma forma reflexiva de ação comunicativa, e as estruturas de ação orientadas para a obtenção de um entendimento sempre já pressupõem aquelas próprias relações de reciprocidade e reconhecimento mútuo em torno dos quais giram *todos* os ideais morais, tanto na vida cotidiana quanto na ética filosófica".[20]

As suposições idealizadoras discutidas ao longo de toda a obra de Habermas conduzem, segundo a sua concepção, ao princípio da ética do discurso, que afirma: "Somente são válidas as normas que se satisfazem (ou poderiam se satisfazer) com a aprovação de todos os afetados em sua capacidade *de participantes num discurso prático*". Esse princípio, por sua vez, pressupõe que é possível justificar uma norma, e que essa possibilidade reside no princípio de universalização, que é uma regra de argumentação a demandar que: "Todos os afetados possam aceitar as consequências, e os efeitos colaterais de sua observância *geral* possam ser antecipados para a satisfação dos interesses de *todos* (e essas consequências são preferíveis àquelas das possibilidades de regulação alternativas conhecidas)". Ambos os princípios são destinados a guiar os participantes (todos em pé de igualdade) em argumentação, "com o objetivo de restaurar um consenso que foi prejudicado".[21] Segundo a perspectiva de Habermas, eles não são regras arbitrárias, mas sim regras que não podemos recusar sem cometer contradições performativas. Não obstante, ele reconhece que seus esforços para explicitamente reconstruir esse conhecimento pré-teórico apresentam uma qualidade falível e hipotética que não pode ser eliminada.

A ideia de "restaurar um consenso interrompido" aparece repetidas vezes na obra de Habermas, e merece aqui elaboração adicional à medida que indica o estatuto que a discordância entre particulares – e aquela entre particulares e diversas pretensões de universalidade – adquire à luz de suposições consensuais idealizadoras de caráter universalista. Valendo-se

20 *Ibid.*, p. 130.

21 *Ibid.*, p. 65-67.

do primeiro Hegel, Habermas faz objeções ao entendimento por Kant de que tal discordância seja devida à ausência – este lado do infinito – de qualquer harmonia preestabelecida entre impulsos corporais, desejos, prazeres e experiência, por um lado, e universalidade moral, por outro. Ao rejeitar a ideia de discrepâncias fundamentais, Habermas propõe que essa alienação deriva de uma "totalidade separada à força", na qual "uma parte se isola e com isso também aliena todas as outras partes de si mesma e de sua vida comum" de simetria e reciprocidade. É isso que "primeiramente *gera* a relação sujeito-objeto ... introduzida ... em relações que por natureza seguem a estrutura do entendimento mútuo entre sujeitos".[22] Essa última ideia é crucial, pois se a discordância é o resultado de relações separadas à força que "por natureza seguem a estrutura de mútuo entendimento", então o problema nada tem que ver com um excesso de racionalidade, mas simplesmente com um déficit. Contra Adorno e outros que "se deixam inspirar por Nietzsche", a razão é percebida aqui como desprovida de qualquer instante essencialmente trágico, alheado, violento. Sendo assim, quando a repressão da "comunicação irrestrita e [d]a gratificação recíproca de necessidades" dá origem a uma "causalidade de destino" a operar mediante "símbolos cindidos e relação gramatical reificada",[23] o caminho para além dessa alienação emerge apenas quando opostos endurecidos resumem seus esforços ao entendimento mútuo com base em consenso racional. Em suma, o agonismo é uma condição "caída", privativa à luz de suposições comunicativas – condição que apela aos efeitos reabilitadores do esforço consensual.

A consensualidade imperativa e os impulsos formalistas universalizantes da racionalidade comunicativa de Habermas têm incomodado muitos dos que são animados por preocupações sobre não identidade, diferença, alteridade, os perigos da normalização homogeneizadora, e assim por diante. O temor é o de que diferenças reais se enfraqueceriam no processo desse esforço insistente em direção ao acordo racional que é

22 Habermas, *Philosophical Discourse of Modernity* [O discurso filosófico da modernidade], p. 29.

23 Jürgen Habermas, *Knowledge and Human Interests* [Conhecimento e interesses humanos], tradução de Jeremy Shapiro (Boston: Beacon, 1971), p. 56-59.

o *telos* suposto de nossa comunicação. Habermas sempre viu esse temor como equivocado: "Nada me põe mais nervoso do que a imputação... [de que] a teoria da ação comunicativa... propõe, ou pelo menos sugere, uma sociedade utópica racionalista. Não considero a sociedade plenamente transparente como um ideal...".[24]

Se ele reiterou essa afirmação em numerosas ocasiões, uma de suas mais fortes defesas reside nos ensaios da obra *Pensamento pós-metafísico*, os quais elaboram a compreensão de que "a repulsa em relação ao Um e a veneração da diferença e do Outro obscurece a conexão dialética entre eles".[25] Essa conexão recebe uma elaboração importante em sua apropriação da obra de Meade sobre as perspectivas do falante e do ouvinte. Na suposição idealizadora de um consenso aberto à crítica, a possibilidade de diversas vozes sobre uma dada questão não é reprimida, mas sim é a condição mesma da possibilidade de legitimação do acordo. "A intersubjetividade do entendimento linguisticamente alcançado é, por natureza, porosa, e o consenso linguisticamente atingido não erradica do acordo as diferenças nas perspectivas dos falantes, mas sim as pressupõem como inelimináveis".[26] Sob a restrição das idealizações pragmáticas do esforço comunicativo em direção à verdade, o "eu" encontra-se atrelado à manutenção de uma abertura para as críticas possíveis de quaisquer dentre os "outros" na comunidade de comunicação ilimitada. Desse modo, nas demandas consensuais insistentes, Habermas vê não apenas um impulso em direção à verdade como unidade, mas também as exigências de uma abertura ineliminável para o "tu" infinito não idêntico, com o qual se coexiste. Esse reconhecimento é crucial para a distância que Habermas mantém em relação ao monologicismo de Rawls. De maneira análoga, assim como as diferenças em relação a outros são pressupostas mesmo à medida que atraídas para a unidade, o ego é individuado no processo de fazer afirmações que ele considere merecedoras de consenso. Afinal, enquanto o "eu" se submete às restrições de idealização do discurso universal, ele "projeta o contexto de interação" no qual os destinatários o

---

24 Habermas, "A Reply to my Critics" [Uma resposta a meus críticos], p. 235.

25 Jürgen Habermas, *Postmetaphysical Thinking* [Pensamento pós-metafísico], tradução de W. M. Hohengarten (Cambridge, Mass.: MIT Press, 1992), p. 140.

26 *Ibid.*, p. 48.

reconhecem como um alter ego "insubstituível e único" – ele retorna para si mesmo como um "mim" diferenciado por meio dos outros, no contexto pós-convencional de uma comunidade a operar sob a "suposição idealizadora de uma forma de vida universal".[27]

Essas diferentes perspectivas do falante infundem o acordo subjetivo com uma "porosidade" que é mais do que hipotética, pois em que pesem as suposições idealizadoras de atribuições de sentido e acordo idênticas, a "sombra da diferença é lançada" pelo "fato de que as intenções dos falantes sempre tornam a divergir dos sentidos padrão".[28] Esse ponto é fortalecido pelas reflexões do falante sobre os efeitos do movimento em direção a um maior universalismo, e o mais importante dos efeitos ele sintetiza como o seguinte: "A unidade transitória que é gerada na intersubjetividade porosa e refratada de um consenso linguisticamente mediado não apenas suporta, como também promove e acelera a pluralização das formas de vida e a individualização de estilos de vida. Mais discurso significa mais contradição e diferença. Quanto mais abstratos se tornam os acordos, mais diversos são os desacordos com os quais podemos não violentamente viver."[29]

É evidente que a universalidade e a diferença estão completamente interligadas também para Adorno, que, como Habermas, insiste em se aferrar a cada uma delas como algo internamente necessário para a existência da outra. Ainda assim, a relativa ausência de agonia e paradoxo na conexão que Habermas descreve entre universalidade e diferença, a falta de tensões cruas – mesmo de lesões – no "resgate profano do não idêntico" que ele pensa realizar mediante a racionalidade e a ética comunicativas, a tranquilidade analítica – tudo isso encontra-se em enorme contraste com as agitadas composições aporéticas de Adorno. E assim, devemos doravante mergulhar nos tumultuosos textos desse último e procurar discernir se o tumulto se deve a um paradigma equivocado agora sobrepujado, ou antes verificar se ele é a essência de uma sabedoria que na "virada" de Habermas para a "comunicação" fez-se mais enterrada do que recuperada.

27 *Ibid.*, p. 186-187.

28 *Ibid.*, p. 47-48, ênfase minha.

29 *Ibid.*, p. 140.

III. Adorno: a Dialética negativa como ética dialógica[30]

O mundo que nos cerca e nos inclui é, afirma Adorno, irredutivelmente não idêntico, e isto equivale a dizer que ele é sempre mais e menos do que pensamos, e está a persistentemente exceder nossa apreensão. "Para começar, o nome da dialética diz não mais do que objetos que não entram em seus conceitos sem deixar um resto... A dialética é o sentido consistente da não identidade".[31] Essa observação leva Adorno a repetidamente chamar a atenção para o aspecto violento, eclipsante e arbitrário dos conceitos *enquanto tais*. Essas observações animam a dialética negativa: "Meu pensamento é conduzido para [um 'sentido de não identidade'] por sua própria e inevitável insuficiência, pela minha culpa em relação ao que estou pensando".[32]

Questões a envolver o estatuto e a sustentação filosófica de tais pensamentos de pronto vêm à luz, e talvez não haja ninguém que tenha criticamente sondado esse terreno de modo mais instigante do que Albrecht Wellmer.[33] Uma vez que a resposta possível de Adorno à crítica

---

30 Outros esforços para extrair implicações éticas da obra de Adorno incluem Robert Hullot-Kentor, "Back to Adorno" [De volta a Adorno], *Telos* 81 (1989), p. 5-29; Drucilla Cornell, "The Ethical Message of *Negative Dialectics*" [A mensagem ética da *Dialética negativa*], *Social Concept* 4 (1987), p. 30-36; e Fred Dallmayr, *Twilight of Subjectivity: Contributions to a Post-Individualist Theory of Politics* [O crepúsculo da subjetividade: Contribuições a uma teoria pós-individualista da política] (Amherst: University of Massachusetts Press, 1981) e *Between Freiburg and Frankfurt: Toward a Critical Ontology* [Entre Freiburg e Frankfurt: Rumo a uma ontologia crítica] (Amherst: University of Massachusetts Press, 1991). Embora Cornell e Dallmayr explorem a receptividade e a diferença em Adorno de maneira bastante elucidativa, suas interpretações enfatizam menos a dimensão agonística de sua obra; além disso, penso que a leitura de Dallmayr pode ter de ir além da abordagem de algumas das questões de Richard Bernstein sobre a universalidade, em "Fred Dallmayr's Critique of Habermas" [A crítica de Fred Dallmayr a Habermas], *Political Theory* 16, n. 4 (1988), p. 580-593.

31 Adorno, *Negative dialectics* [Dialética negativa], p. 5.

32 *Ibid.*

33 Grande parte da obra de Wellmer, *The Persistence of Modernity: Essays on Aesthetics, Ethics and Postmodernism* [A persistência da modernidade: Ensaios sobre estética, ética e pós-modernismo], tradução de David Midgley (Cambridge, Mass.: MIT Press, 1991), aborda essas questões e outras, relacionadas. O debate mais alentado é o que se tem em "The Dialectic of Modernism and Postmodernism: The Critique of Reason since Adorno" [A dialética do modernismo e pós-modernismo: A crítica da razão desde Adorno], p. 36-94.

wittgensteiniana/habermasiana é vital para o nosso esforço em clarificar e apreciar a alternativa ética de Adorno, introduzo a posição deste por meio dessa lente.

A "metacrítica de Wellmer" articula-se segundo duas compreensões cruciais: em primeiro lugar, a descrição por Adorno da "rigidez" e generalidade monotonamente fixada dos conceitos – que é central à sua crítica "totalizante" da violência dos conceitos enquanto tais – mantém-se atrelada à "ficção racionalista" em relação à qual ela própria busca se distanciar. Em contraste com essa posição, Wittgenstein ilustra que "palavras podem ser usadas de muitas e variadas maneiras" e seu caráter – longe de ser o de universais fechados, ao modo de um circuito – é mais bem evocado "pela imagem de semelhança de família, e, sendo assim, pela imagem de uma corda que consiste numa multiplicidade de fibras... essa multiplicidade de modos de usar uma palavra reflete a abertura de sentidos linguísticos".[34] Em sua condição de ser múltipla, flexível e capaz de extensão produtiva e indeterminada, a linguagem *como tal* dificilmente pode ser descrita como violenta. Em vez disso, tem-se apenas que *usos particulares* de conceitos podem ser assim ilustrados – "distúrbios, bloqueios ou limitações específicas da comunicação,"[35] que se sobressaem contra o pano de fundo intralinguístico normativo da prática comunicativa desimpedida. Em segundo lugar, acompanhar a "ficção racionalista" de Adorno é um "resíduo de ingenuidade" por meio do qual ele, tacitamente, adota uma posição *externa* ao reino linguístico, a fim de condenar a relação desse último *enquanto tal* com o extralinguístico. De nenhuma outra perspectiva poderia Adorno afirmar a injustiça do "conceito identificatório".[36]

Considerando o primeiro ponto de Wellmer, é errado atribuir uma teoria de conceitos "ficcional racionalista" a Adorno, não apenas porque ele repetidas vezes critica essa concepção (que é implicitamente engendrada por todas as práticas reificantes), e sim, mais do que isso, porque ele sempre participou do mundo da linguagem e pensou sobre ele – isto nos

34 *Ibid.*, p. 71.

35 *Ibid.*, p. 74.

36 *Ibid.*, p. 73

interstícios afirmativos de sua obra – de uma perspectiva muito diferente. A multiplicidade, flexibilidade e abertura dos conceitos é integral à ideia adorniana central de "constelação", sobre a qual ele escreve:

> O modelo para isso é o comportamento da linguagem. Ela não oferece nenhum mero sistema de signos para as funções do conhecimento. Onde ela se apresenta essencialmente enquanto linguagem e se torna apresentação, ela não define seus conceitos. Ela conquista para eles a sua objetividade por meio da relação na qual ela coloca os conceitos, centrados na coisa. Com isso, ela serve à intenção do conceito de expressar totalmente aquilo que é visado.[37]

Os conceitos expressam coisas diferentes a depender do contexto constelacional. Ao expressar o caráter aberto da linguagem, constelações radicalmente diferentes, como as que Adorno intentava compor, mudam as categorias internamente, e "quando uma categoria muda... uma mudança acontece na constelação de todas as categorias, e assim novamente em cada uma delas".[38] Desse modo, Adorno, por outras vias, parece ter chegado a uma concepção do ser e da possibilidade da linguagem "como linguagem", algo que está vedado – ao menos em termos de suas possibilidades múltiplas, abertas e praticadas – à concepção do ser, e da possibilidade da linguagem do paradigma wittgensteiniano, concepção da qual, afirma Wellmer, Adorno estaria a carecer.

Apesar disso, Adorno atribui aos conceitos e à linguagem enquanto tais uma qualidade inabalavelmente violenta e injusta. Ainda assim, ele

---

37 Adorno, *Negative Dialectic* [Dialética negativa], p. 162. Cf. Max Horkheimer e Theodor W. Adorno, *Dialectic of Enlightenment* [Dialética do esclarecimento], tradução de John Cumming (Nova Iorque: Seabury, 1972), p. 15, onde se afirma que, por meio do entrelaçamento dinâmico de identidade e não identidade, "a linguagem é transformada de tautologia em linguagem". Susan Buck-Morss explora investigativamente o emprego transfigurador de conceitos por Adorno em seu *The Origin of* Negative Dialectics: *Theodor Adorno, Walter Benjamin and the Frankfurt Institute* [A origem da *Dialética negativa*: Theodor Adorno, Walter Benjamin e o Instituto de Frankfurt] (Nova Iorque: Free Press, 1977), especialmente p. 57-62, a exemplo do que faz Gillian Rose, *The Melancholy Science* [A ciência melancólica] (Nova Iorque: Columbia University Press, 1978), cap. 2.

38 *Ibid.*, p. 166.

o faz não de uma posição externa à linguagem, e sim de uma posição firmemente enraizada no – sempre repetido – conhecimento de que "não há um espreitar para fora",[39] e no de que "eu não tenho nenhum outro meio a não ser romper de modo imanente". Retornando a uma passagem mencionada acima, segundo a qual a dialética é "o sentido" (*Bewusstsein*, portanto, a percepção ou a consciência) da não identidade, Adorno imediatamente acrescenta que a dialética "não se inicia com a tomada de um ponto de vista".[40] Ela não se origina de um solo extralinguístico estável, mas sim de minha "própria insuficiência inevitável, de minha culpa pelo que estou pensando". Fenomenologicamente, a percepção da não identidade emerge como um sentido *pessoal* ("meu") e *privativo*, não como uma consciência positiva impessoal. A privação é tornada consciente *imanentemente* à medida que, de maneira interminável, o indivíduo descobre excessos, diferenças, profundidades, que ele ou outros previamente transgrediram.[41] Nessa repetição, o indivíduo não está a finalmente "espreitar fora" e ver de maneira afirmativa e transparente que a linguagem como tal é violenta. Em vez disso, o indivíduo é conduzido a uma "*percepção*" (expressando um sentido que é mais experiencial, menos completamente determinado, positivo, singular) do aspecto transgressivo de nossa relação com a não identidade. Essa percepção por certo que não é dedutiva; e ela não é exatamente indutiva, à medida que o que é repetidamente sentido são qualidades *diferentes* cuja única comunalidade essencial é a de que elas estavam todas *ausentes* em pensamentos anteriores. Trata-se mais de uma sensibilidade negativa, de uma generalização experiencialmente enraizada que emerge à medida que o indivíduo – conduzido em parte pela culpa repetida – reflete sobre a sua conexão com o que sempre torna a aparecer como um mais-tendo-sido-tomado-por-menos.

39 *Ibid.*, p. 140.

40 *Ibid.*, p. 5. Em alemão: *Negative Dialektik* [Dialética negativa] (Frankfurt: Suhrkamp, 1973), p. 15.

41 O aspecto essencialmente imanente, ativo e performativo dessa percepção é uma das principais razões pelas quais Adorno nos adverte quanto a fazer da não identidade apenas outra ontologia. Cf. *Negative Dialectics* [Dialética negativa], parte 2.

Certamente que o "mais" sempre aparece no âmbito do reino linguístico: "O que residiria além faz sua aparição somente nos materiais e categorias internas".[42] Ainda assim, essa circunstância não precisa nos confinar a um entendimento de identidade e diferença como algo a dizer respeito somente ao linguístico. Em vez disso, por meio de nossas experiências e reflexões relacionadas à perpétua descoberta dos limites de cada conceito e constelação de conceitos, podemos nos fazer conscientes de um excedente extralinguístico que é, sem cessar, eclipsado e transgredido por nossas palavras, mesmo que nenhum eclipse particular esteja positivamente além de nossos limites para rescindir. Nesse sentido geral, que reside além e aparece oblíqua e privativamente "dentro", é a existência de um "mais" que é sempre parcialmente prejudicada pelo pensamento linguístico, enquanto nenhum dano específico é imutável. A importância do caráter *oblíquo* e *privativo* desse conhecimento é indicada na defesa por Adorno do relativismo (este ao qual ele costuma ser bastante crítico) contra críticos que o acusam de assumir "a sua própria validade, e uma validade absoluta". Essas críticas "confundem a negação generalizada de um princípio com a própria elevação da negação a uma posição afirmativa, independentemente da diferença específica em valor posicional de ambos".[43] Algo semelhante pode ser dito de Wellmer em face de Adorno: ele confunde a posição deste último, enraizada numa negação geral da pura identidade e harmonia, com uma posição afirmativa enraizada numa perspectiva absoluta positiva de fora.

Para Adorno, o reino linguístico é entrelaçado e permeado por uma existência extralinguística não idêntica que é "sempre já" e "não ainda". O não idêntico é "sempre já" porque nossa consciência linguística – a emergir de uma corporeidade densa e específica, e sendo colorida por ela – é provida de múltiplas relações materiais com o mundo. "O momento somático como a parte não puramente cognitiva da cognição é irredutível – a fisicalidade emerge... como o cerne dessa cognição", deslocando

42 *Ibid.*, p. 140.

43 *Ibid.*, p. 35-36.

o sonho de uma constituição consciente ou intersubjetiva do corpo.[44] O não idêntico é "não ainda" à medida que pensamentos linguísticos "apontam para entidades" que eles não postularam, e cuja não identidade fundamental não pode "ser abolida por nenhum processo de pensamento adicional".[45] À medida que o pensamento conceitual se move na direção do mundo, ele busca melhor interpretar aquilo que lhe escapa.

Agora, nosso entrelaçamento com a não identidade é de grande importância para Adorno. Afinal (em contraste com a apropriação por Habermas da crítica a Kant pelo primeiro Hegel), ele implica que a discrepância entre o particular e o geral – entre percepções, inclinações, prazeres, desejos, por um lado, e ordenamentos conceituais e práticos, social e pessoalmente impostos de modo mais geral, por outro – não se deve *simplesmente* à disjunção forçada de uma totalidade da qual a razão se separou, e sim é muito mais uma *característica ineliminável* de nossa inscrição neste mundo. Enquanto muitas discrepâncias, cegueiras e transgressões específicas surgem *do* processo que Habermas descreve – e enquanto a violência identificável não especificável é absolutamente imutável, na leitura de Adorno, nossas relações parecem ser caracterizadas também por uma não identidade elementar entre o geral e o particular, da qual não podemos escapar *in toto*. Novas cegueiras e violências acompanharão nossos melhores esforços para remediar aqueles que agora aparecem a nós. De um modo algo paradoxal, essa compreensão é, para Adorno, mais uma fonte de esperança do que de desespero. Pois tornar-se "perceptivo" dessa trágica finitude é começar a enfrentar uma húbris (tanto institucional quanto pessoal) que de outro modo faz proliferar loucamente uma cegueira e violência que escraviza e desvitaliza o mundo circundante, bem como o *self* (si mesmo) numa reciprocidade paródica. É essa percepção que incessantemente solicita a ilustração, e é vital para ela, tratando-se de uma ilustração que "acomoda a reflexão sobre seu elemento recidivista", a ilustração da qual "liberdade social é inseparável", tratando-se de "uma noção positiva da ilustração", anunciada

44 *Ibid.*, p. 193-194.

45 *Ibid.*, p. 135-136.

na *Dialética do esclarecimento*.[46] É porque "a força da consciência vai até a sua própria ilusão"[47] – tanto em termos de ilusões específicas quanto em termos da "percepção" geral do pensamento, de seu ineliminável aspecto ilusório – que a dialética negativa pode "servir ao fim da reconciliação... desmantelar o caráter lógico coercitivo de seu próprio curso"[48] e "mudar essa direção de conceitualidade, a fim de conceder a ela uma virada em direção à não identidade".[49]

A dissipação da cegueira e violência a cruzar por trás e pela frente entre as pessoas – bem como a possibilidade de um maior grau de compreensão, de liberdade e de riqueza que deriva de experienciar e engajar outros em sua sutileza e especificidade – depende de o indivíduo se comprometer com uma generosidade dialógica para a recepção dos outros e da alteridade e para o engajamento com estes.[50] Ainda assim, essa atividade ética dialógica, dialética negativa ao modo de uma "moralidade do pensar",[51] não é governada pelo imperativo singular de um esforço em direção ao consenso, tampouco visa univocamente a cura de uma totalidade disjuntada à força. Em vez disso, uma percepção do momento extralinguístico não idêntico, que permeia a intersubjetividade linguística, atrai Adorno para um entendimento do diálogo como agonisticamente guiado por solicitações contrárias: podemos melhor moldar nossas vozes e abrir nossos ouvidos na constelação de forças carregada de tensão a nos impulsionar de uma só vez na direção da consensualidade e na direção do dissenso. Na verdade, é a tensão viva entre esses dois impulsos – nenhum deles sendo tomado individualmente – que constitui a vida dialógica da

46 Horkheimer e Adorno, *Dialectic of Enlightenment* [Dialética do esclarecimento], p. xiiii e xvi.

47 Adorno, *Negative Dialectics*, p. 148.

48 *Ibid.*, p. 6.

49 *Ibid.*, p. 12.

50 Meu enfoque presente encontra-se limitado à elaboração de uma ética de receptividade generosa – a ética dialógica de Adorno – em termos de seres humanos. Estendo esse conjunto de ideias na direção de uma ética ecológica em "Ecotones and Ecological Ethics: Adorno and Lopez" [Ecótonos e ética ecológica: Adorno e Lopez], *in In the Nature of Things*, William Chaloupka e Jane Bennett (Orgs.) (Mineápolis: University of Minnesota Press, 1993).

51 Theodor Adorno, *Minima Moralia*, tradução de E. F. N. Jephcott (Londres: Verso, 1978), p. 73-74.

ilustração como um esforço infindável para atingir – tanto em pensamento quanto em ação – uma reciprocidade não idêntica.

Apesar dos problemas que, dizendo respeito à não identidade, são engendrados pela noção de "sistema", não obstante seus temas associados de "unidade e concordância são, porém, ao mesmo tempo a projeção deformada de um estado pacificado, que não é mais antagônico".[52] Longe de simplesmente rejeitar a ideia de unanimidade e o impulso para ela, Adorno cultiva um momento consensual como um importante ponto de iluminação e gravidade na constelação ética entretecida por seus textos – um ponto que nos atrai para o criticismo de relações hostis alheias de escravização recíproca. Daí essa crítica da identidade repetidas vezes atrair a atenção para o aspecto utópico da identificação que, ao abordar e buscar marcar o objeto, também busca "ser marcada pelo objeto. Secretamente, a não-identidade é o *telos* da identificação".[53] Adorno nos solicita para que nos aventuremos em direções que podem reduzir a violência mediante a recorrência ao impulso não subjugante de identificação, evocado quando dizemos que "não se trata de identificar um objeto, mas de se identificar com pessoas e coisas".[54] Para além tanto da homogeneização quanto do antagonismo, esse tipo de identidade seria "uma união da diversidade" – uma consensualidade a abarcar diferenças a que podemos nos entregar em nossas relações com nós mesmos e com outros apenas a um imenso custo para todos.[55]

Ainda assim, a consensualidade é simultaneamente um ideal que é perigoso e que engendra a sua própria cegueira e violência, já que cada sujeito é também um objeto e que "objetos não entram em seus conceitos sem advertência".[56] Quaisquer que sejam os termos de nossos acordos, não importando o quanto sejam ideais, os aspectos do *self* e dos outros

---

52 Adorno, *Negative Dialectics* [Dialética negativa], p. 24.

53 *Ibid.*, p. 149.

54 *Ibid.*, p. 150.

55 *Ibid.*, p. 151.

56 *Ibid.*, p. 179. Ver "Subject and Object" [Sujeito e objeto], *in The Essential Frankfurt School Reader* [O essencial para o leitor da Escola de Frankfurt], Andrew Arato e Eike Gebhardt (Orgs.) (Nova Iorque: Continuum, 1985), p. 502s.

são eclipsados. Quando elevados à categoria de princípio regulativo soberano, o ideal de esforço em direção à unanimidade compreendido como a abarcar uma união da diversidade tende para o esquecimento desse elemento de cegueira e transgressão que acompanha a finitude da subjetividade e da intersubjetividade. Ele oculta a impossibilidade de sua própria realização completamente não violenta, os custos da unificação. Ele encobre uma percepção de que, para o ser humano, a resistência, a transgressão e o agonismo são fundamentalmente ideais vitais que estão a merecer nossa fidelidade como ideais que nos reúnem, a não ser que nosso sonambulismo esteja para novamente iniciar a proliferar a violência. Ele faz submergir a percepção de que existem poucos acordos positivos que crescem completamente para além de ocultamentos e exclusões que demandem nossas explorações dissidentes: que para seres de finitude, o ideal do dissenso é não mais transitório ou secundário que o da consensualidade, que o cultivo do dissenso ponderado em nossas vozes e em nosso caráter é tão importante para a existência de relações dialógicas em que podemos prosperar quanto o é o ideal de acordo.

É por essas razões que os textos de Adorno tão resolutamente desenvolvem e habitam a *tensão* entre os melhores momentos do esforço da identidade em direção a uma unidade diferencial pacífica, por um lado, e o aspecto ineliminavelmente transgressivo de nosso pensamento e de nossas vidas, o que engendra o ideal de negação inexorável, por outro. Em justaposição à primeira aspiração, Adorno a todo tempo apregoa para nos lembrar da "inverdade da identidade"; para recordar que "a vida puramente como um fato estrangulará a outra vida";[57] para sempre novamente investigar fissuras em cada ordenamento; para que se tenha em mente que mesmo para a arte "a harmonia é inatingível, dados os critérios estritos para o que a harmonia supostamente seria";[58] para nos esforçarmos em encarar o momento inevitável da violência trágica de nossa própria voz, arte e práxis e a "não tentar apagar as fraturas deixadas pelo processo de

57 *Ibid.*, p. 364.

58 Theodor Adorno, *Aesthetics Theory* [Teoria estética], tradução de Christian Lenhardt (Londres: Routledge and Kegan Paul, 1984), p. 161.

integração, em vez disso preservando todos os traços desses elementos que resistem à integração";[59] para resistirmos ao imperativo singular de unidade e consensualidade mesmo à medida que se busca posicionar a própria voz e os próprios ouvidos em proximidade audível para essa demanda.

Uma vida que vive, uma inteligência dialógica e o mais elevado grau de liberdade e bem-estar que possamos desenvolver só emergirão à proporção que lutarmos para ter em mente esses impulsos que, embora muito diferentes, são igualmente vitais. Ao poderosamente nos solicitar que venhamos a habitar um paradoxo que tendemos a eclipsar, ambos os pontos são evocados de maneira radical, destinada a nos impactar a partir de nossa atordoada complacência. Ainda assim, mesmo que Adorno ilumine os extremos, ele não vê esses últimos como positividades apenas externamente relacionadas. Em vez disso, a exemplo das muitas oposições que ele elabora, tais extremos "mantêm a fé em sua própria substância por meio de seus opostos"[60] e estão "conectados por criticar um ao outro, não por compromisso".[61] Mediante a crítica recíproca, cada compreensão "mantém a sua substância" à medida que sua antítese ajuda a iluminar e a enfraquecer a cegueira que obscurece o seu momento de compreensão e solapa a sua eficácia para a prática da liberdade. Nesse processo, cada empuxo é transfigurado, e essa transfiguração é elaborada por si só. Assim, em agonística justaposição com a voz da reconciliação, a compreensão da dimensão de pensamento e existência ineliminavelmente transgressiva eleva-se para além de um desespero potencialmente desesperançado ou mesmo de uma participação desprovida de sentido no inevitável, a fim de solicitar a implantação da relação transgressiva e resistente do pensamento com o mundo contra os próprios alheamento e violência. "Acompanhar pensamentos irreconciliáveis é a esperança para a reconciliação."[62] De modo semelhante, o aspecto eclipsante e mítico da dimensão reconciliadora de nossa relação dialógica com o mundo é transfigurado em sua proximidade com seu oposto, na direção de uma insistência *transgressiva resolutamente crítica* em que

59 *Ibid.*, p. 10.

60 Adorno, *Negative Dialectics* [Dialética negativa], p. 15.

61 *Ibid.*, p. 61.

62 *Ibid.*, p. 19.

a reconciliação total é sempre transcendente e "não ainda". Justaposta a seu outro, "a ideia de reconciliação proíbe o posicionamento positivo da reconciliação como um conceito".[63] Assim como o sentido do momento transgressivo é atraído para a realização da esperança de paz, o momento reconciliador encontra o seu sentido como uma permanente agitação a resistir a subjugações sempre presentes. Essa compreensão é incisivamente evocada na *Teoria estética*: "A dissonância é a verdade da harmonia".[64]

De maneira significativa, a "moralidade do pensar" de Adorno (transmitida sob a forma de uma constelação agonística eticamente solícita) é defensável contra a acusação de "contradição performativa" que Habermas levanta contra aqueles que partem da "ética comunicativa". Pois Adorno não *nega* o papel crucial do ideal de consensualidade e reconciliação no diálogo, e em vez disso o situa agonisticamente em justaposição com o empuxo concorrente do dissenso. Ambos os pontos constituem ideais necessários a fim de animar as mais promissoras relações dialógicas. Adorno não tenderia a rejeitar a compreensão da consensualidade por Habermas e sim mais a condenaria pelas compreensões adicionais eclipsantes, sem as quais aquela seria insuficiente para solicitar o que há de mais elevado no ser humano – isto é, uma atividade dialógica mais receptiva. Para Adorno, a impulsão para o consenso se estende à descoberta do momento elusivo da própria consensualidade, e ela tem de dar espaço à impulsão para o dissenso a fim de se manter mais próxima de sua própria substância. Adorno nos convoca para esse paradoxo, não com o propósito de desesperar, nem para invocar magicamente uma "concentração consciente por parte da natureza",[65] mas para nos situar numa posição em que um paciente trabalho dialético negativo pode iluminar perigos e possibilidades de liberdade.[66]

Pela perspectiva de Adorno, a hegemonia de pressuposições consensuais na obra de Habermas, juntamente com a sua redução dos problemas

63 *Ibid.*, p. 145.

64 Adorno, *Aesthetic Theory* [Teoria estética], p. 161.

65 Habermas, *The Philosophical Discourse of Modernity* [O discurso filosófico da modernidade], p. 119.

66 Contudo, Adorno viu escasso espaço político real para que esse conhecimento exercesse um impacto transformativo amplo.

e paradoxos postos pela não identidade extralinguística,[67] representa mais do que as idiossincrasias de um único teórico. Em vez disso, tal hegemonia manifesta um sentido de comunicação à medida que com tanta frequência ela funciona na sociedade moderna (tanto no mundo da vida quanto no sistema) e expressa um espírito significativo da era à qual Adorno foi implacavelmente crítico.

Seus ataques são por vezes desferidos com um gume retoricamente exagerado, que objetiva interromper uma aceitação complacente da centralidade e dignidade da "comunicação": "Tudo aquilo que se denomina hoje em dia comunicação, sem qualquer exceção, não é senão o barulho que não nos deixa escutar a mudez dos que estão encantados".[68] Se isso, numa rápida leitura, pode ser facilmente descartado por um habermasiano, também contém algo importante a demandar uma exploração mais profunda. Pois trata-se de uma crítica da "comunicação" em nome da comunicação. É uma crítica da "comunicação" com base no papel que ela desempenha em ocultar esse silêncio particular – essa falta de comunicação. E está claro que, para Adorno, a "comunicação" não apenas *oculta* a "mudez" desprovida de comunicação, mas igualmente desempenha um importante papel em também *engendrá*-la.

A "comunicação" atrapalha o diálogo e engendra a mudez encantada, uma vez que "o que hoje é chamado [frase repetida] 'comunicação' é a

67 Penso aqui particularmente nos debates sobre natureza externa (cap. 2) e natureza interna (cap. 10) em *Conhecimento e interesses humanos*. Para a elucidativa análise por Joel Whitebook de algumas das dificuldades implicadas nesses debates, ver "The Problem of Nature in Habermas" [O problema da natureza em Habermas], *Telos* 40 (1979) e "Reason and Happiness: Some Psychoanalytic Themes in Critical Theory" [Razão e felicidade: Alguns temas psicanalíticos em teoria crítica], *in Habermas and Modernity* [Habermas e a modernidade], Richard Bernstein (Org.) (Cambridge, Mass.: MIT Press, 1985). Em "Questions and Counterquestions" [Questões e contraquestões], *in* Bernstein, *Habermas and Modernity*, p. 201, Habermas faz acenos ao papel da dimensão estética em engajar a não identidade, porém não o desenvolve. O *The Recent Work of* Jürgen Habermas: *Reason, Justice and Modernity* [A obra recente de Jürgen Habermas: Razão, justiça e modernidade] (Cambridge: Cambridge University Press, 1988), de Stephen K. White, elabora passagens como essas para fortalecer a capacidade de Habermas de responder a pós-modernistas, mas ainda assim esse instigante esforço é falho em permitir que a diferença se faça suficientemente presente no coração de nosso entendimento da intersubjetividade.

68 Adorno, *Negative Dialectics* [Dialética negativa], p. 348.

adaptação do espírito para meios úteis e, pior, para o fetichismo de comodidade".[69] Pode-se querer confinar a legitimidade dessa afirmação ao reino dos meios de orientação sistêmica, mas Adorno claramente pensa que ela tem um significado mais amplo. Uma vez que a "comunicação" é adaptada à utilidade e instrumentalidade – *e uma vez que nosso entendimento do que é e deve ser "comunicação" adapta similarmente* –, o papel da consensualidade é engrandecido até o ponto da soberania exclusiva. Afinal de contas, o espírito da utilidade, amplamente construído, demanda que o consenso se torne o objetivo primário a fim de coordenar a ação social. Esse espírito pressurizado insiste em que nossas vozes e ouvidos estejam perpetuamente sujeitos àquelas restrições. Para que a comunicação engendre coordenação útil, o momento das atribuições de sentido e consensualidade idênticas idealizadas tem de ser excessivamente enfatizado – em suma, a dimensão da permutabilidade em diálogo tem de ser fetichizada. Adorno expressa de maneira clara que ele não deseja simples e plenamente rejeitar a ideia de permutabilidade, mas situá-la numa constelação agonística com outras compreensões que transfiguram o seu sentido (n.d., p. 146-148). Fora dessa constelação, a insistência na identidade consensual torna-se uma força normalizadora, conduzindo a uma "comunicação" na qual "a linha reta é agora vista como a distância mais curta entre duas pessoas, como se elas fossem pontos. Assim como hoje em dia as paredes das casas são fundidas numa única peça, também a argamassa entre as pessoas é substituída pela pressão que as mantém unidas. Qualquer coisa que se diferencie disso simplesmente não é mais compreendida".[70] Essa pressão que nos mantém juntos com vistas a uma coordenação útil demanda que nossos enunciados (e aqueles que aceitamos) sejam diretos, definidos, totalmente reproduzíveis, sem hesitações e ambiguidades: tal pressão demanda a mudez, a cessação de tanta comunicação.

Não é preciso ir muito longe para ver aqui uma crítica (ainda que por vezes exagerada) de Habermas provida de força substancial. Afinal de contas, o entendimento da comunicação por ele encontra-se fundamentalmente

69 Adorno, *Aesthetic Theory* [Teoria estética], p. 109.

70 Adorno, *Minima Moralia*, p. 41.

enraizado em seu papel de coordenar a ação por acordos considerados legítimos. A pressão para a decisão no contexto da ação social gera limitações no esforço rumo ao consenso: uma "preocupação em dar à contribuição de alguém um formato informativo, para dizer o que é relevante, para ser direto e evitar elocuções obscuras, ambíguas e prolixas".[71] Seu entendimento da ética do discurso está enraizado nessa situação.

É evidente que Habermas tem em mente pretensões de validade *criticáveis*, mas a questão versa realmente sobre se há espaço suficiente no interior dessas pressões e restrições – e, ademais, se a vitalidade essencial do momento agonístico, crítico é suficientemente iluminada e solicitada em seu trabalho – para que a dimensão do criticismo floresça ali de um modo adequado para seres cujos diálogos se encontram tão inteiramente permeados por uma não identidade ineliminável. Habermas por certo que está correto em acenar, em sua obra recente, para o entrelaçamento de identidade e diferença, mas é duvidoso que ele esteja a suficientemente ilustrar o caráter desse entrelaçamento. À luz das ideias de Adorno, não basta acenar a um espaço visando a possibilidade de diferença no âmbito de um acordo abstrato, nem dizer que ao modo de um "fato" sentidos divergirão de nossas suposições idealizadoras, como não basta simplesmente afirmar que "mais discurso significa mais diferença". Ora, se esses aspectos são verdadeiros ou não, tal depende amplamente do caráter, da direção e das texturas da comunicação, que por sua vez são influenciados pelo modo como compreendemos o que somos e devemos estar fazendo quando falamos com os outros, e os ouvimos e com eles nos engajamos. A afirmação de Adorno é a de que a capacidade de falar e ouvir sobre diferenças é uma capacidade que requer muito mais solicitação e cultivo, devendo ambos ser interpostos em nossas próprias interpretações do diálogo. Se ele por certo não nega a importância das ações linguisticamente mediadas e do papel da comunicação na coordenação social, Adorno questiona se devemos tomar a comunicação como diretamente enraizada nos imperativos de coordenação social como algo emblemático

71 Habermas, *The Philosophical Discourse of Modernity* [O discurso filosófico da modernidade], p. 204.

da "*comunicação enquanto tal*" e da situação ética, ou antes, se não devemos ver essa condição da comunicação como um modo privativo – ou pelo menos como o único modo – quando comparado à atividade dialógica agonística que, mais receptiva e de mais longo alcance, não apenas é possível, mas também necessária para que haja resistência às perigosas tendências de comunicação mobilizadas fundamentalmente com vistas ao "espírito de utilidade". A questão ético-política versa sobre esse diálogo de amplo alcance dever ou não ser brindado com um domínio muito maior para interferir na "comunicação", contestá-la, guiá-la e restringi-la, "comunicação" esta que é mais singular e diretamente atrelada a imperativos coordenadores de ação. Podemos aqui imaginar outro conflito fronteiriço para além daquele que, ocorrendo entre sistema e mundo da vida, Habermas descreve de maneira instigante.

Um habermasiano pode questionar se o foco de Adorno na alteridade é provido de substância normativa suficiente. Não haveria muitos tipos de alteridade – de Hitler a artistas insanos/brilhantes que varam a noite, cortam a orelha e pintam com uma profundidade que transfigura radicalmente a nossa percepção? Poderia Adorno sugerir aqui meios de discriminar que possam eticamente informar – e talvez mesmo guiar – nossa responsabilidade para agir num mundo de manifestações e possibilidades de alteridade radicalmente discrepantes? Ou será ele, na melhor das hipóteses, uma voz importante a nos convocar para participar da não identidade que, truncada pelas ordens sociais, esteja em última instância necessitada de uma posição ética que tenha de ser gerada fundamentalmente no domínio da coordenação social? Essa parece ser a posição de Stephen White, que expressa solidariedade para com aqueles que, a exemplo de Adorno, iluminam uma "responsabilidade para com a alteridade" que ele gostaria de manter em estado de tensão com a "responsabilidade de agir" habermasiana, esta que ele persistentemente – mas não completamente – favorece.[72]

---

72 Em *Political Theory and Postmodernism* [Teoria política e pós-modernismo] (Cambridge: Cambridge University Press, 1991). Para uma leitura alternativa de Foucault, ver meu "Communicative Action and Dialogical Ethics: Habermas and Foucault" [Ação comunicativa e ética dialógica: Habermas e Foucault], *Polity* 25, nº 1 (1992). Sobre

Em resposta a tal interpretação, é de crucial importância observar dois pontos. Em primeiro lugar, a ética de Adorno não vem a ser, acima de tudo, uma simples e não mediada "responsabilidade para com a alteridade", mas uma "responsabilidade para proliferar relações dialógicas respeitosamente agonísticas no âmbito das quais uma responsabilidade para com a alteridade pode florescer". Essa articulação delineia a centralidade das condições de possibilidade que, sendo dialógicas, recíprocas e performativas, visam a uma responsabilidade para com a alteridade, e Adorno procede a juízos éticos de outros específicos ao longo de toda a sua obra no tocante a seus graus de compatibilidade e incompatibilidade com essas pré-condições performativas porosamente e, ainda assim, significativamente direcionais. Essas dimensões da alteridade, ele as considera altamente capazes de engajar o mundo de maneira receptiva e é sumamente crítico àquelas que parecem ser completamente obliterativas do outro em sua constituição fundamental (embora ele procure expor as cicatrizes de seus próprios juízos mediante ironia, paradoxo e discórdia não polida). Em segundo lugar, essa ética, sendo performativa, é sempre já uma "responsabilidade de agir" à luz de um ideal de reciprocidade não idêntica. Ainda que mesmo em circunstâncias muito mais desejáveis as pressões da coordenação social enfatizarão o momento de consensualidade em muitas práticas e instituições comunicativas, a ética de Adorno nos convoca a permear e afrouxar essa ênfase – onde não pudermos suplantá-la –, pelo menos em certas dimensões ou durante certos períodos, a fim de que essas práticas possam ser informadas pelos processos e compreensões substanciais de um diálogo receptivo mais agonístico. Afinal de contas, o objetivo da produção e do governo deve ser, em última instância, o de encorajar – tornar mais possível e provável – práticas sociais que sigam os contornos de uma ética de generosidade receptiva. *Essa* coexistência dialógica é o que há de mais elevado, muito embora ela tenha de existir em tensão com domínios de coordenação de ação que exagerem a consensualidade

Nietzsche e Derrida, ver meu "Storied Others and the Possibility of *Caritas*: Milbank and Neo-Nietzschean Ethics" [Outros historiados e a possibilidade da *caritas*: Milbank e a ética neonietzschiana], *Modern Theology* 8, nº 4 (1992).

de modos que a um só tempo a sirvam e a comprometam. Se fizermos da comunicação pressurizada a norma, com isso vamos erodir essa tensão e aumentar a já forte tendência do momento consensual, a fim de proliferar a ocultação de um diálogo mais livre, mais rico e mais elevado.

Mas estaria Adorno a realmente abarcar a noção de diálogo? Espero que este ensaio torne tal interpretação plausível. Pretendo brevemente abordar por que Adorno – tão dialógico que é – se faz tão persistentemente oblíquo em seu desenvolvimento dessa posição, a fim de, além disso, articular seu entendimento das texturas da atividade dialógica.

A inclinação dialógica do pensamento de Adorno parece ser a um só tempo afirmada e negada pelas seguintes passagens da *Dialética negativa*: "Se o pensamento realmente se exteriorizasse na coisa ... o objeto começaria a falar sob o olhar insistente do próprio pensamento". Ele descreve constelações como "intervenções" pelas quais os objetos "podem vir a falar".[73] Essas passagens são dialógicas à medida que iluminam e solicitam nossos esforços para tornar outras vozes audíveis e ouvi-las, para guiar nossas vozes e vidas tendo em mente essa receptividade – a implicar a um só tempo *receber e ser recebido pelo outro*. Contudo – pensando agora somente em termos de outros seres humanos –, essas passagens talvez pareçam não dialógicas, à medida que constituem o outro não como outro sujeito, mas como um objeto; não um outro com uma voz que seja a sua própria, mas um outro que necessite da intervenção de si mesmo para "vir a falar". Ao assim perceber os outros, não estaria Adorno a estropiar seu esforço em *receber* o outro? E, passando a uma questão relacionada, não estaria uma teoria do diálogo a fracassar à luz da frequente e aparente dispensa por Adorno de toda a preocupação em relação a como se é *recebido por* outros?

Com relação à primeira questão, longe de truncar a receptividade dialógica, a frequente referência de Adorno ao outro como objeto é parte de um esforço de infundir as relações entre o *self* e o outro, entre *self* e *self*, e outro e outro com uma percepção das distâncias – isso pode afrouxar as restrições e diminuir as pressões da "comunicação" governada por

73 Adorno, *Negative Dialectics* [Dialética negativa], p. 27 e 29.

utilidade, que sufocam o diálogo receptivo. Ao se referir com frequência ao outro como objeto, Adorno chama a atenção para o momento transgressivo de nossa recepção dos outros: para o fato de que, apesar de nossos esforços em estarmos presentes para os outros, eles se mantêm significativamente ocultados. Apesar de nossas melhores tentativas de compreender o outro como um específico "você", nossa recepção dos outros está sempre confusamente entremeada a um processo de objetificação no qual grande parte desse outro desaparece. A referência ao outro como objeto é destinada a recuperar esse momento de desaparecimento, de modo que possamos sempre de novo renovar nossos esforços receptivos. Ao mesmo tempo, indica a não identidade do outro consigo mesmo, a falta de soberania do outro. Nesse sentido, o outro-como-objeto convoca nossos esforços para a receptividade ao apontar para além das expressões intencionais do outro, num esforço de dar voz àquilo que a subjetividade do outro silencia. Para Adorno, a atividade de respeito receptivo para com os outros requer que negociemos os delicados paradoxos de uma generosidade que nos convoca a um só tempo à humildade e a esforços audaciosos para transfigurar.

Com relação à aparente falta de interesse por Adorno para com o outro como destinatário, também aqui penso que com muita frequência seus críticos confundem o enfático realce de Adorno no caráter necessariamente oblíquo e difícil dessa relação – para que seja bem-sucedida – com uma destituição da importância da própria relação.[74] Adorno com frequência nos convoca a "nos afastarmos de qualquer interesse relacionado ao espectador,"[75] a fim de nos "libertar de todo interesse pelas sensibilidades do destinatário."[76] Esse "virar as costas" a uma intersubjetividade pressurizada é em parte um esforço para ganhar distância, um espaço onde o valor de uma experiência a se expressar para outra pode se dar; um

74 Um exemplo dessa leitura equivocada é o "Truth, Semblance, Reconciliation: Adorno´s Aesthetic Redemption of Modernity" [Verdade, aparência, reconciliação: A redenção estética da modernidade por Adorno], de Wellmer, *in The Persistence of Modernity* [A persistência da modernidade].

75 Adorno, *Aesthetic Theory* [Teoria estética], p. 136.

76 *Ibid.*, p. 281.

espaço que é descontínuo em relação às expectativas dos outros. Ainda assim, esse "virar as costas" encontra-se, embora não sem um momento de autonomia, agonisticamente conectado com um – difícil e oblíquo – "virar-se para" os outros de tal modo que eles possam receber algo para além dos confins de um conformismo esquematizante. Esse entrelaçamento paradoxal expressa-se repetidas vezes na *Teoria estética*, quando Adorno escreve: "*A maneira pela qual a arte se comunica* com o mundo exterior é... também uma falta de comunicação".[77] "As obras de arte... não são criadas tendo-se em mente o destinatário, mas *buscam confrontar o espectador* com a objetividade artística."[78] De modo semelhante, "a única *maneira de chegar até as consciências reificadas*... é chocá-las mediante a percepção da falsidade do que a terminologia pseudocientífica gosta de chamar de comunicação. Da mesma forma, a arte mantém sua integridade mediante a recusa de pactuar com a comunicação".[79] Ao rejeitar uma noção de receptividade como constante, Adorno busca "comunicar o incomunicável", e desse modo abrir a possibilidade de um diálogo com um grau maior de não identidade. Em última instância, arte e filosofia não têm de fetichizar nem a autonomia nem a expressão, mas sim mediar suas tensões agonísticas de um modo exemplificado por uma obra como a *Guernica* de Picasso.

IV. Reflexões concludentes

Adorno nos convoca para uma ética dialógica que busca articular um respeito para com os outros por meio de uma generosa receptividade agonística. Ao desafiar as restrições e pressões de uma comunicação enraizada na hegemonia da coordenação social, ele solicita nossos esforços paradoxais com vistas a engajar o não idêntico. O diálogo que Adorno descreve e solicita tem um maior espaço e desejo em relação ao ambíguo, ao prolixo, ao paradoxal e oblíquo; e a participação de Adorno

77 *Ibid.*, p. 7, ênfase minha.

78 *Ibid.*, p. 374, ênfase minha.

79 *Ibid.*, p. 443, ênfase minha.

nesse diálogo frequentemente manifesta essas qualidades. Como resultado, as reflexões de Adorno sobre o *diálogo em si mesmo* são muitas vezes oblíquas e paradoxais a ponto de serem irreconhecíveis para aqueles que – como Habermas – guiaram-se mais exclusivamente pelas restrições de um esforço consensual direto. Minha própria elaboração do pensamento de Adorno neste ensaio – desenvolvida num processo de negociação entre empuxos para expressar a integridade de suas ideias, o desejo de expressá-las de maneira, assim se espera, mais inteligível (embora ainda perturbadora) àqueles mais próximos do terreno habermasiano, bem como as insistências de minhas próprias sensibilidade e voz – tem o objetivo de desestabilizar a narrativa confortável no âmbito da qual os habermasianos situam Adorno, a fim de encurtar esse monólogo mítico e provocar um diálogo.

Poder-se-ia dizer que a ética articulada e exemplificada na obra de Adorno,[80] em última instância, diz respeito ao político no seguinte sentido: como a arte, ela "invoca externalização... é prática no sentido de que define a pessoa que a vivencia como um *zoon politicon*, forçando-a a sair de si mesma".[81] Tal como o vejo, tudo vem desaguar nas texturas específicas desse esforço paradoxal para sair de si mesmo e se engajar com outros – bem como julgá-los – à luz dessa atividade. Tanto Habermas quanto Adorno são impelidos por um momento de universalismo ético que tem em mente esse objetivo. Mas tal acordo é necessariamente abstrato. Por fim, a substância e o sentido do universalismo de cada teórico são engendrados e articulados pelo modo com que cada qual narra, solicita e pratica a atividade de respeitar os outros. Na difícil *atividade* de sair de si mesmo, Adorno continuamente busca enraizar o respeito à nossa percepção de nosso entrelaçamento com a não identidade e retornar o respeito a essa mesma

80 Por trágico que seja Adorno ter falecido antes de escrever a sua obra sobre filosofia moral, que tinha o objetivo de complementar a *Dialética negativa* e a *Teoria estética* (cf. Gretel Adorno e Rolf Tiedemann), o "Editors's Epilogue" [Epílogo do editor] da *Aesthetic Theory* ([Teoria estética], p. 493) traz uma apropriação irônica desse fato, dada a preferência de Adorno por tratamentos oblíquos e performativos de questões éticas em detrimento de abordagens declarativas diretas.

81 Adorno, *Aesthetic Theory* [Teoria estética], p. 345.

percepção. Também Habermas busca mutuamente articular universalismo e diferença. Mais questionável, contudo, é se seus textos adequadamente iluminam e solicitam a atividade de cuidar dessa última, e as condições performativas para fazê-lo, ou se tal atividade e cuidado não serão mais eclipsados do que deveriam ser por uma consensualidade aberta e singularmente insistente. Se essa questão retórica tem algum mérito, ela pode ajudar a explicar as falhas no paradigma de Habermas que contribuem para a sua deficiente comunicação com Adorno.

3 O que restou de Marx?

NANCY S. LOVE

> A interpretação liberal não é falsa. Mas não enxerga a venda nos próprios olhos.
>
> Depois da falência do socialismo de Estado, [o liberalismo do Estado de bem-estar] é o único buraco de agulha pelo qual tudo tem de passar.[1]

Essas passagens, extraídas de "Que significa socialismo hoje?", de Jürgen Habermas, certamente soam estranhas. Alusões bíblicas à cegueira e ao paraíso? Vindas de alguém que promove a racionalidade comunicativa como a "execução do projeto moderno"? Vindas de alguém que explicitamente rejeita visões nostálgicas, românticas e utópicas do socialismo? No entanto, elas proporcionam chaves que auxiliam a explicar o continuado comprometimento de Habermas com o socialismo. O socialismo não está morto, tampouco nascerá de novo. Em resposta a acontecimentos recentes, Habermas sugere uma abordagem diferente, menos dialética, da ressurreição. As possibilidades de um "socialismo efetivamente existente" estão exauridas, mas o "socialismo como crítica" continua a ser uma fonte de esperança.[2] Ele retém as "intuições" e "impulsos" de uma humanidade que faz a sua história com vontade consciente. Para Habermas, o

1 Jürgen Habermas, "What Does Socialism Mean Today?" [Que significa socialismo hoje?], *in After the Fall: The Failure of Communism and the Future of Socialism*, Robin Blackburn (Org.) (Nova Iorque: Verso, 1991), p. 45, 31.

2 Jürgen Habermas, *The Theory of Communicative Action* [Teoria da ação comunicativa], vol. II, *Lifeworld and System: A critique of Functionalist Reason* [Mundo da vida e sistema: Uma crítica da razão funcionalista], tradução de Thomas McCarthy (Boston: Beacon Press, 1987), p. 374-403.

socialismo deve ser sustentado como um "discurso no exílio". O que restou de Marx aí é a tradição do misticismo judeu.

Qualquer tentativa de separar o marxismo de Habermas de outras vertentes da teoria social – weberiana, parsoniana, interacionista social e estruturalista genética –, com as quais ele se entretece, redundará em excessiva simplificação. Até mesmo sanar sua dívida com o marxismo, esta que ele reconhece em toda uma variedade de contextos, é uma tarefa desafiadora. Fazê-lo mediante a reivindicação de uma herança comum do misticismo judeu complica ainda mais a situação. Sendo assim, essas observações não deveriam ser tomadas como uma interpretação abrangente do marxismo de Habermas. Em vez disso, elas são um esforço para explicar por que, em que pesem suas críticas ao método materialista histórico de Marx, a incluir sua análise da sociedade capitalista, Habermas se mantém socialista.

Iniciarei com a interpretação por Habermas da teoria da história segundo Marx, centrando-me na relação entre crise e crítica. Então, passarei a examinar conceitos marxistas – reificação e alienação – que auxiliam Habermas em sua análise das crises potenciais no capitalismo tardio. Por último, passarei a avaliar influências não reconhecidas do mundo da vida de Habermas sobre a sua teoria da racionalidade comunicativa. O ato de abraçar conscientemente o socialismo como um "discurso no exílio", como concluirei, ademais remove "a venda nos olhos de Habermas".

I. Crise e crítica na história

Em um escrito de juventude, Habermas propôs que a crítica de Marx ao capitalismo pressupunha a lógica da filosofia da história de Hegel, que tem suas raízes no misticismo judeu e protestante, em especial na história da salvação de inspiração gnóstica.[3] Conforme Habermas a relata, Deus criou o mundo não mediante manifestação ou externalização de Si mesmo, mas sim indo ao exílio dentro de Si mesmo, emigrando para as Suas próprias

3 Jürgen Habermas, *Theory and Practice* [Teoria e prática], tradução de John Viertel (Boston: Beacon Press, 1973), p. 215.

fundações insondáveis, e tornando-se o Seu Outro. O autorrebaixamento original de Deus impossibilitou para Adão e Eva desobedecê-lo, o que conduziu à sua expulsão do Éden. O resultado foi a humanidade ser deixada a sós na história para se redimir a si mesma e, consequentemente, a Deus. O afastamento humano em relação a Deus é extremamente doloroso. Atividades que outrora eram realizadas com alegria tornam-se desesperados esforços de sobrevivência; necessidades básicas de amor e trabalho com frequência se mantêm não atendidas. Contudo, só mesmo aprendendo a ser humanas é que as pessoas podem novamente se tornar parceiras de Deus na Criação. Numa interpretação fascinante da alienação como exílio, Dennis Fischman interrelaciona as histórias da Criação e do Éden: a torre de Babel.[4] Os homens que construíram a torre esperavam evitar o difícil processo de crescimento humano, convertendo-se eles próprios em deuses. Quando Deus destruiu a torre, ele completou o exílio da humanidade. Ao fragmentar a fala compartilhada dos homens, ele impediu que esta encontrasse propostas comuns.

Habermas argumenta que essa história de autoexílio (ele exclui Babel de sua abordagem, ponto este ao qual retornarei) fornece a base para o entendimento por Hegel da história do mundo como um complexo de crises em que Deus atualiza, reconhece e retorna a Si mesmo em homem-como-espírito. Em suas críticas a Hegel e aos hegelianos de esquerda, Marx explicitamente rejeita interpretações teológicas e antropológicas da história. Contudo, sua teoria retém a mesma estrutura básica, e isso não apenas em seus escritos filosóficos de juventude, ainda que os paralelos possam se apresentar ali com a máxima clareza. Habermas os traça da seguinte forma:

> Assim como Deus, num ato mítico de incomensurável egoísmo, alienou-Se de Sua essência retirando-se para Si mesmo, da mesma forma a relação "egoísta", que é estabelecida em conjunto com a propriedade privada, é interpretada por Marx como o

4 Dennis Fischman, *Political Discourse in Exile: Karl Marx and the Jewish Question* [Discurso político no exílio: Karl Marx e a questão judaica] (Amherst: University of Massachusetts Press, 1991), cap. 5.

"encapsulamento" no qual as forças humanas essenciais encontram-se concentradas e afastadas dos próprios seres humanos.[5]

De inspiração hegeliana, essa dialética do trabalho está a operar ainda na crítica científica de Marx à economia política, que rastreia as contradições do capitalismo até a relação entre trabalho-salário e capital. O conflito de classes é tornado possível pela prévia identificação do trabalho como uma mercadoria, isto é, pela tradução de uma capacidade humana em valor de troca. Na teoria do valor do trabalho, Marx revela as conexões entre trabalho alienado e fetichismo da mercadoria. De novo, Habermas faz a associação:

> Somente com a aparição do trabalhador assalariado livre, que vende a sua força de trabalho como sua única mercadoria, fez-se estabelecida a condição histórica sob a qual os processos de trabalho confrontam o homem em sua independência, ao modo de um processo de exploração, de tal maneira que a produção de valores de uso parece desaparecer inteiramente numa espécie de automovimento, de um automatismo, do capital.[6]

De acordo com Marx, os economistas políticos objetificam os aspectos do trabalho alienado em correspondentes fetiches da mercadoria. Com relação à alienação da atividade produtiva, a realidade é que os trabalhadores vendem a sua força de trabalho a capitalistas que controlam se eles estão trabalhando ou não, bem como as condições sob as quais trabalham. O fetiche da mercadoria relacionado é o de que todos os tipos de trabalho humano têm uma forma equivalente quantitativa ou um valor de troca que obscurece a utilidade social qualitativamente diferente dos vários tipos de trabalho. Sob o capitalismo, os seres humanos são também alienados de seus produtos. Isso se dá porque os trabalhadores produzem e os capitalistas se apropriam não como parte de um esforço coletivo, mas como indivíduos isolados, privados. Pelo correspondente fetiche da

5 Habermas, *Theory and Practice* [Teoria e prática], p. 236.

6 *Ibid.*, p. 221.

mercadoria tem-se que, dada a igualdade de todos os tipos de trabalho humano, todos os produtos têm uma forma equivalente quantitativa ou um valor de troca igual ao da capacidade de trabalho requerida para produzi-los. O fetiche obscurece o valor de uso social qualitativamente diferente das diferentes mercadorias. Por último, como implicação desse aspecto, as pessoas são alienadas umas das outras e, portanto, de seu ser da espécie. A realidade aqui é a de que os indivíduos interagem somente por meio das trocas. Pelo correspondente fetiche da mercadoria, "as relações mútuas dos produtores, no âmbito das quais o caráter social do seu trabalho se afirma a si mesmo, assumem a forma de uma relação social entre os produtos". Esse fetiche obscurece o caráter social do trabalho humano.[7]

Sob o capitalismo, então, os trabalhadores encontram-se no exílio, incapazes de reivindicar seus poderes e satisfazer suas necessidades, incluindo aí a necessidade de conferir sentido ao mundo. Fischman de fato propõe que o próprio capitalismo é uma sociedade em exílio, uma inversão da realidade humana. Nesse contexto, a crítica se refere a "uma teoria desenvolvida com a intenção prática de sobrepujar a crise".[8] Quando Marx desmistifica os fetiches da mercadoria revelando suas origens nas relações de classes do capitalismo, ele não está a sugerir que os economistas políticos estão a deturpar a realidade. Pelo contrário, as aparências que eles retratam são distorções, porque a realidade é em si mesma distorcida. Ao expor essas distorções, Marx fomenta a necessária consciência de classe com vistas a uma revolução socialista. O socialismo se torna uma "política de retorno", a reunião da humanidade consigo mesma. Mas não se trata de nossa reunião com Deus – e a distinção é importante. Se a resolução da crise por Hegel estabelece um paralelo com a história cristã da encarnação, então Marx reafirma um compromisso judeu para "santificar o mundo", mesmo, e talvez especialmente, na ausência de Deus.

Embora rejeite a dialética de Hegel, Habermas vê no marxismo a "possibilidade de uma filosofia da história com intento prático".

7 Para uma discussão mais alentada sobre a epistemologia de Marx, ver Nancy S. Love, "Epistemology and Exchange: Marx, Nietzsche, and Critical Theory" [Epistemologia e intercâmbios: Marx, Nietzsche e a teoria crítica], *New German Critique* 41 (verão de 1987), p. 71-94.

8 Habermas, *Theory and Practice* [Teoria e prática], p. 214.

Contudo, Marx falha em situar de maneira adequada a sua crítica da economia política no contexto desta, que é o de uma crise do capitalismo. Em vez de reconhecer a história como uma "fonte variável de experiência proporcionada pelo mundo da vida socialmente concreto", Marx retém resíduos de "Filosofia Primeira", isto é, da lógica da história de Hegel.[9] Isso aparece em três premissas problemáticas: (1) a de que o trabalho é o ato de autocriação humana; (2) a de que sociedades são totalidades; (3) a de que a história é progressiva. Em sua reconstrução do materialismo histórico, Habermas desafia cada qual por sua vez.

Em primeiro lugar, Habermas questiona o conceito de trabalho de Marx, de inspiração hegeliana, como atividade autocriativa do ser humano. Por meio do trabalho, as pessoas aprendem a dominar o mundo natural e a desenvolver conhecimento instrumental ou técnico. Contudo, a interação social é que é a nossa capacidade distintivamente humana. A interação demanda reconhecimento intersubjetivo de papéis e normas, ou a integração social da natureza interna. Habermas argumenta que os indivíduos e, por analogia, as sociedades sofrem um processo de desenvolvimento cognitivo-moral desde a consciência pré-tradicional, passando pela tradicional até a pós-tradicional. Os atuais níveis de aprendizado encontram-se refletidos em suas estruturas básicas e em seus valores nucleares. De acordo com Habermas, a expansão das forças produtivas não é capaz de explicar o desenvolvimento das capacidades intersubjetivas. A interação (ou ação comunicativa) segue o seu próprio caminho evolutivo. Isso significa que os conflitos de classe já não são a força motriz da história. As sociedades são hoje as portadoras da evolução, os indivíduos sendo a ela integrados. Com seu foco na produção, Marx perdeu o potencial para a emancipação – e dominação – na esfera da interação. Ele confundiu o controle da natureza externa com a liberdade humana e negligenciou a repressão social da natureza interna.

Isso nos traz à segunda crítica de Habermas ao materialismo histórico. As sociedades não são totalidades cujas partes em última instância se determinam pelo nível de desenvolvimento de suas forças produtivas.

---

9 *Ibid.*, p. 243.

Habermas opera uma distinção entre mundo da vida e sistemas, cada um dos quais sendo por ele dividido, ainda uma vez, em esferas privada e pública. O mundo da vida é o *locus* do conhecimento prático-moral ou das relações de sentido compartilhadas em famílias e locais de trabalho (privado) e em ações e opiniões políticas (público). Ele é coordenado pela ação comunicativa – isto é, pela ação orientada para o alcance do autoentendimento e do entendimento mútuo. Em contraste, os sistemas políticos (Estados) e econômicos (mercados) são coordenados pelos meios condutores de dinheiro e poder. Como veremos, Habermas argumenta que, por carecer dessas distinções, Marx teria falhado em antecipar a um só tempo a estabilidade do capitalismo e o colapso do socialismo. Elas possibilitam a Habermas distinguir os problemas condutores dos sistemas econômico e político em relação aos problemas de motivação e sentido do mundo da vida, e avaliar as diferentes capacidades de resolução de problemas proporcionadas pelos meios sistêmicos de dinheiro e poder, bem como o *medium* de comunicação do mundo da vida. A diferenciação das sociedades modernas é, evidentemente, uma faca de dois gumes. Ela proporciona o potencial para uma crise de legitimação no capitalismo tardio e para a gaiola de ferro do socialismo burocrático.

Num terceiro lugar, que já foi implicado acima, Habermas salienta que Marx confunde a dinâmica com a lógica do desenvolvimento histórico. As sociedades evoluem de fato, e Habermas tem como progresso o desenvolvimento das identidades pós-tradicionais, o qual se manifesta nos princípios universais de moralidade e justiça. Contudo, esses desenvolvimentos não são o desdobramento da razão na história. Como observa Habermas, "a historicização do conhecimento de essências (*Wesenerkenntnis*), no entanto, apenas desloca a teleologia do ser para a história. O secreto caráter normativista das hipóteses da filosofia da história também é conservado na figura naturalista das concepções evolucionistas do progresso".[10] O resultado está em minimizar as incertezas da teoria e da prática, e desse modo incentivar o conhecimento e as políticas de vanguarda totalizadoras – ou seja, "as condições para um abuso, ou mesmo

10 Habermas, "What Does Socialism Mean Today?" [Que significa socialismo hoje?], p. 35.

para uma inversão total do que originalmente se pretendia".[11] Habermas, ao contrário, sustenta que os desenvolvimentos cognitivo-morais apenas criam o espaço lógico para novas formas de organização social. A capacidade de uma sociedade se ajustar e crescer, que é estabelecida por suas condições-limite e capacidades de aprendizado, determina quando e, na verdade, se as mudanças fundamentais ocorrem. O que seriam essas tais mudanças, e, entenda-se, o sentido da liberdade, tem de ser determinado pelos próprios participantes. Habermas insiste em que "num processo de Ilustração só há participantes".[12] É a convergência entre conhecer e fazer, a criação autoconsciente de uma sociedade socialista, o que põe fim ao exílio humano. A tarefa da teoria crítica encontra-se limitada a identificar as condições formais que tornam possível a emancipação.

De acordo com Habermas, ao conceitualizar os seres humanos como produtores, as sociedades como totalidades e a história como progresso, Marx retorna a uma teologia e antropologia de inspiração hegeliana. Habermas identifica a história da salvação como o veículo para a "falsa extrapolação" por Marx de um contexto histórico específico à estrutura da história humana. Habermas reconstrói o materialismo histórico em parte para expor essa "desproporção peculiar" entre a "investigação prática" de Marx e seu "autoentendimento filosófico".[13] É evidente que se pode questionar se Habermas faz um movimento semelhante. Seria ele suficientemente reflexivo quanto às origens de sua teoria da racionalidade comunicativa em seu mundo da vida? Ou estaria ele a contar outra versão da mesma história, assumidamente menos confiante? Voltarei a essa questão após examinar a permanente influência de Marx sobre a crítica ao capitalismo tardio de Habermas.

II. Potenciais de crise no capitalismo tardio

A teoria do valor do trabalho é o eixo central da crítica de Marx ao capitalismo, e um local da tensão não resolvida entre suas categorias

11 *Ibid.*

12 Habermas, *Theory and Practice* [Teoria e prática], p. 40.

13 Jürgen Habermas, *Knowledge and Human Interests* [Conhecimento e interesses humanos], tradução de Jeremy Shapiro (Boston: Beacon Press, 1971), p. 42.

hegelianas e o materialismo histórico. Essa teoria apresenta a sociedade capitalista como uma totalidade fetichista que se origina no trabalho vivo; ou seja, ela traduz as capacidades humanas em forma de mercadoria, e o conflito de classes em relações de mercado. Embora preciso quando se trata dos primórdios do capitalismo, Habermas insiste em que as análises empíricas não possam contar com a teoria do valor ou com semelhante ferramenta tradutória. Sua crítica ao capitalismo tardio substitui o "monismo" de Marx por múltiplos intercâmbios entre subsistemas conduzidos por meios e o mundo da vida. No entanto, persistem as abstrações reais que a teoria do valor auxilia Marx a identificar – alienação e reificação. Habermas concorda que "toda civilização que se submete aos imperativos da autovalorização do capital traz consigo mesma o germe da autodestruição, pois com isso se torna cega a tudo aquilo que é relevante contra eles, a tudo aquilo que não se deixa exprimir através de preços".[14] Aqui reside o potencial de crise do capitalismo tardio – ou a venda nos olhos do liberalismo.

Habermas sugere que essas "[abstrações reais] possam ser obtidas por meio de uma análise que a um só tempo rastreia a racionalização dos mundos da vida *e* o crescimento em complexidade dos subsistemas conduzidos por meios, além de não perder de vista a natureza paradoxal da interferência destes".[15] O desfazimento desse enunciado, ao examinar os processos que ele identifica, ilustra o modo como os imperativos de sistemas frustram os potenciais do mundo da vida no capitalismo tardio.

Uma vez que Habermas considera o entendimento mútuo o *telos* inerente à fala humana, ele propõe que uma sociedade racional seja coordenada para alcançar esse fim. Um mundo da vida é racionalizado de modo correspondente "até o ponto em que permite interações que não são guiadas por acordo normativamente atribuído, mas – direta ou indiretamente – por entendimento comunicativamente alcançado".[16] Muito

14 Habermas, "What Does Socialismo Mean Today?" [Que significa socialismo hoje?], p. 32.

15 Habermas, *Theory of Communicative Action* [Teoria da ação comunicativa], vol. II, p. 378.

16 Jürgen Habermas, *Theory of Communicative Action* [Teoria da ação comunicativa], vol. I, *Reason and the Rationalization of Society* [Razão e racionalização da sociedade], tradução de Thomas McCarthy (Boston: Beacon Press, 1984), p. 70.

embora esse processo de racionalização jamais se complete, mundos da vida menos racionais de fato pressupõem mais. Conforme Habermas o observa, "quanto mais as tradições culturais pré-definirem quais pretensões de validade, e o quando, e o onde, e o para quê, e de quem e para quem elas têm de ser aceitas, menos os próprios participantes têm a possibilidade de tornar explícitos e examinar os motivos potenciais sobre os quais suas posições sim/não encontram-se baseadas".[17]

É por serem descentradas que as sociedades modernas proporcionam tal possibilidade aos participantes. Elas distinguem entre três mundos e para cada um deles adotam atitudes distintas, ou seja, adotam uma atitude técnico-instrumental para com a natureza, uma atitude pragmático-moral para com a sociedade e uma atitude expressivo-estética para com o si mesmo *(self)*. Uma vez que indivíduos são distintos de seus mundos objetivo e intersubjetivo, podem ser reflexivos quanto a estes. O descentramento permite-lhes lidar "com o mundo de fatos de maneira cognitivamente objetificada e com o mundo de relações interpessoais de maneira jurídica e moralmente objetificada".[18] Atuando em contraste, o descentramento combate as tentativas de objetificar desejos e sentimentos dos indivíduos. Indivíduos racionais interpretam suas necessidades "à luz de padrões de valor culturalmente estabelecidos, mas também adotam uma atitude reflexiva para com os próprios padrões de valor, por meio dos quais desejos e sentimentos são interpretados".[19] Em consonância com isso, os falantes usam diferentes critérios para avaliar pretensões em cada um de seus mundos. Eles perguntam: são verdadeiros certos enunciados sobre as condições objetivas? São corretas certas ações, dadas as normas sociais? São sinceras certas expressões para esse indivíduo? A comunicação é racional quando baseia suas respostas somente "na força peculiarmente livre de restrições do melhor argumento".[20]

Habermas especifica as pré-condições para a comunicação racional em sua teoria da competência comunicativa. Ele as deriva dos "aspectos

17 *Ibid.*
18 *Ibid.*, p. 216.
19 *Ibid.*, p. 20.
20 *Ibid.*, p. 26.

performativos da fala, que são pressupostos pela habilidade de enunciar, e não de qualquer ato da fala particular, mas dos atos da fala como tais" – ou do que ele chama de "pragmática universal".[21] Como o termo sugere, os atos da fala têm uma dupla estrutura: os falantes simultaneamente dizem alguma coisa (afirmam uma proposição) e fazem alguma coisa (estabelecem uma relação). Habermas reconhece a importância da competência linguística, isto é, do controle de regras e de palavras específicas da linguagem, ao formular proposições compreensíveis. Contudo, as línguas naturais dos falantes são sempre (re)presentadas por meio de "universais constitutivos do diálogo" como formas verbais (afirmações, interrogações, imperativos) e pronomes pessoais (eu e você, nós e eles) e assim por diante. Esses universais revelam os fatores intersubjetivos – reflexividade e reciprocidade – que tornam possível o entendimento mútuo. Os falantes competentes têm de ser capazes de dar razão a suas pretensões, como devem estar dispostos a conceder aos outros os mesmos direitos que conferem a si mesmos. De acordo com Habermas, os falantes demonstram competência comunicativa mediante o controle da situação de fala ideal. Ele define a fala ideal como "simetria intersubjetiva na distribuição de afirmações e disputas, de revelação e ocultação, de prescrição e conformidade entre os parceiros de comunicação".[22] Habermas apresenta essas simetrias como concepções linguísticas de verdade (consenso sem restrições), liberdade (autorrepresentação intacta) e justiça (normas universais) respectivamente. Quando essas simetrias existem, a comunicação não é obstruída por restrições advindas de sua própria estrutura – ela é racional.

Em termos de desenvolvimento histórico, a competência comunicativa e a fala ideal representam as identidades pós-tradicionais e as estruturas democráticas que caracterizam um mundo da vida racionalizado. Contudo, a democracia compete com outro princípio de integração em mundos da vida modernos – o capitalismo. O "domínio de classe apolítico" é o princípio organizacional do capitalismo, e ele corresponde às interações coordenadas

21 *Ibid.*, p. 51.

22 Jürgen Habermas, "Toward a Theory of Communicative Competence" [Rumo a uma teoria da competência comunicativa], *Inquiry* 13 (1970), p. 371.

por síndromes de privatismo vocacional civil e familiar. O privatismo vocacional familiar envolve uma orientação para realização, a crença de que os mercados recompensam o mérito, crença esta que Habermas remete à ética protestante. Símbolos de *status* – bens de consumo, horas de lazer etc. – fazem às vezes de indicadores de sucesso pessoal. O privatismo civil aparece na intimamente relacionada "despolitização" da esfera pública. O *status* econômico é oficialmente separado do poder político, e mercados ostensivamente livres existem junto a direitos formalmente iguais, o que vem ocultar os interesses capitalistas que estão por trás das constituições liberais. À medida que o governo pode estabilizar mercados sem parecer fazê-lo, os cidadãos aceitam o *status quo* econômico e expressam pouco interesse em política. De maneira bem-sucedida, um autoritarismo pré-burguês é (con) fundido com uma ideologia participativa burguesa.

De uma perspectiva do mundo da vida, a tensão entre capitalismo e democracia é promissora. Indica uma transição potencial da forma de integração social tradicional à pós-tradicional. Contudo, uma vez que as sociedades modernas são diferenciadas, devemos considerar essa tensão também de uma perspectiva sistêmica. De acordo com Habermas, sistemas econômicos e políticos interagem com o mundo da vida pelos meios do dinheiro e do poder. O sistema econômico paga salários por trabalho e fornece bens e serviços para satisfazer a demanda do consumidor. O sistema administrativo financia desempenhos organizacionais com impostos e toma decisões políticas para sustentar a lealdade da massa. Esses intercâmbios sugerem papéis correspondentes: funcionário e consumidor, cliente e cidadão. Traduzir esses papéis nos meios sistêmicos acima já implica uma abstração de seus contextos de mundo da vida.[23] Vale citar de maneira integral a descrição que Habermas faz desse processo, em especial considerando-se o paralelo que ele estabelece com Marx:

> Assim como o trabalho concreto tem de ser transformado em trabalho abstrato de modo que possa ser trocado por salários, as orientações quanto a valor de uso têm de ser transformadas, em

23 Habermas oferece um providencial diagrama desses intercâmbios em sua *Theory of Communicative Action* [Teoria da ação comunicativa], vol. II, p. 320.

> certo sentido, em preferências de demanda, assim como opiniões e expressões coletivas da vontade publicamente articuladas têm de ser transformadas em lealdade de massa, de modo que possam ser trocadas por bens de consumo e por liderança política.[24]

Esse processo de tradução provoca menor distorção junto aos papéis de funcionário e de cliente, uma vez que estes já são jurídica e organizacionalmente dependentes – são criações de empresas privadas e de burocracias públicas. Em contraste, os papéis de consumidor e de cidadão se originam nas síndromes do mundo da vida capitalista liberal – isto é, em contratos livres e direitos iguais. Pelo menos em teoria, eles são veículos para satisfazer necessidades pessoais e expressar valores sociais escolhidos mediante processos de entendimento mútuo. Com o desenvolvimento das políticas de bem-estar social para estabilizar mercados econômicos e sustentar lealdades políticas, os papéis de consumidor e cidadão são também colonizados por imperativos de sistemas.[25] Habermas sustenta que suas funções de (re)produção cultural não podem ser substituídas por meios condutores. À medida que esses papéis são "separados das estruturas simbólicas do mundo da vida", os interesses de classe por trás do compromisso de bem-estar tornam-se cada vez mais evidentes.

Os imperativos de sistemas, então, a um só tempo exacerbam as tensões e frustram os potenciais do mundo da vida. Os conflitos entre um mundo da vida racionalizado e sistemas conduzidos por meios cada vez mais complexos apresentam dois resultados lamentáveis: uma perda de liberdade e uma perda de sentido. Os conceitos por Marx de abstrações reais – reificação e alienação – auxiliam Habermas a caracterizá-los. A perda de liberdade assume a forma de uma reificação dos processos de comunicação. À medida que o mundo da vida é colonizado, os cidadãos se tornam mais "conscientes da contingência não apenas dos *conteúdos* da tradição, mas também das *técnicas* da tradição".[26] Contudo, eles simultaneamente experimentam a

24 *Ibid.*, p. 322.

25 *Ibid.*, p. 323.

26 Jürgen Habermas, *Legitimation Crisis* [Crise de legitimação], tradução de Thomas McCarthy (Boston: Beacon Press, 1973), p. 72.

complexidade esmagadora dos sistemas econômico e político. O resultado é uma "desmoralização dos conflitos públicos", porque "somente o procedimento sistêmico oportunista parece oferecer uma chance de orientação".[27] Há uma correspondente perda de sentido. Visto que as tradições culturais não podem ser administrativamente produzidas, "o seu caráter inquestionável tendo sido destruído, a estabilização das pretensões de validade pode ter êxito somente por meio do discurso".[28] Ainda assim, um mundo da vida colonizado proporciona aos cidadãos somente "um modo alienado de ter voz em questões de interesse público".[29] A lacuna entre sentidos sancionados pelo Estado e culturalmente fornecidos conduz não tanto a uma consciência falsa, e sim mais a uma consciência fragmentada. Juntamente com a reificação dos processos de comunicação, as estruturas da personalidade se desintegram à medida que indivíduos se encontram alienados de sua capacidade de conferir sentido ao(s) seu(s) mundo(s).

Embora Habermas aplique os conceitos de abstrações reais de Marx ao capitalismo tardio, ele assim procede com algumas reservas. De acordo com Habermas, o hegelianismo latente de Marx o faz confundir diferenciação com reificação e individuação com alienação. Diferentemente de Marx, Habermas afirma que níveis de diferenciação sistêmica são distintos de suas institucionalizações específicas de classe. Isso significa que a complexidade não necessariamente entra em conflito com a democracia. Em vez disso, a reificação da comunicação deve ser vista como uma deformação do mundo da vida que é específica de uma classe e induzida pelo sistema. A outra confusão de Marx encontra-se intimamente relacionada a isso. Uma vez que Marx baseia o seu conceito de alienação na construção das formas de vida tradicionais, ele não pode distinguir a racionalização dos modernos mundos da vida da reificação dos mundos da vida pós-tradicionais. Habermas, que rejeita a visão por Marx de ser da espécie, insiste em que a dor da individuação, das estruturas integradoras da personalidade e dos papéis sociais não é alienação. Os processos

27 Habermas, "What Does Socialism Mean Today?" [Que significa socialismo hoje?], p. 43.

28 Habermas, *Legitimation Crisis* [Crise de legitimação], p. 72.

29 Habermas, *Theory of Communicative Action* [Teoria da ação comunicativa], vol. II, p. 350.

de comunicação de mundos da vida racionalizados oferecem aos indivíduos oportunidades adequadas para formar conexões sociais, para criar solidariedade. A tarefa da teoria crítica do capitalismo tardio é examinar "as condições para o reacoplamento de uma cultura racionalizada a uma comunicação cotidiana dependente de tradições vitais".[30]

O socialismo, com sua convicção de que, "através do amplo leque de espaços públicos e de instituições democráticas, o poder sócio-integrador da solidariedade deve ser capaz de se afirmar sobre os dois outros poderes, dinheiro e poder administrativo", representa os potenciais do mundo da vida.[31] Os novos movimentos sociais, que surgem na sutura entre sistema e mundo da vida a desafiar a reificação da comunicação, são suas expressões. Habermas distingue seus esforços das formas colonizadas de participação: "A questão não é, basicamente, uma questão das compensações que o estado de bem-estar possa proporcionar [de redistribuição], mas a de defender e restaurar modos de vida ameaçados".[32] A esperança socialista de que os seres humanos virão recuperar suas capacidades só se tornará obsoleta quando a sociedade "tiver modificado sua identidade a ponto de poder perceber e levar a sério tudo aquilo que não é possível exprimir em termos de preço".[33]

III. De vendas nos olhos e mundos da vida

Próximo do final de sua *Teoria da ação comunicativa*, Habermas cita Marx:

> Mesmo as categorias mais abstratas, a despeito de sua validade – precisamente em razão de sua abstração – para todas as épocas, são elas próprias, não obstante e quanto ao caráter específico dessa abstração, como que um produto de relações históricas e detêm sua plena validade somente para essas relações e no interior delas.[34]

30 *Ibid.*, p. 356.

31 Habermas, "What Does Socialism Mean Today?" [Que significa socialismo hoje?], p. 43.

32 Habermas, "Theory of Communicative Action" [Teoria da ação comunicativa], vol. II, p. 393.

33 Habermas, "What Does Socialism Mean Today?" [Que significa socialismo hoje?], p. 45.

34 Habermas, *Theory of Communicative Action* [Teoria da ação comunicativa], vol. II, p. 403.

De acordo com Habermas, Marx teria falhado completamente em ver como essa compreensão se aplicava à sua própria categoria de trabalho abstrato e à sua relacionada teoria do valor. Tendo em mente a crítica de Habermas ao capitalismo tardio, podemos agora retornar à questão que eu havia posto de lado: Habermas estaria sendo suficientemente reflexivo quanto às origens de sua teoria da racionalidade comunicativa em seu mundo da vida? Na verdade, podemos até mesmo perguntar: teria Habermas a coragem das convicções de Marx? Para respondê-lo, temos de examinar em maior profundidade o conceito habermasiano de mundo da vida, incluindo o seu próprio mundo da vida.

Habermas define o mundo da vida como "o intuitivamente presente, nesse sentido de rede de pressuposições familiar e transparente, e ao mesmo tempo vasta e incalculável, que deve ser satisfeita para se ter um enunciado real provido de sentido, ou seja, válido ou inválido".[35] Os mundos da vida são, então, sempre simultaneamente alcançados e atribuídos, ou são situação e pano de fundo, sendo mesmo conscientes e inconscientes. Mundos da vida menos racionais podem pressupor mais, porém nenhuma sociedade – ou teoria – é plenamente racional. Por essa razão, Habermas rejeita pretensões fundacionalistas e transcendentalistas: "À medida que [a teoria da racionalidade comunicativa] se refere a estruturas do mundo da vida, ela tem de explicar um conhecimento de fundo do qual ninguém pode dispor como quiser. O mundo da vida é 'dado' primeiramente ao teórico (bem como ao leigo) como se fosse o seu próprio, e de um modo paradoxal".[36] Segundo Habermas, "o desenvolvimento da sociedade deve *ele próprio* originar as situações problemáticas que *objetivamente* permitem aos contemporâneos um acesso privilegiado às estruturas gerais do mundo da vida".[37]

Habermas aplica essa compreensão à sua teoria – até certo ponto. Ele afirma que as deformações do mundo da vida assumem a forma de uma comunicação reificada somente em sociedades capitalistas tardias, e que

35 *Ibid.*, p. 131.
36 *Ibid.*, p. 400.
37 *Ibid.*, p. 401.

os desafios sistêmicos às estruturas do mundo da vida explicam a sua acessibilidade aumentada para nós. No entanto, ele é menos claro acerca da especificidade histórica dos potenciais do mundo da vida que identifica. Suas distinções em meio a novos movimentos sociais ajudam a ilustrar essa confusão. Habermas distingue entre movimentos revolucionários e reacionários com base, muito simplesmente, em se eles procuram criar um mundo da vida racionalizado ou preservar valores particularistas. Segundo esse critério, o feminismo seria o único movimento emancipatório contemporâneo, uma vez que somente ele "segue a tradição dos movimentos de libertação socialistas burgueses", como somente ele persegue "a realização de uma promessa que se encontra profundamente enraizada nas fundações da moralidade e do legalismo, fundações estas que são universalistas e reconhecidas".[38] Mesmo se por ora deixarmos de lado as diferenças feministas em relação aos movimentos de libertação socialistas e burgueses, essa declaração se mantém problemática. Minha preocupação não versa sobre se o método reconstrutivo de Habermas pode ser distinguido do fundacionalismo, se quase pode sê-lo, ou se não o pode. Para nosso intuito, concedo que a racionalidade comunicativa seja uma teoria "crítica", isto é, uma teoria historicamente específica.[39] Na verdade, esse é o problema aqui. Habermas não reconhece adequadamente seus precedentes do mundo da vida, e mais especificamente as tensões entre os conceitos socialista e liberal de democracia. O socialismo de fato revela a venda nos olhos do liberalismo, e trata-se de uma venda que Habermas compartilha.

Essas tensões se manifestam no entendimento, por Habermas, da fala ideal como intersubjetividade simétrica ou então na ideia de equivalências

38 *Ibid.*, p. 393.

39 Para uma discussão mais alentada sobre a minha posição, ver "Politics and Voices: An Empowerment/Knowledge Regime" [Políticas e vozes: Um regime de empoderamento/conhecimento], *differences: A Journal of Feminist Cultural Studies* 3 (inverno de 1991), p. 97-98. Para concepções opostas, ver John B. Thompson, "Universal Pragmatics" [Pragmática universal], *in Habermas: Critical Debates* [Habermas: Debates críticos], John B. Thompson e David Held (Orgs.) (Cambridge, Mass.: MIT Press, 1982), p. 116-133, e Fred R. Dallmayr, "Lifeworld and Communicative Action: Habermas" [Mundo da vida e ação comunicativa: Habermas], *in Critical Encounters: Between Philosophy and Politics* [Encontros críticos: Entre filosofia e política] (Notre Dame: University of Nodre Dame Press, 1987), p. 73-100.

entre indivíduos. Uma comparação instrutiva pode ser feita aqui entre a ditadura do proletariado e a fala ideal. Elas representam realizações, econômicas e comunicativas, respectivamente, de direitos iguais. Marx observa que a ditadura do proletariado não reconhece diferenças de classe. Não há trabalhadores, não há capitalistas, porque todos são trabalhadores, todos são capitalistas: "Ambos os lados da relação são criados para uma universalidade imaginada – o *trabalho* como estado em que cada pessoa é inserida, e o *capital* como a universalidade reconhecida e como poder da comunidade".[40] De maneira análoga, a situação de fala ideal não reconhece diferenças de comunicação. Na verdade, não há lados, como classes, gêneros, raças, a serem aqui transcendidos, exceto, possivelmente, pela separação dos indivíduos em relação à sociedade (ponto ao qual retornarei). Seguindo Marx, a fala é um papel no qual cada pessoa é inserida, com a justiça sendo a universalidade e o poder da comunidade reconhecidos.

O problema com essas equivalências – ou simetrias – é que elas tratam pessoas diferentes segundo o mesmo padrão. Isto significa que dos indivíduos concretos elas abstraem habilidades e necessidades específicas, a fim de estabelecer relações de "reciprocidade formal" entre "Outros generalizados".[41] Por essa razão, Marx argumenta que o direito igual, como todo direito, é inevitavelmente desigual:

> Por sua própria natureza, o direito pode consistir somente na aplicação de um padrão igual; porém, indivíduos desiguais [e eles não seriam indivíduos diferentes se fossem não desiguais] são mensuráveis somente por um padrão igual à medida que são submetidos a um ponto de vista igual, sendo tomados somente por um lado definido... tudo o mais sendo ignorado.[42]

---

40 Karl Marx, "Economic and Philosophical Manuscripts of 1844" [Manuscritos econômicos e filosóficos de 1844], *in The Marx-Engels Reader* [O leitor de Marx e Engels], Robert C. Tucker (Org.) (Nova Iorque: Norton, 1978).

41 Seyla Benhabib procede a essa distinção agora familiar em seu *Critique, Norm, Utopia: A Study of the Foundations of Critical Theory* [Crítica, norma, utopia: Um estudo sobre as fundações da teoria crítica] (Nova Iorque: Columbia University Press, 1986), p. 341.

42 Karl Marx, "Critique of the Gotha Program" [Crítica ao programa de Gotha], *in Marx-Engels Reader*, p. 530.

Marx conclui que a ditadura do proletariado ainda carrega as "marcas de nascença" do capitalismo liberal. A "fase mais elevada" da sociedade comunista atravessa "o horizonte estreito de direitos burgueses em sua inteireza" e em seu estandarte ela escreve: "De cada qual, segundo sua capacidade; a cada qual, segundo suas necessidades".[43]

Habermas reconhece o problema posto pela tradução de diferentes necessidades em direitos iguais e, como vimos, sustenta que Marx falha em resolver tal problema. Ele afirma que a sua crítica empírica do capitalismo tardio não requer, e na verdade não pode incluir um veículo para traduzir os valores do mundo da vida em imperativos de sistemas. Isso é verdade se se interpreta "traduzir" como determinar. A ação comunicativa segue a sua própria lógica de desenvolvimento, e Habermas se recusa a postular um sujeito revolucionário ou prescrever uma sociedade racional. Contudo, em outros aspectos, a pragmática universal traça um paralelo com a teoria do valor-trabalho ao modo de uma ferramenta de tradução. Habermas admite que todos os meios traduzem qualidades reais em categorias abstratas, embora ele mantenha que eles assim o fazem de modos fundamentalmente diferentes. Os meios sistêmicos de dinheiro e poder são "linguagens artificias" que colonizam o mundo da vida. De modo contrastante, a pragmática universal mediatiza linguagens naturais e papéis comportamentais – ambos os quais são estruturas do mundo da vida.[44] Mas que estruturas do mundo da vida tal pragmática mediatiza?

De acordo com Habermas, a linguagem "apresenta aspectos individuais inalienáveis em categorias inevitavelmente gerais".[45] Mesmo assim, trata-se igualmente dos modos pelos quais se formam as identidades individuais, que são sempre também intersubjetivas: "O ego se conhece não apenas como subjetividade, mas também como algo que sempre

43 *Ibid.*, p. 531.

44 Jürgen Habermas, "Concluding Remarks" [Observações concludentes], *in Habermas and the Public Sphere* [Habermas e a esfera pública], Craig Calhoun (Org.) (Cambridge, Mass.: MIT Press, 1992), p. 473. Estou em dívida para com um aluno de graduação, Mark Bower, por esse conceito de processo de tradução.

45 Jürgen Habermas, "On Systemically Distorted Communication" [Sobre a comunicação sistematicamente distorcida], *Inquiry* 13 (1970), p. 211.

já transcendeu os limites da subjetividade em cognição, na fala e nas interações simultaneamente".[46] O problema é que "o ego pode entrar em estruturas de interação, e penetrar para além delas, somente se suas necessidades puderem ser admitidas no universo simbólico e interpretadas no âmbito desse universo".[47] Uma vez que nem todas as necessidades podem ser assim interpretadas, é de modo explícito que Habermas rejeita como ideal uma sociedade "inteiramente transparente" ou "homogeneizada e unificada". Em vez disso, sustenta que tradições culturais, incluindo linguagens e papéis, servem sempre a uma finalidade dual. Elas atuam como "chapas para estampar", pelas quais as "necessidades tomam forma" e se tem o "meio" em que "as necessidades podem buscar e encontrar interpretações alternativas".[48] Em vez de atribuir necessidades "a indivíduos como propriedades naturais", Habermas dá margem à interpretação discursiva desses indivíduos por meio da fala ideal – mas somente se forem "generalizáveis".[49]

Embora Habermas possa preferir uma comparação qualificada com o comunismo mais elevado, isso sugere que a sua teoria da racionalidade comunicativa é, em última instância, mais liberal do que socialista. De uma perspectiva dos sistemas, o conceito por Habermas de um processo de tradução tanto mais parece uma forma de colonização. Ele demanda que falantes competentes desenvolvam uma "consciência dual". Num recente ensaio sobre Kierkegaard, Habermas lida com esse problema e observa "de que modo contextos de vida intersubjetivamente compartilhados têm de ser estruturados a fim de não apenas deixar espaço para o desenvolvimento de identidades pessoais exigentes, mas também com vistas a amparar tais processos de autodescoberta". Tradições culturais, ele conclui, não serão suficientes: elas são integrativas demais, irrefletidas demais. Em vez disso, ele reafirma "um debate

46 Jürgen Habermas, "Historical Materialism and the Development of Normative Structures" [O materialismo histórico e o desenvolvimento de estruturas normativas], *in Communication and the Evolution of Society* [Comunicação e a evolução da sociedade], tradução de Thomas McCarthy (Boston: Beacon Press, 1979), p. 100.

47 Jürgen Habermas, "Moral Development and Ego Identity" [Desenvolvimento moral e identidade do ego], *ibid.*, p. 91.

48 *Ibid.*, p. 93.

49 *Ibid.*, p. 90.

autônomo e conduzido publicamente" como o complemento intersubjetivo à "pressuposição responsável da história de vida de alguém".[50]

Num contexto diferente, Iris Young bem expressa a inadequação dessa (re)solução: "O *alcance* [ênfase minha] da igualdade formal não elimina diferenças sociais, e o compromisso retórico com a mesmidade das pessoas torna impossível até mesmo nomear de que modo essas diferenças atualmente estruturam o privilégio e a opressão".[51] De acordo com Habermas, isso talvez seja o melhor que possamos fazer: "Pelo menos a esfera pública é uma tentativa de excluir a violência, nem que seja para de novo reproduzir algum tipo de violência internamente, mas de modo criticável".[52] Após a queda de Babel – para retornar a meu tema de abertura –, a política fez-se uma forma de autoexílio; pelo menos, se o liberalismo for a "cabeça de uma agulha pela qual tudo tem de passar...".

Mas será mesmo? O que restou de Marx na teoria de Habermas? De que modo o legado de Marx reflete o misticismo judeu?

Por um viés crítico, podemos agora concluir que Habermas, tal como Marx, tenta reconstruir a torre de Babel. Os paralelos traçados entre a ditadura do proletariado e a fala ideal, e entre trabalho e linguagem, implicam tanto quanto. Diferentemente de Marx em seus momentos mais hegelianos, Habermas sabe que seus esforços não podem ser bem-sucedidos. Os mundos da vida racionalizados impedem a reconciliação entre indivíduo e sociedade, embora também a antecipem sempre que os falantes busquem genuinamente um entendimento mútuo. Em outras palavras, Habermas sabe que os seres humanos não são deuses e lamenta nossas perdas, em especial a violência que fazemos a nós mesmos e a outrem.[53]

---

50 Jürgen Habermas, "Historical Consciousness and Post-Traditional Identity", *in The New Conservatism: Cultural Criticism and the Historians´* Debate [O novo conservadorismo: A crítica cultural e o debate dos historiadores], organização e tradução de Shierry Weber Nicholsen (Cambridge, Mass.: MIT Press, 1990), p. 261-262.

51 Iris Marion Young, *Justice and the Politics of Difference* [Justiça e política da diferença] (Princeton: Princeton University Press, 1990), p. 164.

52 Habermas, "Concluding Remarks" [Observações concludentes], *in* Calhoun, *Habermas and the Public Sphere* [Habermas e a esfera pública], p. 479.

53 Johann Baptist Metz recorre a Habermas a esse respeito. Ver seu "Anamnestic Reason: A Theologian´s Remarks on the Crisis in the *Geisteswissenschaften*" [Razão anamnéstica:

No entanto, Marx também deixa um legado mais positivo, e este Habermas ainda não abraçou completamente. Marx compreende que as políticas liberais, bem como as economias capitalistas, deixam a humanidade em exílio. Isso em parte porque elas pedem que sejamos deuses, que façamos abstração de nossos aspectos de criatura. Nesse contexto, quero retornar ao louvor de Habermas ao movimento feminista. Habermas não situa o feminismo na tradição dos movimentos de libertação socialistas burgueses. Mas ele também afirma valores particulares, em especial a "ética do cuidado", frequentemente associada a:

> A emancipação das mulheres significa mais do que a realização meramente *formal* da igualdade e da eliminação de preconceitos masculinos. Significa a derrubada de estilos de vida concretos determinados por monopólios masculinos. O legado histórico da divisão sexual do trabalho, por meio do qual as mulheres ficavam sujeitas à família nuclear burguesa, também proporciona a elas o acesso a virtudes, a um conjunto de valores que a um só tempo contrastam com o mundo masculino e o complementam, e estão em desacordo com a práxis unilateral e racionalizada da vida cotidiana.[54]

A "ética da solidariedade" feminista aqui sugerida vai além do princípio liberal de direitos iguais: ela permite a indivíduos abraçar tradições culturais, expressar suas necessidades específicas e falar com suas próprias vozes.

Tal ética parece mais consistente com o princípio de Marx "de cada qual, segundo sua capacidade; a cada qual, segundo suas necessidades". Sem dar tanta importância a algo que, para Habermas, é uma passagem pouco característica, também esse princípio seria um legado de Marx? Dennis Fischman opera uma conexão similar entre feminismo, marxismo e judaísmo: eles nos ensinam que "ser uma pessoa específica é não menos do que ser um sujeito que se autodefine, mas é mais do que isso". Ele

---

Observações de um teólogo sobre a crise nas *Geisteswissenschaften*], *in Cultural-Political Interventions in the Unfinished Project of Enlightenment* [Intervenções político-culturais no projeto inacabado da Ilustração], Axel Honneth, Thomas McCarthy, Claus Offe e Albrecht Wellner (Orgs.) (Cambridge, Mass.: MIT Press, 1991), p. 189-196.

54 Habermas, *Theory of Communicative Action* [Teoria da ação comunicativa], vol. II, p. 394.

conclui que "se a política liberal é, na melhor das hipóteses, destinada a tornar livres os sujeitos, mas não as pessoas, não você e eu, precisamos então de uma nova política, uma política que tenha por objetivo sobrepujar nossa alienação política e nos emancipar como seres humanos distintos: em suma, fazer-nos retornar do exílio".[55]

No presente contexto, posso oferecer apenas umas poucas especulações sobre de que modo abraçar conscientemente o socialismo como uma "política de retorno" pode transformar a teoria da racionalidade comunicativa de Habermas. A tradição liberal de direitos iguais continuaria importante. Mas incluiria agora o reconhecimento de que somente mediante a expressão das diferenças, mediante a formação de um "público heterogêneo", podemos sobrepujar a opressão. Isto significa que a justiça demandaria a aplicação de padrões diferentes a pessoas diferentes, ou uma sensibilidade maior à diversidade e complexidade da vida.[56] Tal sensibilidade se desenvolveria juntamente com a aceitação de linguagens naturais – isto é, de "categorias de sentido" e "padrões de significado" específicos de um grupo.[57] Isso demanda maior atenção a uma categoria relativamente pouco desenvolvida na pragmática universal de Habermas: a universal cultural. Ela é a gêmea intersubjetiva – e substantiva – dos universais constitutivos do diálogo e o veículo para comparações interculturais entre sistemas de mundo, como para as relações de parentesco, categorias de cor e assim por diante. O reconhecimento ampliado de diferenças em estilos e papéis de comunicação, que pode ser chamado de uma

---

55 Fischman, *Political Discourse in Exile* [Discurso político no exílio], p. 117.

56 Iris Young cunha o termo "público heterogêneo" e elabora um conceito de justiça específico para grupos em seu *Justice and the Politics of Difference* [A justiça e a política da diferença]. Também Habermas reconhece a necessidade de tal conceito em outra passagem pouco característica: "Essa necessária desconsideração da complexidade da vida concreta... pede compensações específicas que tornem bons os déficits referentes à aplicação e realização de compreensões morais". "Questions and Counterquestions" [Questões e contraquestões], *in Habermas and Modernity* [Habermas e a modernidade], Richard Bernstein (Org.) (Cambridge, Mass.: MIT Press, 1985), p. 210.

57 Fischman faz essa observação num debate sobre a consciência dual. Nancy Fraser também propôs um conceito de solidariedade com base no reconhecimento de "outros coletivos concretos", em "Toward a Discourse Ethic of Solidarity" [Rumo a uma ética discursiva da solidariedade], *Praxis International* 5, nº 4, p. 425-429.

"pragmática natural", também é necessário. Isso sugere o modo como Habermas pode completar o espaço em branco em sua tábua quádrupla de tipos de ação. Para os três tipos de ação que ele identificou, que são o instrumental, o estratégico e o comunicativo, ele pode acrescentar a ação empática para caracterizar os esforços individuais para compreender os outros. A empatia pode ser vista como o complemento necessário à sinceridade. Juntas elas vão demandar que ouçamos com atenção a fim de compreender e falar de modo claro para sermos compreendidos.[58]

Não surpreende que, dada a sua ênfase no "cuidado", as feministas também se mostrem providenciais em sugerir uma situação de fala correspondente. De acordo com Carol Gilligan, Annie Rogers e Lyn Mikel Brown, o conceito musical de ponto-contraponto "proporciona um modo de ouvir muitas vozes, bem como temas e variações sobre temas, e atua como corretivo para não se ouvirem temas particulares".[59] A analogia política (que elas não elaboram) é o con-senso. O hífen transmite o seu sentido original de "'sentir ou perceber em conjunto', implicando não necessariamente um acordo, mas um 'cruzamento' da barreira entre ego e ego, ligando a experiência privada e a compartilhada".[60] O con-senso, ao modo de uma fuga, é um *design* elaborado, uma harmonia simultaneamente perturbada e ordenada. Os temas contrapontísticos não estão em guerra ou em conflito, mas vêm juntos sem se tornar a mesma coisa. Vozes diferentes cruzam limites distintos, ainda que os respeitem.

Uma "política de retorno" como uma política de diferença não é algo nostálgico ou romântico; ela rejeita impulsos intuitivos e racionais para unificar. Mas seriam essas sugestões, que assumidamente são

---

58 Habermas, *Theory of Communicative Action* [Teoria da ação comunicativa], vol. I, p. 285.

59 Carol Gilligan *et al.*, "Soundings into Development" [Sondagens acerca do desenvolvimento], *in Making Connections: The Relational Worlds of Adolescent Girls at Emma Willard School* [Fazendo conexões: Os mundos relacionais das garotas adolescentes na Emma Willard School], Carol Gilligan, Nona P. Lyons e Trudy J. Hammer (Orgs.) (Cambridge: Harvard University Press, 1990), p. 320.

60 N. N. Holland, *Five Readers Reading* [Cinco leitores lendo], citado em Mary Kay Belenky *et al.*, *Women´s Way of Knowing: The Development of Self, Voice, and Mind* [O jeito de conhecer das mulheres: O desenvolvimento do *self*, da voz e da mente] (Nova Iorque: Basic Books, 1986), p. 223.

experimentações, algo utópico? Seria isso o que em última instância restou de Marx? Penso que não, a não ser que toda e qualquer fonte de esperança pareça utópica em nossos dias. De acordo com Habermas, o socialismo preserva "a esperança de uma emancipação dos seres humanos de uma minoridade, pela qual eles próprios são culpados".[61] Em última instância, o que restou de Marx é a convicção de que "as pessoas não podem ser mais humanas do que a sua sociedade permite".[62] Quanto a isso, o socialismo de Habermas continua a ser um "discurso no exílio".

61 Habermas, "What Does Socialism Means Today?" [Que significa socialismo hoje?], p. 45.

62 Fischman, *Political Discourse in Exile* [Discurso político no exílio], p. 108.

4 Universalismo e a crítica situada

Max Pensky

Já há um bom tempo tem sido um aspecto curioso da recepção de Jürgen Habermas no mundo anglófono o fato de que, em que pese o intenso e exaustivo escrutínio de sua teoria social crítica, o papel de Habermas como intelectual, polemista e ensaísta politicamente engajado na esfera pública política tem recebido relativamente pouca atenção. Dada a consistência com que o próprio Habermas tem trabalhado para uma teoria normativa de participação política – e dado o fato de que, no curso da última década ou mais ou menos isso, de modo um tanto discreto, ele tem emergido como o *intelectual* mais proeminente da Alemanha, e como seu teórico social mais influente –, essa falta de interesse em seu "trabalho extra como intelectual" parece difícil de explicar.[1]

Nas linhas que seguem, eu gostaria de esboçar, em traços bastante amplos, o foco principal da atividade de Habermas como intelectual politicamente ativo nos últimos anos, a fim de sugerir que, num grau incomparável, ele tem trabalhado única e exclusivamente para trazer seus escritos teóricos e políticos a uma interrelação que seja consistentemente mais próxima. O *universalismo* que reside no coração da teoria habermasiana continua a ser uma abstração vazia, a não ser que possa ser reconstruído no contexto de um mundo da vida concreto; assim, ele não pode ser desassociado do destino *particular* de *lógicas* universais – o que ele chama de "patriotismo constitucional" – na República Federal da Alemanha. Inversamente, os escritos políticos de Habermas sobre a República Federal fazem-se unificados pelo obstinado projeto de proteger e

1 "Keine Normalizierung der Vergangenheit" [Sem normalização do passado], *in Eine Art Schadensabwicklung. Kleine Politische Schriften VI* [Uma espécie de processamento de danos. Pequenos escritos políticos VI] (Frankfurt: Suhrkamp, 1987), p. 17.

cultivar uma forma de compromisso republicano que só faz sentido uma vez que existe uma justificação teórica decorrente do universalismo político-moral. Acredito que seja isso – à medida que a obra de Habermas se situa nas particularidades da situação alemã desde a década de 1940 – que esteja a subjazer ao peculiar desequilíbrio por parte da teoria que tem caracterizado a recepção de Habermas em países anglófonos.

Para aqueles que vivenciaram o nascimento e o oscilante crescimento de um Estado democrático no antigo *Reich* alemão, a "República Federal" tem sempre se mostrado mais como um valor do que como um fato; mais como um verbo do que como um substantivo. Em vez de fazer referência a uma realidade cultural tomada como natural, o republicanismo alemão – e a infernizante questão sobre a forma de organização do Estado que melhor poderia realizá-lo – conota um projeto contínuo, uma ambição histórica continuamente sonegada, com raízes históricas que se estendem desde o período *Vormärz*[2] do liberalismo alemão do século XIX, passando pela unificação da Alemanha sob Bismarck, estendendo-se até a sua ascensão a uma posição de predominância na "Europa central", que foram os anos de Weimar, até a sua subsequente descida ao pesadelo fascista, sua divisão, chegando aos dias de hoje, com as profundas ambiguidades de sua unificação.

O desenvolvimento de uma cultura política verdadeiramente democrática, "universalista", com base numa experiência histórica particular de catástrofe moral e política, continua a definir o desafio de uma *Bundesrepublik*[3] alemã. Desde 1949, essa tarefa tem assumido a forma paradoxal de uma nação (no que era a antiga Alemanha Ocidental) tentando se acostumar aos princípios de uma democracia universalista sob o estado de direito que lhe foi impingido de fora – e desde 1990, a República Federal ampliada, ainda uma vez, tem sido obrigada a se perguntar se o seu passado continuará ou não a governar o seu presente, e se o seu autoentendimento como realidade cultural e política deverá ser ou não definido por meio de concepções universais de cidadania numa sociedade

2 Trata-se o *Vormärz* do período 1815-1848, compreendido entre o fim do domínio napoleônico e as revoluções de 1848; é associado às agitações políticas que antecederam as referidas revoluções, sendo responsável por toda uma onda de reformas. (N. do T.)

3 "República Federal". (N. do T.)

multicultural, porosa, ou mediante concepções especificamente alemãs de *Volk*,[4] de destino, solo e sangue.

A questão da autoidentidade da *Bundesrepublik* – a versar sobre se princípios e *lógicas* universalistas serão bem-sucedidos em proporcionar uma identidade coletiva durável para os alemães *situados* – tem definido a relação entre o universal e o particular também nos escritos polêmicos de Habermas. Ele tem sido o único defensor intelectual imaginativo, mas também enérgico e consistente, do tropismo paradoxal e frágil da Alemanha rumo a um *way of life* democrático, no qual compromissos com instituições e valores pós-nacionalistas e pós-convencionais encontram-se firmemente enraizados no âmbito dos mundos da vida de atores políticos. A ironia é que Habermas se tornou *o* intelectual da República Federal por defender, de modo consistente, precisamente aqueles ideais políticos democráticos e universalistas que buscam destituir o longo e calamitoso fascínio da Alemanha por formas caracteristicamente alemãs de identidade nacional coletiva. À medida que isso é algo que define a sua posição com base na *situação* cultural e histórica particular da Alemanha do pós-guerra, a obra política e teórica de Habermas é altamente particular. E, não obstante, uma vez que a dinâmica que ela deriva de seu próprio contexto particular tem impelido o pensamento de Habermas para um aprofundado universalismo político, ele se tornou um intelectual *alemão* precisamente ao trabalhar contra a germanidade da cultura política da República Federal.

Essa ironia, que se pode chamar de sua *dialética de universalidade e situação* na obra de Habermas, subjaz à complexa relação entre escritos polêmicos e teóricos que Habermas tem produzido ao longo de uma carreira que, até agora, tem se desenrolado em exato paralelo com o *curriculum vitae* da República Federal, desde as suas primeiras horas até o momento da unificação. O "universalismo" é um princípio político-moral abstrato que, no entanto, pode ser encarnado apenas em situações políticas e culturais particulares.

No que segue, então, é minha intenção compreender "universalismo" ao modo de uma lógica normativa que pode receber uma explicação

4 "Povo". (N. do T.)

convincente unicamente com base na situação concreta de uma República Federal que, após quase meio século, ainda luta para desenvolver a sua própria cultura política distintiva, a sua própria concepção de identidade nacional e o seu próprio conjunto concreto de problemas éticos, históricos e culturais.

I

O cerne universalista dos escritos políticos e morais de Habermas tem sido objeto de mais críticas do que qualquer outro aspecto de sua obra. A afirmação central de que existe *sempre* um contexto intersubjetivo pré-existente para qualquer questão moralmente relevante opera uma tradução. Ela traduz o momento da universalidade na vida política coletiva em *atribuições* e *expectativas* básicas de *razoabilidade* que falantes e ouvintes em sociedades racionalizadas e modernas possam fazer ou ter quanto à conduta discursiva de cada um dos demais em situações em que necessidades e problemas tenham de ser coletivamente estabelecidos. O "universalismo" é em si menos um valor político concreto do que uma *lógica* coletivamente compartilhada; é um sentido de solidariedade a habitar um espaço público que é distinto das instituições políticas ou econômicas. Trata-se de uma rede de competências sem localização; trata-se da capacidade de abordar as suas próprias necessidades e interesses de modo reflexivo; de assumir a posição do outro, ao menos à medida que se estiver disposto a reconhecer que as necessidades do outro são ao menos potencialmente legítimas; trata-se de atribuir valor e compreensibilidade às necessidades e interesses do outro.[5] Uma lógica universalista não pode adjudicar questões da vida boa, já que tais questões são

5 Essa sensibilidade de Mead em relação ao universalismo como capacidade de compreender as suas necessidades próprias e as do outro de um ponto de vista abstrato é elaborada com mais clareza em "Discourse Ethics: Notes of a Program of Philosophical Justification" [Ética discursiva: Notas a um programa de justificação filosófica], *in Moral Consciousness and Communicative Action* [Consciência moral e ação comunicativa] (Cambridge, Mass.: MIT Press, 1990): "A verdadeira imparcialidade está sob a égide exclusiva do ponto de vista pelo qual é possível generalizar precisamente as normas que contam com assentimento universal em razão de perceptivelmente encarnarem um interesse comum a todos os afetados. São essas normas que merecem reconhecimento intersubjetivo" (p. 65).

inextricavelmente particulares. Mas uma lógica universalista coletivamente compartilhada impõe o princípio de que normas são justas somente à medida que possam coincidir com a aprovação considerada de todos os que serão afetados por sua implementação.[6] Para Habermas, o universalismo é o único critério formal disponível para a *correção* ou justiça de normas coletivas, daí ser ele o único recurso de que as sociedades modernas dispõem para inaugurar uma esfera na qual as questões particulares da vida boa ainda possam ser abordadas.

Nesse sentido, o "universalismo" significa algo como a lógica compartilhada básica que permite aos indivíduos conceber a si mesmos como *cidadãos* de um Estado democrático, de um Estado em que a cidadania consista numa constelação de deveres e direitos que, em entrelaçamento, formem juntos um nível abstrato de soberania popular a subsistir sob o espectro de tipos particularistas de identidade – e a torná-lo possível –, operando no âmbito de uma sociedade diversa. Em sociedades democráticas, a capacidade de reconhecimento mútuo e a generalização de normas têm de se instalar a si mesmas como uma atitude passível de reflexivamente se separar da trama particular de seus próprios interesses.

> O sentido de uma versão abstrata de relações de solidariedade consiste em separar as simetrias de reconhecimento mútuo que são a premissa da ação comunicativa, e isso torna possível a autonomia e a individualização de sujeitos sociados, por um lado, da ética concreta da vida de relações orgânicas de interação, por outro, sendo também a premissa da generalização dessas simetrias nas formas reflexivas de entendimento e compromisso e da sua proteção por meio de institucionalização legal.[7]

6 Ver *The Theory of Communicative Action* [Teoria da ação comunicativa], vol. II, *Lifeworld and System: A Critique of Functionalist Reason* [Mundo da vida e sistema: Uma crítica à razão funcionalista] (Boston: Beacon Press, 1987), p. 94, e "Discourse Ethics" [Ética do discurso], p. 57-76.

7 "Nachholende Revolution und linker Revisionsbedarf. Was heisst Sozialismus heute? [Revolução recuperadora e necessidade de revisão da esquerda. Que significa socialismo hoje?], *in Die nachholende Revolution. Klein politische Schriften VII* [A revolução recuperadora. Pequenos escritos políticos VII] (Frankfurt: Suhrkamp, 1991), p. 196.

Lógica como essa sempre foi admitida no Ocidente, em concepções ilustradas de soberania e cidadania popular, além do Estado democrático de direito, tendo recebido expressão filosófica pela primeira vez em Rousseau e Kant. Desse modo, a Constituição racional de um Estado democrático vem a ser a encarnação de um contrato social descontextualizado, pré-estabelecido, tratando-se de uma expectativa em que todos os consensos e compromissos particulares têm de estar baseados:

> Numa sociedade pluralista, a Constituição expressa um consenso formal. Os cidadãos querem regular suas vidas coletivas mediante princípios que, por residirem nos mesmos interesses de todos, podem encontrar o acordo raciocinado de todos. Tal associação é estruturada por meio de relações de reconhecimento recíproco, em que cada indivíduo pode esperar ser respeitado como livre e igual.[8]

Tal soberania popular, movendo-se incansavelmente entre seus momentos de expectativas abstratas de razoabilidade e seus conjuntos não tematizáveis de problemas e necessidades culturalmente específicas, "tem seu lugar sem lugar (*ortloser Ort*) nas interações entre a formação de vontade institucionalizada no direito público e os espaços públicos culturalmente mobilizados".[9]

A visão de um "lugar sem lugar", onde o discurso prático pode pelo menos introduzir a possibilidade de um consenso raciocinado sobre normas e necessidades coletivas, implica a reivindicação fundamental de que as instituições e os princípios do governo democrático contenham uma demanda coletiva universal para uma comunicação política pública que seja plena, contínua, multifacetada e séria; uma demanda que, falando empiricamente, tem um "não lugar", à medida que não pode corresponder, em nenhum sentido possível, a uma *situação* cultural particular.

---

8 "Staatsbürgerschaft und nationale Identität" [Cidadania de Estado e identidade nacional], *in Fakzität und Geltung. Beiträge zur Diskurstheorie des Rechts und des demokratischen Rechtstaat* [Facticidade e validade. Contribuições para uma teoria discursiva do direito e da democracia] (Frankfurt: Suhrkamp, 1992), p. 638.

9 "Was heisst Sozialismus heute?" [Que significa socialismo hoje?], p. 196.

Essa noção de "universalismo" como uma lógica coletivamente compartilhada proporciona um meio de ligar as concepções formalistas e abstratas de universalidade nas obras teóricas de Habermas, com a missão de ancorar atitudes republicanas de modo mais firme na República Federal, sendo este o principal *Leitmotif* dos escritos políticos de Habermas. Ao descrever o universalismo como uma lógica, refiro-me essencialmente a um modo de conduta com suas correspondentes capacidades de autodeliberação, autoexame e autocriticismo. Ao necessariamente se distinguir de formas de vida culturais particulares, evidentemente que tal lógica não será de importância alguma, a não ser que possa se enraizar com solidez num meio cultural *particular*.

Histórias de vida e identidades coletivas e individuais são sempre concretas. São tecidas com base em vertentes de experiências e escolhas pessoais, familiares, linguísticas e culturais, com base em tradições e normas que não podem ser reduzidas a fórmulas abstratas. A questão é se, e se sim, de que modo, os princípios universalistas podem, de maneira durável e significativa, instalar-se em sociedades democráticas – não apenas formalmente, como em princípios constitucionais abstratos, mas nas atitudes e motivações características de cidadãos "normais". Os "princípios constitucionais", escreve Habermas,

> são passíveis de tomar forma somente no âmbito de práticas sociais, e podem assim se tornar uma força motriz para o projeto dinâmico de construir uma associação de indivíduos livres e iguais caso esses princípios estejam situados no contexto da história de uma nação de cidadãos de modo tal que estabeleçam uma relação vinculativa com os motivos e atitudes dos próprios cidadãos.[10]

Somente as práticas de vida particulares podem ancorar princípios universalistas, com isso transformando-os em expectativas e atitudes regulares. "Um ancoramento particularista *desse tipo* não removeria nem um pouco da importância universalista da soberania popular e dos direitos humanos... A cidadania democrática não precisa estar enraizada na

10 *Faktizität und Geltung* [Facticidade e validade], p. 642.

identidade nacional de um povo; contudo, sem uma visão da multiplicidade das diferentes formas de vida culturais, isso demanda a socialização de todos os cidadãos numa cultura política comum".[11]

> O que então significa o universalismo? O universalismo que relativiza a própria forma de existência de um indivíduo em relação com as reivindicações legítimas de outras formas de vida, que atribui os mesmos direitos a estrangeiros e a outros, juntamente com todas as suas idiossincrasias e incompreensibilidades, que não insiste na generalização da identidade do próprio indivíduo, aquele cujo reino da tolerância tem de se tornar infinitamente mais amplo do que é hoje em dia: tudo isso é o que o universalismo moral significa hoje em dia.[12]

II

O "lugar sem lugar" da soberania popular comunicativo-consensual jamais teve a sorte de sobreviver por muito tempo em seu lugar natural ou normal na Alemanha. Quer ornado com os ditirambos irracionalistas de *Heimat*, *Volksgeist,*[13] solo e destino, ou puro como a obsessão pelo poder político da Alemanha, com seu destino geográfico e suas múltiplas ambições territoriais, uma lógica política particularista e uma preocupação com o sentido de lugar têm sempre desempenhado um papel extraordinariamente grande no destino histórico da Alemanha e de seus vizinhos. Desde o período *Vormärz*, as atitudes cosmopolitas republicanas adotadas por princípios político-morais universalistas têm deparado frequentemente com o sonho de uma entidade nacional linguístico-cultural alemã, esta que sempre existiu mais em fantasia coletiva do que em realidade, e cujas tentativas espalhadas de realização conduziram a resultados desastrosos.

---

11 *Ibid.*, p. 643.

12 Entrevista com J. M. Ferry, *in Philosophy and Social Criticism* 14, n. 3-4 (1988), p. 436. Tradução editada.

13 "Heimat" significa "terra natal", "lar" ou "pátria", e "Volksgeist", "espírito do povo". (N. do T.)

Desde a sua fundação, em 1949, até a sua unificação com a antiga *Deutsche Demokratische Republik*[14] (DDR) em 1990, a *Bundesrepublik* (BRD) da Alemanha Ocidental fez-se completamente condicionada por essa tensão inveterada e especificamente alemã entre a forma republicana de organização do Estado e as correntes fortemente irracionalistas que veem a nação como uma magnitude pré-política, enraizada nos "imponderáveis da alma do povo", expressão usada por Brigitte Seebacher-Brandt. Nascida da experiência coletiva de uma catástrofe política e moral sem paralelos, a cultura política da República Federal – e a família incontrolável e atormentada de ansiedades, inseguranças e sensibilidades políticas que lhe são características – tem sido igualmente gerada a partir dessa tensão.

A República Federal, tomada em si mesma, surgiu concretamente da necessidade que, percebida pelos Aliados da época da guerra, era a de responder às ameaças de expansão soviética, estabelecendo uma entidade política reconhecida nos territórios alemães sob controle aliado. Esse fato histórico fundamentou um anticomunismo doutrinário como ideologia política que se fez pedra angular da República Federal em seus primórdios. O anticomunismo e a lógica reconstrucionista serviram não apenas para vincular a Alemanha Ocidental fortemente à aliança ocidental sob Adenauer e para selar a divisão alemã-alemã como fonte durável de autoentendimento no Ocidente, tendo atuado também como medida para pavimentar a relação da República Federal com seu passado recente.

Segundo o que propuseram Habermas e outros, a resoluta repressão de qualquer discurso sobre culpa e responsabilidade coletiva nos primeiros tempos da República Federal esteve intimamente relacionada à ascensão de um "nacionalismo do Deutschmark"[15] ao modo de única forma aceitável de identidade política coletiva. No *Adenauer-Zeit,*[16] uma inteira geração pôs em suspensão a questão do passado nazista – e da política como um todo – para obstinadamente se centrar no êxito econômico. O "*Vergangenheitsbewältigung*", isto é, o próprio "gerenciamento"

14 "República Democrática da Alemanha". (N. do T.)

15 "Do marco alemão", formando assim "nacionalismo Deutschmark" ou "nacionalismo do marco alemão". (N. do T.)

16 Em português, "tempos de Adenauer". (N. do T.)

do passado, foi o termo chave sob o qual essa complicada moção de repressão e deslocamento foi discutida na década de 1950. O termo em si capta o amálgama peculiar entre psicologia coletiva e economia política, entre orgulho público e seus segredos privados, e entre uma inteira e funesta constelação de silêncios inflexíveis e descontentes irremediáveis, tão característicos da cultura política da antiga Alemanha Ocidental.[17]

Reprimido e sublimado num sistema de tiques e afetos coletivos, o sentido do passado nazista não levou a República Federal dos primórdios a nada que se aproximasse de um discurso moral coletivo acerca de que tipo de nação ela queria ser. Um influente estudo de 1959 revelou que o êxito econômico, o anticomunismo e um conjunto de concepções profundamente *volkisch*[18] de germanidade ainda dominavam a cultura política da República Federal, muito tempo depois da "hora zero" ou do nascimento daquele país.[19] Ironicamente, foi apenas no nível de Estado da organização política que os efeitos de um recente passado nazista se afirmaram de maneira formativa. Os compromissos políticos básicos que fundaram a República Federal consistiam numa tentativa de responder autoconscientemente ao "elemento particularista" da imaginação política alemã, que "finalmente se tornou inflada no ideal da supremacia racial de seu próprio povo".[20] Um dos primeiros e mais duráveis produtos dessa tentativa foi a Lei Fundamental (*Grundgesetz*), em cujos 19 artigos de direitos humanos,

17 Em seu artigo de 1990, "Yet Again: German Identity – A Nation of Angry DM-Burghers" [Mais uma vez: Identidade alemã – Uma nação de raivosos cidadãos do marco alemão], Habermas propõe ao historiador Wolfgang Mommsen que "a autoconfiança de uma nação economicamente bem-sucedida... se constitui no núcleo do autoentendimento político da população da República Federal – e um substituto para um orgulho nacional do qual muito se carece". *In When the Wall Came Down: Reactions to German Unification* [Quando o muro caiu: Reações à unificação alemã], Harold James e Marla Stone (Orgs.) (Nova Iorque: Routledge, 1992), p. 88. Doravante esse artigo será referido por "Yet Again" [Mais uma vez].

18 Em português, "populares" ou "relativas a povo". (N. do T.)

19 Ver o estudo de Gabriel A. Almond e Sidney Verba, citado em H. Honolka, *Die Bundesrepublik auf der Suche nach ihrer Identität* [A República Federal em busca de sua identidade] (Munique: C. H. Beck, 1987), p. 104.

20 "Historical Consciousness and Post-Traditional Identity" [Consciência histórica e identidade pós-tradicional], *in The New Conservatism. Cultural Criticism and the Historians' Debate* [O novo conservadorismo. A crítica cultural e o Debate dos Historiadores], organização e tradução de Shierry Weber Nicholsen (Cambridge, Mass.: MIT Press, 1989), p. 255.

escreve Habermas, "soa o eco da injustiça que foi sofrida" e que é "negada palavra por palavra. Esses artigos constitucionais não apenas alcançam uma negação determinada no sentido hegeliano; ao mesmo tempo, eles esboçam os contornos de uma vindoura ordem social".[21]

A Lei Fundamental é uma das constituições mais democráticas, universalistas e liberais que já foram concebidas. Operando uma distinção em relação a uma "Constituição" (*Verfassung*), os autores da Lei Fundamental imaginaram-na como um documento provisório, destinado ao que então se entendia como o próprio estatuto temporário de um Estado alemão ocidental separado. Entretanto, o documento sobreviveu a todas as vicissitudes da história alemã ocidental, desde a divisão da Alemanha, passando pela reconstrução, pelas revoltas estudantis de 1968, pelo terrorismo de extrema esquerda e pelo "Outono Alemão" de 1977, passando ainda pela virada à direita de 1982 e chegando à unificação alemã.

Ao mesmo tempo, contudo, mantém-se o fato de que, em ampla medida, em razão de sua origem como documento provisório, a Lei Fundamental jamais foi discutida ou votada pelos próprios cidadãos da República Federal. A lógica política universalista que essa lei demanda, acima de tudo, o desmantelamento de uma concepção particularmente alemã do *Obrigkeitsstaat* (Estado autoritário, forte e centralizado como a fonte última de soberania política) e a sua substituição por uma república federal e pela concepção processualista e disciplinada de soberania popular jamais receberam um mandato popular.[22] A pender sobre as cabeças dos cidadãos que ela cria, a Lei Fundamental vez por outra pareceu mais um superego coletivo do que uma Constituição coletiva; pareceu mais com o que Hegel criticara como abstracionismo da "tirania do puro dever" de Kant do que com o ato orgânico de uma autocriação nacional.

21 "Über den doppelten Boden des demokratischen Rechstaates" [Sobre a dupla base do Estado democrático de direito], *in Die nachholende Revolution. Kleine politische Schriften VII* [A revolução recuperadora. Pequenos escritos políticos VII] (Frankfurt: Suhrkamp, 1990), p. 18-19.

22 Sob a pressão dos ministros-presidentes dos antigos Estados alemães nas zonas americana, britânica e francesa, a ratificação pelo plebiscito popular, originalmente proposta pela Lei Fundamental (na Conferência de Londres, de 1948), foi alterada para uma ratificação por dois terços dos parlamentos estaduais.

A exemplo de todas as constituições universalistas, a Lei Fundamental serviu para situar as demandas democráticas em instituições políticas empíricas que são difíceis, mas não impossíveis de satisfazer plenamente.[23] Porém, no caso da República Federal, onde a filosofia universalista subjacente à Lei Fundamental só poderia ter sido apreendida se fosse imposta de fora, a situação particular da adoção da Lei Fundamental estabeleceu também a *missão* primeira da cultura política na República Federal na medida da contínua tentativa, por parte de cada cidadão alemão, de abraçar e incorporar esses princípios democráticos; tais princípios foram usados como o material com base no qual um durável autoentendimento coletivo e individual pôde ser realizado, transformando-os em fontes influentes de juízo e deliberação políticos e permitindo a cada qual fincar raízes no mundo da vida alemão que fossem suficientemente profundas para que esses próprios princípios pudessem servir como recursos político-culturais para a identificação e adjudicação de problemas coletivos.

Já há quarenta anos essa *incorporação* do espírito da Lei Fundamental no nível de motivações e lógicas (o correlato político do que os escritos teóricos de Habermas descreveram como componente universalista da ética do discurso) tem sido a questão fundamental dos escritos polêmicos de Habermas. Tais escritos têm se guiado pela consistente proposta de defender o frágil crescimento do "patriotismo constitucional" na República Federal contra todas as ameaças. Ao falar de um "patriotismo constitucional" – o termo é tomado de empréstimo de Dolf Sternberger –, Habermas argumenta que uma identificação com os princípios de uma Constituição republicana é a única forma de patriotismo *moralmente* admissível para cidadãos alemães.

Uma tensão fundamental entre formas pós-convencionais de identidade coletiva e as correntes particularistas do nacionalismo é algo básico nas sociedades modernizadas. No caso da República Federal, contudo, Habermas observa que o passado nazista impõe parâmetros *particulares* a esse problema. No "Debate dos Historiadores" de meados dos anos 1980,

---

23 Ver "Über den doppelten Boden des demokratischen Rechtstaates" [Sobre o duplo solo do Estado de direito democrático], p. 20.

Habermas atacou o projeto neoconservador de *estrategicamente* revigorar as tradicionais formas de identidade nacional pré-catástrofe, que eram um cerne do que Habermas percebia como o projeto neoconservador mais amplo de aliviar o fardo de legitimação que pesava sobre modernizadas instituições políticas e econômicas, sustentando-as com formas de sentido coletivo essencialmente antiquadas e "convencionais".[24]

Incentivados pelos esforços frequentemente obstinados, quando não desajeitados, da administração Kohl em "normalizar" o passado anormal da República Federal com rituais cerimoniais pela paz (*Bitburg*), historiadores neoconservadores perguntavam-se em voz alta se já não seria tempo de desafogar a Alemanha do "passado que não vai embora", situando o Holocausto no contexto mais amplo da história do totalitarismo, caso no qual Auschwitz pode aparecer como uma reação ao "feito asiático" dos expurgos stalinistas (Ernst Nolte), ou então assumindo empaticamente a perspectiva dos soldados da *Wehrmacht* que, esmagados no front oriental, estariam munidos apenas da esperança de salvar a terra natal das hordas russas (Andreas Hillgruber). Em ambos os casos, o que os historiadores conservadores consideravam uma "historicização" necessária do Holocausto, outros, Habermas entre eles, tomavam por uma inadmissível *relativização* de Auschwitz. Por essa relativização, com o apoio ideológico da administração governamental, a pesquisa histórica profissional agora se aplicava na essencial redução das barreiras de uma catástrofe moral singular, barreiras essas que se erguiam entre o presente da República Federal e o reservatório de anseios e tradições nacionalistas doadoras de sentido a residir em seu passado pré-guerra.

24 No início dos anos 1980, Habermas havia escrito que a reapropriação estratégica (leia-se: não discursiva) de tradições culturais pelos neoconservadores significava operar ao modo de uma "compensação por danos" [*Schadensabwicklung*] com vistas à modernização social "com foco na 'coragem para o passado' em escolas, na família e no Estado. Os neoconservadores percebem sua missão, por um lado, como estando na mobilização de passados compartilhados que são passíveis de serem aceitos de maneira aprovadora; por outro lado, na neutralização moral de outros passados que só poderiam provocar crítica e rejeição". "Die Kulturkritik der Neokonservativen in den USA und in der Bundesrepublik" [A crítica cultural dos neoconservadores nos EUA e na República Federal], *in Die neue Unübersichtlichkeit* [A nova falta de transparência] (Frankfurt: Surhkamp, 1985), p. 41.

Enquanto o Debate dos Historiadores rapidamente se inflamava, assumindo a forma de uma disputa profissional dizendo respeito à validade de comparação como estratégia metodológica para as ciências historiográficas, Habermas desde o início insistia em que se considerasse como o cerne do debate a luta entre lógicas neoconservadoras e republicanas pelos corações e mentes dos cidadãos da República Federal. Em 1987, Habermas sugeriu que Auschwitz teria fornecido e continuava a fornecer o verdadeiro norte a orientar o desenvolvimento político-espiritual da cultura política na República Federal. Uma incomparável ruptura no tecido de solidariedade humana vinculava indelevelmente a Alemanha Ocidental a seu passado recente. Mas também servia, segundo o argumento de Habermas, como um *filtro* político-moral, como inibição psicológica coletiva e estrutural à reapropriação *acrítica* das formas de identidade nacional convencionais do pré-guerra. Assim, para Habermas, a rara comodidade do patriotismo constitucional na República Federal é uma atitude universalista provocada tão somente pela particularidade do pesadelo fascista da Alemanha:

> Nosso patriotismo não pode negar o fato de que foi apenas depois de Auschwitz – e num certo sentido apenas depois do choque produzido por essa catástrofe moral – que a democracia se fez capaz de fincar raízes nas motivações e nos corações de cidadãos alemães, ao menos naqueles das gerações mais jovens.[25]

Em 1987, as críticas de Habermas às tentativas neoconservadoras de reverter essa tendência e estrategicamente reintroduzir elementos de nacionalismo alemão foram temperadas pela avaliação otimista de que, no curso das últimas décadas, o patriotismo constitucional tinha sido bem-sucedido em deslocar o complexo de repressão, oportunismo e pragmático nacionalismo do marco alemão dos anos de Adenauer como a principal forma de autoidentificação política na República Federal; ou seja, tratava-se da avaliação otimista de que o universalismo estava finalmente

25 "Grenzen der Neohistorismus" [Fronteiras do neo-historicismo], *in Die nachholende Revolution* [A revolução recuperadora], p. 152.

"criando raízes" e de que os cidadãos estavam incorporando princípios e atitudes republicanas, em vez de meramente se acostumar a uma Constituição republicana. Muitas das causas para tal "universalização" das atitudes políticas na Alemanha residiam, predominantemente, em desenvolvimentos econômicos que iam além das preocupações especificamente alemãs: elas se encontravam na própria dinâmica de expansão capitalista tardia e na crescente irrelevância das fronteiras nacionais para os recursos e problemas de uma economia global; estavam no crescimento de uma rede de comunicação global e de uma cultura de massa sem nacionalidade, e nos padrões economicamente motivados de migrações humanas de massa que cada vez mais corroíam a fundação étnica para as distinções nacionais calcadas no "dentro-fora".[26] E ainda assim, o principal modo de combate de Habermas às intervenções neoconservadoras na memória coletiva esteve na afirmação de que um processo de desnacionalização da República Federal, por mais que fosse frágil, era uma desparticularização da cultura política alemã em relação a seu próprio ímpeto. E a conclusão de curto prazo a ser extraída do "Debate dos Historiadores" era a de que tanto nos círculos profissionais quanto na esfera pública os historiadores neoconservadores tinham sido incapazes de gerar apoio consistente para seus esforços de revisionismo moral; sinal, talvez, de que o processo de *Vergangenheitsbewältigung* da República Federal tinha gradualmente resultado no estabelecimento de um sentido normativamente robusto de identidade republicana. Conforme Habermas observou em 1987, o contínuo crescimento de atitudes pós-convencionais era o único sinal "de que não desperdiçamos por completo a oportunidade que a catástrofe moral poderia também representar".[27]

De fato, Habermas poderia citar seu colega M. R. Lepsius uma vez que, não obstante a virada à direita da Alemanha Ocidental em 1982, os anos 1980 tinham sido "uma transformação essencial na cultura política da República Federal", isto é, "a aceitação de uma ordem política que se

26 Cf. "Grenzen der Neohistorismus" [Fronteiras do neo-historicismo], *in Die nachholende Revolution* [A revolução recuperadora], p. 150.

27 "Apologetic Tendencies" [Tendências apologéticas], *in The New Conservatism* [O novo conservadorismo], p. 227.

determina e legitima em formas constitucionalmente concretas mediante direitos de participação individual". Desse modo, a "cristalização do patriotismo constitucional" é, para Lepsius, o "resultado central da deslegitimação do nacionalismo alemão".[28]

Ainda assim, o otimismo de Habermas em 1987 fez-se definitivamente preservado:

> Por sob o debate acerca da questão do sentido em que os crimes em massa dos nazistas foram de caráter único encontra-se a questão, mais profunda, da atitude que desejamos tomar para com a continuidade da história alemã – se podemos afirmar nossa existência política enquanto mantemos uma percepção clara de rompimento com nossas tradições mais sinistras. Podemos e queremos renunciar aos confortos e perigos de uma identidade nacional que seja incompatível com uma apropriação *crítica* das tradições? O nacionalismo está mais virulento do que nunca. Receio que essa questão ainda não tenha expirado.[29]

III

Como se revelou, essa questão expirou muito mais cedo do que Habermas ou quem quer que fosse poderia ter previsto. As revoluções de 1989 e a unificação entre os dois Estados alemães em outubro de 1990 trouxeram o desafio nacionalista às concepções pós-tradicionais de cidadania a um ponto de crise. A possibilidade, o modo e o *tempo* do processo de unificação produziram debates públicos eloquentes e vigorosos na classe intelectual da Alemanha, e ainda uma vez Habermas assumiu um papel de liderança.

Desde o início, a posição de Habermas foi marcada pela resoluta recusa de até mesmo admitir a ideia de que a unificação pudesse, de

---

28 M. R. Lepsius, "Das Erbe des Nationalsozialismus und die politische Kultur der Nachfolgestaaten des 'Grossdeutschen Reiches'" [A herança do nacional-socialismo e a cultura política dos Estados seguidores do 'Grande Reich Alemão'], *in Kultur und Nation* [Cultura e nação], M. Haller (Org.) (Frankfurt, 1989), p. 254s., citado em Habermas, "Mais uma vez?", p. 90.

29 "'Political Culture in Germany since 1968': An Interview with Dr. Rainer Erd for the *Frankfurter Rundschau*" ['Cultura política na Alemanha desde 1968': Uma entrevista com o Dr. Rainer Erd para o *Frankfurter Rundschau*], *in The New Conservatism*, p. 193.

maneira permissiva, significar a recuperação de uma concepção peculiarmente alemã de nacionalidade. Essa oposição não negociável a um ressurgente nacionalismo alemão pôs Habermas em desacordo com muitos de seus colegas intelectuais, se não com a maior parte deles, em particular com os que fossem idosos o bastante para ter retido algum sentido de "normalidade" de uma nação alemã unificada.[30] Se jamais se opôs frontalmente à unificação, Habermas deu voz a uma intensa preocupação e, não menos, a uma dose de pessimismo quanto às implicações normativas da unificação enquanto ela era ainda uma possibilidade. Desde 1990, suas avaliações – e não apenas as suas – do fato de uma Alemanha unificada mostravam-se cada vez mais desiludidas, centrando-se nas muitas oportunidades para concretizações normativas e coletivas que, sendo realmente valiosas, foram postas a perder pelo modo manipulativo e pelo *tempo* apressado do processo de unificação.

A visão de um processo de reconstituição da rede de relações político-culturais entre as Alemanhas Oriental e Ocidental possuía, além de seu potencial obviamente alto para um nacionalismo ressurgente, também um conteúdo universalista. Em termos habermasianos, ambas, Ocidental e Oriental, chegavam a um novo tipo de relacionamento em fins de 1989, com questões comunicativas a ajustar. Cada qual poderia ter encontrado

30 Particularmente instrutiva a esse respeito é a duradoura contenda de Habermas com Karl Heinz Bohrer, este que argumentou com veemência em favor de uma rápida recuperação de um Estado-nação alemão *volkisch*, combatendo o "argumento moral" contra a unificação – de que Auschwitz tornara tal consecução algo moralmente inadmissível – com uma leitura bizarramente literal da velha missão de "se reconciliar com o passado", de acordo com a qual a Alemanha havia concretamente sanado a sua dívida para com o passado ao abrir mão de seus territórios, mais a leste, da Silésia e da Prússia Oriental ("Why We Are Not a Nation – And Why We Should Become One" [Por que não somos uma nação – E por que deveríamos nos tornar uma], *in* James e Stone, *When the Wall Came Down* [Quando o Muro caiu], p. 66). Em "Yet Again: German Identity: A Unified Nation of Angry DM-Burghers?" [Mais uma vez: Identidade alemã: Uma nação unificada de raivosos cidadãos do marco alemã?] e *Vergangenheit als Zukunft* [Passado como futuro], Habermas atacou o argumento de Bohrer, tomando-o por uma reintrodução desonesta do velho conservadorismo irracionalista alemão da geração de Schmitt e Heidegger – isto é, uma importação antiquada de conceitos pré-políticos ou estéticos, neorromânticos e irracionalistas como escolhas políticas pragmáticas. Ver "Yet Again?" [Mais uma vez?], p. 99-100, e *Vergangenheit als Zukunft* [Passado como futuro] [Zurich: Pendo Verlag, 1990], p. 42-45.

na outra não apenas uma oportunidade para proporcionar um tipo de assistência discursiva a um colega cidadão em desvantagem comunicativa, como poderia ter encontrado na outra também um espelho, ou, talvez melhor, uma lente, através da qual as distorções discursivas particulares de sua própria sociedade poderiam ter sido vistas e reconhecidas.

Para os "ossis"[31] da antiga DDR,[32] o dano comunicativo estava óbvio: os últimos anos da DDR, na verdade, com a gradual consolidação do controle do Estado sobre o que restava de uma esfera pública política e com a rede surrealmente grande e cruelmente eficiente de informantes estabelecida pela STASI, foram uma imagem em tamanho menor, e em forma de pesadelo, da forma habermasiana de uma comunicação universal e irrestrita. De um modo ou de outro, os alemães orientais se acomodaram – como acomodaram qualquer compromisso pessoal que ainda tivessem com o "socialismo realmente existente" – a um onipresente aparato de Estado baseado no oposto de uma participação democrática. Gradualmente, mesmo a expectativa contrafactual de uma atrofiada participação política e a congelada relação de dominação entre burocracias de Estado e vida cotidiana faziam-se normalizadas.[33] Uma vez que a comunicação política entre a esfera pública e o Estado escasseou até parar de todo, uma "sociedade de nicho" de estratégias individuais de refúgio e de sentido se desenvolveu, e a vida privada passou a assumir um papel cada vez mais sobrecarregado como *locus* da dimensão comunicativa do mundo da vida. O discurso político nos bolsões de publicização que resistiam teve de se adaptar seletivamente a condições peculiares, fazendo evoluir um dom característico para a desorientação, para a ironia e sarcasmo, e para duplas ou triplas ambiguidades – modos semióticos e políticos de má comunicação comunicativa que jamais

31 Denominação dada aos habitantes da antiga Alemanha Oriental pelos alemães ocidentais e alemães em geral. (N. do T.)

32 "DDR", da sigla em alemão para Deutsche Demokratische Republik, ou seja, a designar a antiga Alemanha Oriental. (N. do T.)

33 Para um retrato interessante da vida cotidiana nos últimos anos da DDR, ver John Bornemann, *After the Wall: East Meets West in the New Berlin* [Depois do muro: A oriental encontra a ocidental na nova Berlim] (Nova Iorque: Basic Books, 1991).

encontraram boa ressonância no modo direto, por Habermas, de comunicação política em sociedades ocidentais.

O antifascismo imperativo e inflexível da DDR – a ideologia segundo a qual a relação da Alemanha Oriental com o nazismo fora a de um descomplicado heroísmo – serviu para esmagar até mesmo a possibilidade de um discurso moral coletivo sobre o passado recente na DDR de maneira ainda mais eficaz do que a mentalidade de reconstrução anticomunista da antiga República Federal. A durabilidade desse desejo ideológico retardou um processo de *Vergangenheitsbewältigung* comparável ao realizado na Alemanha Ocidental, com isso aprofundando uma espécie de inveterada incapacidade discursiva quando era chegado o tempo, para os alemães orientais, de encarar a sua própria história nacional sobre o papel excessivamente grande desempenhado pelas repressões da STASI. À parte as imagens incessantes de excesso material que absorveram dos volumes maciços despejados pela TV americana, os alemães orientais, em sua maior parte, não tinham recursos culturais para conferir sentido à nova experiência de uma sociedade democrática capitalista quando colapsou o muro entre eles e seus *Landsleute*.[34] Os alemães orientais adentraram uma nova realidade política com imagens extraordinariamente detalhadas de sucesso econômico, mas com pouca experiência sobre como tais sonhos poderiam ou não ser reconciliados com os princípios abstratos que fundavam a participação política numa sociedade diversificada e multicultural, de entremeadas constelações de interesses diferentes e não raro irreconciliáveis. A simpatia inicial dos alemães ocidentais pelos adoravelmente ingênuos alemães orientais logo esfriaria, à medida que estes procuravam navegar num mundo da vida de extrema abundância material, e convertia-se numa condescendência muitas vezes irritadiça.

Mas os alemães ocidentais chegaram à mesa com os seus próprios problemas comunicativos: em sociedades capitalistas, a "colonização interna do mundo da vida" pode ter assumido uma forma muito diferente da que se tinha no "socialismo realmente existente", mas o efeito, num sentido básico, foi o mesmo. Para a Alemanha Ocidental, o dinamismo de uma

34 Termo alemão para designar "compatriota" ou "conterrâneo". (N. do T.)

esfera pública política havia muito fora contrabalançado pelo efeito paralisante do desenvolvimento desenfreado de seu subsistema econômico. A "história de sucesso" da economia da República Federal produzira um sério desequilíbrio entre a solidariedade comunicativa, por um lado, e os "meios condutores" de instituições políticas e econômicas, por outro. Se as atitudes públicas para com a democracia e para com um governo federal descentralizado se mantiveram fortes até a unificação,[35] os anos 1980, não obstante, foram assolados por uma economia cada vez mais instável e por uma gradual ossificação das burocracias de governo. Uma série de escândalos políticos durante essa década atraiu comparações com a República de Weimar, e isso mesmo por parte de políticos nacionalmente proeminentes.[36] Divididos entre a incessante propaganda antiocidente de seu próprio Estado e a igualmente incessante terra da fantasia da bem-aventurança material, proporcionada pela TV ocidental, os alemães orientais frequentemente se viram chocados com o andamento frenético da vida na República Federal e com o que eles tomavam como superficialidade e vacuidade espiritual de seus colegas cidadãos da Alemanha Ocidental.

A inauguração de uma nova constelação de relações comunicativas entre as antigas Alemanha Ocidental e Oriental, que desde o início foi atormentada pelo fato puramente histórico de uma separação de quarenta anos – por artificial que esta possa ter sido –, não obstante resultou em significativas diferenças *culturais*. "Wessis"[37] e "ossis" tinham atitudes,

35 O levantamento da Comunidade Europeia intitulado "Eurobarometer", de fins de 1988, revelou que 30% dos alemães ocidentais estavam insatisfeitos com o Estado democrático – um crescimento em relação aos 20% a 25% de oposição registrados no início da década de 1980, mas número significativamente menor que os 47% de índice de insatisfação para a Comunidade Europeia como um todo, 50% para a Grã-Bretanha e 53% para a França. Um levantamento de longo prazo do Instituto Allenbach, também de 1988, mostrou 71% dos alemães ocidentais a favor de uma forma federativa de governo, em detrimento de uma forma centralizada, portanto número muito superior em relação aos 17% de 1952. Ver David Marsh, *The New Germany at the Crossroads* [A nova Alemanha na encruzilhada] (Londres: Century, 1989), p. 351, 379.

36 Para uma abordagem das questões envolvendo Flick e Barschel e suas reações políticas, ver Marsh, *New Germany at the Crossroads* [A nova Alemanha na encruzilhada], cap. 4.

37 "Wessis" é o modo como os antigos alemães orientais, bem como hoje os alemães em geral, se referiam e se referem aos alemães ocidentais. (N. do T.)

motivações e percepções diferentes; tinham diferentes padrões e normas coletivas para a interpretação da experiência, além de diferentes hábitos e expectativas comunicativas. Novas relações comunicativas teriam de ter se desenvolvido de maneira lenta e cautelosa, e não era razoável esperar a produção de um consenso simples ou fácil que dissesse respeito ao sentido da unificação para cada um dos lados.

Mas o emaranhado de más comunicações e mal-entendidos, que durante muito tempo caracterizou os discursos alemães orientais-ocidentais – a estranha simbiose de mútuo reconhecimento e mútua incompreensibilidade, tão bem apreendida por Peter Schneider[38] –, foi uma parte, talvez mesmo uma parte necessária, de uma relação comunicativa. Um desenvolvimento lento e constante dessa relação comunicativa, o qual depositou um peso normativo no cuidadoso cultivo das forças comunicativas de ambos os lados, poderia ter permitido à Alemanha Ocidental ajudar a Oriental na adoção dos princípios democráticos de uma sociedade aberta. Os alemães ocidentais poderiam ter aberto avenidas para um discurso sobre a possibilidade de uma Alemanha *multicultural*, na qual a "germanidade", por fim, significaria algo como o estatuto comum de cidadãos da República Federal, com todos os respectivos direitos e deveres. Os orientais, por outro lado, poderiam ter tematizado suas próprias e legítimas reservas quanto ao excessivo montante de sacrifício pessoal necessário ao sucesso material na apressada economia da antiga República Federal. Poderiam ter se valido de uma sensibilidade particularmente alemã oriental para a prioridade de relações interpessoais, a fim de contribuir para uma conversa mais ampla sobre a contínua missão de equilibrar os custos da modernização capitalista para a frágil rede de relações intersubjetivas que formam a trama da solidariedade social. No discurso coletivo sobre as diferenças políticas e culturais que as histórias separadas lhes legou, pode ter sido demandado às duas Alemanhas que retomassem ainda uma vez a relação entre um presente republicano e um passado nazista: a Ocidental poderia ter sido capaz de delicadamente auxiliar a Oriental para que esta, pelo menos, iniciasse o seu próprio processo

38 Peter Schneider, *Der Mauerspringer*. Traduzido [para o inglês] como *The Walljumper* [O pulador do muro] (Nova Iorque: Random House, 1983).

de *Vergangenheitsbewältigung*; um processo que poderia apenas redirecionar uma discussão coletiva sobre a importância de continuidades de histórias compartilhadas e suas correspondentes responsabilidades para com o futuro.

Desde o início, contudo, Habermas já estava dando voz à suspeita de que o processo de unificação não possibilitaria que os cidadãos das Alemanhas Ocidental e Oriental intentassem essas explorações coletivas. Numa carta aberta intitulada "A hora do sentimento nacional: Convicção republicana ou consciência nacional?", escrita duas semanas antes da queda do muro de Berlim, esta que se deu em novembro de 1989, Habermas refletia sobre as duas opções fundamentais abertas à República Federal. Optar por "reunificação" – e naqueles últimos dias de 1989 a escolha entre usar os termos "unificação" ou "reunificação" por si só já se fazia um compromisso político crucial – trazia em si o risco de introduzir uma cisão fatal na autoidentificação de cidadãos alemães, que agora tinham de reconciliar suas tênues convicções republicanas com a ressurgência de um sentimento nacional particularista. Os cidadãos da República Federal, escreve Habermas, jamais haviam tido a oportunidade de vivenciar a transição do nacionalismo étnico para o universalismo como fundação para a identidade coletiva ao modo de uma concretização autóctone. Um resultado dessa peculiaridade tem sido a ausência, desde o *Zusammenbruch*,[39] de qualquer forma *legítima* de autoexpressão à parte o nacionalismo do marco alemão. A possibilidade de uma unificação alemã-alemã, se trabalhada em termos puramente étnicos, nacionalistas, constituía assim um grave perigo para as raízes superficiais da lógica republicana, uma ameaça de *recaída* num tipo de particularismo nacionalista que historicamente está fora de questão para os alemães. "O que Adenauer havia pavimentado encontra-se agora mostrando suas fissuras."[40]

No início de 1990, Habermas estava convencido de que até mesmo essa escolha não poderia se fazer disponível: a administração Kohl

39 Termo alemão para "colapso" ou "derrocada". (N. do T.)

40 "Die Stunde der nationalen Empfidung: Republikanische Gesinnung oder Nationalbewusstsein" [A hora da percepção nacional: Atitude republicana ou consciência nacional], *in Die nachholende Revolution* [A revolução recuperadora], p. 162.

havia estabelecido uma *Deutschlandpolitik*[41] que insistia numa tentativa generalizada de acelerar o processo de unificação, com base na premissa de que a "hora favorável" da história e o iminente colapso econômico da DDR tornavam inaceitáveis quaisquer adiamentos. Na visão de Habermas, o processo de unificação foi assim, desde o início, assolado por uma estratégia administrativa de *minimizar* o máximo possível a dimensão discursiva, portanto normativa da situação, e de, por meio de apelos estratégicos a formas convencionais de identidade nacional particular, contornar qualquer discurso coletivo sobre a possibilidade de um significado que, pós-convencional, fosse o de uma cidadania alemã expandida. "Lambsdorff, Kohl e seus mediadores concebiam o processo de unificação como a missão da reorganização jurídico-administrativa de um mecanismo econômico que se autogeria."[42]

Fazendo uso da pressão da vantagem política do Partido Democrata Cristão (o CDU)[43] dominante na Alemanha Oriental – o que foi uma política nas primeiras eleições parlamentares –, de promessas de financiar a unificação sem aumento de impostos (o que mais tarde ficou conhecido como "a mentira dos impostos"), da união monetária e de uma enérgica diplomacia governamental, o governo foi bem-sucedido no incrível feito de realizar a união oficial dos dois Estados alemães antes de um ano após a abertura do muro de Berlim. Ao modo de um meio para esse fim, a administração conservadora não se esquivou de suplementar a já forte ressurgência do sentimento nacional com seus próprios e estratégicos gritos nacionalistas: os apelos incessantes de Kohl em favor da unidade da *Vaterland*[44] alemã não apenas associaram a unidade alemã com o CDU aos olhos de muitos novos votantes orientais, mas também ajudaram a suplantar qualquer debate sobre diferentes opções políticas e sociais para a nova entidade política alemã com a velha imagem "normal" de um Estado-nação étnico-linguístico alemão. Assim, a política de mão pesada consolidou o sentido do que Habermas chamou de "revolução corretiva"

41 "Política da Alemanha". (N. do T.)

42 *Vergangenheit als Zukunft* [Passado como futuro], p. 57.

43 Sigla para Christliche Demokratische Partei. (N. do T.)

44 Termo alemão para "pátria". (N. do T.)

de 1989 como uma compreensão final e triunfante do elusivo anel de latão da nacionalidade alemã.

Para Habermas, os consequentes esforços para esboroar a distinção entre nação como sociedade de cidadãos *versus* nação como comunidade pré-política do *Volk* tornaram-se simplesmente a precipitação mais perigosa nessa unificação forçada.[45] Em 1990, como em 1987, Habermas argumentou que a comunalidade da catástrofe moral foi um filtro histórico pelo qual qualquer reapropriação *acrítica* de um fictício Estado-nação cultural alemão não passaria.

> Auschwitz pode e deve lembrar os alemães, não importando em qual território estejam... de que eles não podem contar com continuidades em sua própria história. Em razão daquela terrível quebra de continuidade, os alemães desistiram da possibilidade de constituir sua identidade com base em outra coisa que não fossem os princípios universalistas de cidadania de Estado, à luz dos quais as tradições nacionais já não podem passar sem exame, podendo apenas ser crítica e autocriticamente apropriadas. A identidade pós-tradicional... *existe* apenas no método da batalha pública e discursiva em torno da interpretação de um patriotismo constitucional tornado concreto sob circunstâncias históricas particulares.[46]

Para Habermas, essa operação de unificação acelerada e hiperadministrada privou os alemães de ambos os lados de uma insubstituível oportunidade para um discurso moral coletivo sobre o sentido da cidadania alemã. O resultado foi o que Habermas chamou de "déficit normativo" da unificação alemã, o "total empobrecimento moral que o *tempo* apressado do processo de unificação nos legou".[47]

> O modo e o *tempo* do processo de unificação têm sido ditados pelo Governo Federal. O aspecto fisionômico mais notável que se tem aí é o próprio caráter instrumental do processo administrativo.

45 Ver, por exemplo, "Yet Again?" [Mais uma vez?], p. 98.

46 *Ibid.*, p. 99.

47 *Vergangenheit als Zukunft* [Passado como futuro], p. 93.

> Apesar da política externa com todo o seu amortecimento cuidadosamente instalado, apesar de toda a costura sob medida dos imperativos econômicos, esse processo jamais conquistou qualquer dinâmica *democrática* que fosse propriamente sua... Kohl e seu gabinete alcançaram seus objetivos com as mesmas espécies de virtudes e vícios que seriam de se esperar das estreitas disputas internas sobre alguma questão da política doméstica. Pelo uso instrumental de tratados internacionais, de políticas de prazos autoimpostos e da requisição das redes organizacionais dos blocos partidários, eles conseguiram manobrar de fora tanto a oposição profundamente dividida quanto a esfera pública. Estabeleceram o curso para um processo que se mantinha basicamente nas categorias de organização econômica – sem jamais ter transformado alternativas políticas num tema para discussão.[48]

O resultado dessa estratégica atenuação das possibilidades comunicativas é o de que "a unificação não foi compreendida como um ato normativamente desejado pelos cidadãos de ambos os Estados, que em autopercepção política decidiram por uma união civil comum".[49] O "déficit normativo" da unificação faz-se assim

> uma queixa sobre a imprudente intervenção em nossa cultura política, e com isso uma queixa sobre os danos de longo prazo que lhe foram impostos, que os partidos políticos perigosamente ignoraram em suas táticas eleitorais, assim como os burocratas os ignoraram com a institucionalização administrativa de um sistema econômico. As instituições proporcionadas pela Lei Fundamental só podem funcionar e ser permitidas por meio da consciência cívica de uma população habituada a instituições de liberdade. A cultura política é feita de um tecido delicado de mentalidades e convicções que não podem ser inventadas nem manipuladas por medidas administrativas. Nossas objeções se voltam ao tratamento imprudente de recursos morais e culturais incalculáveis e não renováveis, recursos estes

48 *Ibid.*, p. 56.

49 *Ibid.*, p. 59.

que só podem se regenerar de maneira espontânea, e não segundo uma cadência pré-arranjada. O autoentendimento, a autoconsciência política de uma nação de cidadãos só pode se formar no *medium* da comunicação pública. E essa comunicação depende de uma infraestrutura que, neste momento, está sendo autorizada a cair nas ruínas dos novos Estados.[50]

Em suas frequentes invocações de um discurso coletivo sobre o estatuto da cidadania alemã durante o processo de unificação, é evidente que Habermas tinha em conta mais do que o modelo feliz de um encontro comunicativo gerado espontaneamente na esfera pública. Se é verdade que o diálogo Oriental-Ocidental floresceu nos formatos extrainstitucionais da mídia impressa, dos colóquios e de todas as modalidades de grupos de discussão informais, Habermas estava pensando também numa possibilidade concreta de discurso coletivo determinado pela própria Lei Fundamental.

O Artigo 146, que é o artigo final da Lei Fundamental, expressa a natureza provisória do documento – isto é, a diferença entre ele e uma Constituição – mediante a estipulação de que a Lei Fundamental como um todo "perderia a sua validade no dia em que uma nova Constituição, concluída pelo povo alemão em livre decisão, entrasse em vigor". Esse processo juridicamente determinado de "decisão livre" não poderia significar nada além de um discurso coletivo político-moral, um "referendo popular sobre a Constituição"[51] que de modo necessário se moveria livremente entre diferentes estruturas institucionais e para fora delas, que demandaria expectativas, atitudes e procedimentos não estratégicos, e que se estenderia a um processo coletivo de formação de vontade concernente a uma identidade política coletiva. Em outras palavras, a invocação do Artigo 146 não apenas daria aos alemães orientais um tempo para que tomassem fôlego, mas também finalmente *permitiria* que todos os alemães decidissem de uma vez por todas se optariam por se definir segundo princípios universalistas ou concepções nacionalistas. Por essa leitura, o patriotismo constitucional em si demandava que o processo de unificação

50 *Ibid.*, p. 62-63.

51 "Yet Again?" [Mais uma vez?"], p. 97.

consistisse na promulgação *formal* dos próprios tipos de soberania popular que Habermas estava defendendo:

> A identificação com os princípios e instituições de nossa Constituição exige... uma agenda para a reunificação que dê prioridade ao direito livremente exercido dos cidadãos a determinar o seu próprio futuro por voto direto, no âmbito do arcabouço de uma esfera pública não ocupada que ainda não desapareceu. Isto significa, em termos concretos, que a vontade do público votante tem precedência sobre uma anexação sagazmente iniciada, que em última análise, entretanto, foi realizada apenas no nível administrativo – uma anexação que desonestamente se esquiva de uma das condições essenciais para a fundação de qualquer nação de cidadãos do Estado: o ato público de uma decisão democrática cuidadosamente considerada, tomada em ambas as partes da Alemanha.[52]

Com isso, o lado *constitucional* da estratégia de administração Kohl foi o plano para evitar – a virtualmente qualquer custo – o tipo de fórum constitucional exigido pelo próprio Artigo 146 da Lei Fundamental, com base na pressuposição de que atitudes públicas no sentido de um movimento mais lento e circunspecto de unificação do Estado, extraídas de um processo de comunicação pública, poderiam bem sabotar um processo que, por razões de conveniência política, o governo de coalizão democrata-cristão e socialista cristão (CDU-CSU) desejava executar da maneira mais rápida possível.

A resposta a que o governo chegou foi a de ler a Lei Fundamental *de maneira estratégica*: com uma boa dose de apoio público, a administração Kohl fixou-se na possibilidade de invocar o Artigo 23 da Lei Fundamental como um meio de contornar a exigência de comunicação pública do Artigo 146. O Artigo 23 garante a validade da Lei Fundamental para "outras partes" não especificadas da Alemanha por ocasião de sua entrada na República Federal, proporcionando, na verdade, um simples atalho para a admissão de novos Estados. Os autores da Lei Fundamental tinham em mente sobretudo

52 James e Stone, *When the Wall Came Down* [Quanto o muro caiu], p. 96.

o Saarland, que entrara na República Federal em 1957 por meio do Artigo 23. A *Deutschlandpolitik* de Kohl e a "Aliança para a Alemanha", projetadas pelo governo federal para as eleições parlamentares da Alemanha Oriental de março de 1990, enfatizaram veementemente um recurso ao Artigo 23 como um *medium* constitucional rápido e descomplicado para o processo de unificação; além disso, justificaram essa abordagem com base tanto na vontade coletiva (ainda sem voz) da população alemã-oriental quanto no rápido colapso da economia da Alemanha Oriental. "O debate constitucional", escreve Habermas, "era considerado um obstáculo à operação tranquila da administração, sendo assim deixado de lado."[53] "Via Artigo 23, os cidadãos são passíveis de meramente *sofrer* o processo de unificação."[54]

> Se não nos libertarmos das noções difusas sobre o Estado-nação, se não nos livrarmos das muletas pré-políticas de nacionalidade e comunidade de destino, seremos incapazes de prosseguir, isentos de fardo, no próprio caminho que há muito escolhemos: o caminho para uma sociedade multicultural, o caminho para um Estado federal com amplas diferenças regionais e forte poder federal e, acima de tudo, o caminho para um Estado europeu unificado de muitas nacionalidades. Uma identidade nacional que não se baseie predominantemente em autoentendimento republicano e patriotismo constitucional necessariamente colide com as regras universalistas de coexistência mútua para seres humanos...[55]

IV

Meia década após a unificação, essa profecia de uma colisão tornou-se negativamente verdadeira: as questões que se apoderaram da cultura

53 *Vergangenheit als Zukunft* [Passado como futuro], p. 59. "Será algo excessivo demandar que um esforço seja feito no *medium* da comunicação pública para que uma *nova* República Federal, composta de partes tão desiguais, possa se ancorar na consciência de seus cidadãos como algo compartilhado – e não vivenciado, como se fosse o subproduto da construção forçada de uma zona monetária expandida?".

54 "Yet again?" [Mais uma vez?], p. 97.

55 *Ibid.*, p. 97.

política alemã desde 1990 têm sido, em ampla medida, as precipitações da *recusa* em tomar o caminho discursivo lento e constante rumo à unificação, caminho este que Habermas exortara. À parte os severos problemas econômicos advindos dos custos da unificação e da recessão global, a nova e mais ampla República Federal tem estado preocupada com o áspero embate político e social sobre a melhor forma de lidar com as persistentes disparidades econômicas e sociais que persistem entre as ex-Alemanhas Ocidental e Oriental.

Mais importante – e por certo mais visível internacionalmente –, a questão da identidade alemã é suscitada agora pela situação dos requerentes de asilo, pela crescente violência de extrema direita e *skinhead* contra eles nas duas ex-Alemanhas e pelo crescente êxito político dos partidos políticos de extrema direita. Nenhuma dessas três tendências pode ser remetida diretamente às consequências do modo particular de unificação que se deu em 1990. Mas, consoante às preocupações de Habermas, todas as três apontam inequivocamente para a possibilidade de que os ganhos em lógica universalista e identidade coletiva pós-convencional foram e continuam a ser drasticamente revertidos na nova República Federal.

Mais chocante do que a própria violência de extrema direita, escreve Habermas, é a "reconhecível síndrome de preconceitos" que a violência está a despertar no espectro mais amplo da população: o passado como futuro.[56] O ressurgente orgulho nacional tem assumido a forma de aprovação silenciosa aos violentos ataques contra turcos e requerentes de asilo:

> O problema não são os *skinnheads*, mas a polícia que ou não estava lá ou observava sem intervir; são as autoridades judiciais, que agiram sem nenhuma hesitação; os tribunais, que estavam carecendo de sentenças inteligíveis; os agentes das *Bundeswehr*,[57] que lançaram granadas de treino contra os abrigos para asilados; os partidos políticos, que estão tentando desviar a atenção de um processo de unificação projetado de maneira equivocada, com seu

56 "Die Asyldebatte (Pariser Vortrag vom 14. Januar 1993 [Conferência parisiense de 14 de janeiro de 1993])", manuscrito não publicado, p. 5.

57 "Forças Armadas da Alemanha". (N. do T.)

inqualificável debate sobre a questão do asilo, tornando-se cúmplices da porção mais estúpida e ressentida de seu eleitorado.[58]

Segundo Habermas, talvez ainda mais do que a violência contra estrangeiros, o próprio debate sobre direitos de asilo traz consigo as implicações mais profundamente perturbadoras para o futuro da identidade coletiva na República Federal.[59]

Até o presente momento, a resposta à onda de imigração e a reação da extrema direita a ela na República Federal assumiram a forma de uma gradual concessão aos sentimentos antiestrangeiros. Enquanto o chanceler Kohl visivelmente se ausentava das muitas demonstrações contra a violência a estrangeiros (bem como dos funerais de suas vítimas), os principais partidos políticos pouco a pouco chegavam ao consenso de que a única solução politicamente viável para o problema da imigração estava em alterar o artigo (16) da Lei Fundamental, que assegurava a todos os perseguidos políticos um abrigo seguro e auxílio financeiro na República Federal até que seus casos pudessem ser decididos. Após uma primeira tentativa de suplementar o Artigo 16 com condições especiais destinadas a torná-lo manco, o *Bundestag*[60] finalmente, em maio de 1993, votou pela completa reformulação da garantia constitucional de asilo, alinhando a República Federal a outros países da Europa Ocidental.

Habermas tem atacado a solução constitucional do governo para a questão do asilo como uma manobra transparente para estancar a hemorragia de votantes conservadores, do CDU à extrema direita radical do *Republikaner* de Franz Schönhuber, assim como tem fustigado o SPD, assolado por escândalos, por ceder à pressão da direita.[61] Além disso, porém, ele enxerga o debate sobre asilo como, de modo geral, um meio para

58 "Die zweite Lebenslüge der Bundesrepublik" [A segunda grande mentira da República Federal], manuscrito expandido não publicado, p. 5.

59 Ver *Faktizität und Geltung* [Facticidade e validade], p. 652; "O problema do asilo expõe mais uma vez a tensão latente entre cidadania e identidade nacional".

60 "Parlamento alemão". (N. do T.)

61 Ver "Die zweite Lebenslüge der Bundesrepublik: Wir sind wieder 'normal' geworden" [A segunda grande mentira da República Federal: Nós nos tornamos 'normais' de novo], *Die Zeit*, nº 51, 11 dez. 1992.

a *reintrodução* estratégica da mais virulenta pressão por parte do particularismo étnico alemão.

E assim vamos novamente ao encontro do mesmo tema: a República Federal se equilibra na linha de uma decisão entre República e *Volksnation,*[62] decisão esta a que ela parece destinada a jamais chegar. No caso dos direitos de asilo, essa tensão ainda uma vez remete ao contexto da Lei Fundamental: uma das verdadeiras esquisitices da Lei Fundamental é o particularismo que perdura em sua própria concepção de cidadania. Se a cidadania é definida de acordo com normas jurídicas, a nacionalidade alemã se baseia na linhagem de sangue, o que, desse modo, simultaneamente nega cidadania a gerações de turcos nascidos e criados na Alemanha, bem como concede cidadania aos "alemães por estatuto", ou seja, alemães étnicos do leste da Europa e da antiga União Soviética, que muitas vezes não têm relação linguística ou cultural com sua terra ancestral. De modo correspondente, os direitos de naturalização na República Federal são limitados.

Esse paradoxo entre concepções étnicas e jurídicas de cidadania encontra-se no coração da importância *política* do debate sobre asilo, o que para Habermas é uma máscara, por trás da qual continuam a se inflamar questões sobre a identidade alemã que haviam sido reprimidas durante o processo de unificação. Ainda uma vez: "As reações à ressurgência da violência de extrema direita – e nesse contexto também o debate sobre asilo – deram origem à questão sobre se a República Federal *expandida* continuará no caminho da civilização política ou se ela reavivará a antiga consciência especial de maneira nova".[63]

A República Federal pós-unificação tem testemunhado uma profunda mudança em sua cultura política. A concretização da unidade nacional, a súbita exposição dos antigos alemães orientais aos desafios de uma sociedade multicultural, a persistente recessão econômica e as pressões da imigração combinaram-se para reduzir o limiar coletivo de inibições à expressão de ressentimento e frustração.[64] O costumeiro "nacionalismo do

62 "Nação do povo". (N. do T.)

63 "Die Asyldebatte" [O debate sobre asilo], p. 14.

64 Cf. *ibid.*, p. 16.

marco alemão" da República Federal está começando a se solidificar no próprio aditivo explosivo com correntes irracionalistas do passado alemão pré-guerra, sendo esse aditivo o que Habermas mais teme.

É cedo demais para dizer se o clima político mais frio na República Federal vem a ser um desabafo tenebroso, ainda que compreensível, ou se teria havido uma verdadeira reversão da gradual tendência a formas republicanas de identificação política. Habermas propõe que as atuais aflições da República Federal são todas, em um ou outro sentido, consequências da "grande mentira" (*Lebenslüge*) em que se baseou a marcha para uma unificação isenta de discurso: a mentira de que um Estado alemão unificado poderia reconquistar a quimérica "normalidade" de um Estado-nação convencional.[65]

De um modo ou de outro, a antiga República Federal desapareceu para sempre. As polêmicas tentativas, por Habermas, de cultivar uma lógica universalista a partir das cinzas do passado irracionalista da Alemanha, de agora em diante serão direcionadas para uma nação com uma constelação de atitudes políticas bem mais complicada – e volátil. Demonstrações antifascistas de massa em praticamente todas as principais cidades da Alemanha ainda inspiram a confiança de que "por trás dos féretros das vítimas da violência de extrema direita, a consciência republicana pareça despertar mais uma vez".[66] A soberania popular ainda pode se provar melhor do que o seu próprio governo. Se assim for, será um verdadeiro triunfo histórico para a força do melhor argumento.

Em *A questão da culpa alemã*, Karl Jaspers apregoou que "a Alemanha não conseguirá [recuperar a consciência] a não ser que nós alemães encontremos os meios de nos comunicarmos entre nós".

65 "A 'grande mentira', que foi instituída de cima para baixo nos anos de Adenauer, e com a qual tivemos de lidar desde então, foi: a de que somos todos democratas. Levou muito tempo para a República Federal superar isso; foi necessária uma revolta dos jovens para libertá-la das devastadoras consequências sociopsicológicas dessa concepção. Se uma *segunda* grande mentira encontra-se em processo de surgimento desde 1989, ela é mais uma a versar sobre 'termos finalmente nos tornado normais de novo'". "Die zweite Lebenslüge der Bundesrepublik" [A segunda grande mentira da República Federal], p. 13.

66 "Die Asyldebatte" [O debate sobre asilo], p. 21.

Queremos aprender a conversar um com o outro. Isto equivale a dizer que nós não apenas queremos reiterar nossas opiniões, mas também ouvir o que o outro pensa. Nós não apenas queremos afirmar, mas também refletir de maneira integrada, ouvir as razões, mantermo-nos preparados para uma nova compreensão. Queremos aceitar o outro, tentar ver as coisas do ponto de vista do outro; na verdade, nós virtualmente queremos buscar visões opostas. Encontrar o comum no contraditório é mais importante do que, de maneira apressada, apropriar-se de pontos de vista mutuamente excludentes e interromper a conversa como algo impossível.[67]

Isso foi 1945. Já ali, Jaspers reconhecia que a "situação" poderia proporcionar apenas cinzas e mais cinzas aos projetos, cada vez mais grandiosos, de estabelecer a Alemanha ainda uma vez como uma "comunidade de destino". Nas mais simples aberturas do discurso humano, na inevitável solidariedade de falar e ouvir, ele pressentia estar a única possibilidade de uma "purificação" da culpa alemã – a palavra "culpa" ainda repercutia em tudo o que Jaspers tinha se mostrado disposto a condenar –, mas também a única fundação possível de uma identidade alemã que valeria a pena ter.

Quase meio século após esse início, as consistentes invocações por Habermas do espírito cívico estão cada vez mais sendo abafadas por outros tipos de grito, tanto das páginas dos folhetins quanto das ruas. No atual clima político, como recentemente escreveu a jornalista Jane Kramer, "um filósofo como Jürgen Habermas falando sobre o contrato social... pode soar como uma voz de algum outro país".[68] É possível que soar estrangeiro seja hoje o único modo de sobrevivência para *essa* identidade alemã.

---

67 Karl Jaspers, *The Question of German Guilt* [A questão da culpa alemã], tradução de E. B. Asthon (Nova Iorque: Dial Press, 1947), p. 11-12.

68 Jane Kramer, "Letter from Germany" [Carta da Alemanha], *The New Yorker*, 14 de junho de 1993.

PARTE III
Racionalidade comunicativa: implicações científicas sociais e éticas

5 A teoria crítica como programa de pesquisa[1]

John S. Dryzek

A teoria crítica é frequentemente rejeitada (de modo tal que jamais contemplada) por cientistas sociais de inclinação empírica como uma iniciativa filosófica obscura, especulativa e não científica. Tal rejeição não está reservada apenas à teoria crítica, mas muitas vezes se estende à teoria social e política de modo mais geral. Devemos admitir que existem frequentes e boas razões pelas quais esses cientistas sociais devam desprezar os esforços de seus colegas mais filosoficamente inclinados.[2] Mas aqui eu quero argumentar que a teoria crítica de Jürgen Habermas se sobressai com base no que hoje se tem por teoria política e social, em sua capacidade de envolver as ciências sociais empíricas em frutuoso diálogo.

Esse diálogo não é apenas uma questão de teoria crítica a emitir orientação filosófica e metodológica para a prática das ciências sociais, ainda que qualquer ciência social que levasse a sério a teoria crítica dificilmente resultaria inalterada desse encontro. A teoria crítica pode também proporcionar um contexto e um arcabouço passíveis de proporcionar coerência a descobertas nas ciências sociais existentes. Além do mais, a via é de mão dupla: a própria teoria crítica é legitimamente dependente de descobertas das ciências sociais, e o próprio Habermas tem feito bom uso (ainda que um tanto esporádico) de tais descobertas. Minha discussão

---

1 Pelas sugestões e comentários, agradeço a Kenneth Baynes, Amber Cole e Hans Kristian Hernes. Pela hospitalidade proporcionada enquanto eu escrevia este capítulo, sou grato à Escola de Pesquisa em Ciências Socais e Programa de Graduação em Políticas Públicas da Universidade Nacional Australiana.

2 Ver a discussão sobre a alienação autoinflingida da teoria política com base na ciência política e na prática política em John G. Gunnell, *Between Philosophy and Politics: The Alienation of Political Theory* [Entre filosofia e política: A alienação da teoria política] (Amherst: University of Massachusetts Press, 1986).

se inicia com o programa para ciências sociais proposto nos primeiros escritos epistemológicos e metodológicos de Habermas. Então, deverei retornar à influência mais profícua da obra tardia do pensador acerca da ação comunicativa. Concluirei com um exame sobre o modo como a teoria crítica pode assimilar e conferir sentido aos mais estabelecidos programas de pesquisa em ciências sociais.

I. A filosofia das ciências sociais de Habermas

A própria concepção diferenciada da teoria crítica segundo Habermas cristalizou-se pela primeira vez na década de 1960, no contexto de sua obra sobre a filosofia das ciências sociais, de modo mais notável em *Sobre a lógica das ciências sociais* e *Conhecimento e interesses humanos.*[3] Em 1982, refletindo sobre esses escritos, Habermas recorda que "durante algum tempo eu estive convencido de que o projeto de uma teoria crítica social tinha de se provar, em primeiro lugar, de um ponto de vista metodológico e epistemológico".[4] Agora, passar da epistemologia e da metodologia para a teoria social é uma coisa (e frequentes vezes bastante difícil), o movimento subsequente para a prática real das ciências sociais já é bem outra. Até que ponto tais movimentos foram realizados pelo próprio Habermas ou por cientistas sociais que levaram a sério seu ponto de vista metodológico e epistemológico?

Para se chegar a uma resposta mediante a referência ao aspecto "negativo" da crítica de Habermas às ciências sociais, quem quer que tivesse aceitado a sua condenação ao positivismo (a ideia de que a essência da ciência seja a dedução de leis causais, que são então verificadas por teste empírico) teria de presumivelmente abandonar a busca por uma explicação causal empiricamente verificada dos fenômenos sociais. Contudo, dois fatores embotam a força dessa condenação ao positivismo.

---

3 Jürgen Habermas, *On the Logic of the Social Sciences* [Sobre a lógica das ciências sociais] (Cambridge: Polity Press, 1988), que apareceu pela primeira vez em 1967; Jürgen Habermas, *Knowledge and Human Interests* [Conhecimento e interesses humanos] (Boston: Beacon Press, 1971).

4 *Ibid.*, p. xiv.

O primeiro é que aí dificilmente se terá um traço original ou único de Habermas. O segundo é que muito embora os cientistas sociais tenham frequentemente apregoado o positivismo, raras vezes o praticaram. Como observa Terence Ball, as práticas reais dos cientistas políticos pelo menos podem ser mais prontamente assimiladas a uma filosofia interpretativa ou hermenêutica das ciências sociais, cuja principal missão é confrontar-se com a lógica de situações particulares constituída por seres humanos.[5] Essa generalização se mantém, embora muitos desses praticantes adotem uma linha positivista e tomem a hermenêutica por algo estranho.

Em sua obra epistemológica da década de 1960 (e na subsequente disputa com Hans-Georg Gadamer), Habermas igualmente discute e critica esse modelo interpretativo de ciências sociais. Assim como ele acreditava que o modelo positivista fosse apropriado para a prática das ciências naturais e para seu interesse último pela manipulação e controle do mundo natural, Habermas acreditava também que o modelo interpretativo fosse apropriado a ciências culturais como história e antropologia, cujo interesse está em apreender e compreender complexos de modos de vida constituídos subjetivamente. Mas quando se trata de ciências sociais, Habermas considera que tanto o interesse "técnico" pelo controle quanto o interesse "prático" pelo entendimento encontram-se adequadamente subordinados a um interesse "emancipatório" por libertação.

À essa luz, a missão do cientista social é, em primeiro lugar, compreender a situação subjetiva ideologicamente distorcida de algum indivíduo ou de um grupo, em segundo lugar, explorar as forças que provocaram essa situação e, em terceiro, mostrar que essas forças podem ser sobrepujadas ao serem percebidas pelo indivíduo ou grupo oprimido em questão. Assim, uma teoria crítica das ciências sociais é verificada não por teste experimental ou por plausibilidade interpretativa, e sim mais pela ação por parte de seu público, e este decide que, após reflexão, a teoria foi bem-sucedida em prestar contas das causas de seus sofrimentos e

5 Terence Ball, "Deadly Hermeneutics: Or, *Sinn* and the Social Scientist" [Hermenêutica moral: Ou *Sinn* (sentido) e o cientista social], *in Idioms of Inquire: Critique and Renewal in Political Science* [Expressões idiomáticas de investigação: Crítica e renovação em ciência política], Terence Ball (Org.) (Albany: State University of New York Press, 1987).

efetivamente apontou para o alívio desses sofrimentos. Em *Conhecimento e interesses humanos*, é nesses termos que Habermas celebra a psicanálise freudiana como modelo para as ciências sociais.[6] Seus críticos foram rápidos em observar que a psicanálise na prática frequentemente envolve uma substancial manipulação por parte do analista, isso sem falar na imposição de um arcabouço teórico ambíguo. Não obstante, uma psicanálise idealizada – a envolver um encontro igualitário em que o(a) paciente chega a um autoentendimento e então decide por si mesmo(a) o que deve ser feito para melhor administrar sua neurose – ainda é passível de figurar como modelo metodológico.

Esse modelo pode ser implementado de forma bastante direta com vistas a interpretar o marxismo como uma teoria crítica (falha) que diz respeito aos determinantes da falsa consciência dos proletários e a como os trabalhadores podem alcançar a emancipação em relação a essas forças ideológicas. Tal abordagem também exporia o erro dos marxistas que tentaram fundir sua teoria da sociedade à imagem das ciências naturais (repletas de supostas leis da história), ou como um determinismo econômico, ou (mais recentemente) em termos das escolhas economicamente racionais de indivíduos que, jamais tendo a sua consciência restringida por ideologia, não necessitam emancipação. Outras teorias sociais e políticas que podem ser interpretadas como teorias críticas nos termos epistemológicos de Habermas incluem o feminismo, a pedagogia do oprimido de Paulo Freire, a teoria da dependência em relações internacionais, a teologia da libertação[7] e, talvez, a consideração de Ralph Hummel sobre como a vida social é deformada sob *A Experiência Burocrática*.[8]

O próprio Habermas manifestou pouco interesse por quaisquer desses exemplos de teoria crítica na prática, preferindo confinar sua discussão sobre as ciências sociais críticas aos níveis epistemológico e metateórico. Referindo-se a seus predecessores da Escola de Frankfurt, Habermas

---

6 Habermas, *Knowledge and Human Interests* [Conhecimento e interesses humanos], p. 241.

7 Stephen T. Leonard, *Critical Theory in Political Practice* [A teoria crítica na prática política] (Princeton: Princeton University Press, 1990).

8 Ralph P. Hummel, *The Bureaucratic Experience* [A experiência burocrática], 3ª ed. (Nova Iorque: St. Martins´s Press, 1987).

valeu-se deles para a missão porque "jamais levam efetivamente a sério... as contribuições teóricas das ciências sociais", de modo tal que "se refugiam numa crítica abstrata à razão instrumental, proporcionando apenas uma contribuição limitada à análise empírica da realidade demasiadamente complexa de nossa sociedade".[9] Mas a obra epistemológica de Habermas é em si vulnerável a críticas, precisamente nesses campos, o que é duplamente irônico dada a sua crença em que, em sua própria obra, e para além dela, a filosofia e as ciências sociais deveriam por direito estar unidas.

A obra epistemológica de Habermas, que culminou em *Conhecimento e interesses humanos*, pode então proporcionar um contexto para a interpretação de uma série de teorias sociais e políticas existentes, além de um enquadramento metateórico para as ciências sociais em geral. Entretanto, provavelmente será justo dizer que essa ideia de ciências sociais emancipatórias jamais me foi de muita inspiração no sentido da obra empírica, ainda que quanto a isso o modelo de modo algum está sozinho na filosofia das ciências sociais. Pode ser um pouco embaraçoso, mas talvez se deva salientar aqui que uma exceção frequente a essa carência de impacto pode ser encontrada na obra epistemológica do adversário de Habermas na *Methodenstreit* [querela dos métodos] nas ciências sociais alemãs na década de 1960, a saber, Karl Popper. As ideias popperianas sobre o conhecimento causal falível a necessitar experimentação controlada em conexão com uma fragmentada engenharia social inspiraram um número expressivo de experimentos políticos, e número ainda maior de capítulos em manuais de avaliação de políticas.

II. A ação comunicativa como arcabouço

O impacto da epistemologia da teoria crítica na prática das ciências sociais (prática que se opõe à teoria social) provou-se, então, limitado. Impacto muito maior foi alcançado com a viragem de Habermas para a comunicação e com a ênfase nas competências gerais embutidas na

9 Jürgen Habermas, *Autonomy and Solidarity* [Autonomia e solidariedade], entrevistas com Jürgen Habermas, Peter Dews (Org.) (Londres: Verso, 1992), p. 56.

capacidade para a linguagem, ambas tendo se iniciado por volta de 1970, vindo a culminar na *Teoria da ação comunicativa.*[10] Com essa viragem, o próprio Habermas começa a parecer um pouco mais cientista social e um pouco menos filósofo. Na verdade, na *Teoria,* ele por diversas vezes faz referência a seu projeto como um "programa de pesquisa" para a teoria social, e assim, presume-se, também para as ciências sociais empíricas.

A própria *Teoria* encontra-se parcialmente calcada na psicologia do desenvolvimento de Lawrence Kohlberg e Jean Piaget, que postulam estágios no desenvolvimento da moral individual (Kohlberg) ou no pensamento operatório (Piaget). Habermas procura estender esse tipo de abordagem do desenvolvimento à sociedade como um todo. Essa conexão sugere que a teoria crítica possa, de maneira profícua, envolver as tradições de trabalho empírico associadas a Kohlberg e a Piaget. Nesse sentido, Shawn Rosenberg esboça um programa para uma "psicologia social da política".[11] Trata-se de um programa essencialmente piagetiano, uma vez que a sua essência é a exploração do modo como fatores subjetivos ou ideológicos se desenvolvem em encontros que, sob a égide da racionalização, dão-se entre o indivíduo e o seu ambiente social. Porém, Rosenberg observa que uma ênfase no *social* em psicologia social é mais consistente com Habermas do que com Piaget, afinal Habermas ressalta que o sentido é construído de modo intersubjetivo, em vez de pelo sujeito isoladamente.[12] Se a própria obra de Piaget pode ser interpretada como uma teoria crítica a operar no nível da psicologia individual – nisso talvez com mais plausibilidade do que a psicanálise freudiana, da qual tratei acima –, então uma psicologia social piagetiana pode, como é evidente, contribuir para uma teoria crítica da sociedade, uma vez que está em posição de desmascarar e criticar fatores que obstruem processos de desenvolvimento.

---

10 Jürgen Habermas, *The Theory of Communicative Action* [Teoria da ação comunicativa], vol. I, *Reason and the Rationalization of Society* [Razão e racionalização da sociedade] (Boston: Beacon Press, 1984); *The Theory of Communicative Action* [A teoria da ação comunicativa], vol. II, *Lifeworld and System* [Mundo da vida e sistema] (Boston: Beacon Press, 1987).

11 Shawn Rosenberg, *Reason, Ideology, and Politics* [Razão, ideologia e política] (Princeton: Princeton University Press, 1988).

12 Rosenberg, *Reason, Ideology, and Politics* [Razão, ideologia e política], p. 209, 212.

Para além de tais possibilidades em psicologia social, os conceitos de ação comunicativa, racionalidade comunicativa e comunicação sistematicamente distorcida são capazes de conferir orientação para estudos empíricos – e efetivamente a conferem. O modo como podem fazê-lo nem sempre está absolutamente claro na própria *Teoria da ação comunicativa*, que se realiza no contexto de um engajamento com alguns clássicos da teoria social, em vez de encontrar casos de ação comunicativa no mundo real. Uma investigação sobre a prática comunicativa – investigação esta que é mais empírica, sem falar que teoricamente é muito menos desenvolvida – pode, de fato, ser encontrada num texto de Habermas já bem anterior, sobre a ascensão e o declínio da esfera pública burguesa que se tinha nos primórdios, texto este publicado em 1962.[13] Mas passemos agora a debater sobre alguns fragmentos de pesquisa em ciências sociais, inspirados por concepções mais recentes de Habermas sobre a ação comunicativa.

Para iniciar, o contraste de Habermas entre ação estratégica e comunicativa, bem como a distinção aí associada entre sistema e mundo da vida, proporciona um arcabouço para a interpretação de muitas espécies de fenômeno social. Por exemplo, o próprio Habermas interpreta novos movimentos sociais em termos da defesa, por tais movimentos, de um mundo da vida ameaçado pela intromissão das forças do Estado e do capital.[14] Por conta disso, imperativos sistêmicos para destruir ecossistemas, militarizar a sociedade e subjugar as mulheres deparam não apenas com uma resistência estratégica da parte dos indivíduos prejudicados, mas também com o desenvolvimento de movimentos ecológicos, pela paz e feministas, cuja política interna pode ser mais bem compreendida em termos de ação comunicativa e de um compromisso geral com os princípios do discurso livre. Com sua generalizada falta de interesse em garantir uma participação do poder do Estado, e com seu persistente

---

13 Jürgen Habermas, *The Structural Transformation of the Public Sphere: An Inquiry into a Category of Bourgeois Society* [A transformação estrutural da esfera pública: Uma investigação sobre uma categoria de sociedade burguesa] (Cambridge, Mass.: MIT Press, 1989).

14 Jürgen Habermas, "New Social Movements" [Novos movimentos sociais], *Telos* 49 (1981), p. 33-37; Habermas, *Theory of Communicative Action* [Teoria da ação comunicativa], vol. II, p. 393-396.

debate sobre a sua própria identidade, tais movimentos não se submetem a uma análise fácil pelas categorias da ciência política e da sociologia mais tradicionais. Também os pós-modernistas os reivindicaram, mas teóricos críticos declarariam que tais movimentos encarnam "uma radicalização seletiva de valores 'modernos'", como observa Claus Offe, em vez de uma rejeição da modernidade.[15] Nesses moldes, e diretamente inspirados pela abordagem habermasiana da ação comunicativa, Jean Cohen e Andrew Arato realizaram uma análise mais ampla da sociedade civil como *locus* para a democratização.[16] Para Cohen e Arato, a sociedade civil é um reino autônomo de associação e discussão, onde a influência sobre o Estado está em causa, mas onde uma participação no poder do Estado não é buscada. Uma sustentação empírica dessa análise é proporcionada tanto pelos novos movimentos sociais no Ocidente quanto pela política de oposição na Europa Oriental, a qual teve sua culminância em 1989.

A própria abordagem por Habermas da intromissão dos imperativos sistêmicos no mundo da vida e a resistência por meio de novos movimentos sociais encontram-se expressas em termos razoavelmente gerais. Nesse sentido, porém, mais análises de viés empírico se fazem possíveis. Por exemplo, a análise de Nancy Fraser das necessidades relacionadas a gênero demanda uma interpretação no âmbito do sistema de bem-estar dos Estados Unidos, que, como observa Jane Braatan, ajusta-se bem às noções de ação comunicativa segundo Habermas.[17] Fraser contrasta as necessidades das mulheres tal como definidas por administradores do bem-estar com as necessidades que as próprias mulheres poderiam construir se lhes fosse permitido desenvolver uma prática comunicativa de definição de necessidade. A questão não versa apenas sobre administradores ignorando necessidades reais, e sim mais sobre a construção, por eles,

15 Claus Offe, "New Social Movements: Challenging the Boundaries of Institutional Politics", *Social Research* 52 (1985), p. 817-868.

16 Jean L. Cohen e Andrew Arato, *Civil Society and Political Theory* [Sociedade civil e teoria política] (Cambridge, Mass.: MIT Press, 1992).

17 Nancy Fraser, *Unruly Practices* [Práticas desregradas] (Mineápolis: University of Minnesota Press, 1989); Jane Braatan, *Habermas´ Critical Theory of Society* (Albany: State University of New York Press, 1991), p. 147-150.

de destinatários do bem-estar de certas maneiras: como objetos que, sob a administração do Estado, necessitam de tratamento.

Para tomar aqui outro exemplo, Carol Hager recorre a Habermas em sua análise da política energética da Alemanha Ocidental, que se dá ao modo de um confronto entre burocracias enraizadas no governo e a oposição do cidadão que está na base.[18] A ação cidadã buscada aqui não apenas desenvolve uma "contraexpertise" e obstrui determinados projetos de energia, mas também estabelece a devida supremacia da democracia participativa sobre a autoridade burocrática na determinação dos fins e meios da política. A questão, assim, torna-se uma questão da forma apropriada de legitimação da ação governamental: a *expertise* ou o consenso técnico com base na interação comunicativa. Há mais coisas acontecendo aqui do que um confronto político comum de interesses particulares.

Uma das mais ambiciosas aplicações científicas sociais das ideias de Habermas sobre a ação comunicativa pode ser encontrada na análise de Michael Pusey, que, debruçando-se sobre a política australiana, provou-se a um só tempo popular e um sucesso acadêmico naquele país.[19] Em certo nível, o livro de Pusey é, de modo puro e simples, um estudo empírico das atitudes agressivamente economicistas e orientadas para o mercado por parte de membros do Serviço Executivo Sênior (Senior Executive Service) nas agências centrais do governo federal australiano em fins dos anos 1980. As atitudes desses membros são também uma demonstração de seu apego à elaboração de políticas. Porém, Pusey situa essas constatações numa análise habermasiana da racionalização e da modernização. Sob essa luz, o racionalismo econômico em Camberra expressa a racionalização cada vez mais unilateral da sociedade australiana, na qual "o comportamento sistematicamente coordenado"

18 Carol J. Hager, "Democratizing Technology: Citizen and State in West Germany Energy Politics, 1974-1990" [Democratizando a tecnologia: Cidadão e Estado na política energética da Alemanha Ocidental, 1974-1990], *Polity* 25 (1992), p. 45-70.

19 Michael Pusey, *Economic Rationalism in Canberra: A Nation-Building State Changes Its Mind* [Racionalismo econômico em Camberra: Um Estado construtor de uma nação muda de ideia] (Cambridge: Cambridge University Press, 1991).

do mercado substitui a "ação coordenada comunicativamente".[20] Pusey compara esse desdobramento relativamente recente a um estilo político mais discursivo e participativo que, segundo ele acredita, veio caracterizar a política nacional australiana ainda no início dos anos 1970. Mas essa crítica não se apoia unicamente na nostalgia, tanto que ele contempla um futuro que envolveria a reafirmação do mundo da vida e da ação comunicativa, assim como envolveria, de modo mais prático, elementos da democracia social ao estilo europeu. Alguns de seus críticos nas ciências sociais sugeriram que Pusey estaria superinterpretando de modo criativo os seus dados de pesquisa. Mas os testes apropriados para uma teoria crítica da política australiana podem ser encontrados na reação reflexiva do público a que ela se destina, em vez de sê-lo nos cânones dos métodos estatísticos.

III. A racionalidade comunicativa como princípio avaliador

Além de proporcionar um arcabouço para a interpretação de fenômenos sociais, as concepções de Habermas sobre ação comunicativa podem ser usadas também na avaliação de práticas sociais. Todas essas práticas, em maior ou menor grau, vão se configurar numa violação de preceitos da racionalidade comunicativa. Inversamente, vislumbres de racionalidade comunicativa devem se fazer aparentes em quase todas as práticas (exceto as mais abomináveis). Assim como a sua precursora, a situação ideal de fala, a racionalidade comunicativa não deve ser tomada como um ideal alcançável, mas sim como um princípio fundamental. Além disso, o melhor meio de entendê-la é como estando a, de modo puro e simples, proporcionar critérios procedimentais que digam respeito ao modo como as disputas podem ser solucionadas ou às condições sob as quais um consenso pode ser alcançado; em sentido contrário, ela não deve ser concebida como uma teoria qualquer sobre necessidades ou princípios humanos a pautar uma conduta individual ou acordos sociais.[21]

---

20 *Ibid.*, p. 170.

21 Jürgen Habermas, *Communication and the Evolution of Society* [Comunicação e evolução da sociedade] (Boston: Beacon Press, 1979), p. 90; Stephen K. White, *The Recent*

Tais critérios podem ser aplicados a casos do mundo real que vão do nível geral ao específico. Num nível bastante geral, David Sciulli esboça um projeto de pesquisa para políticas comparativas que se valeriam de uma versão modificada dos princípios da racionalidade comunicativa para avaliar e comparar o grau de autoritarismo que vigora em sistemas políticos.[22] Tais sistemas podem ser tomados como não autoritários à medida que respeitem o que Talcott Parsons chamou de forma "colegial" de organização social, esta que Sciulli interpreta, em termos habermasianos, como o lar da racionalidade comunicativa no mundo real mais significativo politicamente. Exemplos da forma colegial podem incluir profissões (em seus procedimentos internos), comunidades e redes informais. Sciulli deseja submeter as formações colegiais a escrutínio e comparação, usando como guia prático os princípios de legalidade procedimental enunciados pelo teórico do direito Lon Fuller. Sciulli sustenta (de forma um tanto imodesta) que a sua abordagem "emancipa Habermas do canto no qual ele próprio se colocou".[23] Essa abordagem faria isso mediante a especificação de um limiar procedimental para o reconhecimento de uma situação como realmente colegial, em vez de meramente postular uma situação ideal abstrata de fala que jamais pode ser atingida por nada, nem contar com a aproximação de coisa alguma. Pode-se questionar aqui o grau em que os princípios de Fuller são de fato consistentes com as noções de racionalidade comunicativa segundo Habermas. Deixando de lado tais preocupações, a verdade é que Sciulli estabeleceu a base para um rico programa de pesquisa empírica e comparativa em ciências sociais a versar sobre um importante conjunto de questões. Por enquanto, nem ele nem ninguém efetivamente levou a cabo tal pesquisa.

Num nível de análise um tanto menos geral e mais empírico, Daniel Hallin conduz uma abrangente análise dos meios de comunicação de

Work of Jürgen Habermas [Os escritos recentes de Jürgen Habermas] (Cambridge: Cambridge University Press, 1988), p. 70.

22 David Sciulli, *Theory of Societal Constitutionalism: Foundations of a Non-Marxist Critical Theory* (Cambridge: Cambridge University Press, 1992).

23 *Ibid.*, p. 105.

massa nos Estados Unidos.[24] Pela perspectiva da ação comunicativa, esse gênero de caso é particularmente importante, já que os meios de comunicação de massa são, e isto é evidente, centrais à comunicação social e política em sociedades industrializadas e fora delas. Para Hallin, os meios de comunicação de massa americanos distorcem o debate público restringindo-o à discussão de questões no nível técnico de solução de problemas, com isso negando a possibilidade de conflitos importantes em definição de problemas e em valores sociais. Assim, os meios de comunicação de massa solapam as próprias pré-condições para uma formação da vontade coletiva comunicativamente racional. De modo puro e simples, não há maneira pela qual implícitas pretensões de validade relativas à verdade, à adequação e à veracidade (ou sinceridade) de enunciações feitas nos meios de comunicação de massa possam ser desafiadas, pois a comunicação quase sempre se dá inteiramente numa única direção: da tela ou da página impressa para o espectador ou leitor.

Para Hallin, esse sombrio estado de coisas se instaurou não porque os meios de comunicação de massa sejam um braço ou um dispositivo de legitimação do Estado ou dos capitalistas. Ele se deve muito mais ao simples fato de que a propriedade privada significa que os meios de comunicação são moldados pelas forças do mercado (ainda que não necessariamente pela ideologia do mercado), em cujo escopo os anunciantes exigem uma cobertura midiática "objetiva" ou "apartidária", e isso por medo de ofender os consumidores identificados a determinados grupos ideológicos. Essa situação é um exemplo do que Habermas refere como a colonização do mundo da vida da sociedade – que é o lar adequado da racionalidade comunicativa – pelas forças impessoais de dinheiro e poder atreladas a imperativos funcionais incrustados no sistema da sociedade. De modo substancial, a análise de Hallin nos faz lembrar da abordagem pelo próprio Habermas do declínio da esfera

24 Daniel Hallin, "Critical Theory and the Mass Media" [Teoria crítica e os meios de comunicação de massa], *in Critical Theory and Public Life* [Teoria crítica e vida pública], John Forester (Org.) (Cambridge, Mass.: MIT Press, 1985).

pública burguesa tal como se tinha no início, um aspecto desse declínio sendo a crescente comercialização de jornais no século XIX.[25]

Um bom exemplo da aplicação dos preceitos da racionalidade comunicativa a um tipo de caso muito específico é apresentado por Ray Kemp, cujo tema é a investigação pública, realizada em 1977, acerca da construção de uma controversa fábrica de reprocessamento de óxido térmico em Windscale, na Inglaterra.[26] Mais uma vez, tem-se aí um caso interessante do ponto de vista da ação comunicativa, já que a implícita pretensão de legitimidade de tal investigação reside precisamente em sua condição de fórum para um debate público aberto, passível de ser submetido a uma ampla variedade de pontos de vista. Kemp expõe as distorções sistemáticas que caracterizaram a Investigação Windscale (Windscale Inquiry) e garantiram que ela decidiria a favor da British Nuclear Fuels Ltd. (corporação de propriedade do governo) e contra os ambientalistas e outros objetores. Embora superficialmente imparciais, as regras legalistas da investigação foram simpáticas aos proponentes, mas não aos objetores. A Lei de Segredos Oficiais (Official Secrets Act) foi invocada em pontos-chave. Os objetores careciam de recursos de pesquisa, enquanto os proponentes dispunham deles. E as regras de admissibilidade excluíam as evidências econômicas contra a proposta. É possível que, nessa direção, se pudesse criticar a Investigação Windscale sem a assistência de nenhuma teoria da ação comunicativa, mas a crítica de Kemp é contundente e guiada pelas reinvindicações de validade elucidadas por Habermas.

Esses estudos dos meios de comunicação de massa, bem como as investigações públicas, ilustram que as relações de poder na sociedade podem ser e efetivamente são reproduzidas pelo *medium* da interação comunicativa. Assim, pode-se fazer uso de uma análise cuidadosa desse tipo de interação para descobrir o poder, em particular o poder hegemônico, que talvez não seja revelado em nenhum conflito social ou político aberto.

---

25 Habermas, *Structural Transformation of the Public Sphere* [Transformação estrutural da esfera pública].

26 Ray Kemp, “Planning Public Hearings, and the Politics of Discourse” [Planejando audiências públicas, e a política do discurso], *in Critical Theory and Public Live* [Teoria crítica e vida pública], John Forester (Org.) (Cambridge, Mass.: MIT Press, 1988).

Nesse sentido, John Forester se apropria da análise da ação comunicativa por Habermas para usá-la como guia para um trabalho de campo em "etnografia crítica".[27] Nessa etnografia, o analista lança um olhar atento a conversas ou mesmo a meros fragmentos de conversas, submetendo-as a escrutínio para ali encontrar implícitas pretensões de validade (por verdade, por adequação, veracidade ou sinceridade, e por inteligibilidade) invocadas pelos falantes. Por exemplo, usando como guia somente a pretensão de adequação ou legitimidade, podemos submeter a escrutínio cada sentença, a fim de encontrar proposições implícitas sobre quais normas governam os participantes, sobre os tipos de ações estratégicas que são permitidas, sobre quais distribuições de competência e responsabilidade existem entre eles (e em relação a outros indivíduos ou grupos) e quais tipos de juízos deverão ser respeitados. A repetição desse escrutínio pelo uso de cada uma das três outras pretensões de validade como guias é algo que revela os sentidos que, ricos e de várias camadas, estão embutidos em cada enunciado, mesmo em conversas aparentemente banais. Por exemplo, a validade por "veracidade" revelaria muito sobre as identidades práticas de participantes como projetadas por eles próprios e interpretadas, aceitas ou rejeitadas pelos outros. O exemplo trabalhado por Forester explora as questões de relações de poder e de identidade reveladas em umas poucas linhas de conversa numa reunião de uma equipe de planejamento de uma cidade.

IV. Teoria crítica e ciência social aplicada

O contexto de Forester para a ilustração da etnografia crítica dificilmente surgiria por acidente. Talvez de modo que chega a surpreender, a área geral de planejamento e política é uma das mais significativas localizações para a aplicação da teoria crítica de Habermas, pelo menos em se tratando das ciências sociais americanas. A razão aqui está em ser a análise política essencialmente uma tentativa de fazer das ciências sociais

27 John Forester, "Critical Ethnography: On Fieldwork in a Habermasian Way" [Etnografia crítica: No campo de trabalho de um modo habermasiano] [Estudos de gerenciamento crítico], *in Critical Management Studies*, Mats Alvesson e Hugh Wilmott (Org.) (Newbury Park: Sage, 1992).

um bom uso prático para a resolução de problemas sociais. Seguindo tentativas falhas e esperanças não concretizadas, que se fiavam nos modelos e metodologias de ciências sociais que estivessem mais estabelecidos, a combinação entre teoria e prática pela teoria crítica revelou-se atraente para um número cada vez maior de analistas políticos.[28] Passarei, em seguida, a traçar brevemente as razões para esse desenvolvimento.

A análise política é um campo sem nenhuma ortodoxia metodológica. O positivismo, o racionalismo crítico popperiano e várias técnicas otimizadoras, enraizadas em microeconomia e teoria da decisão, têm todos deixado a sua marca, assim como todos ainda contam com seus aderentes, apesar de suas histórias de fracasso. Para encurtar uma longa história,[29] as generalizações causais em que os positivistas podem basear intervenções políticas revelaram-se absolutamente imprecisas. O tipo de experimentação social controlada, favorecida pelos popperianos, é mais plausível. Contudo, tal engenharia social fragmentada demanda a manipulação de condições sociais da parte de uma elite de engenheiros de políticas, que por sua vez têm de operar no contexto de uma grade normativa fixa. Essa grade proporciona padrões para a avaliação de êxitos e fracassos experimentais. Os experimentos popperianos devem estar abertos à crítica tanto antes quanto depois do fato, mas somente a críticas relacionadas às questões empíricas de causa e efeito, e não a críticas aos valores que estejam a guiar o experimento. Além disso, os sujeitos de experimentos (por exemplo, os residentes numa comunidade de projeto de

28 Ver, entre outros, Frank Fischer, *Politics, Values, and Public Policy: The Problem of Methodology* [Políticas, valores e ordem pública: O problema da metodologia] (Boulder: Westview, 1980); John Forester, "Questioning and Organizing Attention: Toward a Critical Theory of Planning Practice" [Questionando e organizando a atenção: Rumo a uma teoria crítica de prática de planejamento], *Administration and Society* 13 (1981), p. 161-205; John Forester, *Planning in the Face of Power* [Planejando em face do poder] (Berkeley: University of California Press, 1989); Douglas Torgerson, "Between Knowledge and Politics. Three Faces of Policy Analysis" [Entre conhecimento e política: Três faces da análise política], *Policy Sciences* 19 (1986), p. 33-59; John S. Dryzek, *Discursive Democracy: Politics, Policy, and Political Science* [Democracia discursiva: Diretrizes, política e ciência política] (Cambridge: Cambridge University Press, 1990), cap. 6, 7.

29 Para detalhes, ver Davis B. Bobrow e John S. Dryzek, *Policy Analysis by Design* [Análise política pelo *design*] (Pittsburgh: University of Pittsburgh Press, 1987).

desenvolvimento) podem ser os únicos objetos de uma política, e a eles não se pode permitir que reconstruam suas identidades, que reformulem o experimento à medida que ele avança ou, de algum outro modo, que interfiram com manipulações e controles experimentais. As técnicas de análise de política economicista, tal como as análises de custo-benefício, simplesmente ignoram o fato da política, contemplando a diretrizes políticas como questão puramente técnica. Com isso, todas as três dentre essas orientações estabelecidas para a análise política são, a um só tempo, antidemocráticas (o racionalismo crítico um tanto menos que as outras duas) e fracassos no contexto da política do mundo real, onde a interação comunicativa se agiganta.

Apesar de suas diferenças, essas três orientações estabelecidas têm uma raiz comum numa noção puramente instrumental de racionalidade política. Recorrendo à obra de Habermas, os analistas críticos de política podem, por contraste, enfatizar a dimensão comunicativa da formação política. Hoje, essa dimensão tem sido reconhecida também por alguns analistas de política liberal democrática,[30] e estes reconhecem que num sistema democrático a política pública se dá – ou pelo menos assim se deveria chegar a ela – por meio de uma discussão que conduz a algum tipo de consenso ou compromisso. A essa luz, os analistas de política deveriam proporcionar argumentos relacionados à política, em vez de propor (e menos ainda, de ditar) soluções para problemas em política. Ocorre que esses analistas liberais não são capazes de distinguir entre comunicação autêntica e distorcida em debates sobre política ou efetivamente separar interação estratégica e comunicativa. Com isso, suas próprias intervenções podem simplesmente robustecer poderes e hierarquia estabelecidos, ou, na melhor das hipóteses, proporcionar argumentos de apoio que sirvam a posições estratégicas dos atores (sejam eles políticos, burocratas ou grupos de interesse). Esses analistas não estão em posição de desvelar interesses sistematicamente excluídos dos debates políticos, e com isso a sua análise de política com excessiva facilidade se põe a serviço do poder estabelecido.

30 Ver, por exemplo, David C. Paris e James F. Reynolds, *The Logic of Policy Inquiry* [A lógica da investigação política] (Nova Iorque: Longman, 1983).

Por contraste, os analistas críticos de política estão mais sintonizados com as condições sob as quais o consenso e o compromisso são alcançados. Com isso, seu papel não será o de simplesmente proporcionar argumentos em amparo a posições no âmbito dos debates políticos, mas sim, e mais importante, o de submeter a escrutínio as condições sob as quais o debate avança. John Forester proporciona a eles um conjunto de éticas comunicativas, segundo as quais é tarefa do analista expor e desafiar agendas de manipulação, apontar para exercícios estratégicos de poder que excluam o debate, equilibrar as informações disponíveis aos participantes, e desvelar movimentos para desviar a atenção de questões embaraçosas.[31] Os analistas podem também elucidar forças de socialização que distorçam os pressupostos e percepções dos participantes, bem como podem ressaltar ameaças e possibilidades não percebidas numa situação (dizendo respeito, por exemplo, a ameaças de cooptação em projetos de desenvolvimento da comunidade, ou a oportunidades para o desenvolvimento controlado da comunidade). Eles deveriam evitar se retratar como *experts* profissionais, já que a mística profissional ela própria é uma fonte de hierarquia e distorção no debate político.[32]

Para o analista de política, muitas dessas tarefas envolvem uma atenção às condições para a interação política, em detrimento do conteúdo de propostas políticas, e essa ênfase distancia a análise crítica da política das abordagens mais tradicionais. Na verdade, não é preciso evitar aqui a contemplação do *design* de instituições e processos políticos. O termo "design", não raro, conota a manipulação instrumental de condições na busca de algum fim pré-definido (como exemplo se tem aqui a essência do *design* em engenharia). Contudo, no contexto das instituições políticas, o *design* tomado em si pode ser um processo participativo e discursivo. Com isso, a reconstrução institucional pode ela própria ser uma importante preocupação da teoria crítica.

31 Forester, "Questioning and Organizing Attention" [Questionando e organizando a atenção]

32 Ver Douglas Togerson, "Contextual Orientation in Policy Analysis: The Contribution of Harold D. Lasswell" [Orientação contextual em análise política: A contribuição de Harold D. Lasswell], *Policy Sciences* 18 (1985), p. 241-261, p. 254-255.

Tal ênfase claramente "aplicada" pode também nos proporcionar uma pausa para pensar de um modo um pouco mais profundo no que exatamente faz a crítica em teoria crítica. Em outro escrito observei que pelo menos quatro tipos de crítica são possíveis: a metateórica, a pura, a indireta e a construtiva.[33] A crítica metateórica aborda a natureza epistemológica e os contornos básicos da teoria crítica – grande parte da própria obra de Habermas e da literatura secundária a respeito caem nessa categoria. A crítica pura envolve o uso de um padrão, como a situação ideal de fala ou a racionalidade comunicativa, a fim de avaliar as estruturas e os processos do mundo real – a obra de Kemp, tal como discutida acima, é um bom exemplo. A crítica é pura à medida que critica as práticas do mundo real quando ficam aquém do ideal. A crítica indireta envolveria o uso desse mesmo padrão para reconstruir uma situação particular e então contrastar essa reconstrução com o que realmente aconteceu.[34] Nesse sentido, Russell Hanson reconstrói o discurso da Nova Esquerda nos anos 1960 (juntamente com outros episódios da história política americana) tal como esse discurso poderia ter sido, caso as normas disponíveis de igualdade quanto a gênero, em particular, tivessem sido levadas a sério.[35] A crítica construtiva vai além, sugerindo alternativas institucionais e estruturais para algum *status quo* problemático,[36] muito embora tal crítica deva ainda buscar a validação para tais propostas no consentimento reflexivo do público por ela pretendido.

Esse tipo de crítica construtiva pode contemplar, e de maneira bastante proveitosa, o *design* de instituições orientadas para o consenso ou compromisso sob condições de um livre discurso entre iguais. O próprio Habermas recentemente começou a falar na necessidade de um *design* institucional

33 Dryzek, *Discursive Democracy* [Democracia discursiva], p. 30-32.

34 Jürgen Habermas, *Legitimation Crisis* [Crise de legitimação] (Boston: Beacon Press, 1975), p. 113.

35 Russell J. Hanson, *The Democratic Imagination in America: Conversations with Our Past* [A imaginação democrática nos Estados Unidos: Conversas com nosso passado] (Princeton: Princeton University Press, 1985).

36 Ver também Claus Offe, "Designing Institutions in East European Transitions" [*Design* de instituições em transições na Europa Oriental], Robert E. Goodin e H. Geoffrey Brennan (Orgs.) (Cambridge: Cambridge University Press), 1994.

para ajudar a favorecer o "poder comunicativo" em detrimento do "poder administrativo". Esse movimento não implica que se esteja aqui tentando institucionalizar a situação de fala ideal, ou algo semelhante, mas implica simplesmente um reconhecimento de que instituições e práticas possam de fato ser construídas de modo a promover a racionalidade comunicativa e, em maior ou menor grau, limitar a racionalidade instrumental. As instituições aqui merecem aprovação à medida que descartam a hierarquia e a autoridade com base em nada além de um bom argumento, de barreiras à participação ou de constituições formalizadas. De maneira mais positiva, elas podem incorporar cânones informais de ética comunicativa, como podem incorporar uma decisão com base no consenso (ou pelo menos no compromisso) em vez de na regra da maioria.[37] Se por um lado pode ser difícil encontrar aí exemplares do mundo real, por outro vale notar que o período aproximado das duas últimas décadas presenciou um número crescente de inovações institucionais, cuja própria pretensão de legitimidade reside na obtenção, por tais inovações, de participação e consentimento informado de todas as partes numa disputa. Exemplos incluem aqui as investigações públicas, a avaliação de impacto ambiental e social, a mediação, a resolução informal de disputas, as oficinas para resolução de problemas e vários tipos de negociações baseadas em princípios. Ocorre que tais exercícios podem envolver – e envolvem de fato – uma violação substancial de princípios de racionalidade comunicativa, por vezes implicando também uma flagrante manipulação por parte do poder estabelecido. Ainda assim, eles podem ajudar a erodir os imperativos funcionais do "sistema" mediante a corrosão da racionalidade administrativa, cuja própria pretensão de legitimidade supostamente se baseia numa *expertise* neutra. Em suma, tais inovações têm um potencial ambíguo, que pode se provar positivo à medida que os teóricos críticos e outros interessados em democratização participativa se engajam em diálogo construtivo.

Tenho insistido com vagar num engajamento potencial da teoria crítica com as ciências sociais "aplicadas" tanto em análise de política quanto em *design* institucional. Esse projeto provavelmente encontrará resistência

37 Para mais detalhes, ver Dryzek, *Discursive Democracy* [Democracia discursiva], p. 40-43.

tanto da parte de funcionários de Estado, por um lado, quanto de alguns teóricos críticos (ainda que provavelmente não do próprio Habermas), por outro. Os administradores de Estado, presume-se, não revelarão afinidade com um estilo de análise que questione minuciosamente a sua própria autoridade e competência, e isso talvez explique por que a análise crítica da política vem a ser mais um projeto de acadêmicos, e não de analistas políticos que efetivamente estejam trabalhando em burocracias públicas. Alguns teóricos críticos, de sua parte, podem se mostrar desconfortáveis diante do *flirt* com o Estado e dos riscos de cooptação que tais esforços construtivos ocasionam. Contudo, aqui não é preciso fazer uma decisão ou/ou. Os tais esforços relacionados ao Estado podem facilmente avançar em paralelo com uma crítica mais descomprometida, enraizada em esferas públicas (como se tem nos novos movimentos sociais), cuja própria identidade é constituída por oposição ao Estado. A crítica construtiva pode abarcar tanto a reforma do Estado quanto o confronto continuado com ele.

À primeira vista, pode parecer estranho que a teoria crítica de Habermas tenha se conectado mais facilmente com tais esforços "aplicados" de análise política e reconstrução institucional do que com a ciência social "mais pura", esta mais fundamentalmente voltada à explicação de fenômenos. Mas refletir sobre essa situação não deveria ter nada de estranho. Orientações epistemológicas mais tradicionais podem situar a ciência pura inequivocamente entre teoria abstrata e ciência aplicada, de modo que para passar da teoria à aplicação se tenha de passar pela ciência pura. Em contraste, a teoria crítica vê a prática ("ciência aplicada") como propriamente central à tarefa que se tem em ciências sociais, a ponto de a ciência pura poder simplesmente ser dissolvida numa ciência aplicada. De fato, está longe de ser óbvio o motivo pelo qual as ciências sociais não farão sentido algum em teoria crítica se procederem à distinção entre as categorias "pura" e "aplicada".

V. Assimilando outros programas de pesquisa

Minha discussão até aqui enfatizou os modos pelos quais as ciências sociais podem ser praticadas se a ideia de Habermas for tomada à risca.

Contudo, também há muito a se considerar no modo pelo qual o conhecimento em ciências sociais tem sido produzido sem qualquer referência à teoria crítica, mesmo no que poderia ser colocado a seu serviço. Habermas argumentou que a sua teoria crítica não teria o objetivo de substituir as abordagens já existentes nas investigações em ciências sociais, e sim pretenderia mais proporcionar um contexto para a avaliação de suas contribuições e limitações.[38] De fato, de minha parte eu argumentaria que a teoria crítica pode muitas vezes ser crucial para conferir sentido a tais corpos de conhecimento, libertando-os de mal-entendidos. Devo ilustrar meu caso aqui com referência a uma análise de escolha racional ou de escolha pública, que faz uso de pressupostos microeconômicos (e de modo mais notável do pressuposto de que todos os indivíduos são egoístas racionais) para analisar tópicos que tradicionalmente foram os da preservação da ciência política, da sociologia, da psicologia social, da antropologia e da filosofia moral. A escolha racional tem sido o programa de pesquisa interdisciplinar mais visível e bem-sucedido na última década – ou nas últimas duas décadas – das ciências sociais no Ocidente, o que o torna tanto mais importante para que a teoria crítica procure compreendê-lo.

Em um certo nível, a escolha pública e a teoria crítica podem ser tratadas como programas de pesquisa rivais. Stephen White vai nessa direção ao comparar os dois programas, e conclui afirmando que a teoria crítica proporciona explicações superiores tanto no debate de longo prazo sobre o poder da comunidade quanto no entendimento da dinâmica de modernização.[39] Claus Offe, em seu ensaio sobre "Two Logics of Collective Action" [Duas lógicas da ação coletiva], aponta para a aplicabilidade limitada do tratamento da ação coletiva por escolha pública em termos instrumentais e individualistas.[40] Esse tratamento pode ser adequado

38 Habermas, *Theory of Communicative Action* [Teoria da ação comunicativa], vol. II, p. 375.

39 Stephen K. White, "Toward a Critical Political Science" [Rumo a uma ciência política crítica], *in Idioms of Inquiry: Critique and Renewal in Political Science* [Expressões idiomáticas de investigação: Crítica e renovação em ciência política], Terence Ball (Org.) (Albany: State University of New York Press, 1987).

40 Claus Offe, *Disorganized Capitalism* [Capitalismo desorganizado] (Cambridge: Polity Press, 1985), p. 170-220.

para atores cujos fins são claros e estáveis, assim como para corporações à medida que se organizam em associações empresariais. Offe observa que outros atores, em especial trabalhadores quando se organizam em sindicatos, devem tratar continuamente de questões de identidade e solidariedade, que se relacionam diretamente com a definição de fins. Desse modo, a organização para a ação coletiva da parte dos trabalhadores tem de ser uma questão mais complexa e difícil do que pode reconhecer a abordagem da ação coletiva pela escolha pública. Aqui, a teoria crítica pode, a um só tempo, tomar conhecimento da lógica tal como apresentada pela escolha pública e expor seus limites.

A comparação raciocinada entre escolha pública e teoria crítica do tipo empreendido por White e Offe é uma raridade; a rejeição desdenhosa de parte a parte é muito mais comum. No entanto, há muitas razões para encontros mais produtivos e para alguma possibilidade de uma síntese entre as duas tradições de análise. Afinal, ambos os programas aspiram a, entre outras coisas, uma crítica integral da política. E ambos desenvolveram abordagens detalhadas sobre o que acontece quando a racionalidade instrumental domina a interação social e política. O principal ponto de diferença entre essas abordagens reside na crença da escolha pública de que a racionalidade seja sinônimo de sua variante instrumental (embora, devo observar, alguns de seus praticantes estejam a duvidar dessa equação), enquanto a teoria crítica obviamente reconhece a existência paralela da racionalidade comunicativa. A postura assumida pela teoria crítica aqui pode, de fato, salvar a escolha pública de diversos impasses, como também tornar seu programa político menos desagradável. E juntas, escolha pública e teoria crítica possibilitam uma abordagem da vida social e política mais persuasiva do que cada uma delas pode realizar isoladamente.

Para se visualizar por que tal intercâmbio produtivo pode ocorrer, considere-se a crítica da política pela escolha pública, que concluiu que a política de qualquer tipo, democrática ou outra, é uma desordem incoerente. A teoria da escolha social mostrou que diferentes mecanismos de agregação produzem diferentes escolhas coletivas a partir de idênticas distribuições de preferências do cidadão, de modo que na escolha coletiva há amplos elementos de arbitrariedade, de ambiguidade e instabilidade.[41] Abordagens mais específicas da escolha pública fazem ver que a regra da maioria é, a um só tempo, economicamente ineficiente e repressiva,[42] como mostram também que as burocracias públicas inevitavelmente ficam grandes demais como resultado de burocratas a maximizar o seu próprio orçamento,[43] e que legisladores criam programas complexos que pouco fazem pelo bem público, ao mesmo tempo em que requerem sua intercessão pessoal a fim de obter recompensas tangíveis para os membros integrantes,[44] e que sindicatos e outros interesses econômicos conspiram entre si contra o interesse público[45] e com políticos e burocratas interesseiros em detrimento dos contribuintes comuns,[46] como mostram, enfim, que o próprio governo faz-se um leviatã cada vez mais parasitário e fora de controle.[47] Com isso, a política é um jogo irresponsável, onde todos buscam benefícios para si, impondo custos aos demais.

Qual será o estatuto desses deploráveis resultados? A escolha tem uma autoimagem positiva, e desse modo toma tais resultados por comunicados que explicam aspectos do mundo social tal como ele é. Contudo, como observa James Johnson para um importante subconjunto da análise da escolha racional, a teoria dos jogos não é verdadeiramente uma ciência preditiva, e desse modo o teste empírico não se faz crucial para avaliação

41 William H. Riker, *Liberalism against Populism: A Confrontation between the Theory of Democracy and the Theory of Social Choice* [Liberalismo contra populismo: Um confronto entre a teoria da democracia e a teoria da escolha social] (São Francisco: W. H. Freeman, 1982).

42 James Buchanan e Gordon Tullock, *The Calculus of Consent* [O cálculo do consentimento] (Ann Arbor: University of Michigan Press, 1962).

43 Willian A. Niskanen, Jr., *Bureaucracy and Representative Government* [Burocracia e governo representativo] (Chicago: Aldine-Altherton, 1971).

44 Morris P. Fiorina, *Congress Keystone of the Washington Establishment* [A pedra angular do Congresso na fundação de Washington] (New Haven: Yale University Press, 1977).

45 Mancur Olson, *The Rise and Decline of Nations: Economic Growth, Stagflation, and Social Rigidities* [Ascensão e declínio de nações: Crescimento econômico, estagflação e rigidez social] (New Haven: Yale University Press, 1983).

46 Milton Friedman e Rose Friedman, *Tyranny of the Status Quo* [A tirania do *status quo*] (Nova Iorque: Harcourt, Brace, Jovanovich, 1984).

47 William C. Mitchell, *Government As It Is* (Londres: Institute of Economic Affairs, 1988).

de sua veracidade.[48] A teoria dos jogos, em vez disso, nos diz simplesmente qual racionalidade estratégica *se encontra* em situações particulares, situações essas que podem ser modeladas ao modo de jogos como o do dilema do prisioneiro. Nos termos estabelecidos por Habermas,[49] a teoria dos jogos é, por essa razão, uma ciência reconstrutiva à medida que ela reconstrói uma, e somente uma competência humana. A capacidade de atuar de maneira instrumental ou estratégica pode ser uma competência humana universal, porém, outras competências também podem existir: e do modo mais notável, como é evidente, a competência comunicativa.

A essa luz, as análises de escolha pública são contingentes por meio de indivíduos que atuam em certas espécies de percurso. Não há razão pela qual eles tenham de inevitavelmente agir dessa maneira instrumental ou estratégica, muito embora, como Max Weber, Max Horkheimer, Theodor Adorno, Habermas e eu mesmo temos observado, existem aspectos do moderno mundo industrial e capitalista que cada vez mais forçam tal comportamento. Existem muitas razões pelas quais indivíduos *não* devem atuar de maneira puramente estratégica, as principais dentre elas sendo as consequências desanimadoras de tal ação tanto para a sociedade quanto para os indivíduos que assim se comportam, conforme o descrito em riqueza de detalhes pela própria análise da escolha pública.

O próprio Habermas insistiu bastante em que a racionalidade estratégica ou instrumental por si só não pode explicar a coordenação social e política, e a análise da escolha pública pareceria inadvertidamente corroborá-lo. Pela perspectiva da teoria crítica, a chave aqui é submeter a racionalidade instrumental ao controle da racionalidade comunicativa. Esta não é apenas uma questão de advogar pela racionalidade comunicativa como sendo um princípio normativo, mas é igualmente questão de investigação empírica que visa revelar o modo como tal controle já ocorre. E ele ocorre à medida que é intimado pela própria existência de uma coerente vida social e política. A

48 James Johnson, "Rational Choice as a Reconstructive Theory" [Escolha racional como teoria reconstrutiva], *in The Economic Approach to Politics,* Kristin Monroe (Nova Iorque: Harper Collins, 1991).

49 Habermas, *Communication and the Evolution of Society* [Comunicação e evolução da sociedade].

escolha pública involuntariamente demonstra que essa coerência não pode ser alcançada mediante uma ação estratégica ou instrumental. Os únicos meios alternativos para se chegar à integração social são, por esse motivo, a tradição e a ideologia, por um lado, e a racionalidade comunicativa, por outro. Estudos empíricos sobre os experimentos do dilema do prisioneiro – e eles revelam aumentos significativos em comportamento cooperativo estrategicamente irracional (mas mutuamente benéfico) sempre que aos sujeitos do experimento se permite conversar antes de suas escolhas[50] – podem ser facilmente explicados em termos da invocação da racionalidade comunicativa. Conforme Johnson argumenta, a conversa em tais situações não é algo inferior, mas sim é essencial para fazer a teoria dos jogos avançar para além da indeterminação e do impasse de suas próprias predições.[51] Johnson se vale das noções de Habermas sobre as pretensões de validade implícitas em conversas para explicar o modo e o motivo pelos quais compromissos vinculativos e críveis podem ocorrer no contexto da interação estratégica, como o dos jogos do dilema do prisioneiro, e assim fazer dessas interações menos uma questão de estratégia e mais uma questão de ação comunicativa.

A escolha pública pode, por essa razão, ser reinterpretada como uma teoria crítica que nos conta o que acontece quando a racionalidade instrumental corre solta.[52] A questão aqui é a de tornar as predições da escolha pública menos verdadeiras ao apontar para a natureza contingente do comportamento instrumentalmente racional e para as alternativas comunicativas a ele. Com isso, a escolha pública e a teoria crítica podem ser conjugadas. A escolha pública se beneficiaria dessa conjunção vertendo a sua hostilidade politicamente embaraçosa em democracia e obtendo um entendimento do motivo exato pelo qual o ordenamento político

50 Ver John M. Orbell, Alphons J. C. Van de Kragt e Robyn M. Dawes, "Explaining Discussion-Induced Cooperation" [Explicando a cooperação induzida em discussões], *Journal of Personality and Social Psychology* 54 (1988), p. 811-819.

51 James Johnson, "Is Talk Really Cheap? Promoting Conversation between Critical Theory and Rational Choice" [Conversar é realmente barato? Promovendo conversas entre teoria crítica e escolha racional], *American Political Science Review* 87 (1993).

52 John S. Dryzek, "How Far Is It from Virginia and Rochester to Frankfurt? Public Choice as Critical Theory" [Qual a distância da Virgínia e de Rochester até Frankfurt? Escolha pública como teoria crítica], *British Journal of Political Science* 22 (1992), p. 397-417.

efetivamente existe, apesar das predições em contrário da parte da escolha pública. Além do mais, a escolha pública normativamente útil então se tornaria possível. Do modo como está, a escolha pública normativa é incoerente: ela ou postula um ditador institucional de espírito público, cujo comportamento viola premissas sobre o egoísmo racional, ou então veria o *design* institucional como uma questão de escolha social por parte de indivíduos com diferentes preferências. Se o *design* institucional é uma questão de escolha social, então ele será confundido em meio a toda a arbitrariedade e instabilidade que a teoria da escolha social ela própria realçou. Mas se interpretarmos a escolha pública como uma teoria crítica, o problema então se torna o de elaborar um *design* das instituições para conter o comportamento estratégico e promover a racionalidade comunicativa. Não há incoerência ou inconsistência aqui, pois (como observei acima), esse *design* pode, ele próprio, ser elaborado discursivamente.

A teoria crítica se beneficia de sua assimilação da escolha pública, uma vez que obtém um pouco mais de conteúdo para suas críticas políticas e sociais, que por vezes tendem a ser abstratas, além de assimilar algumas questões práticas da vida social e política. Chegaremos a uma compreensão mais profunda se nos valermos da dialética da modernização. Habermas propõe que a modernidade detém um crescente potencial para uma racionalização comunicativa, bem como para uma racionalização instrumental. Pode-se recorrer à análise da escolha pública para mostrar exatamente por que uma racionalização cada vez mais instrumental tem de ser acompanhada de uma racionalização comunicativa, já que de outro modo a vida social e política se torna cada vez mais difícil de sustentar. Além disso, há sinais de que os principais praticantes da escolha pública reconhecem esse aspecto. Por exemplo, Viktor Vanberg e James Buchanan argumentam que a escolha constitucional num mundo complexo é caracterizada pela incerteza quanto ao modo como determinadas regras constitucionais afetarão interesses individuais.[53] Vanberg e

53 Viktor Vanberg e James M. Buchanan, "Interests and Theories in Constitutional Choice" [Interesses e teorias em escolha constitucional], *Journal of Theoretical Politics* 1 (1989), p. 49-62.

Buchanan seguem a argumentar que o escrutínio racional discursivo do tipo que Habermas descreve pode atenuar a incerteza e, com isso, facilitar a escolha constitucional. Embora o articulem em termos estáticos, é bastante fácil prolongar seu argumento para concluir que, à medida que a complexidade aumenta, tanto mais tal discurso se faz necessário.

Dada a sua centralidade nas ciências sociais contemporâneas, a teoria da escolha racional é obviamente um foco importante a captar a atenção da teoria crítica. Mas não há razão para nos determos aqui: a teoria da organização, análises "realistas" de relações internacionais, estudos sobre o voto e qualquer outro programa de pesquisa em que a racionalidade instrumental se agigante podem todos se beneficiar de tratamento semelhante.

VI. Conclusão

Está claro que para a teoria crítica se pode ter mais do que a aridez e abstração com que cientistas sociais de orientação empírica frequentemente a destituem. Na verdade, a teoria crítica aponta para uma rica e importante conjunção entre teoria social e pesquisa empírica. Ainda assim, continua a haver uma insuficiência entre os enunciados programáticos de Habermas e de outros teóricos críticos, por um lado, e o que efetivamente tem sido alcançado quanto à introdução da teoria crítica na prática das ciências sociais, por outro. Essa situação pode ser corrigida à medida que teóricos críticos desçam de suas alturas metateóricas para efetivamente praticar a crítica que apregoam. As possibilidades são tão numerosas quanto os locais de interação humana. Não faltará trabalho para os interessados em teoria crítica como programa de pesquisa.

6 Racionalidade comunicativa e valores culturais

Georgia Warnke

Ao elaborar a sua teoria da ação comunicativa, Habermas distingue o escopo do acordo racional disponível para o discurso teórico e prático, por um lado, daquele disponível para a crítica estética, por outro. Ao fazê-lo, ele distingue normas morais de valores culturais e questões de justiça de questões sobre a vida boa. Neste ensaio, pretendo examinar os motivos que Habermas encontra para essa distinção e explorar a concepção de razão comunicativa em que tal distinção se apoia.

I. O acordo comunicativamente alcançado

A questão geral com que a abordagem da racionalidade comunicativa por Habermas se inicia pode ser reconstruída como a questão de como a linguagem tem a capacidade de coordenar a ação de um modo consensual ou cooperativo, em oposição a um modo forçado ou manipulado. Em outras palavras, trata-se de como o emprego da linguagem em contextos de interação produz acordo mútuo sobre um curso de ação, um fato no mundo, uma avaliação estética ou uma expressão de intenção, desejo, necessidade ou que tais. A premissa aqui é a de que existe uma diferença entre acordo consensual e simples conformidade, e Habermas fundamenta essa premissa numa reconstrução do conhecimento pré-teórico de falantes e atores competentes. Falantes e atores competentes podem eles próprios distinguir entre os casos em que estão tentando chegar a um acordo com outros e os casos em que estão fazendo uso de quaisquer meios possíveis para produzir conformidade, incluindo engano, manipulação ou flagrante coerção. Além disso, de acordo com Habermas, mesmo essa capacidade de forçar a conformidade pode ser mostrada como estando a residir na possibilidade de atuar de maneira comunicativa. Isto significa que o uso "comunicativo" da linguagem para chegar a um acordo é o modo "original" de uso da linguagem, do qual o seu uso "estratégico" para produzir conformidade "é parasitário".[1] Com o intuito de propor esse argumento, Habermas se volta para a distinção, por Austin, entre efeitos ilocucionários e perlocucionários.

Austin distingue o aspecto locucionário de um ato de fala que designa o seu conteúdo proposicional ("p" ou "que p") de seus aspectos ilocucionários e perlocucionários. Por seu aspecto ilocucionário, ele se refere à ação que um falante desempenha ao dizer "p" ou "que p", em outras palavras, refere-se a tais ações como de promessa, de declaração ou de comando. Por atos perlocucionários, Austin designa o efeito que o falante produz no ouvinte. Habermas, de sua parte, distingue entre os dois tipos de efeito ilocucionário – o primeiro como o do entendimento, o segundo como o da aceitação de uma proposição de ato da fala – e três tipos de efeito perlocucionário.[2] Um efeito perlocucionário$_1$ refere-se ao efeito que o ato da fala produz no ouvinte meramente em razão do que se segue de seu sentido; desse modo, esse tipo de efeito perlocucionário é contabilizado como efeito gramaticalmente regulado. Por efeito perlocucionário$_2$, Habermas refere-se a um efeito sobre o ouvinte que não é gramaticalmente legislado pelo próprio ato da fala, mas que poderia ser revelado aos participantes na comunicação sem afetar seu entendimento e sua aceitação da proposição de ato da fala. Por fim, efeitos perlocucionários$_3$ referem-se aos efeitos que não são gramaticalmente legislados pelo ato da fala e que poderiam *não* ser revelados aos participantes na comunicação *sem* afetar seu entendimento e aceitação da proposição de ato da fala.

Suponha-se, então, que um ouvinte compreende e aceita um pedido para que ele dê algum dinheiro a Y. Entender e aceitar o pedido são seus

---

1 Jürgen Habermas, *The Theory of Communicative Action* [Teoria da ação comunicativa], vol. I., *Reason and the Rationalization of Society* [Razão e racionalização da sociedade], tradução de Thomas McCarthy (Boston: Beacon Press, 1984), p. 288.

2 Jürgen Habermas, "Handlungen, Sprechakt, sprachlich vermittelte Interaktionen und Lebenswelt" [Ações, ato da fala, interações linguisticamente mediadas e mundo da vida], *in Nachmetaphysischen Denken* [Pensamento pós-metafísico] (Frankfurt: Suhrkamp, 1988).

efeitos ilocucionários. Que o ouvinte efetivamente dê a Y algum dinheiro é um efeito perlocucionário$_1$. Se o ouvinte com isso agrada a sua esposa, esse efeito perlocucionário$_2$ poderia ser uma consequência da qual ele poderia estar consciente sem mudar o curso de sua ação. Mas se o falante está tentando convencê-lo a dar dinheiro a Y de modo que Y possa cometer algum tipo de crime, e o conhecimento prévio por ele [pelo ouvinte] dessa consequência tiver de ser evitado caso o ato de oferta da fala seja bem-sucedido, então a ação dele de dar o dinheiro a Y é um efeito perlocucionário$_3$. Esse terceiro tipo de efeito perlocucionário encontra-se aliado à ação estratégica desde que ele [tal efeito] se abstenha de cooperação consensual e dependa de incentivos causais, nesse caso o engano. Mas o exemplo também mostra que efeitos perlocucionários$_3$ dependem dos efeitos ilocucionários em que os ouvintes possam entender e aceitar proposições de atos da fala. Isto é, somente porque um ouvinte pressupõe que a proposição de ato da fala é orientada para o entendimento mútuo, e o aceita como valor de face, pode a oferta exercer uma oculta influência estratégica. Como Habermas expressa, efeitos perlocucionários$_3$ são possíveis somente "se o falante pretende perseguir o objetivo ilocucionário de seu ato da fala incondicionalmente, desse modo deixando o ouvinte confuso quanto à infração das pressuposições de ação orientadas para o entendimento, infração esta que é unilateral e efetivamente presente".[3]

Mas se os usos comunicativos e estratégicos da linguagem são distintos e se o uso comunicativo é "original", como ele é possível? De que modo uma proposição de ato da fala emite em aceitação e acordo cooperativo? Habermas argumenta, em primeiro lugar, que a aceitação de uma proposição de ato da fala demanda a aceitação de todos os efeitos gramaticalmente regulados que dela se seguem. E ele argumenta, em segundo lugar, que a possibilidade de aceitar esses efeitos reside na garantia que o falante implicitamente angaria para resgatar as pretensões de validade contidas na proposição de ato da fala, caso questionado. Se, por exemplo, um falante diz a um ouvinte que a chuva vai estragar as férias que o ouvinte planejou, a capacidade do ouvinte de compreender essa afirmação, de aceitá-la

3 *Ibid.*, p. 72.

como uma boa predição e de atuar de acordo com isso depende do conhecimento das condições sob as quais a pretensão de validade de que choverá possam ser aceitas. Porém, conhecer as "condições de aceitabilidade" dessa pretensão, por sua vez, demanda o conhecimento dos tipos de razão ou de evidência que o ouvinte poderia indicar para apoiá-la. Portanto, a capacidade do ouvinte de coordenar sua ação de maneira cooperativa depende do tipo de garantia que o falante pode oferecer à pretensão do primeiro [do ouvinte]. Conforme Habermas expressa, "um falante deve a força... vinculativa de seu ato ilocucionário não à validade do que é dito, mas ao efeito coordenador da garantia que ele oferece: qual seja, o efeito de resgatar, se necessário, a condição de validade suscitada com o ato da fala".[4]

Em questão numa predição da chuva encontra-se uma pretensão de verdade dos enunciados contida na proposição de ato da fala. Mas os ouvintes podem desafiar pretensões de validade também em outras dimensões. Se um falante diz, "eu, pelo presente, ordeno a você que pare de fumar", a capacidade do ouvinte de aceitar a ordem depende de se conhecerem as condições normativas ou institucionais sob as quais a ordem seria legítima. Existe uma diferença aqui, insiste Habermas, entre amparar essa pretensão com poder – por exemplo, com a ameaça de sanções – e invocar autoridade legítima para a ordem. Se falante e ouvinte devem chegar a um *acordo comunicativo*, então o falante tem de ser capaz de se referir a normas e regulações existentes quanto ao fumar, e o ouvinte tem de ser capaz de adotar o que Habermas chama de uma atitude de "sim ou não" para com sua validade legal ou prático-moral. De novo, a capacidade da pretensão de conduzir à coordenação da ação depende da garantia implícita do falante de que ele poderia indicar a evidência que iria amparar a pretensão de correção ou adequabilidade tanto da ordem quanto das normas ou regulações que a apoiam, caso o ouvinte desafie o falante a fazê-lo.

Assim como a predição de que choverá durante as férias de alguém suscita uma pretensão de verdade, a ordem citada acima suscita uma pretensão de correção narrativa. Enunciados a que Habermas se refere

4 *Theory of Communicative Action* [Teoria da ação comunicativa], vol. I, p. 302.

como autorrepresentações expressivas suscitam pretensões de validade para veracidade ou sinceridade. Se um falante diz que ele pretende visitar a sua avó, a condição para o aceite dessa proposição de ato da fala é uma satisfação ao ouvinte de que o falante realmente pretende fazer o que diz que vai fazer. Nessa medida, as condições de aceitabilidade da proposição de ato da fala continuam a depender da garantia implícita que o falante oferece com seu ato da fala para resgatar a pretensão de validade, caso questionada.

Mas se a aceitabilidade das proposições de ato da fala reside na possibilidade de resgatar as pretensões de validade que elas contêm, a aceitabilidade de proposições de ato da fala também está atrelada à razão. A linguagem tem a capacidade de alcançar o entendimento mútuo e de coordenar a ação de modo consensual ou cooperativo em razão de o seu uso original, comunicativo, envolver a suscitação de pretensões de validade e apoiá-las, se questionadas. Com isso, Habermas conclui o enunciado que eu citei acima propondo que "em todos os casos em que o papel ilocucionário expressa não uma pretensão de poder, mas uma pretensão de validade, o lugar da força empiricamente motivadora de sanções... é tomado pela força racionalmente motivadora de aceitar uma garantia do falante para assegurar pretensões de validade".[5] E, conforme ele expressa em outro texto, "tanto o ego, que suscita uma pretensão de validade com sua elocução, quanto o alter, que o reconhece ou o rejeita, baseiam suas decisões em motivos ou razões potenciais".[6]

Porém, qual conceito de racionalidade é requerido aqui se desejamos encontrar sentido no modo como a razão fundamenta entendimento mútuo e a coordenação cooperativa da ação? Uma vez que a resposta de Habermas à questão de como a linguagem torna o entendimento possível aponta para a "base de validade da linguagem", precisamos agora explorar o conceito de razão adequado à função de resgatar a validade. Para fazê-lo, devo retornar à "especificação preliminar" da racionalidade com que Habermas inicia a *Teoria da ação comunicativa*.

5 *Ibid.*

6 *Ibid.*, p. 287.

II. "Racionalidade – uma especificação preliminar"

A abordagem por Habermas da racionalidade ocidental inicia-se com a avaliação de ações teleológicas ou direcionadas a objetivos. À questão sobre qual conceito de razão vem ao amparo de pretensões de validade, a resposta, segundo uma visão "cognitivo-instrumental", é simplesmente aquele conceito que assume certos objetivos ou planejamentos de vida como dados e se concentra nos meios mais eficazes de alcançá-los. Habermas afirma que esse conceito, "por meio do empirismo, marcou profundamente o autoentendimento da era moderna".[7] Mas ele também afirma que crucial para tal conceito é a sua conexão com o conhecimento passível de crítica. Ações teleológicas pressupõem o conhecimento sobre a situação em que se deseja intervir, bem como o conhecimento dos meios que estão disponíveis e das consequências da ação. Em todos esses aspectos, contudo, podemos estar equivocados e outros podem mostrar a nós que estamos equivocados, podendo eles apontar as consequências, circunstâncias ou meios que negligenciamos. Mas uma vez que reconhecemos a criticabilidade de nosso conhecimento, já expandimos o conceito de racionalidade para além das estreitas dimensões instrumentais, com o intuito de incluir uma avaliação das pressuposições ou asserções das quais reivindicamos eficácia para nossos meios e verdade para nosso conhecimento de situações e consequências.

As ações e asserções direcionadas a um objetivo, Habermas argumenta, envolvem o mesmo conteúdo de conhecimento empregado de diferentes formas. No primeiro caso, o conhecimento proposicional permite uma intervenção bem-sucedida no mundo, enquanto no segundo caso ele permite "um entendimento entre participantes em comunicação". Ambas as formas de conhecimento são suscetíveis à crítica, uma vez que ambas contêm conhecimento passível de ser contestado. Podemos estar equivocados quanto à situação em que intervimos para realizar nossos objetivos, como podemos estar igualmente equivocados quanto às pretensões que afirmamos como objetivamente verdadeiras.

7 *Ibid.*, p. 10.

Ainda assim, essa diferença afeta o conceito de racionalidade. Enquanto a adjudicação racional de uma ação teleológica envolve a avaliação – potencialmente monológica – de seu êxito real, com relação à expressão do conhecimento proposicional pressuposto pela ação, a adjudicação racional envolve a capacidade – necessariamente dialógica – de defender as suas crenças e asserções contra questionamentos e, portanto, confere razões que outros podem aceitar.

Mas se esse é o caso, fica claro que a razão tem uma aplicação ainda mais ampla do que pertencer ou à avaliação de ações teleológicas ou à defesa do conhecimento proposicional encarnado em asserções. Se nesses casos a ideia de racionalidade está conectada, em última instância, à disposição para defender pretensões de validade criticáveis, a sua conexão então também se aplica a outros tipos de expressões, nos quais nós também suscitamos pretensões de validade criticáveis e igualmente tentamos defendê-las. Segundo Habermas,

> Em contextos de ação comunicativa, dizemos que alguém é racional não apenas se ele é capaz de propor uma asserção e, quando criticado, de proporcionar motivos para ela apontando para evidência apropriada, mas também se ele está seguindo uma norma estabelecida e é capaz, quando criticado, de justificar sua ação explicando a dada situação à luz de expectativas legítimas. E chamamos alguém de racional, ainda, se ele dá a conhecer um desejo ou uma intenção, se expressa um sentimento ou um humor, se compartilha um segredo, confessa um feito etc., sendo então capaz de assegurar críticos em relação à experiência revelada, dela extraindo consequências práticas e, na sequência, comportando-se de modo consistente.[8]

Portanto, somente se revogarmos por completo o conceito de racionalidade da comunicação intersubjetiva podemos restringir a sua província ao domínio instrumental. Porém, não podemos fazê-lo a não ser que também aceitemos um realismo ingênuo, de acordo com o qual

8 *Ibid.*, p. 15.

não há necessidade de fundamentar nossas crenças sobre o mundo num consenso, por ser o mundo imediata e identicamente acessível a todos sem verificação intersubjetiva ou interpretação colaborativa. Contudo, uma vez que nos movemos para além "da pressuposição ontológica de um mundo objetivo", rumo a uma investigação sobre o modo pelo qual "o mundo ganha objetividade" ao "*se considerar* como um e o mesmo mundo *para* uma comunidade de sujeitos falantes e atuantes",[9] passamos a um conceito comunicativo de razão que tem de incluir também o modo pelo qual normas, expressões e avaliações são consideradas válidas.

Vimos acima que o poder da linguagem de coordenar uma ação cooperativa reside na base racional ou de validade da fala. E vimos mais imediatamente acima que o conceito de racionalidade tem de se estender para além da questão da racionalidade de asserções ou ações teleológicas, para incluir um espectro mais amplo de contextos em que as pretensões de validade são suscitadas e resgatadas. Mesmo assim, Habermas insiste em que a lógica de racionalmente resgatar pretensões de validade difere a depender de seus aspectos estruturais ou "pragmático-formais". Pretensões da verdade de enunciados e da correção de ações ou normas de ação requerem uma justificação discursiva à qual as pretensões de veracidade ou sinceridade não estão sujeitas. Habermas também isenta de justificação discursiva "um tipo de expressão que não se encontra investido de uma pretensão de validade bem definida, tipo esse que é o das expressões avaliativas".[10] Essas são as tais preferências e desejos como "desejo de férias", uma "preferência pelas paisagens outonais" ou a "rejeição do militarismo" e, segundo a visão de Habermas, elas se encontram a meio caminho entre autorrepresentações e regulações normativas meramente subjetivas. A fim de que se tenha mais clareza nas distinções em que Habermas está interessado aqui, e, particularmente, na distinção que ele defende entre questões normativas e questões da vida boa, devo retornar à sua análise do discurso, por um lado, e à crítica estética, por outro.

9 *Ibid.*, p. 12-13.

10 *Ibid.*, p. 16.

III. Discurso e crítica estética

O argumento de Habermas em favor da redenção discursiva das pretensões de validade da verdade e da correção conta com a estrutura pragmática da comunicação, que, nesses casos, é orientada para o entendimento. Ao considerar as contestadas pretensões de verdade ou de correção normativa, ou deliberar sobre elas, o que os participantes têm de pressupor para a discussão? Em primeiro lugar, se a aceitação da pretensão contestada deve ser cooperativa e baseada em razões, então na comunicação os participantes têm de ser livres para suscitar e questionar pretensões sem medo de coerção, intimidação, fraude ou que tais, e nessa comunicação todos têm iguais chances de falar, de fazer asserções, autorrepresentações e pretensões normativas, e questionar os demais. O ponto aqui é o de que só se pode dizer que resgatamos uma pretensão contestada se todos puderem concordar com as razões dadas em seu apoio e, sendo assim, se todos tiverem iguais chances de levantar questionamentos e defender pretensões. Em segundo lugar, se a comunicação deve garantir a validade de uma pretensão contestada, daí se seguem certas regras: "Os participantes tematizam uma pretensão de validade problemática e, aliviados da pressão da ação e da experiência, numa atitude hipotética, testam com razões, e somente com razões, para verificar se a pretensão defendida pelos proponentes continua a se justificar ou não".[11] Por fim, seguindo Toulmin, Habermas afirma que o produto da comunicação tem de ter uma certa estrutura geral; ele tem de formar uma conclusão com uma base obtida por meio de uma regra (como uma regra de inferência) e amparada por certas formas de evidência.

Tomados em conjunto, esses aspectos de validade "pragmático-formais" que garantem a comunicação constituem uma teoria do discurso. À medida que falantes e ouvintes estão interessados em chegar a um acordo quanto a uma contestada pretensão de verdade ou de correção, eles necessariamente fazem certas suposições sobre a estrutura de sua argumentação. Supõem que ela proíbe todas as restrições que excluiriam ou diminuiriam a voz igualitária

11 *Ibid.*, p. 25.

de todos os envolvidos e, portanto, que o acordo alcançado é o acordo sem restrições por parte de uma comunidade de comunicação universal. Eles também supõem que os envolvidos ignorem todos os motivos outros que não a busca cooperativa pela verdade numa atitude hipotética. E, finalmente, supõem que apenas a força do melhor argumento pode prevalecer.

Habermas não está interessado no modo como os argumentos são efetivamente conduzidos enquanto tentam racionalmente avaliar as pretensões de verdade ou de correção. Ele está mais interessado nas pressuposições pragmáticas que os falantes e atores competentes necessariamente assumem ao tentar chegar a acordos com outros sobre pretensões contestadas. E a consequência de se negar essas pressuposições é aquela que, seguindo Karl Otto Apel, ele denomina "contradição performativa". Se afirmássemos que a argumentação não tem essa estrutura pragmática, teríamos de presumir que ela teria suposto que, precisamente, essa afirmação poderia ser justificada. Em outras palavras, teríamos de supor que a afirmação de que a argumentação não tem essa estrutura pragmática é verdadeira no sentido de que ela seria alcançada por uma comunidade de comunicação universal de participantes livres e iguais numa atitude hipotética, engajados numa busca cooperativa da verdade e motivados somente pela força do melhor argumento.[12]

Essas condições não se mantêm nem para autorrepresentações expressivas nem para avaliações. Se um ouvinte questiona a veracidade da pretensão de um falante, o falante não pode mostrar sua sinceridade por argumentação, porque a veracidade de suas expressões, incluindo seus argumentos, é precisamente o que está em questão. Em vez disso, ele pode mostrar sua sinceridade somente ao atuar de maneira consistente com suas intenções que foram expressas. O mesmo se mantém para expressões em que um falante revela um sentimento ou estado de espírito, compartilha um segredo ou confessa um ato. A capacidade de resgatar as pretensões suscitadas aqui depende, como no caso das intenções, da

12 Habermas, "Discourse Ethics: Notes on a Program of Philosophical Justification" [Ética do discurso: Notas sobre um programa de justificação filosófica], *in* Habermas, *Moral Consciousness and Communicative Action* [Consciência moral e ação comunicativa] (Cambridge, Mass.: MIT Press, 1990), p. 79-82.

capacidade do falante de extrair "consequências práticas" de suas expressões e de se comportar "de modo consistente dali em diante".[13]

Condições semelhantes ancoram juízos avaliativos, de acordo com Habermas. As avaliações possuem uma base racional à medida que um falante pode ter boas razões para seus desejos e preferências. Se, para usar um exemplo que ele toma de Richard Norman, eu desejo um prato de lama, eu torno esse desejo inteligível a outros dando razões para querê-lo, fazendo referência, por exemplo, a seu "rico cheiro de rio". A fruição de um rico cheiro de rio, assim como um desejo por férias ou a rejeição do militarismo, reflete o conteúdo substantivo de uma particular forma de vida em que certos gostos, atitudes e ideias de trabalho e de vida, se não compartilhados, são pelo menos inteligíveis. Assim, Habermas afirma que podemos "convocar uma pessoa racional que interpreta a natureza de seus desejos e sentimentos [*Bedürfnisnatur*] à luz de padrões de valor culturalmente estabelecidos".

Dizemos que alguém é racional especialmente se ele é "capaz de adotar uma atitude reflexiva" para com esses padrões, pensa Habermas,[14] e ele chama essa atitude reflexiva de crítica estética. E ainda, ele insiste em que essa atitude não tem o mesmo escopo que o discurso tem, tampouco o melhor argumento em crítica estética possui a mesma força tal como a pretendida no discurso. Em primeiro lugar, os padrões culturais de valor em questão não incluem uma pretensão de universalidade. Conforme Habermas observa, "o círculo de reconhecimento intersubjetivo que se forma em torno de valores culturais ainda não implica, de modo algum, uma pretensão de que eles encontrariam um assentimento geral numa cultura, para não mencionar o assentimento universal".[15] A posição de Habermas não é a de que a verdade de uma asserção ou a validade de uma norma possa servir como base racional de ação somente depois que tivermos efetivamente garantido o assentimento a todas entre as condições especificadas. Ainda assim, o ideal regulativo nesses casos continua

13 *Theory of Communicative Action* [Teoria da ação comunicativa], p. 15.

14 *Ibid.*, p. 20.

15 *Ibid.*

a ser um ideal de acordo universal, no qual somente a força do melhor argumento pode prevalecer. Nem no caso de autorrepresentações expressivas nem no dos juízos avaliativos, o acordo universal pode servir, mesmo que seja como um ideal. Eu não apoio a validade de minhas avaliações no fornecimento de argumentos a céticos quanto ao motivo pelo qual eles os têm de aceitar. Tampouco a sua validade se apoia em todos os interessados capazes de aceitá-los. Em vez disso, ela se apoia em prover-me com autênticas motivações para a ação, em expressar meus sentimentos de um modo não distorcido e em minha capacidade de me fazer no mínimo inteligível a outros no âmbito da cultura a que pertenço.

Mas, em segundo lugar, ao tentar tornar a mim mesmo e a meus valores inteligíveis a outros, a força das razões é apenas indireta. Se alguém não compreende a minha fruição de ricos cheiros de rio, posso fazer referência a outros tipos de experiências, prazeres e memórias que relaciono com o cheiro e posso tentar relacionar essas considerações com os valores dessa pessoa. Porém, essas experiências, prazeres e memórias não podem forçar o acordo do modo como o pode o argumento. Habermas introduz o argumento em termos de obras de arte:

> Nesse contexto, razões têm a função peculiar de *nos fazer ver* uma obra ou *performance* de modo tal que ela possa ser percebida como uma autêntica expressão de uma experiência exemplar, de modo geral como encarnação de uma pretensão de autenticidade... No discurso prático, razões ou motivos destinam-se a mostrar que uma norma recomendada para aceitação expressa um interesse generalizável; na crítica estética, motivos ou razões servem para guiar a percepção e para tornar a autenticidade de uma obra evidente a ponto de essa experiência estética poder ela própria se tornar um motivo racional para a aceitação dos padrões de valor correspondente.[16]

Assim, uma vez que o discurso prático garante a validade de normas para um público universal mediante a força direta de razões, a crítica

16 *Ibid.*, ênfase no original.

estética garante a validade de valores somente para um público circunscrito, no qual a razão funciona meramente para guiar a percepção. Essa distinção, contudo, não é tão rigorosa como Habermas, por vezes, parece sugerir. Ele admite que normas racionalmente justificadas têm de ser aplicadas a situações concretas de ação, estas que são já interpretadas à luz de valores culturais. Além disso, ele insiste em que "qualquer moralidade universalista é dependente de uma forma de vida que *a encontra no meio do caminho*".[17] No que resta deste ensaio, pretendo examinar mais de perto essas pretensões, uma vez que me parecem implicar reações, que, versando entre princípios normativos e valores culturais, parecem ainda mais complexas do que aquelas que Habermas focalizou até agora.

IV. Aplicação e formas de vida

Os participantes de discursos práticos assumem o que Habermas chama de uma atitude de testagem de hipótese para com normas contestadas. As normas que eles consideram são as que se tornaram problemáticas no contexto cultural de uma continuada forma de vida. O discurso as desconecta da validade inquestionada desse contexto e as examina em termos da questão sobre se eles encontrariam o assentimento que, isento de coerção, provém de todos aqueles potencialmente afetados sob condições ideais. Esse assentimento estabelece a legitimidade de normas e princípios, mas ainda não contém prescrições para a sua aplicação a situações concretas de ação. Além disso, situações concretas de ação podem ser interpretadas em termos de padrões de valor e concepções do bem que expressem mais pretensões avaliativas do que normativas. Exemplos desse tipo de problema que podem aparecer aqui são as controvérsias relativas ao aborto nos Estados Unidos e aos conflitos referentes à imigração na Alemanha. Esses parecem ser casos em que um consenso sobre princípios normativos como liberdade, igualdade, santidade da vida e direitos humanos em geral ameaça operar uma cisão tão logo os princípios sejam

17 Habermas, "Morality and Ethical Life" [Moralidade e vida ética], *in Moral Consciousness and Communicative Action* [Consciência moral e ação comunicativa], p. 207.

aplicados a circunstâncias em que valores culturais, crenças religiosas, identidades nacionais e que tais ainda prevalecem.

Desse modo, Habermas argumenta que a "descontextualização" de normas em discurso prático requer "uma compensação"[18] que possa fazer valer a sua aplicação. Discursos justificatórios têm de ser suplementados por discursos de aplicação que possam determinar "qual das normas já aceita como válida é apropriada em um dado caso à luz de todos os aspectos relevantes da situação concebida tão exaustivamente quanto possível".[19] Habermas rejeita uma abordagem aristotélica para o tipo de compensação de que aqui se necessita. Segundo a sua concepção, não podemos nos fiar em nossas capacidades de prudência ou de juízo sensível porque essas capacidades mantiveram-se atreladas "ao contexto paroquial de algum ponto de partida hermenêutico", e, portanto, podem envolver valores e preconceitos sobre os quais necessitamos de mais reflexão crítica. Em vez disso, ele olha para certos princípios clássicos de aplicação, como os que requerem que "todos os aspectos relevantes de um caso... sejam considerados, e isto significa... que sejam proporcionais a fins".[20] Esses princípios podem ser racionalmente justificados e, desse modo, permitem alguma distância dos pontos de partida hermenêuticos. Além disso, ele afirma que a história dos direitos humanos básicos é uma história direcionada, que exibe, "podemos dizer, cautelosamente, uma leitura e utilização cada vez menos seletiva do sentido universalista das normas de direitos fundamentais".[21]

A questão de Habermas, então, é a de que enquanto a justificação procedimental de normas contestadas requer uma abstração por testagem de hipótese a partir de formas concretas de vida, e enquanto normas racionalmente justificadas têm de ser aplicadas a situações concretas de ação, a justificação imparcial de normas concretizada em discursos práticos pode

18 "Discourse Ethics" [Ética do discurso], p. 106.

19 Habermas, "On the Pragmatic, the Ethical and the Moral Employments of Practical Reason" [Sobre os empregos pragmáticos, éticos e morais da razão prática], *in Justification and Application: Remarks on Discourse Ethics* [Justificação e aplicação: Observações sobre a ética do discurso], tradução de Ciaran P. Cronin (Cambridge, Mass.: MIT Press, 1993), p. 14.

20 "Morality and Ethical Life" [Moralidade e vida ética], p. 206.

21 *Ibid.*, p. 208.

ser suplementada por uma capacidade aprendida de aplicação imparcial. É o caso de não simplesmente sucumbirmos aos valores e preconceitos culturais com que inicialmente compreendemos situações de ação específicas. Em vez disso, podemos nos apoiar em discursos de aplicação que podem justificar nossos juízos quanto à pertinência de se aplicarem princípios normativos específicos a casos específicos.[22]

Mas não está claro de que modo questões de aplicação podem ser tão impecavelmente resolvidas. Tome-se a questão da moralidade do aborto. Podemos pensar nessa questão ou como uma questão do modo como pensamos que princípios justificados de vida, liberdade e igualdade devam ser aplicados a um exemplo concreto ou então como questão de quais princípios justificados, os da vida ou os da liberdade, devam ser aplicados. Ainda assim, no primeiro caso permanece pouco claro quais padrões determinam o modo adequado de aplicação. Se pudermos ser capazes de concordar com o princípio de que todos os aspectos relevantes de um caso tenham de ser considerados em sua adjudicação, esse princípio parecerá ele próprio exigir algum tipo de "compensação". Em outras palavras, se devemos aplicar esse princípio, temos de ser capazes de conferir algum conteúdo à noção de relevância. Mas o conteúdo que conferimos pareceria a um só tempo depender e diferir de nossos valores. Em particular, pareceria depender e diferir de nossas tradições e herança religiosas, de modo que, do ponto de vista de algumas perspectivas religiosas, tudo o que for considerado relevante será a santidade da vida, enquanto, de outras perspectivas, já mais seculares, as considerações sobre a qualidade da vida de uma mulher ou de uma criança é que podem parecer igualmente relevantes.

Podemos também divergir de modos que dependem de valores culturais em nossas aplicações do princípio de que os meios têm de ser proporcionais a um dado fim. Se equacionamos o aborto ao ímpio assassinato de uma vida inocente, então qualquer ato que interrompa o trabalho de uma clínica de aborto pode parecer proporcional ao fim. Se nos opomos ao aborto legal, mas damos importância ainda maior

22 Ver Habermas, "Remarks on Discourse Ethics" [Observações sobre a ética do discurso], *in Justification and Application* [Justificação e aplicação], p. 35-38.

ao estado de direito e a tentativas legislativas ou constitucionais de resolver a questão, então tais ações não vão parecer contar como meios legítimos. Não está claro que tais desacordos, quanto ao modo como princípios clássicos de aplicação são eles próprios compreendidos ou aplicados, podem ser resolvidos em discursos de aplicação. Em vez disso, esses princípios parecem eles próprios estar atrelados a um ponto de partida hermenêutico, com base no qual formas de orientação avaliativa não podem ser erradicadas. Temos de aplicar normas justificadas a situações concretas de ação que já interpretamos à luz de nossos valores culturais, mas a influência de nossos valores culturais parece se estender justamente por meio do modo como compreendemos os próprios princípios de aplicação e os juízos de adequação.

Com relação ao segundo caso, no qual vemos o debate sobre o aborto como um debate sobre quais princípios justificados devemos aplicar a ele, de novo as dimensões hermenêuticas do problema parecerão ser negligenciadas. Isso significa que não parece adequado limitar a questão da aplicação à questão sobre qual das normas que já aceitamos como válida deve ser aplicada ao caso específico. Em vez disso, a questão da aplicação parece se estender ao sentido das normas, à questão sobre como devemos compreender as normas que aplicamos ou, na verdade, quais princípios de liberdade ou de vida devem ser aplicados. Podemos dizer que ambos os lados no debate sobre o aborto tomam os mesmos princípios a ser justificados, o que os divide sendo o modo como esses princípios são compreendidos. Os chamados proponentes pró-vida compreendem o princípio da santidade da vida em termos da vida biológica do feto, enquanto os chamados proponentes pró-escolha o compreendem em termos da qualidade de vida de mulheres e crianças. Os proponentes pró-vida compreendem o princípio de liberdade em termos dos direitos de fetos às oportunidades e possibilidades de vida que lhes são previstas em sua condição de membros da espécie humana; os proponentes pró-escolha compreendem o mesmo princípio em termos do direito de mulheres e famílias a escolher quando e sob quais circunstâncias, para elas, faz sentido ter filhos.

Talvez em razão da possibilidade de conflitos interpretativos desse tipo, Habermas insiste em que uma "moralidade universalista seja dependente de uma forma de vida que *a encontre no meio do caminho*". À medida que os princípios justificados em discursos práticos devem determinar a ação no âmbito das formas de vida concretas, essas formas de vida, bem como as orientações, sensibilidades e formas de compreensão por elas permitidas têm de já estar construídas de certa maneira. Como Habermas explica, é preciso haver alguma congruência entre normas morais, a socialização e as práticas educacionais da sociedade; o sistema de educação tem de auxiliar no "requisito internalização de controles do superego e na dimensão abstrata de identidades do ego",[23] e, finalmente, tem de haver ajuste suficiente entre moralidade e instituições sociopolíticas. Esse ajuste não é automático. Se Habermas está pouco disposto a deixar questões de aplicação caberem às capacidades aristotélicas de prudência, também estará pouco disposto a deixar a incorporação motivacional e contextual de princípios normativos caber ao espírito hegeliano. "Muito mais se tem aí, em essência," escreve ele, "uma função de esforços e sacrifícios coletivos realizados por movimentos sociopolíticos". E, como conclui, "a filosofia faria bem em evitar arrogantemente descartar esses movimentos e a dimensão histórica mais ampla da qual eles emanam".[24]

A concepção por Habermas do modo como uma forma de vida encontra a moralidade universalista no meio do caminho inicia-se de cima para baixo, por assim dizer, dando-se em termos da questão sobre como uma forma de vida e os valores e orientações culturais que a compõem têm de ser moldados de modo que satisfaçam as exigências para a aplicação de normas racionalmente justificadas. Mas a questão que eu gostaria de examinar no restante deste ensaio versa sobre se nós também temos de pensar na relação entre justificação normativa e juízo avaliativo de baixo para cima, em termos da questão sobre como o sentido de tais princípios racionalmente justificados – como os que exploramos no debate sobre o aborto – tem de ser moldado para satisfazer as exigências das formas de

23 "Morality and Ethical Life" [Moralidade e vida ética], p. 207.

24 *Ibid.*, p. 208.

vida, dos valores culturais e das tradições por força das quais as pessoas encontram sentido na vida. Esse modo de colocar a questão é claramente devedor de Charles Taylor, e por isso devo me voltar a um de seus ensaios recentes, a fim de explorá-la.[25]

V. Valores culturais e princípios liberais

O problema em que Taylor está interessado em *A política de reconhecimento* é o de saber se as sociedades liberais pluralísticas podem satisfazer a demanda por reconhecimento da parte de culturas minoritárias ou de formas de vida no âmbito dessas culturas. De acordo com uma visão do liberalismo, as sociedades liberais têm de basear sua legitimidade na capacidade de garantir direitos fundamentais a todos os cidadãos. Os princípios de justiça são neutros em relação a diferentes concepções do bem e garantem tratamento igual pelo Estado aos indivíduos, independentemente de raça, sexo, religião ou coisas do gênero. A neutralidade e o tratamento igualitário se baseiam em alguma versão do princípio de universalização, que Habermas, de sua parte, fundamenta com base nas implicações normativas da comunicação orientada para o entendimento.

---

25 Ver Charles Taylor, "The Politics of Recognition" [A política do reconhecimento], *in* Amy Guttmann (Org.), *Multiculturalism and "The Politics of Recognition"* [Multiculturalismo e a "política do reconhecimento"] (Princeton: Princeton University Press, 1992), p. 25-73. Minha análise deste ensaio e sua relevância para a questão das relações entre valores culturais e princípios normativos foi escrita cedo demais para se beneficiar da abordagem do próprio Habermas sobre o ensaio de Taylor em "Struggles for Recognition in Constitutional States" [Lutas por reconhecimento em Estados constitucionais], publicada no *European Journal of Philosophy* I, nº 2 (ago. 1993). Ali, Habermas torna a enfatizar a necessidade de procedimentos democráticos na aplicação de princípios universais e propõe que esses procedimentos estejam a garantir o respeito a valores culturais à medida que os que discutem e aplicam princípios universais fazem-no tanto como cidadãos quanto como pessoas privadas. Meu interesse ao me debruçar sobre o ensaio de Taylor, contudo, não está apenas nos valores culturais que têm de encontrar princípios universais no meio do caminho, mas nas diferenças presentes nesses valores culturais. De que modo garantimos o respeito às diferenças na interpretação de normas e princípios, de que modo distinguimos interpretações legítimas de ilegítimas, e de que modo devemos conceber o persistente desacordo "legítimo" na interpretação que deriva de diferenças em valores culturais?

Mas suponha-se que uma certa concepção do bem demande mais da sociedade do que a neutralidade. Suponha-se que a sobrevivência de uma certa cultura demande uma concepção de um direito coletivo à sobrevivência cultural em oposição aos direitos individuais garantidos por princípios liberais. Esse é o desafio que Quebec lança contra a Carta de Direitos Canadense, de acordo com Taylor. Enquanto a Carta define um conjunto de direitos individuais garantindo igual tratamento independentemente de raça, sexo ou outros fatores irrelevantes, os quebequenses sustentam que a sobrevivência de sua cultura demanda certas restrições, precisamente quanto a esses direitos. Por exemplo, os cidadãos de língua francesa não devem enviar seus filhos a escolas de língua inglesa, empresas com mais de cinquenta empregados devem ser geridas em francês e nenhum letreiro comercial deve estar escrito em inglês. Ocorre que tais restrições parecem intrinsecamente discriminatórias. Por que motivo os francófonos não deveriam poder enviar seus filhos a qualquer escola a que desejem mandá-los, contanto que possam pagar por isso? Por que motivo os indivíduos no Quebec não deveriam gerir suas empresas em inglês ou exibir letreiros no idioma de sua preferência?

Taylor sugere que, a fim de responder a essa questão, precisamos reconhecer outra concepção de liberalismo, diferente daquela esboçada acima. Se o "Liberalismo 1"[26] está comprometido com os direitos individuais e se mantém categoricamente neutro em relação às identidades e aos projetos culturais, o "Liberalismo 2" permite a um Estado estar "comprometido com a sobrevivência e florescimento de uma nação, cultura ou religião particular, ou de um conjunto (limitado) de nações, culturas e religiões – contanto que estejam protegidos os direitos básicos de cidadãos que tenham compromissos diferentes ou nenhum compromisso desse tipo".[27] Os quebequenses supõem que a sobrevivência e o florescimento da cultura francesa no Quebec seja um bem. Além disso, supõem que essa sobrevivência demanda mais do que a simples tolerância à língua

26 Ver Michael Walzer, "Comment" [Comentário], *in* Guttmann, *Multiculturalism and "The Politics of Recognition"* [Multiculturalismo e a "política do reconhecimento"], p. 99-103.

27 *Ibid.*, p. 99.

francesa. Em vez disso, são requeridas políticas capazes de manter a língua francesa no Quebec, criar membros da cultura francesa e assegurar que as gerações futuras se identifiquem como francesas. O Liberalismo 2 distingue assim entre direitos fundamentais como os "direitos à vida, à liberdade, ao devido processo, à liberdade de expressão, ao livre exercício da religião e assim por diante" e outros "privilégios e imunidades que são importantes, que podem porém ser revogados ou restringidos por razões de políticas públicas".[28] Conforme Taylor observa, essa forma de liberalismo está "disposta a ponderar a importância de certas formas de tratamento uniforme contra a importância da sobrevivência cultural, por vezes optando por essa última".[29]

Essa perspectiva, assim sendo, concebe a relação entre princípios universais e valores culturais do modo oposto à concepção de Habermas. Na perspectiva de Taylor, não está claro que os valores culturais tenham de se moldar para se ajustar à primeira. Em vez disso, a "política de reconhecimento", que Taylor refere também como política da diferença, parece envolver uma demanda, por diversas culturas, de que os próprios princípios liberais sejam moldados levando em conta o valor das culturas particulares e de suas concepções do bem. Nos casos em que está em jogo a sobrevivência de uma cultura percebida como boa, pode ser necessário reinterpretar o sentido dos princípios de modo que eles possibilitem não apenas direitos individuais, como o direito de enviar um(a) filho(a) para a escola de sua escolha, mas também direitos coletivos, como o direito de sobrevivência da cultura francesa do Quebec. Mas sendo esse o caso, então valores e orientações culturais têm de ser reconhecidos não apenas como elementos das situações concretas a que os princípios de justiça se aplicam, mas como codeterminantes do sentido desses princípios. A conclusão de Taylor parece afirmar, num nível mais geral, a conclusão a ser alcançada ao se explorar o debate sobre o aborto. Os princípios normativos que são justificados no discurso podem ser interpretados de modo diferente, e a política da diferença é apenas a exigência de que

28 Taylor, "Politics of Recognition" [A política de reconhecimento], p. 59.

29 *Ibid.*, p. 61.

reconheçamos e respeitemos essas diferenças interpretativas. Na verdade, o respeito à importância e à diferença dos valores culturais de diferentes grupos nos leva a compreender o sentido de princípios liberais não em termos do Liberalismo 1, mas sim nos do Liberalismo 2.

Assim sendo, não exigimos uma neutralidade rigorosa ou um tratamento uniforme. Em seu comentário ao ensaio de Taylor, Michael Walzer insiste em que a própria neutralidade oficial dos Estados Unidos, por exemplo, faça sentido apenas como consequência do Liberalismo 2, mais do que do Liberalismo 1. Os Estados Unidos são um país de imigrantes que escolheram os riscos para a sua identidade cultural que a emigração para os Estados Unidos implicava. Além disso, trata-se de um país de culturas tão múltiplas e diversas que, nesse caso, a neutralidade oficial pode simplesmente constituir a melhor oportunidade para a sobrevivência da cultura de quem quer que seja. Porém, muitos Estados liberais, segundo Walzer argumenta, são mais semelhantes ao Quebec do que aos Estados Unidos. Os governos da Noruega, da França e da Holanda não pretendem ser neutros em relação à língua, história, literatura e "mesmo aos costumes menores" da cultura majoritária. Em vez disso, eles apoiam ativamente essa cultura, enquanto, ao mesmo tempo, "toleram e respeitam diferenças étnicas e religiosas e permitem a todas as minorias uma igual liberdade para organizar seus membros, expressar seus valores culturais e reproduzir seu modo de vida na sociedade civil e na família". Na visão de Walzer, como presumivelmente na de Taylor, essa forma de Liberalismo 2 faz sentido para eles e para o Quebec tanto quanto o Liberalismo 1 faz sentido para os Estados Unidos:

> O Liberalismo 1 escolhido de dentro do Liberalismo 2. *De dentro*: isto significa que a escolha não é governada por um compromisso absoluto com a neutralidade do Estado e com os direitos individuais – nem o é pela profunda aversão às identidades particularistas (falta de cidadania), algo comum entre liberais do primeiro tipo. Em vez disso, é governando pela condição social e pelas escolhas de vida reais *desses* homens e mulheres.[30]

30 Walzer, "Comment" [Comentário], p. 102.

Pode-se argumentar que as considerações que Taylor e Walzer suscitam dizem respeito somente a questões de escopo. O problema versa apenas sobre a medida em que diferentes países aplicam princípios de direitos individuais que garantam igual tratamento a todos os cidadãos, independentemente de raça, sexo, religião ou outros fatores irrelevantes. Em alguns países liberais, a esfera em que a neutralidade é apropriada será mais ampla do que outras esferas, mas em nenhuma delas os direitos à vida, à liberdade, ao devido processo, à liberdade de expressão, à livre prática da religião e assim por diante serão restringidos. Ocorre que o argumento parece ir além do que essa objeção permite. Taylor e Walzer estão interessados não simplesmente no escopo dos princípios liberais, mas no que o liberalismo significa. E em razão do bem dos valores e tradições culturais, eles pensam no liberalismo como Liberalismo 2 em oposição ao Liberalismo 1. Assim sendo, se formas de vida têm de ser moldadas para encontrar princípios liberais no meio do caminho, como salienta Habermas, precisamos enfatizar também o oposto: que o sentido de princípios consensualmente justificados também tem de ser moldado para encontrar valores e tradições culturais no meio do caminho.

Mas, neste ponto, uma questão parece surgir. Devemos prever qualquer modo pelo qual princípios encontrem valores culturais no meio do caminho ou, na verdade, quaisquer valores culturais que os princípios tenham de encontrar no meio do caminho? Taylor rejeita um modelo procedimental do liberalismo como modelo calcado "em juízos sobre o que constitui uma vida boa – juízos em que a integridade de culturas desempenhe um importante papel".[31] Mas terão aqui todos os juízos sobre o que faz a vida boa um estatuto equivalente? Princípios terão de ser modificados para acomodar a integridade de qualquer cultura?

De sua parte, Taylor inicia com uma presunção em favor de uma resposta afirmativa a essa questão, ou, em outras palavras, com uma presunção do valor das diversas culturas. "Como presunção, alega que todas as culturas humanas que dinamizaram sociedades inteiras num considerável espaço de tempo têm algo de importante a dizer sobre todos os seres

31 Taylor, "Politics of Recognition" [A política de reconhecimento], p. 59.

humanos." Ao mesmo tempo, essa presunção tem de ser elaborada e verificada no estudo atual de uma cultura particular. Nessa medida, Taylor entende que a demanda por reconhecimento que a política da diferença suscita seria um tanto estranha. O respeito não pode ser demandado como um direito. Em vez disso, tem de ser obtido na avaliação de outros, segundo a qual a cultura de fato "tem algo importante a dizer".[32]

Ainda assim, Taylor aponta para o aspecto transformador do estudo de culturas estrangeiras. Se abordamos uma cultura como sendo de valor até mesmo meramente possível, não podemos simplesmente impor a ela nossos padrões preexistentes. Em vez disso, temos de estar abertos ao modo como o "algo importante" que ela tem a nos dizer pode envolver precisamente aqueles padrões:

> Abordar, digamos, uma raga com as presunções de valor que estão implícitas no cravo bem temperado seria como estar sempre perdendo o foco. O que tem de acontecer é o que Gadamer chamou de uma "fusão de horizontes". Aprendemos a nos mover num horizonte mais amplo, no âmbito do qual o que antes tomávamos como certo na condição de pano de fundo para a avaliação pode ser situado como uma possibilidade junto ao pano de fundo diferente da cultura que antes era pouco familiar.[33]

Em questão encontra-se aqui não apenas a fusão de horizontes de Gadamer, mas também o que ele chama de uma preconcepção de completude ou perfeição.[34] De maneira provisória, temos de assumir que outras culturas têm algo importante a nos dizer, considera Gadamer, a fim tanto de compreendê-las quanto de testar nossos próprios preconceitos sobre nós mesmos. Se assumimos que outras culturas nada têm de importante a nos dizer, tampouco temos como verificar a adequação de nossos próprios preconceitos iniciais em relação a elas. Descobriremos, como Saul Bellow parece ter descoberto, que os zulus não têm recursos

32 *Ibid.*, p. 66.

33 *Ibid.*, p. 67.

34 Ver *Truth and Method* [Verdade e método] (Nova Iorque: Seabury Press, 1974).

valiosos como um Tolstói (ou, como se diz que ele teria dito, "quando os zulus produzirem um Tolstói, nós o leremos"),[35] e isso porque seremos capazes de tão somente manter nossas presunções paroquiais iniciais quanto ao que é valioso. Mas essas presunções impedem-nos de descobrir o que os zulus têm e o modo como eles podem proporcionar um espelho produtivo para nos vermos a nós mesmos.

Ocorre que essa noção, de que podemos aprender a compreender nossos próprios valores e padrões de modo diferente em nossos esforços para compreender os dos outros, parece complicar a questão sobre se princípios têm de ser moldados para acomodar valores culturais preexistentes. Por um lado, de acordo com Taylor, não precisamos conferir respeito a qualquer cultura pelo simples fato de ser uma cultura. Em vez disso, temos de conferir a ela o provisório respeito que nos permite estudá-la com seriedade e avaliá-la em termos do que ela tem a nos dizer de importante. Por outro lado, não podemos simplesmente impor nossos padrões de valor a ela, mas sim temos de estar abertos para vermos a nós mesmos através dos padrões que ela oferece. Mas como então vamos saber quando aprendemos a compreender nossos valores numa perspectiva mais ampla e quando os compreenderemos numa perspectiva pior? De que modo podemos garantir que a política do reconhecimento abra para nós o valor de culturas que têm um valor e quando, afinal, essa política nos leva a, de modo puro e simples, abandonar completamente padrões de valor?

Essa questão, como é evidente, encontra-se no cerne de debates atuais que versam não apenas sobre currículos universitários, valores ocidentais e sobre o cânone literário ocidental, mas também sobre o valor de valores democráticos ocidentais. O efeito da abertura do cânone para escritos diários de mulheres ou para tradições orais africanas será enriquecedor para a tradição literária ocidental ou será algo que rebaixa seus padrões? O efeito de se posicionar valores ocidentais numa perspectiva mais ampla se dá para melhor compreender os valores democráticos ou

35 Taylor, *Politics of Recognition* [A política de reconhecimento], p. 42. Deve-se notar aqui que Taylor afirma também que "não tenho ideia sobre se esse enunciado foi realmente produzido dessa forma por Saul Bellow ou por quem quer que seja".

para aprender a tolerar fanáticos, totalitários e que tais? Se combinarmos a concepção por Habermas de discurso prático com a ênfase de Taylor e Walzer em valores culturais e formas de vida, parece-me que podemos ter aí uma via para começar a responder a essas questões.

O argumento que tentei perseguir até aqui é o seguinte. Durante o desenvolvimento de uma concepção comunicativa de razão, Habermas distingue entre os tipos de discurso em que justificamos pretensões de verdade e de correção e outras discussões menos universalistas e menos consensualmente inclinadas, pelas quais consideramos nossas valorizações avaliativas e nossos valores culturais. Ele também reconhece que os princípios e normas de ação justificados em discurso prático têm de ser aplicados a situações concretas de ação e, por esse motivo, convoca compensações e juízos de adequação, nos quais as apreciações de avaliação e os valores culturais que compreendem formas de vida possam ser remoldados para se ajustar a normas e princípios racionalmente justificados. Contudo, as considerações suscitadas por Taylor e Walzer sugerem que normas e princípios racionalmente justificados têm igualmente de ser moldados para se ajustar às apreciações de avaliação e aos valores culturais que compreendam formas de vida. Mesmo assim há um limite aqui. Ao elaborar os contornos do Liberalismo 2, Taylor e Walzer contam com um princípio de tolerância. O Liberalismo 2 pode encorajar a sobrevivência de culturas particulares ao oficialmente promover sua língua, história, literatura e costumes, ao mesmo tempo que se mantém neutro em relação à língua, história, literatura e costumes de outros. Mas não se pode tentar erradicar esses outros. Em vez disso, o Liberalismo 2 distingue entre direitos fundamentais que não possam ser violados para a sobrevivência de culturas e outros privilégios e imunidades que possam ser "revogados ou restringidos por razões de políticas públicas".[36] Assim sendo, muito embora o Liberalismo 2 não seja neutro em relação ao apoio oficial a certas concepções culturais do bem, ele tampouco pode se refugiar atrás de um princípio de tolerância.

Mas de que modo tal princípio é justificado? Habermas se refere às condições do discurso. Os princípios de tolerância são princípios aos

36 *Ibid.*, p. 59.

quais todos os envolvidos poderiam assentir numa comunicação não restringida por coerção aberta ou por relações de poder, nas quais todos os participantes são livres e iguais e onde apenas a força do melhor argumento prevalece. Nessa medida e não obstante a reformulação, o Liberalismo 2 vai cobrar do Liberalismo 1, com sua fundação parecendo construída em bases procedimentais. Para usar a linguagem de Walzer, nem toda escolha de vida de homens e mulheres seria admissível, e sim somente aquelas que se adaptem às condições de tolerância ou de discurso.

Mas podemos também encontrar uma base ou um ponto de partida hermenêutico para o princípio de tolerância nas reivindicações feitas por Taylor, de sobrevivência e florescimento de culturas, e nas reivindicações feitas por Gadamer, de uma fusão de horizontes e da preconcepção de completude ou perfeição. Se iniciarmos, não do lado dos princípios, como faz Habermas, mas do lado dos valores culturais, então a questão que podemos colocar versa sobre quais princípios são necessários à sobrevivência e ao florescimento de nossas próprias culturas. Ao que concebo, a resposta tem de ser a que foi sugerida por Gadamer, isto é, a possibilidade de discussões nas quais posso usar os padrões e as orientações avaliativas de outras culturas, a fim de verificar e desenvolver a minha própria. Parte do que a sobrevivência e o florescimento de uma cultura pareceriam significar é uma capacidade de refletir sobre seu próprio valor, além de assegurar-se dele, e de ser capaz de comunicar tal valor a uma nova geração. Mas isso pareceria implicar a sua capacidade de mostrar o seu valor em relação ao valor de outras culturas, a fim de ser capaz de enriquecer-se com o que se toma por valioso em outras culturas, e de mostrar aos seus próprios membros de que modo seus valores se colocam contra os valores dos outros, no que tal valor então se encaixa na panóplia de culturas e assim por diante. Culturas e tradições sobrevivem e florescem não por meio da execução de uma reprodução sem fim e exata, mas pelo próprio desenvolvimento e enriquecimento dessas culturas e tradições e por se manterem relevantes para as novas gerações.

Mas essa consideração parece significar que a sobrevivência e o florescimento de sua própria cultura dependem da sobrevivência e do florescimento de outras, contra as quais posso testar a minha própria, e em cujos termos posso ver seu valor e até mesmo delas tomar de empréstimo. Assim, tenho de manter um princípio de tolerância para com outros valores culturais como uma condição para a saúde da minha própria. Em contraste, se estendermos o Liberalismo 2 para incluir não apenas o interesse "na sobrevivência e no florescimento de uma nação, cultura ou religião particular ou de um (limitado) conjunto de nações, culturas e religiões", mas também o interesse em erradicar outros que tenham "compromissos diferentes ou nenhum compromisso", com isso corremos o risco de uma ossificação de nossa própria cultura. Se as culturas devem ser culturas vivas, elas têm de viver com outras culturas, já que um sério esforço em compreender os valores e culturas de outros é a nossa única opção para refletir sobre a nossa própria cultura.

Embora esse argumento se inicie com o bem do florescimento de diferentes culturas, tal não é antitético a um princípio modificado de fala ideal. Se nossa capacidade de refletir sobre nossos valores culturais depende da interação com aqueles que diferem, temos então de encorajar aquelas diferenças, e tal encorajamento pareceria significar que temos de questionar qualquer orientação avaliativa ou conjunto de valores culturais que tente restringir antecipadamente as orientações avaliativas ou os valores culturais a que podemos ter acesso. Em outras palavras, a sobrevivência e o florescimento de nossa própria cultura exigem a sobrevivência e o florescimento também das que dela diferem, bem como a possibilidade de discussões não exclusivas e não discriminatórias, nas quais revisamos nossos valores em relação aos de outros. Porém, essas são as condições idealizadas do discurso. Precisamos assegurar o tipo de participação universal em nossas discussões, tipo este que não seja impedido por poder, riqueza, raça ou gênero. Caso contrário, negaremos justamente as condições sob as quais nossas próprias culturas podem sobreviver e florescer.

Ainda assim, a participação universal não necessita de assentimento universal para concretizar um sentido. Nossas discussões, tanto de nossos princípios quanto de nossos valores, têm de excluir a força direta ou implícita, os efeitos de relações de poder, de medo, ou a ameaça de sanções.

Todavia, ainda assim o mundo pode conter tantas interpretações legítimas do sentido de seus princípios universais quanto a noção de crítica estética do próprio Habermas assinala que as tem de sua arte e literatura. Segue-se daí que o discurso normativo e o criticismo estético talvez estejam mais próximos ou sejam mais complexamente relacionados do que Habermas até agora tem explanado.

7 Discurso prático e ética comunicativa

J. Donald Moon

Uma vez que a ideia de uma fundamentação última para crenças morais e políticas tem se tornado cada vez mais implausível, os teóricos vêm se voltando para o "discurso" a fim de proporcionar uma base pela qual possam defender a legitimidade de práticas sociais e políticas. A virada para o discurso, que inclui a ética comunicativa, mas não se limita a ela, é em parte um movimento de uma concepção substantiva a uma concepção procedimental da teoria moral e política. Em vez de proporcionar valores fundamentados numa abordagem da natureza ou humana, as abordagens baseadas no discurso oferecem um conjunto de procedimentos que, se seguidos, garantiriam princípios a legitimar práticas e instituições sociais. A intuição fundamental subjacente ao movimento para o discurso é o ideal de uma comunidade moral, cujas normas e práticas sejam plenamente aceitáveis pelos que a ela estão sujeitos, tendo-se aí uma sociedade baseada não em imposição, mas no acordo entre pessoas livres e iguais.

Jürgen Habermas apresentou uma das mais potentes abordagens de uma moralidade baseada no discurso; ela se fundamenta num entendimento da razão prática que explica o modo como a validade das normas pode ser testada, com isso ficando demonstrado o seu caráter cognitivo. De acordo com Habermas, normas válidas podem ser livremente aceitas por todos os indivíduos por elas afetados. Assim, a sociedade cujas instituições e práticas são governadas por normas válidas instanciaria o ideal de uma comunidade moral.

A abordagem de Habermas é rigorosamente procedimental. Diferentemente de teóricos como John Rawls, ele não antecipa normas ou princípios, tampouco projeta uma visão de uma sociedade justa. Não obstante, seu projeto suscita a óbvia questão sobre os tipos de normas que poderiam ser reclamados do modo como ele propõe e sobre se poderiam adequadamente prover a "justa resolução de um conflito".[1] Passarei a argumentar que existem boas razões para crer que a comunidade moral, no sentido sugerido acima, pode não ser possível em sociedades caracterizadas pelo pluralismo de valor – e são essas as próprias sociedades em que a ética do discurso mais se faz aplicável. Minha questão ao elaborar esse argumento não é a de que deveríamos abandonar o projeto de uma ética baseada no discurso, mas a de que precisamos reconhecer o que pode ser chamado de um elemento ou dimensão "agonística" de nossa vida moral e política. Desenvolverei meu argumento em três passos. No primeiro, passarei a expor a teoria de Habermas em parte a contrastá-la com a abordagem baseada no discurso de Rawls, e passarei a usá-la para explorar a possibilidade de descobrir normas válidas sob condições de pluralismo moral. No segundo passo, devo desenvolver uma breve abordagem da dimensão agonística da vida moral. No terceiro, devo apresentar brevemente as implicações de meu argumento para a questão da legitimação política, que me fará retornar ao contraste entre Rawls e Habermas, com o qual este ensaio se inicia. Passarei então a sugerir o modo como a estratégia original de Rawls pode ser reformulada à luz da crítica de Habermas, a fim de proporcionar uma abordagem mais satisfatória desse problema. A reformulação que proponho é amplamente compatível com as ideias mais recentes de Habermas sobre como a vida política deveria ser estruturada nas sociedades contemporâneas.[2]

I. Fundamentando a ética comunicativa

Já em 1958, Rawls formula a sua conhecida concepção da "justiça como equidade" em termos explicitamente procedimentais.[3] Embora o

1 Jürgen Habermas, *Justification and Application* [Justificação e aplicação] (Cambridge, Mass.: MIT Press, 1993), p. 9.

2 Ver, por exemplo, Jürgen Habermas, "Three Normative Models of Democracy" [Três modelos normativos de democracia], apresentado no encontro de 1993 da Conferência para o Estudo do Pensamento Político, "Democracy and Difference" [Democracia e diferença] (Universidade Yale: New Haven, abril de 1993).

3 John Rawls, "Justice as Fairness" [Justiça como equidade], *in Philosophical Review* 67 (1958), reimpresso de forma um tanto revisada em *Philosophy, Politics and Society* [Filosofia,

argumento de Rawls contenha importantes similaridades com as teorias clássicas do contrato social, seu movimento para o discurso difere das formas-padrão de contratualismo, uma vez que não se baseia "numa teoria geral da motivação humana", tampouco "estabelece qualquer sociedade ou prática particular".[4] Ao realizar essa virada procedimentalista, Rawls tinha em mente uma proposta específica: apresentar uma teoria particular da justiça que, segundo ele argumentou, seria adotada por indivíduos que seguissem os procedimentos por ele estabelecidos. Seu argumento não pretendia proporcionar uma fundamentação para a moralidade em geral; na verdade, é de maneira explícita que tal argumento *pressupõe* tais concepções morais como um "dever de *fair play*". Esse ponto é muitas vezes mal compreendido, uma vez que Rawls é frequentemente interpretado como estando a oferecer uma abordagem da justiça ao modo de um *modus vivendi* entre atores amorais, puramente autointeressados. Mas até mesmo em suas primeiras formulações, ele insistia em que "a concepção a que chegamos... é a de que os princípios de justiça podem ser pensados como resultantes *uma vez que as restrições a envolver a posse de uma moralidade* são impostas a partes mutuamente autointeressadas...".[5]

A concepção por Habermas da ética comunicativa é, de certa forma, um empreendimento muito mais ambicioso que o de Rawls, já que ele procura usar o discurso para estabelecer as restrições morais que Rawls toma como certas:

> É incumbência da teoria moral explicar e fundamentar o ponto de vista moral. O que a *teoria* moral pode fazer e se espera que faça é clarear o núcleo universal de nossas intuições morais, desse modo refutando o ceticismo de valores.[6]

---

política e sociedade], Peter Laslett e W. G. Runciman (Orgs.) (Oxford: Blackwell, 1962), da qual todas as citações foram extraídas. Ver a discussão nas seções 3-5 (p. 136-149, em Laslett), onde o caráter procedimental da construção de Rawls é evidenciado de maneira clara.

4 *Ibid.*, p. 141-142.

5 *Ibid.*, p. 148, ênfase minha.

6 Jürgen Habermas, *Moral Consciousness and Communicative Action* [Consciência moral e ação comunicativa], tradução de Christian Lenhardt e Shierry Weber Nicholsen (Cambridge, Mass.: MIT Press, 1990), p. 211. Aqui doravante será citado como MCCA.

Por outro lado, segundo outra perspectiva, o programa de Habermas é mais limitado que o de Rawls, "pois o que [a teoria moral] não pode fazer é proporcionar qualquer tipo de contribuição substantiva. ... A filosofia moral não tem acesso privilegiado a verdades morais particulares".[7]

Embora suas teorias sejam frequentemente vistas como concorrentes, elas podem ser contempladas como a perseguir projetos complementares. Onde Rawls *assume* "o ponto de vista moral", utilizando-o para dele derivar princípios substantivos de um ordenamento político e social justo, Habermas tem o objetivo de fundamentar o próprio ponto de vista moral. Ambas as abordagens têm base amplamente discursiva, além de serem também procedimentais, mas seu objetivo são fins distintos.

Obviamente que existe uma certa prioridade do projeto de Habermas, uma vez que uma abordagem adequada do "núcleo universal de nossas intuições morais" poderia afetar significativamente as conclusões substantivas a que podemos chegar. O próprio Habermas tem criticado Rawls por seu entendimento equivocado da exigência de imparcialidade, esta que é um componente essencial do ponto de vista moral. Rawls concebe a imparcialidade em termos da ideia de uma "posição original" pela qual indivíduos livres e iguais, ignorantes de suas próprias identidades particulares, determinam os princípios de justiça que governarão um ordenamento social em que lhes serão atribuídos lugares no futuro. Uma vez que são ignorantes dos interesses que os separam dos outros, e uma vez que não sabem quais posições vão deter no ordenamento social, indivíduos assim concebidos só poderiam escolher princípios que sejam imparciais ou então justos para todos. Carecendo das informações necessárias para promover os seus próprios interesses parciais, tais indivíduos só seriam capazes de decidir com base nos interesses gerais.

A construção de Rawls obviamente não pretendia descrever os passos que as pessoas efetivamente dariam ao discutir princípios de justiça e entrar em acordo sobre eles, uma vez que nós jamais poderíamos literalmente esquecer quem somos. Em vez disso, ela pretendeu modelar o conceito de imparcialidade, que é um aspecto essencial do ponto de vista moral.

7 *Ibid.*, p. 211.

Sua inadequação, de acordo com Habermas, pode ser vista à medida que percebemos o quanto a moralidade encontra-se enraizada na estrutura do que ele chama de ação comunicativa. Na ação comunicativa, nós coordenamos nossos planos uns aos outros de um modo consensual, fazendo ou invocando afirmações que todos os envolvidos aceitam como válidas ou vinculativas. Habermas distingue a ação comunicativa da ação estratégica, ação que é racionalmente escolhida a fim de influenciar "as decisões de um oponente racional" para simplesmente atingir os objetivos do próprio agente. Ao agir comunicativamente, eu não busco manipular você, ou seja, meramente causar em você ou influenciá-lo a fazer algo que eu queira que você faça. Em vez disso, espero harmonizar meus planos com os seus com base em nosso ter, ou vir a ter, um entendimento comum da situação em que estamos.[8] Quando estamos jantando juntos e eu digo "por favor, passe o sal", eu espero que você queira me passar o sal não por temer o que eu possa fazer a você caso não me passe o sal, nem porque você espera extrair alguma vantagem de obedecer a meu pedido, mas porque você reconhece a validade das regras de etiqueta e assim reconhece que passar o sal é a resposta requerida ou apropriada a meu pedido. Ao fazer esse pedido, eu invoco uma norma que implicitamente tomo como válida. E no caso das normas morais, Habermas argumenta, eu assumo uma obrigação em mostrar a sua validade caso as normas devam ser contestadas.[9]

Poderíamos evitar essa conclusão se pudéssemos imaginar uma forma de vida a funcionar de maneira bem-sucedida e na qual atores se relacionem entre si somente em termos estratégicos, mas tal sociedade não é possível. Elster (entre outros) mostrou de modo convincente as limitações do modelo de racionalidade instrumental ao explicar o ordenamento social, argumentando que "as normas sociais proporcionam uma espécie importante de motivação para ação que seja irredutível à racionalidade ou, na verdade, a

8 Jürgen Habermas, *The Theory of Communicative Action* [Teoria da ação comunicativa], vol. 1 (Boston: Beacon Press, 1984), p. 285-287.

9 *Ibid.*, p. 302. Regras de etiqueta não devem ser confundidas com normas morais. Habermas descreve-as como "regras costumeiras que são seguidas pela maioria sem precisar ou ser passível de justificação racional" – *Justification and Application* [Justificação e aplicação], p. 161.

qualquer outra forma de mecanismo de otimização".[10] Habermas propôs que a reprodução das formas de cultura, de integração social e de sistemas de personalidade individual dão-se mediante a ação comunicativa.[11] Essas funções sociais podem ser desempenhadas somente uma vez que existe pelo menos uma aceitação *de facto* de alguns conjuntos de normas sociais.

Para muitas interações sociais, a aceitação *de facto* de normas é suficiente para assegurar que os comportamentos de diferentes atores sejam coordenados. Nós comumente invocamos normas na expectativa de que sejam aceitas por aqueles a quem nossas ações são direcionadas, mas não necessariamente temos, nós próprios, de aceitar aquelas normas. Na verdade, nem mesmo precisamos assumir que os outros aceitem as normas em questão como válidas, mas somente que eles queiram de fato responder de acordo com elas. Eu posso não achar que os papéis sociais de garçom e cliente sejam moralmente defensáveis, mas – carecendo de quaisquer opções práticas – posso ainda comer em restaurantes, pelo menos ocasionalmente. E o meu garçom [ou minha garçonete] pode compartilhar da minha visão, ainda que ele ou ela queira ainda acatar o meu pedido e trazer-me a comida. E sem dúvida que eu quero deixar uma gorjeta, mesmo achando que a prática da gorjeta seja repreensível. Ainda que eu implicitamente invoque essas normas, nenhum de nós buscaria "resgatá-las" como válidas. Nós simplesmente as usamos para atingir nossos vários fins, dado que vivemos na sociedade em que vivemos.

Embora essas ações sejam obviamente intencionais, seria equivocado sugerir que elas sejam exemplos de ação estratégica, uma vez que o tipo de interação em questão encontra-se "coordenado tendo como base o entendimento mútuo".[12] Tais interações podem ser chamadas de "ação

10 Jon Elster, *The Cement of Society* [O cimento da sociedade] (Cambridge: Cambridge University Press, 1989), p. 15. Ver cap. 3 desse texto, para uma completa enunciação de seu argumento, e o seu escrito intitulado *Solomonic Judgments* [Juízos salomônicos] (Cambridge: Cambridge University Press, 1989), cap. 1 e 4, para uma análise das limitações do modelo de racionalidade instrumental.

11 Ver *Theory of Communicative Action* [Teoria da ação comunicativa], vol. II, *Lifeworld and System* [Mundo da vida e sistema] (Boston: Beacon Press, 1987), p. 119-152.

12 Kenneth Baynes, *Normative Grounds of Social Criticism* [As bases normativas da crítica social] (Albany: State University of New York Press, 1982). Habermas excluiria "a ação

comunicativa incompleta"; a coordenação é alcançada porque os participantes têm expectativas mutuamente compatíveis, muito embora elas não aceitem as mesmas pretensões normativas de validade. Um caso limitante de coordenação alcançada comunicativamente ocorre quando as partes empregam de maneira bem-sucedida um conjunto de símbolos para regular suas interações, mas os símbolos então não têm o mesmo sentido para todos os participantes. Conforme Wallace argumentou, "o compartilhamento cognitivo não é necessário à interação estável".[13] Na verdade, o "não compartilhamento cognitivo" pode mesmo ser essencial para um ordenamento social, uma vez que "ele permite o surgimento de um sistema mais complexo do que a maior parte de seus participantes, ou quaisquer deles, possa compreender" e "libera os participantes de um sistema do fardo pesado de se aprender e conhecer as motivações e cognições uns dos outros".[14] O crucial aí é que os participantes sejam capazes de predizer o comportamento uns dos outros, e não a condição de possuírem os mesmos "mapas cognitivos" de sua sociedade e cultura.

A ação comunicativa incompleta é comum, mas é difícil imaginar que ela pudesse ser o único tipo de ação comunicativa em que se tenha o engajamento de atores sociais. Ainda que nós nem sempre alimentemos as pretensões normativas de validade que somos preparados para resgatar, temos de fazê-lo em algumas interações. A não ser que algumas das normas que invocamos sejam normas que aceitemos como válidas, é difícil ver de que modo quaisquer normas poderiam ter força motivacional. Na ação comunicativa incompleta, as pretensões normativas de validade são "postas entre parênteses", mas as normas poderiam sempre ser questionadas, por meio disso interrompendo a interação. Se os participantes desejassem continuar agindo comunicativamente, eles teriam de suscitar

latentemente estratégica, na qual o falante *discretamente* emprega resultados ilocucionários para propósitos perlocucionários" da categoria da ação comunicativa. Embora a minha ação seja obviamente propositada, ela não é "latentemente estratégica"; não estou "perseguindo fins não declarados" nem buscando influenciar o outro mediante poderes ou sanções.

13 Anthony F. C. Wallace, *Culture and Personality* [Cultura e personalidade], 2ª ed. (Nova Iorque: Random House, 1970), p. 32.

14 *Ibid.*, p. 35.

as pretensões de validade de maneira explícita e negociar regras que todos pudessem aceitar para governar sua interação.

Assim, nosso êxito em coordenar nosso comportamento por meio da ação comunicativa não depende da validade real das normas que invocamos, mas de nossa posse de um entendimento comum da situação. Esse entendimento comum tem de estar baseado na "garantia do falante de que ele, se necessário for, fará esforços para resgatar a pretensão aceita pelo ouvinte".[15] Essas pretensões de validade podem ser resgatadas somente por meio de "discursos práticos" entre os atores sociais envolvidos.

Dada essa análise do conceito de normas e de sua validação, podemos ver por que a construção de Rawls é problemática. Quando a validade de uma norma é contestada, a coordenação buscada por meio da ação comunicativa é perturbada, e com isso as partes têm de entrar "num processo de argumentação moral" pelo qual elas "continuam a sua ação comunicativa numa atitude reflexiva que tem o objetivo de restaurar um consenso que tem sido perturbado".[16] Quando as partes são bem-sucedidas em alcançar um consenso sobre a validade das normas que governam a sua interação, o seu acordo "expressa uma *vontade comum*", um acordo que é reflexivo no sentido de que as partes sabem "que elas se tornaram coletivamente convencidas de algo".[17] Somente um discurso real entre as partes afetadas pode produzir tal acordo. Em sua condição de abordagem geral de validade normativa, o modelo rawlsiano de um acordo hipotético entre as partes numa posição original é inadequado, pois ele falha em proporcionar um escopo à reflexividade que seja essencial à ideia de moralidade.

Devemos concordar em que Habermas fez ver que a ideia de validade normativa se encontra implícita na ação comunicativa, e que as contestações da validade de uma norma particular têm de ser satisfeitas por meio de "um processo de argumentação moral". Ora, por que motivo, o

---

15 MCCA, p. 58. Habermas discute diversos tipos de ação comunicativa e as pretensões de validade por eles implicados, mas centrarei minha discussão no problema da validade normativa.

16 MCCA, p. 67.

17 *Ibid.*

cético pode perguntar, deveríamos esperar que tal argumentação rendesse resultados? Argumentos morais obviamente não podem ser dedutivos na forma, já que argumentos dedutivos pressupõem a verdade (contestável) de suas premissas. Em vez disso, precisamos de um princípio de argumentação para questões normativas que seja análogo ao princípio de indução para questões empíricas. De acordo com Habermas, tal necessidade é satisfeita pelo princípio de universalização. Cada uma das normas válidas, argumenta ele, tem de atender à condição de que

> *Todos* os afetados podem aceitar as consequências e de que os efeitos colaterais de sua observância *geral* podem ser antecipados tendo em vista a satisfação dos interesses de todos (e essas consequências são preferidas em detrimento das de possibilidades de regulação conhecidas alternativas).[18]

O princípio de universalização encontra-se implícito na própria ideia de argumentação moral. Qualquer "processo de argumentação tem de, entre outras coisas, fazer pressuposições"[19] de modo que:

> A todo sujeito que tenha a competência de falar e atuar permite-se tomar parte num discurso.
> A qualquer um se permite questionar qualquer asserção que seja.
> A qualquer um se permite introduzir qualquer asserção no discurso.
> A qualquer um se permite expressar suas atitudes, desejos e necessidades.
> A nenhum falante se pode proibir de, por coerção interna ou externa, exercer seus direitos tal como ficou estabelecido [acima].[20]

18 *Ibid.*, p. 65.

19 *Ibid.*, p. 92.

20 *Ibid.*, p. 89. Ao desenvolver esse argumento, Habermas recorre ao trabalho de Robert Alexy. Ver, de Alexy, "A Theory of Practical Discourse", *in The Communicative Ethics Controversy* [A controvérsia da ética comunicativa], Seyla Benhabib e Fred Dallmayr (Orgs.) (Cambridge, Mass.: MIT Press, 1990). Alexy discute as regras de argumentação, citadas no texto, nas páginas 209-210.

Entender "o que significa discutir hipoteticamente se as normas de ação devem ser adotadas"[21] equivale a "reconhecer de maneira implícita" o princípio de universalização.[22] Se interlocutores seguem essas "regras do discurso", então "uma norma contestada não pode se juntar ao consentimento dos participantes num discurso prático, a não ser que" o princípio de universalização seja satisfeito.[23]

Esse argumento se apoia na ideia de uma "contradição performativa": as pessoas que se engajam na ação comunicativa ao menos implicitamente invocam e com isso pressupõem a validade de certas normas, cuja validade poderia ser testada somente pela argumentação. Se fosse para rejeitarem o *status* cognitivo dos juízos de validade normativa, elas teriam de se engajar em formas de argumentação que implicitamente sustentem o próprio princípio de universalização.

Essa abordagem efetivamente ressalta os modos pelos quais a ação comunicativa envolve pretensões de validade que estão sujeitas à crítica. Sempre que eu invoco uma norma para influenciar o seu comportamento, implicitamente reconheço você como parceiro num diálogo em que aquela norma poderia ser justificada. Somos capazes de coordenar nossas interações de modo consensual, porque temos ou somos capazes de alcançar um entendimento comum da nossa situação. O crucial aqui é que "um falante pode *racionalmente motivar* um ouvinte a aceitar a sua oferta, porque ele pode assumir a *garantia* pelo fornecimento de, se necessário for, razões convincentes que suportariam as críticas de um ouvinte quanto à pretensão de validade".[24] Na ação comunicativa, comprometemo-nos "a resgatar, se necessário for, a pretensão de validade suscitada com o ato de fala [de alguém]",[25] em vez de procurar manipular ou coagir o outro.

21 MCCA, p. 92.

22 Kenneth Baynes, em sua obra *Normative Grounds of Social Criticism* [Fundamentos normativos da crítica social], ressalta que a derivação de um "princípio distintivamente *moral* de universalizabilidade" demanda não apenas a aceitação de regras de argumentação, mas também "da ideia do que significa justificar uma norma de ação" (p. 114).

23 MCCA, p. 93.

24 *Theory of Communicative Action* [Teoria da ação comunicativa], vol. I, p. 302.

25 *Ibid.*

Assim, da ação comunicativa se pode dizer que "pressupõe aquelas próprias relações de reciprocidade e reconhecimento mútuo em torno das quais *todas* as ideias morais estão a orbitar na vida cotidiana".[26]

Mas se o princípio de universalização proporciona um *status* cognitivo aos juízos morais, a importância desse *status* não está de todo clara. Isso porque alguém poderia aceitar o princípio de universalização sem necessariamente acreditar que existem quaisquer normas que poderiam passar no teste de aceitação universal. Habermas argumenta que "questões prático-morais podem ser decididas com base em razões",[27] uma vez que "quem quer que tome parte em argumentação de qualquer tipo é, em princípio, capaz de chegar aos mesmos juízos sobre a aceitabilidade de normas de ação".[28] Mas isso é verdadeiro somente se os afetados por uma ação ou norma tenham valores, emoções, afetos e preferências que sejam mais ou menos compatíveis, pois somente em tal caso eles poderiam "chegar a um consenso sobre máximas generalizáveis".[29]

A possibilidade de que participantes possam falhar em chegar a um consenso segue-se do entendimento por Habermas da natureza do discurso prático. Na abordagem de Habermas, o discurso moral encontra-se limitado à determinação da aceitabilidade de *normas* ou de regras que, tendo nós o dever de observá-las, são opostas aos *valores* ou fins por nós perseguidos. Enquanto as primeiras envolvem questões de justiça, os últimos refletem perspectivas sobre o que constitui uma vida boa e são baseados em nossas concepções de nós mesmos e de nossas identidades básicas, que se encontram enraizadas na cultura em que vivemos e para a qual somos socializados. Os "discursos prático-morais" sobre a validade de normas "demandam uma ruptura com todas as verdades inquestionadas de uma vida ética estabelecida, concreta, em conjunto com o distanciamento de si mesmo em relação aos contextos de vida com os quais uma identidade esteja inextricavelmente entretecida".[30]

---

26 MCCA, p. 130.

27 *Ibid.*, p. 120.

28 *Ibid.*, p. 121.

29 *Ibid.*, p. 120.

30 *Justification and Application* [Justificação e aplicação], p. 12.

Parte do processo de se tornar um adulto maduro está no aprendizado de se distinguir regras que sejam meramente convencionais das que são válidas, e desse modo genuinamente vinculativas. Mas o indivíduo não pode, de modo similar, distanciar-se dos fins ou valores por ele perseguidos, já que fazê-lo seria abstrair-se do "tecido das práticas comunicativas da vida cotidiana pelo qual a vida individual é formada e sua identidade, assegurada", assim como fazê-lo seria questionar "as formas de vida em que sua identidade tem sido formada [e seria questionar] sua própria existência".[31] Assim, não temos a capacidade de pôr em causa nossos valores de modo a podermos interrogar as normas a que estamos sujeitos. Somos confrontados com uma insolúvel pluralidade de configurações de valor em sociedades modernas e pluralistas e, no nível internacional, em relações entre diferentes sociedades. Mas em razão dessa pluralidade, pode ser impossível encontrar normas que estejam "igualmente nos interesses de todos" e que, por essa razão, poderiam passar no teste de universalização de Habermas.

Habermas rejeita essa sugestão, argumentando que a "necessidade de interpretações" que os indivíduos trazem ao discurso pode ser contestada e é passível de ser revisada de um modo que possibilite a descoberta de interesses comuns.[32] No processo de argumentação moral, os indivíduos não simplesmente se confrontam entre si, no que estariam divididos por interesses e valores conflitantes sustentados previamente ao discurso. Em vez disso, "o princípio de universalização requer que cada participante a si mesmo se projete nas perspectivas de todos os outros", esteja aberto a "críticas recíprocas à pertinência de perspectivas interpretativas e precise de interpretações". O discurso é um processo de "assunção de papel ideal" em que os participantes estejam engajados em "checagem e em reversão recíproca de perspectivas interpretativas", capacitando-os, desse modo, a alterar as suas próprias necessidades de interpretação e a descobrir interesses comuns ou generalizáveis.[33]

---

31 MCCA, p. 177-178.

32 Para uma excelente discussão sobre esse aspecto da abordagem de Habermas, ver Stephen K. White, *The Recent Work of Jürgen Habermas* [A obra recente de Jürgen Habermas] (Cambridge: Cambridge University Press, 1988), especialmente cap. 4.

33 *Justification and Application* [Justificação e aplicação], p. 52. Conforme Rehg observa, "as necessidades, valores ou interesses dos indivíduos tornam-se *normativos* somente se

Embora Habermas separe questões de justiça de questões relativas ao bem, ele não faz disso uma separação radical. Tanto a justiça quanto o bem, ele argumenta, estão enraizados na "vulnerabilidade específica da espécie humana, que se individua a si própria por meio da sociação. A moralidade... não pode proteger os direitos do indivíduo sem também proteger o bem-estar da comunidade a que ele pertence".[34] Uma vez que existimos como indivíduos somente por meio de nossa adesão a formas concretas de vida, a justiça não pode ser concebida sem alguma forma de solidariedade. Assim, as normas que poderiam ser alcançadas por meio do discurso têm de capacitar indivíduos a realizar certos valores comuns que sejam centrais ao seu modo de vida.

Uma vez que a ética do discurso concebe uma "comunidade de comunicação [universal] que inclui todos os sujeitos capazes de fala e ação", a solidariedade sob alguma forma tem de se ampliar para incluir todos os seres humanos.[35] Mas uma vez que as pessoas variam em grande medida quanto aos valores e identidades particulares que sustentam, a ética do discurso tem de incluir, de acordo com Habermas, "aqueles aspectos estruturais da vida boa que possam ser distinguidos da totalidade concreta das formas específicas de vida".[36] Uma vez que as formas do bem são plurais e uma vez que todos os seres humanos estão sujeitos a vulnerabilidades comuns, a solidariedade projetada por uma ética do discurso tem de ser amplamente baseada numa visão da "vida danificada", em vez de numa visão afirmativa da "vida boa".[37]

À medida que todos os seres humanos são vulneráveis de modos semelhantes, é plausível supor que existam "interesses generalizáveis" que poderiam proporcionar a base para normas que comandariam o assentimento universal.[38] Exemplos óbvios incluem um direito à vida e à

---

encontram o assentimento de outros" – William Rehg, "Discourse and the Moral Point of View" [Discurso e o ponto de vista moral], *Inquiry* 34 (mar. 1991), p. 44.

34 MCCA, p. 200.

35 Jürgen Habermas, "Justice and Solidarity" [Justiça e solidariedade], *Philosophical Forum* 21 (1989-1990), p. 48-49.

36 MCCA, p. 203.

37 *Ibid.*, p. 205.

38 Habermas com frequência fala de normas válidas como estando "igualmente no interesse de todos" (por exemplo, *Justification and Application* [Justificação e aplicação], p. 29) ou

integridade física, mas mesmo esses exemplos são problemáticos, já que um consenso sobre tais normas provavelmente vai mascarar conflitos profundos quanto à sua aplicação e às condições sob as quais elas possam se fazer prevalecentes.[39] Além disso, pareceria que as normas poderiam ser válidas sem ser aceitáveis por *todos* os que são capazes de participar de um discurso. O princípio da universalização requer apenas que os *afetados* por uma norma a aceitem. Muitas das normas invocadas numa ação comunicativa encontram-se limitadas em sua aplicação a formas particulares de vida porque fazem uso de conceitos culturalmente específicos, tais como definições de papéis particulares. Se existe uma comunidade moral universal, ela é constituída por um conjunto relativamente estreito de normas. Mas somos todos membros de uma série de comunidades morais diferentes e sobrepostas, que são constituídas por um conjunto de normas que, mais ricas, são vinculativas para seus membros; a gama de comportamentos que são normativamente regulados e que poderiam constituir ocasiões propícias para algum ressentimento é maior em tais comunidades, porém essas expectativas comportamentais se aplicam a menos pessoas.

Assim sendo, existem razões para acreditar que algumas normas poderiam ser validadas por meio do discurso, mas não é nem um pouco óbvio que elas possam ser suficientes para assentar os conflitos que surgem num mundo pluralista. Podemos ser capazes de evitar essa conclusão e garantir normas universalmente aceitáveis se "todos os outros objetivos e finalidades estiverem subordinados ao objetivo que foi alcançado".[40] Existem pontos em que Habermas parece flertar com essa ideia, como quando ele escreve que ações comunicativas são aquelas em que os

---

sendo "igualmente boas para todos" (por exemplo, p. 151). Esta parece ser uma exigência desnecessariamente forte; num mundo pluralista, não é óbvia a possibilidade de existência de uma métrica que pode ser usada para mensurar até que ponto uma norma serviria ao interesse ou ao bem de pessoas cujos valores fossem significativamente diferentes.

39 Habermas argumenta que os "discursos de aplicação" têm de ser separados dos "discursos de justificação". Em discursos de aplicação, temos de decidir qual(is) norma(s) seria(m) mais apropriada(s) para se aplicar a uma situação particular. Em discursos de justificação, tentamos antecipar os tipos de situações a que uma norma se aplicaria, mas seria obviamente impossível antecipar toda e qualquer eventualidade. Ver *Justification and Application* [Justificação e aplicação], p. 35-39.

40 Baynes, *Normative Grounds of Social Criticism* [As bases normativas da crítica social], p. 84.

participantes "coordenam seus planos individuais *sem quaisquer reservas* com base no acordo comunicativamente alcançado",[41] mas é difícil visualizar como esse modelo forte de ação comunicativa poderia ser vindicado. A potência do argumento de Habermas está em ele salientar o modo pelo qual pretensões resgatáveis de validade normativa encontram-se enraizadas numa *"ação comunicativa"*, uma forma de ação que é essencial à vida social. Porém, somente um modelo "fraco" de ação comunicativa faz-se essencial à constituição de um mundo da vida social; somente o modelo fraco é implicado na "contradição performativa" incorrida por um indivíduo que rejeitaria completamente a ideia de validade normativa. Infelizmente, o modelo fraco não pode garantir a existência de normas universais.

II. Pluralismo e conflito agonístico

Uma resposta possível a esse dilema é a que rejeita a distinção entre os discursos normativo e avaliativo, ou entre questões de justiça e questões da vida boa. Nesse diapasão, Benhabib critica a restrição (qualificada), segundo Habermas, de um discurso prático-moral a questões de justiça, argumentando que "não existe objeto privilegiado de disputa moral". Ela insiste em que "a linguagem dos direitos possa... ser desafiada à luz de nossas interpretações necessitadas, como insiste em que o domínio objetal da teoria moral [seja] ampliado a ponto de não apenas questões de justiça, mas também questões da vida boa sejam deslocadas para o centro do discurso".[42] Benhabib conclui que temos de "reconsiderar, revisar e, talvez, rejeitar as dicotomias entre justiça *versus* a vida boa, interesses *versus* necessidades, normas *versus* valores, dicotomias nas quais o modelo de discurso, mediante a sua interpretação por Habermas, reside".[43]

41 *Theory of Communicative Action*, vol. I, p. 305, ênfase minha. De modo semelhante, Habermas escreve que, na ação comunicativa, os participantes executam seus planos "somente sob a condição de que o consentimento tenha sido alcançado", o que sugere que somente um modelo forte de ação comunicativa seja adequado ["Remarks on the Concept of Communicative Action" (Observações sobre o conceito de ação comunicativa), *in Social Action* [Ação Social], Gottfried Seebass e Raimo Tuomela (Orgs.) (Dordrecht: D. Reidel, 1985), p. 154].

42 Seyla Benhabib, *Situating the Self* [Situando o *self*] (Nova Iorque: Routledge, 1992), p. 169.

43 *Ibid.*, p. 170.

Ao elaborar esse argumento, Benhabib aprofunda as críticas à teoria ética tradicional articulada de uma perspectiva feminista. Em sua interpretação, "as teorias morais universalistas, tendo como base desde a tradição do contrato social até as obras de Rawls e Kohlberg", resguardam um "ideal de autonomia" que pressupõe um entendimento "do 'pessoal' no sentido da esfera íntima e doméstica como esfera a-histórica, imutável e uniforme", ideal este tão "afastado da discussão e da reflexão".[44] Essa concepção, ela argumenta, é implicitamente genderizada e, assim sendo, falha em explicar adequadamente as experiências das mulheres.

No lugar do modelo de Habermas de uma ética do discurso, Benhabib introduz o que ela chama de "universalismo interativo". Em contraste com o pensamento tanto de Rawls quanto de Habermas, esse modelo concebe as relações morais como a se sustentar entre *selves* [si mesmos] concretos ou particulares, em detrimento de indivíduos meramente "abstratos". O universalismo tradicional é orientado para o outro "generalizado", no qual "cada indivíduo é uma pessoa moral provida dos mesmos direitos que nós mesmos", e é capaz de respeitar os direitos dos outros enquanto persegue a sua própria "visão do bem". O universalismo interativo aceita esse ideal, mas também insiste no "ponto de vista do outro concreto", que "impõe a nós a visualização de cada pessoa moral como indivíduo único, com uma certa história de vida, uma certa disposição e um certo dom, assim como com necessidades e limitações".[45] Quando olhamos para as outras pessoas apenas do ponto de vista do "outro generalizado", nós substituímos a pluralidade concreta de sujeitos atuantes por uma "identidade definicional" entre as pessoas. Para o universalismo interativo, o ponto de vista moral envolve a capacidade do indivíduo de assumir a perspectiva do outro[46] e de desenvolver um "modo de pensar alargado", uma sensibilidade para com o amplo escopo de considerações morais que sejam relevantes numa configuração particular, e uma apreciação desse mesmo escopo.[47] Uma vez que o universalismo tradicional

44 *Ibid.*, ver também p. 185-187.

45 *Ibid.*, p. 10.

46 *Ibid.*, p. 29s.

47 *Ibid.*, p. 53, 165.

anula as diferenças entre pessoas, ou delas se abstrai, ele "conduz a uma *reversibilidade incompleta*, já que o requisito fundamental da reversibilidade, isto é, uma distinção coerente entre mim e você, entre o *self* e o outro, não pode ser sustentado sob essas circunstâncias".[48]

Não surpreende que Benhabib rejeite a ideia nuclear de Habermas, qual seja, a de que para uma norma ser válida "todos os afetados podem *livremente* aceitar as consequências e os efeitos colaterais que a observância *geral* de uma norma controversa pode previsivelmente ter, e isto com vistas à satisfação dos interesses de *cada indivíduo*".[49] Se o discurso moral tiver de incluir questões sobre a vida boa, bem como questões de justiça, e se ele tiver de reconhecer os outros em sua particularidade concreta, então o ideal de um consenso universal há de escapar de nós. Em vez disso, nosso objetivo deveria ser o de sustentar o diálogo moral e "as relações por meio das quais praticamos a reversibilidade de perspectivas implícitas em relações humanas adultas".[50] De modo semelhante, em nossa vida política deveríamos atuar para assegurar que "decisões coletivas sejam alcançadas mediante procedimentos radicalmente abertos e justos para todos".[51]

É impossível negar a força dessas preocupações, mas deve-se reconhecer que a extensão do discurso moral, visando incluir questões da vida boa, tornaria mais difícil o acordo quanto a normas, e isso faria menos provável a "justa resolução de um conflito"[52] por Habermas. Contudo, pode parecer possível superar, ou pelo menos amenizar, essas dificuldades se de nós se espere um reconhecimento explícito que possa ser chamado de dimensão "agonística" da ética comunicativa. Sem abandonar a demanda por imparcialidade, temos também de reconhecer que pode haver profundos conflitos de valores a impedir o acordo quanto a normas que todos poderiam aceitar. Em tais casos, a justiça é passível de se tornar impossível, uma vez que pode não haver modo de resolução de conflitos que todos possam aceitar.

48 *Ibid.*, p. 162.

49 Habermas, MCCA, p. 93.

50 Benhabib, *Situating the Self* [Situando o *self*], p. 52.

51 *Ibid.*, p. 9.

52 Habermas, *Justification and Application* [Justificação e aplicação], p. 9.

A ideia de que o ponto de vista moral implica a "reversibilidade de perspectivas", ideia que é central a todas as formulações de um discurso ético, é frequentemente apresentada de modo unilateral, a fim de se negligenciarem as pretensões que cada indivíduo possa ter para as suas próprias aspirações e ideais. O compromisso prioritário com a ideia da reversibilidade de perspectivas faz-se particularmente problemático quando é estendido para incluir o ponto de vista do outro concreto. Em muitas de nossas relações com outros concretos (de modo mais especial na família e entre amigos, mas não somente em tais contextos íntimos), de forma característica a reciprocidade envolve a criação de mútua afirmação e reconhecimento recíproco.[53] Mas o reconhecimento recíproco em tais configurações é apenas o início das relações humanas maduras. Mesmo que ou especialmente quando o reconhecimento é genuinamente recíproco, quando ambas as partes de uma relação praticam a reversibilidade de perspectivas e visualizam questões do ponto de vista do outro concreto, cada qual geralmente passa a depender da resposta do outro para uma afirmação de seu próprio sentido de mérito ou valor: eu me valorizo porque eu me reconheço e vice-versa. Assim, cada qual se torna vulnerável ao outro e, num mundo em que nossas esperanças e expectativas são inevitavelmente desapontadas de tempos em tempos, cada qual desenvolve um motivo para se proteger limitando os modos pelos quais o indivíduo se expõe ao outro. O temor da desaprovação, da revogação do reconhecimento, pode levar um indivíduo a reprimir alguns aspectos de si mesmo. Desse modo, existe um importante limite aos modos pelos quais cada parte pode se desenvolver em suas relações e à intimidade que aí possa alcançar. À medida que uma relação se encontra enraizada na ideia de reconhecimento recíproco, é desse modo que ela pode se tornar autolimitante.

Ir além do reconhecimento recíproco demanda que o indivíduo por si mesmo valorize de modo suficiente a possibilidade de atuar com mais autoafirmação. Em vez de responder a expectativas ou necessidades de outros a fim de receber aprovação, por vezes o indivíduo tem de atuar sobre suas próprias aspirações, à custa até mesmo do risco de conflito e

53 Benhabib, *Situating the Self* [Situando o *self*], p. 52.

desaprovação. Isso não significa que o indivíduo já não possa reconhecer ou tentar compreender as necessidades do outro, e responder a elas; pelo contrário, isso pode libertá-lo para que ele seja mais aberto aos outros e para oferecer-lhe mais, uma vez que o desejo por seu reconhecimento e aprovação já não é um motivo básico para a sua ação. Isso também possibilita uma intimidade maior, uma vez que a autorrevelação já não precisa ser limitada pelo medo da rejeição. Ao agir desse modo, um agente vai além da ideia de reconhecimento mútuo como fonte de sua atividade.

Não estou a oferecer essas reflexões como críticas aos olhares de Habermas ou Benhabib, que não são necessariamente inconsistentes com esta linha de investigação. Pode-se dizer que o tipo de relação que estou descrevendo é uma forma patológica de reconhecimento recíproco, e de muitos modos o é. Mas é também uma forma bastante comum. E, o mais importante, não temos os conceitos para compreendê-la e sobrepujá-la à medida que tomamos como ponto de partida principalmente a ideia da "reversibilidade de perspectivas". Formas maduras de reconhecimento recíproco envolvem também outros elementos, incluindo um sentido interno de autovalor, que pode envolver a ação de um agente de um modo que frustre ou desaponte outro.

A unilateralidade do "reconhecimento recíproco" na vida privada tem um análogo político na política de ressentimento e vitimização. Ambas são caracterizadas pela centralidade do ressentimento, à medida que partes lesadas possam se sentir ultrajadas perante grupos ou condições que são sentidos como estando a negar sua dignidade (desse modo a alimentar quaisquer dúvidas quanto a si mesmos que possam ter).[54] É óbvio que existe uma série de ocasiões em que o ressentimento é uma resposta apropriada a uma "quebra de expectativa generalizada de norma ou comportamento".[55] Ocorre que mesmo em tais casos tem-se uma emoção

54 Seguindo Strawson, Habermas argumenta que é o sentimento de ressentimento, e o modo como está atrelado à crença de que um perpetrador "violou algo impessoal ou pelo menos suprapessoal, isto é, uma expectativa generalizada que ambas as partes sustentam", o que proporciona a fundamentação fenomenológica para a moralidade, experiência esta que concepções não cognitivistas e prescritivistas são incapazes de captar (MCCA, p. 45-50).

55 *Ibid.*, p. 48-49.

perigosa quando se trata de nos cegar para a humanidade dos que perpetraram o errado.[56] Além disso, e talvez mais importante, muitas vezes é o caso de que a norma ou expectativa violada não tenha sido uma norma ou expectativa que pudesse sobreviver à testagem discursiva, e ainda em outros casos pode haver considerações compensatórias que pelo menos mitiguem a violação (se é que não cheguem a desculpá-la ou mesmo a justificá-la). Não podemos esperar que todos os que sejam afetados por nossas ações aceitem o que fazemos, pelo menos não num mundo em que os bens sejam escassos, onde a autoestima e as identidades sejam vulneráveis e onde o que desejamos ou precisamos seja, frequentemente, que outros respondam a nós de modos que possam ou não atender às suas necessidades ou refleti-las. Os sentimentos de mágoa, raiva, desapontamento, conflito, luta – todos são partes essenciais de nossa vida moral ou política. Todos esses sentimentos (e outros a eles relacionados) são, *não raro*, vivenciados e expressos como ressentimento e indignação. Uma moralidade adequada tem de reconhecer o lugar de uma luta agonística em experiências morais e políticas, mesmo que se enalteça a integridade apresentada por aqueles que façam avançar suas propostas enquanto se abstêm do insulto de insistir em que outros reconheçam que estejam "certos".

Em princípio, não há razão pela qual uma ética do discurso não possa acomodar essa preocupação. Na verdade, à medida que ela incorpora um princípio forte de universalização, provavelmente se tenha relativamente poucas áreas de interação social governadas por normas morais, e desse modo haveria escopo significativo no âmbito do qual as pessoas teriam de elaborar as questões que as dividem do melhor modo que puderem. Pelo menos isso seria verdadeiro para uma ética comunicativa baseada num modelo "fraco" de ação comunicativa, no qual (pelo menos algumas das) finalidades do indivíduo não se encontram subordinadas à aquisição de

56 Enquanto eu trabalhava neste ensaio, assisti a um programa da MTV com minha filha de 13 anos sobre grupos racistas, *skinheads* e sua música. Parte do programa envolvia entrevistas informais com *skinheads*, enquanto eles conversavam e faziam piadas com o entrevistador e entre si. Ela achou o episódio confuso, vendo-os a atuar de modos que eram reconhecidamente "como os nossos". "Seria muito mais fácil simplesmente odiá-los se eles não fossem em nada como nós", ela observou.

entendimento. Mas quando uma ética do discurso põe demasiada ênfase em "reconhecimento recíproco", ela pode contribuir para a disseminação de um inadequado ressentimento tanto na vida política quanto na vida pessoal. Temos de ter "a vontade e a prontidão para buscar entendimento com o outro e chegar a algum acordo razoável",[57] mas devemos também reconhecer que o acordo pode escapar de nós. Por vezes temos de agir sem acordo ou aprovação, e desse modo o agir nem sempre é uma razão para a autocondenação ou para o ressentimento em relação aos outros.

III. A legitimação e a inserção das diferenças entre parênteses

Eu gostaria agora de retornar à crítica de Habermas a Rawls, segundo a qual a concepção por Rawls de um acordo hipotético entre as partes numa "posição original" é falha em proporcionar um escopo à reflexividade que seja essencial à ideia de moralidade. As normas morais, observa Habermas, têm de ser testadas numa argumentação efetiva entre as partes afetadas. A construção de um discurso prático por Rawls, em contraste, é essencialmente "monológica" pelo fato de que permite a todo e qualquer indivíduo "justificar normas básicas por conta própria". Em vez de visualizar sua obra como a "contribuição de um participante na argumentação com vistas a um processo de formação discursiva da vontade", Rawls equivocadamente a tem "como o resultado de uma 'teoria de justiça' que ele, como especialista, está qualificado para construir".[58]

Em certo sentido essa crítica é bem apresentada. Se seguirmos Habermas quanto ao seu modo de visualizar o ponto de vista moral como enraizado na estrutura da ação comunicativa, então as normas morais podem ser vindicadas somente por meio das afirmações de atores sociais, à medida que alcançam o entendimento mútuo por processos de argumentação amplamente concebidos. Mas podemos ver a teoria de Rawls não como uma construção "de especialista" que cidadãos deveriam deferir, mas como *estratégia* proposta para a descoberta de normas

57 Benhabib, *Situating the Self* [Situando o *self*], p. 9.

58 Habermas, MCCA, p. 66.

que todos possam aceitar sob condições de pluralismo moral. A crítica a essa estratégia é a de que ela prescreve o que podemos chamar de "pôr entre parênteses a diferença". A argumentação no nível da definição de princípios fundamentais de justiça, propõe Rawls, deveria se basear nos interesses amplamente compartilhados, em vez de sê-lo em identidades e interesses que nos diferenciem, tornando-nos pessoas específicas, concretas.[59] Ao pôr entre parênteses as nossas diferenças por trás de um véu de ignorância, podemos descobrir normas que todos sejam passíveis de aceitar, uma vez que elas seriam imparciais, a proteger interesses amplamente compartilhados e incorporar um bem genuinamente comum.

A formulação específica por Rawls da "estratégia de pôr entre parênteses", contudo, não é suficientemente inclusiva. Alguns participantes de discursos efetivos não estariam dispostos a pôr suas diferenças entre parênteses do modo como a estratégia rawlsiana demanda, e isso porque fazer assim os impediria de articular suas necessidades e aspirações.[60] Na teoria de Rawls, os princípios de justiça determinam a distribuição adequada de "bens primários", bens estes que são necessários ou instrumentais à realização de nossos interesses básicos. Na visão de Rawls, temos "dois interesses da mais alta ordem" para realizar e exercitar nossa capacidade de justiça e de formar e perseguir uma concepção do bem. Além disso, segundo Rawls, as pessoas têm interesse em promover suas "concepções determinadas do bem", mas isso se encontra subordinado aos primeiros dois interesses.[61] É crucial observar aqui que "o que devemos contar como bens primários não é decidido pelo ato de perguntar quais meios gerais são essenciais para se atingir os fins últimos, e quanto a estes um

59 É evidente que existem outras condições a definir a posição original, como a reciprocidade e a liberdade: temos de ver a nós mesmos como pessoas livres, e a sociedade, como um sistema de vantagem mútua. Focalizo aqui a ideia do véu da ignorância e a noção, a ela relacionada, de que princípios que derivam da justiça demandam um modelo mais de discurso hipotético do que de discurso real.

60 A discussão a seguir recorre ao meu *Constructing Community* [Construindo a comunidade] (Princeton: Princeton University Press, 1994), p. 56-57.

61 John Rawls, "Social Unity and Primary Goods" [Unidade social e bens primários], *in Utilitarianism and Beyond* [Utilitarismo e para além], A. Sen e B. Williams (Orgs.) (Cambridge: Cambridge University Press, 1982), p. 165.

abrangente levantamento de caráter empírico ou histórico pode mostrar que as pessoas geral ou normalmente os têm em comum". Quaisquer que sejam os fins que as pessoas possam realmente adotar, e quaisquer meios que possam ser requeridos para esses fins, os bens primários são determinados "à luz de uma concepção da pessoa dada por antecedência".[62]

Essa restrição ao conceito da "posição original" significa que o escopo do conflito se encontra limitado pela concepção da pessoa com base na qual Rawls constrói sua teoria da justiça. Certos tipos de questões e pretensões não serão dados a um ouvinte, certas vozes serão excluídas com o argumento de que não expressam pretensões legítimas. Estão excluídas as pessoas para quem a "capacidade de formar e perseguir uma concepção do bem" não se subordina a suas "concepções determinadas do bem", ou seja, trata-se das pessoas por quem a capacidade de ação pode ser ignorada, em razão de suas crenças morais ou perspectivas religiosas particulares. Essa exclusão não reflete um consenso racional de cidadãos, mas é uma *pressuposição* dos processos pelos quais um consenso racional é formado, delimitando-se a extensão da escolha política a anteceder discurso e debate públicos. Isso não será um problema se o pluralismo moral se fizer suficientemente limitado a que tais vozes não existam. Mas se o conceito de razão por Rawls não for universalmente compartilhado numa sociedade, a sua teoria da justiça não poderá servir de base para uma comunidade moral. Aqueles cujas vozes são excluídas vão vivenciar tal coisa como uma imposição e, desse modo, como injusta.

Habermas e Benhabib insistem no caráter em aberto do discurso e na necessidade de incluir todas as vozes e perspectivas, exigências que a teoria de Rawls falha em satisfazer. Mas a obra de Rawls sugere que somente pela redução do escopo das questões que têm de ser autorizadamente decididas é que podemos esperar encontrar normas que sejam amplamente aceitas numa sociedade caracterizada pelo pluralismo de valor.

Nesse contexto, podemos seguir algumas sugestões que Habermas oferece em sua discussão sobre justiça e solidariedade. Embora possa haver uma pluralidade de formas de florescimento humano, existe muito menos

62 *Ibid.*, p. 166-167.

diversidade nas formas de sofrimento e vulnerabilidade a que estamos sujeitos. Em particular, a própria ideia de uma sociedade cujas práticas são vindicadas pelo discurso reside numa concepção de ação humana em que nos vemos como seres que, ao menos algumas vezes, são "executores" a controlar e direcionar algumas de nossas ações de acordo com nossas propostas e finalidades. Uma noção de ação é inerente à ideia de dar ou reter assentimento a uma proposição particular, para não mencionar a ideia de que podemos estar vinculados – e nos vincular a nós mesmos – a normas que regulem nossas interações. A deficiência da capacidade de ação de um indivíduo resulta numa "vida prejudicada", juízo que pode ser aceito por pessoas que tenham noções amplamente divergentes do que constitui uma vida boa. As questões da vida boa postas entre parênteses e o foco num interesse comum pela proteção de nossa capacidade de ação, por essa razão, poderiam proporcionar uma base adequada para se chegar ao acordo necessário, tendo em vista uma perspectiva de legitimação política que seja baseada no discurso.

Normas que protejam a capacidade de ação incluem um conjunto básico de direitos que protegem a privacidade e a integridade dos indivíduos, além de direitos de falar e comunicar.[63] Incluiriam também um conjunto de direitos de bem-estar, proporcionando os recursos necessários à participação na comunidade política e as instituições da democracia política.[64] Ocorre que eles permitiram um escopo significativo para a liberdade individual, uma significativa esfera da vida privada – no sentido de vida não política –, em cujo âmbito indivíduos e grupos estariam livres para perseguir seus ideais e propósitos distintos e não raro conflitantes. Ao empregar uma "estratégia de pôr entre parênteses" do tipo originalmente sugerido por Rawls, tem-se a resistência da esperança de descobrir um nível suficiente de comunalidade para determinar uma ética do discurso,

63 Ver o desenvolvimento desse tema por Jean Cohen, em seu "Discourse Ethics and Civil Society" [Ética do discurso e sociedade civil], em *Universalism vs. Communitarianism* [Universalismo *vs.* comunitarismo], David Rasmussen (Org.) (Cambridge, Mass.: MIT Press, 1990), p. 88ss.

64 Ver a defesa por Habermas dos direitos positivos em *Justification and Application* [Justificação e aplicação], p. 68-69.

além de torná-la bastante adequada à tarefa de criar uma comunidade política que possa acomodar o pluralismo moral.[65]

Essa seria uma sociedade onde ainda ocorreriam conflitos profundos, incluindo aí conflitos quanto à especificação dos direitos e responsabilidades necessárias para a ação. Em alguns casos, como Habermas observa, pode haver problemas, como o aborto, "que não podem ser resolvidos do ponto de vista moral", porque se encontram por demais "inextricavelmente entretecidos com autodescrições individuais de pessoas e grupos, e, assim sendo, com sua identidade e projetos de vida.[66] Muitas dessas disputas podem ser geridas pela descoberta "de como a integridade e a coexistência de [diferentes] modos de vida e visões de mundo... podem ser garantidas",[67] mas também podemos descobrir que as diferenças são tão grandes, que cidadãos não serão capazes de encontrar compromissos razoáveis que todos possam aceitar. Por essa razão, alguns vão vivenciar como imposição qualquer decisão a que se chegue. Podemos esperar, no entanto, que tais ocasiões serão suficientemente raras, e isso a ponto de o ideal de um ordenamento social, cujas normas são plenamente aceitáveis por seus membros, poder ser um objetivo razoável para perseguirmos.

---

65 Desenvolvi com muito mais detalhes as ideias sugeridas nesta seção concludente em meu *Constructing Community* [Construindo a comunidade].

66 *Justification and Application* [Justificação e aplicação], p. 59.

67 *Ibid.*

PARTE IV
Democracia discursiva

8 O *self* na democracia discursiva[1]

Mark E. Warren

A tradição da democracia radical inclui, de modos diferentes, figuras como Jefferson e Emerson, Marx e Gramsci, John Stuart Mill e Dewey. O que une esses pensadores, de outros modos diversos – o que faz deles democratas "radicais" – é a visão de que a participação democrática é um meio importante para o autodesenvolvimento e autorrealização. E eles também sustentam que mais participação produzirá indivíduos com mais disposições democráticas – indivíduos que serão mais tolerantes às diferenças, mais sensíveis à reciprocidade, mais capazes de se engajar em discursos e juízos morais, e mais propensos a examinar suas próprias preferências –, todas essas sendo qualidades que conduzem ao êxito da democracia como modo de tomar decisões. Para o democrata radical, a democracia é sempre mais do que um meio de verificação do poder e de distribuição de valores, como ela é para a maior parte dos democratas liberais. Na bem conhecida inversão da frase de Lord Acton, os democratas radicais sustentam que a ausência de poder corrompe e a ausência absoluta de poder corrompe absolutamente. A democracia é um modo de vida, um modo de tomada de decisão que gera suas próprias éticas e seus próprios valores – expectativas que em outro escrito referi como sendo a *tese da autotransformação* em teoria democrática.[2]

1 Este capítulo é uma versão ampliada de "Can Participatory Democracy Produce Better Selves? Psychological Dimensions of Habermas' Discursive Model of Democracy" [Pode a democracia participativa produzir *selves* melhores? Dimensões psicológicas do modelo discursivo de democracia segundo Habermas], *Political Psychology* 14 (jun. 1993), p. 209-234.

2 Ver Mark Warren, "Democratic Theory and Self-Transformation" [Teoria democrática e autotransformação do *self*], *American Political Science Review* 86 (mar. 1992), p. 8-23, para uma revisão e crítica dessa literatura.

A obra de Habermas tem sido crucial para o rejuvenescimento de expectativas radicalmente democráticas como essas, em grande parte porque ele repensou a democracia radical por meio de uma ampla teoria da ação comunicativa, que é abrangente de maneira única. Pela perspectiva de Habermas, ideais radicalmente democráticos residem na relação de proximidade entre a natureza discursiva do juízo político e as instituições democráticas.[3] Sua *teoria discursiva da democracia* posiciona o discurso no centro da teoria democrática, concebida a um só tempo como meio de resolver disputas e de capacitar ações coletivas e como medida e justificação das instituições democráticas.[4]

Meu objetivo neste capítulo é recontar e, por vezes, reconstruir a teoria discursiva da democracia de Habermas à luz da visão radicalmente democrática de que (a) a política deve se relacionar intimamente com oportunidades de autodesenvolvimento, autorrealização e controle da vida cotidiana por parte do indivíduo, e de que (b) a participação

3 Duas das obras de Habermas são explicitamente emolduradas por questões da teoria democrática: *The Structural Transformation of the Public Sphere* [A transformação estrutural da esfera pública], tradução de Thomas Burger (Cambridge, Mass.: MIT Press, 1989; publicada pela primeira vez em 1961) e *Faktizität und Geltung* [Facticidade e validade] (Frankfurt: Suhrkamp, 1992), publicada em 1996 em inglês como *Between Facts and Norms: Contributions to a Discourse Theory of Law and Democracy* [Entre fatos e normas: Contribuições a uma teoria do discurso do direito e da democracia], tradução de William Rehg (Cambridge, Mass.: MIT Press). Para comentários sobre *Facticity and Validity* [Facticidade e validade], ver, de Kenneth Baynes, "Democracy and the *Recthstaat*: Habermas´s *Faktizität und Geltung*" [Democracia e o *Rechtstaat*: *Faktizität und Geltung* de Habermas], que é o próximo ensaio neste volume. Uma série de comentadores contribuiu para uma teoria democrática habermasiana. O comentário mais extenso até hoje é, de Jean Cohen e Andrew Arato, *Civil Society and Political Theory* [Sociedade civil e teoria política] (Cambridge, Mass.: MIT Press, 1992). Ver também Seyla Benhabib, *Critique, Norm and Utopia* [Crítica, norma e utopia] (Nova Iorque: Columbia University Press, 1986); James Bohman, "Communication, Ideology, and Democratic Theory" [Comunicação, ideologia e teoria democrática], *American Political Science Review* 84 (mar. 1990), p. 93-109; John Dryzek, *Discursive Democracy: Politics, Policy, and Political Science* [Democracia discursiva: Política, diretrizes e ciência política] (Cambridge, Mass.: Cambridge University Press, 1990); David Ingram, "The Limits and Possibilities of Communicative Ethics for Democratic Theory" [Os limites e possibilidades da ética comunicativa para a teoria democrática], *Political Theory* 21 (mai. 1993), p. 294-321.

4 Tomo o termo de empréstimo de John Dryzek, *Discursive Democracy* [Democracia discursiva].

democrática conduz a transformações desejáveis das capacidades individuais. Contemplar a abordagem de Habermas por essa perspectiva, como devo sugerir, é algo que ressalta a originalidade de suas contribuições para a teoria democrática radical. Mas isso também revela questões que ainda precisam ser abordadas.

I. Os ideais radicalmente democráticos estão obsoletos?

Não é a menor das contribuições de Habermas a de que a sua abordagem das sociedades modernas sugere o motivo pelo qual, afinal de contas, vale a pena se ocupar dos ideais radicalmente democráticos. A sabedoria convencional sustenta que tais ideais – em especial os relacionados à autotransformação – estão obsoletos nas sociedades industriais avançadas. Altos níveis de complexidade, larga escala e amplas divisões do trabalho diminuem radicalmente tanto as possibilidades de participação democrática quanto a qualidade dos juízos democráticos. Com base nessa visão, a melhor democracia possível é aquela em que grupos e coalizões podem controlar (mas não guiar) especialistas e elites políticas por meio dos poderes formais de voto e *lobbying*.[5]

Em contraste, Habermas vê as possibilidades democráticas à luz de uma contratendência presente nas sociedades modernas: à medida que os horizontes do "mundo da vida" tradicional se desintegram, os próprios indivíduos se veem sobrecarregados com novas demandas, escolhas e liberdades.[6] E à medida que as sociedades se tornam mais complexas, os indivíduos veem-se a habitar papéis múltiplos e pluralistas, pouco apropriados às identidades tradicionais. Sob essas circunstâncias, novas identidades têm de ser geradas pelos próprios indivíduos. Além disso, o desempenho de instituições complexas está cada vez mais a demandar que identidades

5 Ver Danilo Zolo, *Democracy and Complexity* [Democracia e complexidade], tradução de David McKie (University Park: Pennsylvania State University Press, 1992), para uma avaliação desanimadora. Zolo segue Niklas Luhmann, *Political Theory in the Welfare State* [Teoria política no Estado de bem-estar], tradução de John Bednarz Jr. (Nova Iorque: Walter de Gruyter, 1990).

6 Ver especialmente Jürgen Habermas, *Postmetaphysical Thinking*, tradução de William Mark Hohengarten (Cambridge, Mass.: MIT Press, 1992), cap. 17.

sejam discursivamente negociadas, o que por sua vez demanda espaços institucionais apropriados. Em linguagem política, isso equivale a dizer que o empoderamento democrático – condição das identidades formadas discursivamente – faz-se cada vez mais necessário para que as sociedades modernas funcionem. Na visão de Habermas, a democracia radical, em especial no interior das instituições da sociedade civil, está rapidamente se tornando o único meio para se restaurar a solidariedade, a autoridade e as capacidades de ação coletiva em sociedades pós-tradicionais.[7]

A visão de Habermas, segundo a qual o empoderamento democrático é uma possibilidade funcional (e talvez uma exigência funcional) das sociedades complexas e pós-tradicionais, confere a nós uma nova razão para nos ocuparmos da tese da autotransformação em teoria democrática – trata-se da visão de que a experiência democrática produz pessoas melhores. Se essa tese tem parecido abertamente otimista sob quaisquer circunstâncias,[8] mais nociva talvez seja a sua aparente irrelevância para a democracia em sociedades modernas. A perspectiva de Habermas revitaliza questões de transformações democráticas, porque ele as vê à luz de conflitos de desenvolvimento no interior das sociedades modernas. Democratas que antes eram participativos passaram a considerar que as pessoas só seriam atraídas pela participação política se tivessem oportunidade, tempo e recursos. Nos termos da sociologia do desenvolvimento de Habermas, contudo, o autofazer-se pela via da democracia é uma pressão funcional incorporada à diferenciação e à complexidade enquanto tais.

---

7 Jürgen Habermas, "What Does Socialism Mean Today? The Rectifying Revolution and the Need for New Thinking on the Left" [Que significa socialismo hoje? Revolução recuperadora e necessidade de revisão da esquerda], *New Left Review* 183 (1990), p. 3-21.

8 Ver as críticas recentes da parte dos que se inclinam a uma democracia radical: Edward Greenberg, *Workplace Democracy: The Political Effects of Participation* [Democracia como ambiente de trabalho: Os efeitos políticos da participação] (Ítaca: Cornell University Press, 1986); Jack Crittenden, *Beyond Individualism: Reconstituting the Liberal Self* [Para além do individualismo: Reconstituindo o *self* liberal] (Oxford: Oxford University Press, 1992); Robert Dahl, *Democracy and Its Critics* [A democracia e seus críticos] (New Haven: Yale University Press, 1989), p. 92-93; David Held, *Models of Democracy* [Modelos de democracia] (Stanford: Stanford University Press, 1987), p. 263; Jane Mansbridge, "Measuring the Effects of Direct Democracy" [Medindo os efeitos da democracia direta], manuscrito não publicado, Northwestern University, 1986.

Além disso, segundo o modo como Habermas concebe a questão, as autotransformações políticas não são algo que se possa escolher (uma vez que ao debater equivocadamente assumimos os méritos da atual politização do reino "privado). Em vez disso, tais autotransformações ocorrerão à medida que as sociedades se desenvolvem, uma vez que os desenvolvimentos estruturais lançam os indivíduos de volta a seus próprios recursos, a fim de criar suas identidades. As questões relevantes não versam sobre se isso vai acontecer, mas sobre como e se os projetos democráticos são capazes de fomentar resultados desejáveis.

Segundo o modo como Habermas elabora o problema, a democracia é muito mais um meio genérico de resolver conflitos e negociar ações coletivas do que um processo com um *locus* institucional específico. Essa abordagem se ajusta perfeitamente ao fato de que os Estados contemporâneos estão envolvidos com virtualmente toda e qualquer faceta da sociedade civil – mediante regulação econômica, políticas fiscal e monetária, desenvolvimento industrial e tecnológico, assistência social, direitos civis, educação, ações afirmativas e assim por diante.[9] Esses empreendimentos prejudicam a distinção entre sociedade civil e Estado, distinção que versa sobre como as teorias democráticas tradicionalmente dependeram da concepção de noções de representação e controle popular do governo. À medida que as instituições da sociedade civil são politizadas, da mesma forma questões referentes à democracia política tornam-se adequadas a essas instituições. Na verdade, elas se tornam necessárias: o padrão de crescente politização significa que outros meios de coordenar ações – tradição, mercados, coerção – perdem a sua legitimidade. A democracia cada vez mais se mostra como um meio de restabelecer autoridades, precisamente porque ela é o único meio que, visando à coordenação de ações coletivas, se ocupa e é parte das negociações pelos indivíduos de suas identidades em contextos pós-tradicionais.[10]

---

9 Ver, por exemplo, Claus Offe, *Contradictions of the Welfare State*, tradução de John Keane (Cambridge, Mass.: MIT Press, 1984); Cohen e Arato, *Civil Society and Political Theory* [Sociedade civil e teoria política], parte I.

10 É evidente que isso não significa que as democracias não farão uso de coerção, de mercados e identidades tradicionais, significando apenas que esses meios de coordenação não

Esses aspectos contribuem para uma compreensão contraintuitiva: mesmo à medida que as sociedades se tornam mais complexas e o tomar decisões parece algo mais remoto, a democratização pode se dar no âmbito das instituições da sociedade civil e entre essas instituições, o que por sua vez altera e fragmenta as fronteiras do Estado. Expectativas radicalmente democráticas não são necessariamente utópicas, e sim mais uma possibilidade concreta ativada pelo próprio processo de modernização. Essa compreensão não é visível da perspectiva de uma teoria democrática mais tradicional, mesmo em suas variantes radicais: ao supor que a democracia seja fundamentalmente uma questão do povo controlando o Estado, conta-se com uma obsoleta localização da política.

Além disso, uma vez que Habermas dissocia a noção de democracia de seu *locus* sociedade civil/institucional do Estado, ele pode colocar a questão da autoridade do juízo democrático em termos genéricos. A questão "Por que devo obedecer?", concebida em grande parte dentro dos limites da teoria democrática liberal, como questão do motivo pelo qual os indivíduos devem renunciar a uma regra autoimposta [*self-rule*][11] é redefinida por Habermas em termos da "força" exercida por pretensões de validade no âmbito dos processos discursivos. A autoridade política é algo que pode ser gerado por discurso, justamente porque "a formação discursiva da vontade" produz localizações institucionais para indivíduos ao mesmo tempo em que engaja e constitui as suas capacidades de autodireção [*self-direction*].

Contudo, essas propriedades de fala geradoras de autoridade podem se desenvolver somente no âmbito de configurações que mantêm à distância outras formas de poder e autoridade. De fato, Habermas usa o

proporcionam legitimidade democrática. Por razões pragmáticas, um povo pode decidir (democraticamente) organizar algumas de suas atividades por meio de mercados. As pessoas podem decidir que alguns tipos de identidades tradicionais não deveriam incidir sobre o regime da política, seja ela democrática ou de outra ordem. E todo e qualquer governo faz uso de algum grau de coerção, como ao cobrar impostos para projetos democraticamente decididos.

11 Uma vez que a tradução optou por manter o pronome *self* em inglês, ela viu-se obrigada também a citar em inglês todas as referências a *self* como prefixo. Visto que estas se traduzem em português por "auto" – como aqui, no caso, tem-se a referência a "regras autoimpostas" –, de outro modo se perderiam, na tradução, as frequentes referências do texto ao referido prefixo. (N. do T.)

termo *discurso* para se referir *somente* à comunicação que ocorre em tais configurações. O discurso, escreve ele,

> pode ser compreendido como aquela forma de comunicação que é removida de contextos de experiência e ação e cuja estrutura nos assegura: de que as pretensões de validade que, postas entre parênteses, emanam de asserções, recomendações ou advertências são o objeto exclusivo de discussão; que participantes, temas e contribuições não sofram com restrições, exceto em referência ao objetivo de testar as pretensões de validade em questão; que nenhuma força é exercitada, exceto a do melhor argumento; e de que, como resultado, todos os motivos, exceto o da busca cooperativa pela verdade, encontram-se excluídos.[12]

Assim, participar do processo de formação discursiva da vontade é já ter dado assentimento à autoridade racional – e entenda-se, à autoridade inerente ao discurso ou à força das pretensões de validade.

Habermas não está propondo que o discurso possa ser um princípio organizador de instituições. Em vez disso, trata-se de um princípio organizador de juízos e legitimidade democráticos. As instituições não podem conduzir todas as suas questões por meio do discurso, e muito menos os indivíduos desejariam dedicar a vida ao discurso. A maior parte da fala (ela própria apenas um modo de comunicação) não é discurso, ainda que qualquer ato particular da fala – tal como um comando, uma afirmação, demonstração, expressão, uso estratégico da linguagem ou a mentira – poderia ser alçado ao nível do discurso por meio de questionamento. Costumamos evitar o discurso por ele ser incômodo e consumir demasiado tempo e esforço. De modo compreensível, ficamos incomodados com pessoas que "criam caso com tudo", mesmo que, de modo já não compreensível, fiquemos incomodados com pessoas que criam caso com injustiças que pensávamos que estivessem resolvidas. Assim, de modo ideal, uma vez que o discurso é uma questão de criar entendimentos (em

12 Jürgen Habermas, *Legitimation Crisis* [Crise de legitimação], tradução de Thomas McCarthy (Boston: Beacon Press, 1975), p. 107-108.

oposição à coordenação de ações, à expressão de sentimentos e assim por diante), nós recorremos ao discurso somente quando há uma interrupção de entendimentos cotidianos que orientem ações em direções comuns, interrupção séria a ponto de demandar que os entendimentos comuns sejam desenvolvidos ou restaurados. Porém, isso ocorre também uma vez que o discurso é central à política democrática: o que distancia as relações "políticas" das relações sociais em termos mais gerais é o fato de elas envolverem interrupções e conflitos que demandem uma negociação explícita.

Podemos ver, então, por que para Habermas a instituição definitiva da democracia é o que ele chama de uma "esfera pública". As preocupações institucionais comuns à maior parte dos teóricos democráticos – direitos, representação, voto e equilíbrios de poder – são importantes para Habermas basicamente como meios de viabilizar esferas públicas.[13] Uma esfera pública é uma arena em que indivíduos participam de discussões sobre assuntos de interesse comum, numa atmosfera livre de coerção ou de dependências (desigualdades) que inclinariam os indivíduos à aquiescência ou ao silêncio. Os interesses institucionais de Habermas estão centrados na voz empoderadora, bem como na desativação de outros meios de juízo coletivo no âmbito das arenas democráticas – coerção, mercados e tradição. Ao mesmo tempo, Habermas enfatiza que as esferas públicas não podem ser organizadoras da ação coletiva, devendo ser protegidas de imperativos de ação coletiva. Em qualquer ação coletiva, é virtualmente impossível ter relações simétricas de poder, ainda que as relações sejam fluidas e que a voz seja formalmente igual. Assim, independentemente do que mais for implicado pelas instituições democráticas, tais instituições têm de distinguir arenas de decisão e organizações de ação, com as arenas de decisão servindo de guia e justificação das ações coletivas.[14]

13 Ver em especial Habermas, *Faktizität und Geltung* [Facticidade e validade]; *Structural Transformation of the Public Sphere* [Transformação estrutural da esfera pública]; e "Further Reflections on the Public Sphere" [Reflexões adicionais sobre a esfera pública], *in Habermas and the Public Sphere* [Habermas e a esfera pública], Craig Calhoun (Org.) (Cambridge, Mass.: MIT Press, 1992), p. 447-450; e Kenneth Baynes, "Democracy and the Rechtsstaat" [Democracia e o Estado de direito]. Para implicações institucionais, ver Dryzek, *Discursive Democracy* [Democracia discursiva], parte II; Cohen e Arato, *Civil Society and Political Theory* [Sociedade civil e teoria política], caps. 8, 9.

14 Jürgen Habermas, *Jürgen Habermas on Politics and Society*, Steven Seidman (Org.) (Boston: Beacon Press, 1989), p. 231-232; "What Does Socialism Mean Today?", p. 17-20.

II. Autonomia

As ideias de Habermas sobre onde ideais radicalmente democráticos podem ser situados em sociedades complexas e pós-tradicionais sugerem que vale a pena olhar mais de perto para o modo como a tese da autotransformação se sai em seu pensamento. A versão de Habermas para a tese da autotransformação pode ser reconstruída com base em sua visão de que a democracia e o raciocínio discursivo são contingentes numa relação de mútua dependência e desenvolvem-se um em conexão ao outro. Quando vistos pela perspectiva do *self*, podemos dizer que o discurso democrático desenvolve a *autonomia* dos participantes – isto é, suas capacidades de se engajar em exame crítico de si mesmo [*self*] e de outros, de se envolver em processos de raciocínio e chegar a juízos que eles possam defender em argumentos.[15] Assim, uma versão habermasiana da tese da autotransformação é mais específica do que típica das teorias radicalmente democráticas.[16] Habermas não propõe que a participação torne as pessoas mais socialmente inclinadas, virtuosas, ou atentas para com as outras, mas sim – em razão do contexto discursivo – que a participação desenvolva as capacidades de raciocínio prático do indivíduo, bem como o tipo de respeito mútuo implicado pela própria possibilidade do discurso. E é precisamente dessas capacidades e disposições que a democracia discursiva precisa para funcionar bem. Está claro que Habermas espera que participantes autônomos também descobririam interesses comuns dos quais antes não estavam conscientes, porém essa é uma questão de todo contingente.[17]

---

15 Uso o termo "autonomia" para significar indivíduos quanto às suas capacidades cognitivas de juízo. Habermas frequentemente usa o termo "egoidentidade", que para o presente propósito eu tomo como equivalente. Esses termos estão relacionados aos termos "individuação" (distinção, unicidade), "autorrealização" e "autodesenvolvimento", sendo, porém, de semântica mais restrita que a desses últimos. Esses atributos do *self* podem ou não ser desenvolvidos por engajamento democrático, mas em todo caso eles descrevem o *self* de modos que não estão especificamente sintonizados com resoluções discursivas de conflitos políticos e que seriam preciosos independentemente de sua contribuição para a democracia.

16 Warren, "Democratic Theory and Self-Transformation" [Teoria democrática e autotransformação], p. 11-15.

17 Habermas, *Legitimation Crisis* [Crise de legitimação], p. 108.

A *autonomia* é um ideal normativo. Contudo, é importante que Habermas não trate a autonomia como algo dado pela natureza aos indivíduos, ou como "pressuposição" lógica ou como pré-condição empírica da democracia. Em vez disso, ele conceitualiza a autonomia de um modo tal que ela se faz possibilidade de desenvolvimento embutida nas relações sociais enquanto tais, quando essas relações são vistas à luz de potenciais humanos para a autorreflexão.

Eis aqui o modo como ele constrói o conceito. Em primeiro lugar, como um *self* autônomo ele é autoidêntico [*self-identical*], não no sentido trivial de ser um objeto físico distinto (identidade física é uma metáfora inapropriada para autoidentidade [*self-identity*]), mas no sentido reflexivo de que alguém pode se identificar [*oneself*] como um indivíduo que mantém uma certa continuidade no tempo e se distingue por uma história de vida única.[18] Mantém-se a identidade nesse sentido projetando objetivos no futuro e organizando o seu presente em termos desses objetivos.[19] Isso significa que se esse alguém é autônomo, ele pode se localizar em termos de projeções biográficas ("projetos") e retrospecções. De acordo com Habermas, isso proporciona um conteúdo para o *self*. O núcleo contínuo do *self* reside nos traços reflexivos de relações com o mundo, traços estes que têm sido desejados, projetados, mantidos ou quebrados.[20]

Em segundo lugar, a autonomia implica capacidades de ação, a habilidade de iniciar projetos, de trazer à existência ideias, coisas e relações. E a ação implica uma certa quantidade de controle sobre a história de vida de alguém – isso não à parte da biografia e do contexto desse alguém, mas em razão de estes servirem como recursos de ação que nem impõem limites absolutos, nem permitem a criatividade arbitrária. A autonomia, assim, envolve as capacidades para a originação, estas que, se muitas vezes

18 Jürgen Habermas, *The Theory of Communicative Action* [Teoria da ação comunicativa], vol. II, tradução de Thomas McCarthy (Boston: Beacon Press, 1987), p. 98-99.

19 Habermas, *Theory of Communicative Action* [Teoria da ação comunicativa], vol. II, p. 102-105; ver Charles Taylor, *Sources of the Self* [Fontes do *self*] (Cambridge, Mass.: Harvard University Press, 1989), p. 25-52.

20 Habermas, *Postmetaphysical Thinking* [Pensamento pós-metafísico], p. 182.

as consideramos como exclusivamente humanas, também subscrevem a natureza orientada para o futuro do juízo político.[21]

Na medida em que um indivíduo pode atuar como originador, ele é determinado não meramente pelas circunstâncias, sejam elas internas ou externas. Uma terceira qualidade da autonomia, então, é a capacidade de distanciar a autoidentidade [*self-identity*] das circunstâncias ao mesmo tempo em que se pode localizar o *self* em termos dessas circunstâncias. A autonomia é uma espécie de liberdade. Internamente, ela implica que se possa adotar uma atitude reflexiva para com os próprios impulsos internos do indivíduo, interpretando, transformando, censurando e conferindo nomes a necessidades, impulsos e desejos, bem como expressando-os a outros ao modo de interesses. De modo ideal, afirma Habermas, a identidade do ego "torna a liberdade possível sem demandar para ela o preço da infelicidade, da violação de sua própria natureza interna."[22] Com relação ao mundo social, a autonomia implica que o indivíduo possa se [*oneself*] distanciar de tradições, das opiniões prevalecentes e das pressões para a conformidade mediante a sujeição à crítica por parte de elementos de seu contexto social.

A autonomia inclui, então, a capacidade de juízo crítico. Na tradição kantiana da qual Habermas é tributário, isso implica uma capacidade de projetar razões universais contra particulares heterônomos, ao modo de um meio para obter autonomia em relação a particulares. "As orientações de ação universalistas lançam-se para além de todas as convenções existentes e tornam possível obter alguma distância dos papéis sociais que constituem a sua formação e o seu caráter..."[23] Tais orientações desenvolvem-se em parte por meio da imaginação – a capacidade de pensar em alternativas – e em parte pelo ato de expressar essas alternativas a outros dando razões. Nesse sentido, a autonomia depende de representações públicas da imaginação, e estas requerem certos tipos de disciplinas internas,

21 Habermas, *Theory of Communicative Action* [Teoria da ação comunicativa], vol. II, p. 98-99; ver Hannah Arendt, *The Human Condition* [A condição humana] (Chicago: University of Chicago Press, 1958), parte V.

22 Habermas, *Communication and the Evolution of Society* [Comunicação e a evolução da sociedade], p. 73.

23 Habermas, *Theory of Communicative Action* [Teoria da ação comunicativa], vol. II, p. 97.

quais sejam, a imposição de consistência a seus próprios pensamentos e ações, de modo que eles produzam uma representação pública do *self* que não seja redutível nem a circunstâncias internas nem a externas. Com isso, a identidade do *self* autônomo se desenvolve no contexto de um tecido intersubjetivo em que são dadas razões, e por meio delas os *selves* são representados a outros. Mas ele se faz de um modo que, mediante a consistência de se dar razões, também o *self* desenvolve uma relação reflexiva com as tradições, os hábitos, costumes e atribuições de que se vale a identidade. Embora seja desnecessário aceitar a identidade kantiana entre autonomia e razão transcendental, é fácil ver que a autonomia demanda que se dê razões sob a forma de representações públicas.

Quando relacionada ao mundo social, então, a autonomia implica uma capacidade de dar razões ou de discurso. Assim, em quarto lugar, a autonomia do *self* depende da capacidade de um indivíduo de participar de processos intersubjetivos de dar razões e de resposta. A autonomia, em outros mundos, implica "competências comunicativas" que não podem existir como propriedades individuais, e sim tão só como parte de um tecido compartilhado de entendimentos comunicativos.[24] Na verdade, o sujeito linguístico "eu", reconhecido por outros, é uma condição de autoidentificação [*self-identification*].[25] Por essa razão, as relações discursivas são centrais à autonomia de demarcação e de desenvolvimento.

Em quinto lugar, e tomando a sequência a partir desse ponto, uma vez que a autonomia demanda participação em interação linguística, ela também implica reconhecimentos recíprocos das identidades dos falantes, ainda que apenas como condição da linguagem que depende da inteligibilidade de sujeitos linguísticos tais como "eu" e "você". Sem algum grau de reciprocidade, os indivíduos perderiam as fontes intersubjetivas,

---

24 Jürgen Habermas, *Moral Consciousness and Communicative Action* [Consciência moral e ação comunicativa], tradução de Christian Lenhardt e Shierry Weber Nicholsen (Cambridge, Mass.: MIT Press, 1990), p. 199.

25 Habermas, *Postmetaphysical Thinking* [Pensamento pós-metafísico], p. 190-191; ver Rom Harré, "The Social Construction of Selves" [A construção social dos *selves*], *in Self and Identity: Psychosocial Perspectives* [*Self* e identidade: Perspectivas psicossociais], Krysia Yardley e Terry Honess (Orgs.) (Chichester: John Wiley and Sons, 1987).

indivíduos perderiam os recursos intersubjetivos da sua autonomia. A autonomia então implica e demanda *igualdade* no sentido de um reconhecimento recíproco de sujeitos falantes.[26]

Por fim, a autonomia implica um certo grau de responsabilidade, simplesmente porque autonomia significa ter a capacidade de relacionar intenção e comportamento, e com isso de dar razões a comportamentos para com outros. Essa é uma capacidade-chave para uma democracia discursiva, uma vez que esse tipo de democracia carece de outros meios de alinhar juízos individuais e coletivos.

III. Como a autonomia se desenvolve

A visão de Habermas, de que a autonomia se desenvolve pelo uso da linguagem em interações sociais, é uma articulação importante, embora não de todo notável: o que ele fez (e diz que está fazendo) é traduzir ideias que estão bem estabelecidas em psicologia do desenvolvimento e psicologia social nos termos do discurso filosófico. Contudo, as traduções de Habermas seriam bastante notáveis se apontassem para a ligação mais específica e problemática entre o desenvolvimento da autonomia e os contextos especificamente *políticos*. Os contextos políticos diferem dos contextos sociais de modo mais geral porque são marcados por mais conflito e menos solidariedade. Parte do que define um contexto como "político" está no fato de não podermos contar com muitos dos mecanismos de coordenação social que geralmente tomamos por certos, e isso em razão dos significativos desacordos, das contestações do poder ou das estruturas sociais arraigadas, ou outros tipos de interrupções que lançam os indivíduos de volta a seus próprios recursos. São essas as circunstâncias que exigem procedimentos mais ou menos formalizados para que sejam tomadas decisões coletivas na ausência de outros meios. A política pode emergir em qualquer esfera da vida social, mas quando o faz indica que outros tipos de relações – intimidade, amizade, cuidado, reciprocidade, solidariedade – não estão disponíveis como meios de desenvolvimento e suporte psicológico, ao menos não em

26 Habermas, *Postmetaphysical Thinking* [Pensamento pós-metafísico], p. 1989-1991.

relação a questões políticas. Isso se dá porque a autonomia é, acima de tudo, uma dimensão da pessoa adequada a situações políticas e algo que descreve as capacidades que os indivíduos necessitariam se tivessem de responder de modos discursivamente democráticos. Assim, seria importante se Habermas pudesse mostrar que existe uma ligação de desenvolvimento entre a política democrática e o desenvolvimento da autonomia, uma vez que o caso não é óbvio, ainda que aceitemos os termos da psicologia do desenvolvimento e da social.

A análise por Habermas de fato aponta para essa ligação mais específica, ligação esta que ele persegue de três modos interrelacionados. O primeiro está associado à identificação de potenciais no âmbito das relações sociais para o desenvolvimento da autonomia. O segundo tem a ver com as competências morais específicas exigidas por situações de conflito político. O terceiro diz respeito à força motivacional da fala na direção da autonomia.

Desenvolvimento social da autonomia

No nível mais geral, Habermas busca identificar a autonomia como uma possibilidade normativamente desejável no âmbito das estruturas gerais de interação social. Tomando-a de empréstimo de Piaget e Kohlberg, bem como de psicólogos da tradição psicanalítica, Habermas projeta uma lógica de desenvolvimento do ego, combinando-a com teorias de competência interativa e comunicativa, como a de Mead. Uma de suas propostas é mostrar que, à medida que as competências interativas gerais se desenvolvem, elas produzem também capacidades de autonomia. Habermas observa que já existe bastante apoio a essa tese de modo geral, muito embora as especificidades se mantenham discutíveis: a psicologia analítica do ego, a psicologia cognitiva do desenvolvimento e o interacionismo simbólico concordam em que o desenvolvimento se dá por estágios, com cada estágio sendo caracterizado por uma crescente autonomia.[27]

27 Habermas, *Communication and the Evolution of Society* [Comunicação e a evolução da sociedade], p. 73-74.

É importante, observa Habermas, que nenhuma dessas escolas veja as capacidades cognitivas como atributos da mente enquanto tal (como fazem muitos filósofos e teóricos políticos), e sim muito mais como uma dimensão do desenvolvimento e da competência social. À medida que os atributos do *self* são vistos mais como pré-condições epistêmicas do que como capacidades pragmaticamente desenvolvidas, é impossível mostrar qualquer articulação de desenvolvimento entre o *self* e as interações sociais. A identidade do ego, observa Habermas em conclusões sintetizantes comuns aos psicólogos, "não é uma determinação do ego epistêmico. Em vez disso, ela consiste numa competência que é formada em interação social. A identidade é produzida por meio da *socialização*, isto é, por meio do fato de que a criança em crescimento, primeiro de tudo, se integra a um sistema social específico mediante a apropriação de generalidades simbólicas; mais tarde, ela é garantida e desenvolvida por meio da *individuação*, isto é, precisamente por uma independência crescente em relação aos sistemas sociais."[28]

Essas conclusões são, de modo geral, promissoras para a tese da autotransformação [*selftransformation*]: elas sugerem que as interações sociais geralmente produzirão as competências valorizadas pela democracia e que a democracia – como um tipo de interação social – também o fará. Mas o problema se mantém não especificado nesse nível de análise porque não podemos assumir que o que se espera de um modo geral para as interações sociais também se espera para a política. Em contextos políticos, as relações sociais são tensas – e isso inclui as relações que desenvolvem autonomia. Conflitos latentes se tornam explícitos, interesses são ameaçados e identidades, deslocadas. Precisamos então perguntar se o desenvolvimento paralelo de relações sociais e autonomia pode se transferir para a política.

Desenvolvimento moral

Uma vez que os conflitos políticos resistem a ser resolvidos por meio de referência a regras ou normas amplamente compartilhadas, a autoridade de regras morais particulares não pode ser dada como certa na política.

28 *Ibid.*, p. 74.

Em vez disso, qualquer autoridade que tais regras morais venham a ter deve ser desenvolvida no âmbito do *medium* político do discurso. E se o discurso se torna bem-sucedido em estabelecer a autoridade de uma regra ou norma, a questão resolvida então se move como que da política para o contexto dos entendimentos do "mundo da vida" que nós compartilhamos e damos como certo. É por isso que a política tem a qualidade peculiar de demandar competências morais de indivíduos – uma dimensão de autonomia –, sendo desprovida de fundamentos morais.[29]

Tais capacidades de autonomia, na visão de Habermas, estão implicadas em situações de conflito moral em geral. Podemos então compreender a democracia discursiva como uma arena que se baseia nessas competências, enquanto igualmente continuamos a desenvolvê-las. Habermas ilustra essa possibilidade ao reformular a conhecida teoria de seis estágios do desenvolvimento moral de Kohlberg, a fim de sugerir de que maneira uma progressão para uma crescente competência moral encontra-se incorporada a um desenvolvimento mais geral de competências sociais e comunicativas.[30] As capacidades de autonomia demandadas pela democracia participativa, em outras palavras, encontram-se "sempre já" incorporadas em relações sociais e comunicativas; elas são latentes em estruturas gerais de interação. O *self* se desenvolve com base em reconhecimentos recíprocos por meio dos quais os indivíduos definem suas identidades. Esses reconhecimentos, embora possam ser convencionais e vinculados a papéis em certos estágios de desenvolvimento, são necessários para quaisquer que sejam as interações sociais. Quando combinados a desenvolvimentos sociais que diferenciam papéis e demandam que os próprios indivíduos se distanciem de qualquer papel particular a fim de manter uma identidade, a reciprocidade – o reconhecimento das pessoas enquanto tais – é imanente à competência interativa de caráter geral.[31]

---

29 Ver meu "Nonfoundationalism and Democratic Judgment" [Não fundacionalismo e juízo democrático], *Current Perspectives in Social Theory* 14 (1994); ver Habermas, *Communication and the Evolution of Society* [Comunicação e a evolução da sociedade], p. 78-92.

30 Habermas, *Communication and the Evolution of Society* [Comunicação e a evolução da sociedade], p. 69-94.

31 Habermas, *Theory of Communicative Action* [Teoria da ação comunicativa], vol. 2, sec. V.I.

A "consciência moral", por sua vez, significa a capacidade de fazer uso de competência interativa para, *de modo consciente,* processar conflitos de ação moralmente relevantes.[32] A lógica do desenvolvimento social é também uma lógica de desenvolvimento moral por encarnar o "ponto de vista" da reciprocidade no qual pretensões morais mais específicas podem ser erigidas. Os seres humanos entendem a reciprocidade e são por ela motivados, afirma Habermas, "independentemente de comunalidades acidentais de origem, tradição e atitudes básicas, entre outras, que tenham caráter social," porque "tais comunalidades surgem das próprias estruturas de interação possível... Com isso, o ponto de vista da reciprocidade pertence *eo ipso* ao conhecimento interativo de sujeitos que falam e atuam."[33] Sendo assim, as capacidades de juízo e a ética da reciprocidade que se fazem necessárias para a democracia discursiva são sempre já um potencial de desenvolvimento da interação social.

Ao mesmo tempo, somente num contexto discursivo as capacidades morais podem se desenvolver plenamente. Eis aqui um ponto-chave: para Habermas, a dimensão moral da autonomia em política depende da democracia discursiva.[34] Assim, enquanto Kohlberg define a mais alta forma de juízo (seu estágio 6) como uma ética formal (kantiana) do princípio universal, Habermas acrescentaria aí um sétimo estágio, que ele chama de "ética do discurso". Ao fazê-lo, ele segue uma extensa linha de críticos da ética formal que – de Hegel a Carol Gilligan – argumentam que princípios gerais de juízos abstraídos de relações sociais não podem ser suficientemente sintonizados com os particulares que são sempre parte de nossas concepções do que é certo e errado.[35] O que distingue a ética discursiva de Habermas é o modo de sintonização que ele propõe:

---

32 Habermas, *Communication and the Evolution of Society* [Comunicação e a evolução da sociedade], p. 88.

33 *Ibid.*

34 Ver Habermas, *Moral Consciousness and Communicative Action* [Consciência moral e ação comunicativa], p. 70-76.

35 Habermas, *Theory of Communicative Action* [Teoria da ação comunicativa], vol. II, p. 108-110; *Moral Consciousness and Communicative Action* [Consciência moral e ação comunicativa], p. 195-215; Carol Gilligan, *In a Different Voice* [Numa voz diferente] (Cambridge, Mass.: Harvard University Press, 1982).

somente a interação discursiva é a um só tempo alinhada à razão e atenta à particularidade dos conflitos. Habermas então propõe uma forte ligação entre discurso democraticamente empoderado e a dimensão moral da autonomia, ligação que está ausente tanto em Kant quanto em Kohlberg. A ética kantiana é "monológica" uma vez que o indivíduo faz escolhas morais ao ter uma conversa hipotética consigo próprio acerca do que viria a universalizar máximas de conduta.[36] A ética do discurso é "dialógica": os indivíduos podem desenvolver princípios de juízo somente por meio da conversa com os afetados. Somente desse modo as máximas de conduta podem se relacionar com necessidades e interesses individuais, e com compromissos situados. E somente desse modo os indivíduos podem contestar as interpretações de necessidade de outros e fazer-se motivados a contestar as suas próprias. É aqui, onde os indivíduos encontram-se empoderados para conversar diante do conflito, que se pode esperar que a democracia induza um efeito de desenvolvimento no *self*.

Em contraste, a ética formal proporciona princípios de universalização somente ao custo de separar juízos morais de exames e justificações de necessidades e interesses. Ela compreende indivíduos – suas necessidades e interesses – como dados, e desse modo deixa que os indivíduos sejam determinados por interpretações culturais prevalecentes combinadas com os desejos internos que essas interpretações excluem. Em teoria política, a ética formal é alinhada àquelas teorias liberal-democráticas que viam necessidades e interesses como pré-politicamente determinados, e a política como uma questão de conflito e compromisso sem autotransformação [*self-transformation*]. Para a tese da autotransformação, é importante que interpretações prevalecentes de necessidades e interesses sejam concebidas como abertas à contestação. Uma vez que é improvável que os indivíduos sejam capazes de contestar suas próprias interpretações de necessidades e interesses, contudo, eles têm de ser contestados por outros indivíduos. Quando se tem de [*oneself*] explicar para outros, sustenta Habermas, os indivíduos passam a entender por que eles se sentem do jeito como se

36 Habermas, *Communication and the Evolution of Society* [Comunicação e a evolução da sociedade], p. 93.

sentem ao justificar suas necessidades e interesses a outros. Ao fazê-lo, podem alterar suas interpretações de necessidade, descobrindo que suas necessidades de interpretações anteriores, com frequência absorvidas acriticamente de sua cultura, seriam inadequadas e, talvez, até mesmo fonte de infelicidade para eles. Ou então eles podem se tornar mais convencidos da correção de suas pretensões. Em qualquer um dos casos, contudo, o argumento discursivo aumenta a autonomia individual.

A força motivacional da fala

É uma questão diferente, todavia, a que versa sobre por que indivíduos podem se ver motivados a resolver conflitos mediante o discurso democrático. Afinal de contas, o discurso é difícil e de modo algum é psicologicamente isento de custos. Não é difícil imaginar que mesmo que os indivíduos estivessem presentes, com reais possibilidades para a democracia discursiva, ainda assim eles poderiam escolher uma dependência confortável ou um consenso não examinado, estando pouco dispostos ou sendo incapazes de se envolver em autoexames [*self-examinations*] reflexivos que, na verdade, são desgastantes.

A resposta de Habermas envolve uma teoria da motivação cognitiva que mapeia a estrutura geral da interação social na pragmática da comunicação. A linguagem tem uma força motivacional para com as resoluções de conflito em razão da importância geral de entendimentos compartilhados na vida social. Essas motivações, sugere Habermas, provavelmente estão se tornando primordiais sob circunstâncias democráticas – e entenda-se, quando se excluem meios não discursivos de tomada de decisão.

A teoria é interessante não apenas porque elabora em pormenor a ideia de democracia discursiva, mas também porque transpõe uma divisão comum em psicologia social, entre teorias da motivação e teorias da cognição,[37] enquanto levanta algumas dificuldades importantes para o ideal

37 Cf. Viktor Gecas, "The Self-Concept as a Basis for a Theory of Motivation" [O conceito de *self* como base para uma teoria da motivação], *in The Self-Society Dynamic: Cognition, Emotion and Action* [A dinâmica da sociedade do *self*: Cognição, emoção e ação], Judith A. Howard e Peter L. Callero (Orgs.) (Cambridge, Mass.: Cambridge University Press, 1991), p. 171-187.

discursivo, ou pelo menos nesse sentido devo argumentar nas próximas seções. Habermas sustenta que a fala simultaneamente enquadra capacidades cognitivas e as relaciona com as relações (natural, intersubjetiva e reflexiva) que pragmaticamente situam os indivíduos em seus mundos. À medida que lidamos cognitivamente com as relações que nos situam no mundo, fazemo-lo pelo *medium* da linguagem. Mas uma vez que a linguagem não é privada, sendo ela aprendida e sustentada intersubjetivamente, somos motivados também a chegar a entendimentos com outros acerca da validade de nossas pretensões quanto a essas relações. A importante proposição de Habermas é a de que a *veracidade cognitiva depende de validade intersubjetiva.*

Assim, na visão de Habermas estamos sempre motivados para o consenso na fala (sobre fatos, normas, juízos estéticos e coisas do gênero) simplesmente porque as pretensões de validade na linguagem fazem-se pragmaticamente encarnadas nas relações com o mundo, por meio das quais reproduzimos a nós mesmos.[38] O sentido de "consenso" aqui não é imediatamente político ou prático, mas cognitivo. Habermas não propõe (como não raro supõem seus críticos) que somos necessariamente motivados para o consenso político. Sua pretensão é mais modesta e plausível: nosso objetivo é entender um ao outro como condição para argumentar sobre esse ou aquele fato ou norma ou procedimento; assim não fosse, de modo algum teríamos qualquer base cognitiva para argumentar. Habermas tampouco está querendo dizer que cada ato da fala seja abertamente motivado por compromissos cognitivos e seus correspondentes interesses, querendo dizer apenas que o tópico da discussão deveria se tornar mais problemático (sendo esta a relevância para a resolução de conflitos em teoria democrática), e então, uma vez que a discussão se move em direção ao discurso, a motivação para o consenso se manifesta nos desejos dos participantes para que suas pretensões de validade tenham impacto. Esse é o tipo de motivação que se vivencia quando, por exemplo, um indivíduo dispõe apenas de meios argumentativos para tocar num certo ponto

38 Habermas, *Communication and the Evolution of Society* [Comunicação e a evolução da sociedade], p. 1-68.

e para se sentir compelido a se fazer entender. A questão de Habermas é a de que a lógica de toda e qualquer fala manifeste tal motivação para o consenso: a efetividade da mentira ou da manipulação estratégica depende de que tanto o falante quanto o público venham a assumir que os indivíduos normalmente pretendem ser entendidos de modo veraz.

Sob condições de fala ideais, tal seria a motivação para o consenso (cognitivo), sempre incorporado à possibilidade mesma da fala, que se tornaria determinante. Isso não significa que as pessoas devam concordar, mas sim que estão motivadas a resolver conflitos por meio de argumentos, em vez de recorrerem a outros meios – e isso é tudo o que a democracia discursiva demanda. Esse ponto emerge do modelo de Habermas, porque o motivo para entendimento e consenso não é *dado* pelo conflito em discussão (que em geral se encontra primordialmente na consciência do indivíduo), e sim apenas é *ocasionado* por ela e se mantém mesmo quando indivíduos descobrem que seus interesses são genuinamente conflitantes. O efeito das formulações de Habermas, então, não é o de projetar uma política consensual (como seus críticos acreditam), mas sim o de projetar a possibilidade de respostas discursivas a conflitos e à negociação desses conflitos. A sua questão é a de que não pode haver nenhuma autoridade proposicional pré-discursiva na política, e desse modo tampouco pode haver políticas racionais que não sejam também discursivamente estruturadas. Em razão disso, a democracia discursiva igualmente cultiva a autonomia de seus participantes.

IV. Será a democracia discursiva viável de uma perspectiva psicológica?

Nas seções a seguir, devo examinar diversas dificuldades que envolvem o ideal de democracia discursiva de Habermas de uma perspectiva psicológica, além de sugerir reconstruções. As dificuldades derivam do fato de que o ideal de Habermas se apoia mais fortemente nas dimensões cognitivas do *self* do que nas afetivas, e isso resulta no que pode ser uma abordagem abertamente otimista dos poderes motivacionais da razão, ainda que sob circunstâncias ideais.

A democracia discursiva demanda indivíduos que sejam autônomos no sentido de poderem questionar elementos e estilo de suas vidas sem pôr em questão os seus próprios valores e identidade. Com isso, eles devem ser pouco ameaçados, a ponto de se manterem racionais, mesmo que pudessem se voltar a outros meios de resolução de conflitos – lutar, orar, trocar insultos –, passíveis de funcionar melhor do que um argumento para manter a psicodinâmica de sua identidade. E mesmo no âmbito do próprio uso da linguagem, os indivíduos têm de estar motivados a separar os usos cognitivos da linguagem de suas outras funções (não cognitivas) que, garantidoras de identidade, realizam-se nos atos de simbolizar, interpretar, demonstrar e controlar equilíbrios internos de desejos e impulsos.[39]

A questão das instituições discursivamente democráticas, sendo evidente, versa sobre estruturar situações de modo que indivíduos sejam atraídos para usos cognitivos de linguagem – mesmo que seja apenas por carecerem de outros meios de solucionar conflitos. Contudo, mantém-se o problema sobre o modo como indivíduos autônomos têm de ser – ou seja, sobre a competência em se negociar conflito e identidade por meios discursivos – se tiverem de responder a políticas discursivamente estruturadas.

A hipótese de Habermas, de que os usos cognitivos da linguagem possam ser institucionalmente separados de usos não cognitivos, representa um desafio ao ideal de democracia discursiva. A hipótese implica um tipo particular de personalidade como condição para as resoluções discursivas de conflito, qual seja, um indivíduo autônomo capaz de motivação e reflexão cognitivas, que possa distinguir os usos discursivos de outros usos das linguagens e esteja motivada a ascender a um nível discursivo em face do conflito. E ainda que uma ideia-chave da democracia discursiva seja a de que também a democratização produza os tipos de

39 Esse ponto traça um paralelo com as críticas de William Connolly a Habermas em *Identity/Difference: Democratic Negotiations of Political Paradox* [Identidade/diferença: Negociações democráticas de paradoxos políticos] (Ítaca: Cornell University Press, 1991), p. 162-163. Contudo, à medida que Connolly argumenta que Habermas espera manter os problemas de identidade fora da política, parece-me que ele deseja encontrar modos de negociar politicamente mudanças fragmentadas na identidade, mantendo as relações entre linguagem e autotransformação num nível cognitivo.

indivíduos que possibilitem a política discursiva, precisaremos olhar mais de perto a relação entre política e autotransformação, a fim de que se produza uma abordagem que não pressuponha os tipos de indivíduos de que ela necessite para funcionar.

Habermas, evidentemente, tem aguda consciência de que a autonomia não pode ser dada como certa. Em *Conhecimento e interesses humanos*, por exemplo, ele interpreta a neurose como autonomia bloqueada, expressa numa comunicação distorcida.[40] Um neurótico reage a certas expressões, símbolos ou enunciados porque eles servem a funções inconscientes na estabilização de uma autoidentidade [*self-identity*]. Isso, por sua vez, significa que ele será incapaz de respostas discursivas: expressões adquirem seu estatuto motivador com base em seus papéis na estabilização da identidade pessoal, em detrimento de seus sentidos abertos ou "pretensões de validade". Suas funções inconscientes dominarão seus sentidos conscientes, de modo que manter uma autoidentidade neurótica é algo que virtualmente demanda erros categoriais. Não se trata de erros que possam ser alterados por meio de discurso, e isso porque submetê-los à contestação ameaça a identidade do *self* enquanto tal, ameaça esta que é cumprida por resistências inconscientes. Na política, as ideologias podem vir a servir a funções de identidade de modos que sistematicamente comprometem o discurso.[41] Em *Conhecimento e interesses humanos*, Habermas observa que a "limitação dogmática da falsa consciência consiste não apenas na falta de informação específica, mas em sua inacessibilidade específica. *Não se trata de uma deficiência cognitiva; a deficiência, afinal, é fixada por padrões habituados com base em atitudes afetivas*".[42]

Ocorre que o objetivo de Habermas nessa obra não é o de relacionar bloqueios internos à teoria democrática, e sim fazer ver que a psicoterapia tem mais a estrutura de uma teoria crítica que a de uma ciência natural.

---

40 Jürgen Habermas, *Knowledge and Human Interests* [Conhecimento e interesses humanos], tradução de Jeremy Shapiro (Boston: Beacon Press, 1971), caps. 10, 11.

41 Ver Alvin Gouldner, *The Dialectic of Ideology and Technology* [A dialética da ideologia e tecnologia] (Oxford: Oxford University Press, 1976), p. 47; Mark Warren, "Ideology and the Self" [A ideologia e o *self*], *Theory and Society* 19 (1990), p. 599-634.

42 Habermas, *Knowledge and Human Interests* [Conhecimento e interesses humanos], p. 229; ênfase acrescentada.

Tampouco ele retorna a essas questões psicodinâmicas tendo em mente a democracia discursiva, e quando o faz é apenas de passagem.[43]

Habermas, contudo, retorna à relação entre motivação cognitiva e identidade numa recente discussão de George Herbert Mead. Aqui ele está preocupado com o modo como a autoidentidade [*self-identity*] pode ser garantida num mundo pós-metafísico, sem reafirmação dogmática e no âmbito de estruturas pragmáticas de interação social.[44] Em princípio, argumenta Habermas, tudo o que está disponível para se garantir a identidade é a reciprocidade do reconhecimento. Mas uma vez que a estrutura de interação propriamente dita se aproxima dessa reciprocidade, o que proporciona a segurança da autoidentidade é a *antecipação* do reconhecimento que está logicamente incorporado ao uso da linguagem. "A individuação efetivada pelo processo linguisticamente mediado de socialização é explicada pelo próprio *medium* linguístico. Faz parte da lógica do uso dos pronomes pessoais – em especial da perspectiva de um falante que se orienta para uma segunda pessoa – que esse falante não possa se livrar *in actu* dessa insubstituibilidade, não possa se refugiar no anonimato de uma terceira pessoa, tendo, isto sim, de reivindicar a condição de ser um ser individuado."[45] Contudo, os reconhecimentos ocorrem não na substância do que é dito, mas nas atribuições que possibilitam a comunicação enquanto tal. Assim, o

> *self* da relação prática com o *self* reassegura-se de si mesmo por meio do reconhecimento que suas pretensões recebem de um *alter ego*. Porém, essas pretensões de identidade que visam ao reconhecimento intersubjetivo não devem ser confundidas com as pretensões de validade que o agente suscita com seus atos de fala. Afinal de contas, o "não" com o qual o destinatário rejeita uma oferta de ato da fala diz respeito a preocupações com a validade de um enunciado particular, e não com a identidade do falante.

43 Habermas, *Communication and the Evolution of Society* [Comunicação e a evolução da sociedade], p. 91.

44 Habermas, *Postmetaphysical Thinking* [Pensamento pós-metafísico], cap. 7.

45 *Ibid.*, p. 190-191.

> O falante certamente não poderia contar com a aceitação de seus atos de fala se já não *pressupusesse* que o destinatário o levasse a sério como alguém capaz de orientar a sua ação por pretensões de validade. O indivíduo deve ter reconhecido o outro como um agente responsabilizável sempre que espera dele uma tomada de posição com "sim" ou "não" a suas ofertas de atos da fala. Com isso, na ação comunicativa todo mundo reconhece o outro em sua própria autonomia.[46]

A distinção de Habermas entre a substância das pretensões de validade e a lógica da identidade é bem realizada. Tal distinção, contudo, é analítica e decorre do pragmatismo do uso da linguagem. Desse modo, mesmo aqui a questão continua a versar sobre se a distinção analítica é transportada para a psicologia. Tal distinção ressalta o fato de que a lógica do uso da linguagem sugere um tipo de pessoa normativamente desejável (uma pessoa madura, autônoma, que não seja ameaçada pelo argumento, podendo assim responder a argumento com argumento). Mas a distinção também realça o fato de que uma pressuposição do discurso *político* (talvez a única a ameaçar a identidade) seja um tipo de pessoa capaz de separar psicologicamente conflito e autoidentidade argumentativos.

Assim, ficamos com um hiato entre, por um lado, as primeiras preocupações de Habermas e a psicologia e epistemologia profundas, e, por outro, as suas tardias preocupações com motivação cognitiva e democracia. O hiato é importante, uma vez que as preocupações da psicologia profunda são, pelo menos em princípio, prejudiciais aos ideais da democracia discursiva.

V. Psicoterapia e comunicação

No restante deste capítulo, devo argumentar que não precisamos abandonar o ideal de Habermas de democracia discursiva, mas que considerações psicodinâmicas afetarão o modo como concebemos suas possibilidades institucionais. O próprio pensamento de Habermas sobre a teoria psicanalítica não é isento de fontes, e devo recorrer a elas na

46 *Ibid.*, p. 189-190.

reconstrução do que se segue. O que devo sugerir é que a comunicação e a estrutura do caráter na verdade estão intimamente relacionadas, mas a relação é apreendida mais pelo modelo de comunicação terapêutico do que pelo discursivo. No que se refere à teoria democrática, a questão é a extensão em que a democracia discursiva pode e deve envolver uma dimensão terapêutica orientada para a autonomia do desenvolvimento.

O interesse original de Habermas pela psicanálise veio do fato de ele relacionar questões sobre competências cognitivas com motivações afetivas, visualizando o ego como a parte do *self* que se desenvolve num contexto pragmático, ao mediar desejos internos e possibilidades externas de satisfação. Com isso, a base motivacional do desenvolvimento cognitivo é a de que as satisfações são mais alcançáveis quando alguém se relaciona com o mundo de modo cognitivo. Esse ponto liga motivações afetivas com linguagem e interação social, uma vez que tais motivações são os meios que possibilitam capacidades cognitivas. Habermas observa que a relação entre ego e comunicação submete os desejos às "condições de possibilidade" da comunicação, quais sejam, os diversos tipos de pretensões de validade imanentes a qualquer avaliação do ego que possa ser expressa em linguagem. É por isso que Habermas pode ver a neurose como um caso de comunicação "distorcida": para os neuróticos, a relação mediadora entre impulsos e desejos, cognição e comunicação internos – relações que deveriam permitir satisfações direcionadas ao ego – ou falhou em seu desenvolvimento ou simplesmente fracassou. "Uma vez que os símbolos que interpretam necessidades suprimidas encontram-se excluídos da comunicação pública, *a comunicação do sujeito falante e atuante consigo próprio [himself] é interrompida*... O que acontece é que o neurótico, mesmo sob condições de repressão, tem o cuidado de manter a intersubjetividade de entendimentos mútuos na vida cotidiana e está em acordo com expectativas sancionadas. Mas por essa comunicação não perturbada sob condições de negação, ele paga o preço da *perturbação comunicativa consigo mesmo*... Desse modo, *a porção privatizada da linguagem esconjurada* e os motivos não desejados de ação são silenciados no neurótico e tornados inacessíveis a ele".[47]

47 Habermas, *Knowledge and Human Interests* [Conhecimento e interesses humanos], p. 228.

Por um lado, a autonomia encontra-se limitada pela inabilidade do neurótico em submeter a questionamento suas próprias necessidades e interesses sem, ao mesmo tempo, ameaçar a sua autoidentidade [*self-identity*]. Por outro lado, as incapacidades do neurótico mostram que a racionalidade associada à autonomia do ego tem sua base motivacional nas preocupações com a manutenção dos tipos de conexões com o mundo que permitem a felicidade. Ora, uma vez que Habermas generaliza esse aspecto em *Conhecimento e interesses humanos*, "se compreendemos a capacidade cognitiva e o poder crítico da razão como resultantes da autoconstituição [*self-constitution*] da espécie humana sob condições naturais contingentes, é então a *razão que se encontra inerente no interesse*".[48]

Mas Habermas também indica que essas considerações sugerem o modo como é possível mobilizar os poderes de comunicação a fim de transformar estruturas de caráter. E é assim que ele interpreta a situação terapêutica. Ao desafiar as abordagens pelo próprio paciente de seus sentimentos e de sua biografia, o psicoterapeuta procura restaurar a consistência entre acontecimentos passados, memórias, desejos e comportamento. Isso ocorre ao se restaurar a comunicação do paciente consigo mesmo, de modo que simbolizações reprimidas de desejos não mais impõem suas influências inconscientes, mas fazem-no conscientemente, de modo que o paciente possa lidar com seus desejos num nível cognitivo. Dessa maneira, o psicoterapeuta mobiliza interesses afetivos para restaurar as capacidades cognitivas.

VI. O modelo terapêutico tem lugar na teoria democrática?

Qualquer democracia discursiva que se possa conceber incluirá indivíduos que tenham de desenvolver autonomia se quiserem participar da resolução discursiva dos conflitos. Contudo, mantém-se aberta a questão sobre se o modelo terapêutico de autotransformação – mesmo que seja um modelo resultante de uma teoria da ação comunicativa – é compatível com *designs* discursivos. Diante disso, o problema é que a psicoterapia

48 *Ibid.*, p. 287.

não é discurso, e desse modo carece da simetria (democrática) do discurso. A psicoterapia é o que Habermas chama de *crítica*: é um meio de clarear a "autodecepção sistemática" [*self-deception*] com o propósito de desenvolver as "pressuposições do discurso".[49] A falta de simetria entre os participantes é parte da técnica: com frequência, o psicoterapeuta responde a uma asserção como se ela fosse um sinal de processos de pensamento inconscientes, em vez de sê-lo de suas manifestas pretensões de validade. Essa falta de simetria se mantém mesmo que o psicoterapeuta pretenda que suas estratégias possibilitem uma relação discursiva.[50]

Habermas por certo que não esboça uma analogia direta entre crítica terapêutica e esclarecimento político. Mas ele o faz, nas palavras de Thomas McCarthy, pretendendo que o modelo "realce os objetivos normativos do esclarecimento – a autoemancipação pelo autoentendimento, a superação de comunicações sistematicamente distorcidas e o fortalecimento da capacidade de autodeterminação por meio de um discurso racional...".[51] Ainda assim, não está claro o modo como a psicoterapia pode se relacionar com o modelo de esclarecimento político que a democracia discursiva pressupõe. Como observa McCarthy, a psicoterapia e as políticas democráticas não são análogas, e não o seriam mesmo que pudéssemos entendê-las como complementares. Por exemplo, o êxito de uma cura psicanalítica depende de o analista não permitir que o sofrimento do paciente tenha um fim prematuro.[52] Mas está claro que nenhuma organização democrática poderia ser estruturada desse modo.

E outro problema: a psicoterapia frequentemente envolve transferências, uma vez que o psicoterapeuta se torna o objeto dos desejos do paciente. Deixadas na incerteza, as transferências podem atuar contra melhorias adicionais, porque elas geralmente envolvem desejos infantis que só podem ser satisfeitos às expensas das partes "cognitivas" do *self*

49 Jürgen Habermas, *The Theory of Communicative Action* [A teoria da ação comunicativa], vol. I, tradução de Thomas McCarthy (Boston: Beacon Press, 1984), p. 21.

50 Thomas McCarthy, *The Critical Theory of Jürgen Habermas* [A teoria crítica de Jürgen Habermas] (Cambridge, Mass.: MIT Press, 1978), p. 208.

51 McCarthy, *Critical Theory of Jürgen Habermas* [A teoria crítica de Jürgen Habermas], p. 213.

52 *Ibid.*, p. 211-212.

sintonizado à realidade. Parte do trabalho do psicoterapeuta consiste em impedir que essas transferências se estabeleçam em novos padrões de autoderrota [*self-defeat*]. Na política, as transferências provavelmente estão envolvidas em mecanismos básicos de ideologia. Mas sem um psicoterapeuta para operar a dissuasão, por que motivo alguém deveria desistir de seu "caso de amor" com um líder carismático que "tomaria conta dele" quando as realidades são muito menos agradáveis? Por certo que a tendência na vida política não está em buscar "psicoterapeutas" para desfazer esperanças ilusórias com base em projeções de desejos infantis. O motivo está ausente, uma vez que as transferências políticas não raro carecem de associações diretas com o sofrimento, e isto faz com que um neurótico busque ajuda. Já na política, ao contrário, é maior a probabilidade de se buscar aqueles que nos tranquilizam quanto às transferências a que já estamos sujeitos. Personalidades públicas muitas vezes se tornam os reservatórios simbólicos de desejos infantis, enquanto classes inteiras de pessoas tornam-se reservatórios simbólicos de raiva narcisista.[53]

Além disso, uma situação terapêutica geralmente envolve uma convergência de interesses entre paciente e psicoterapeuta, convergência esta que pode não existir em cenários políticos, de modo que há um risco cada vez maior de que a comunicação seja manipulativa em vez de terapêutica. Ao criticar Habermas, Hans Gadamer propõe que uma vez que a "psicoterapia" em grupos políticos não está condicionada por conhecimento profissional e códigos de conduta, "a generalização do modelo médico-paciente para a prática política de grupos grandes... corre o risco de incentivar um exercício incontrolado de força por parte das autoproclamadas [*self-appointed*] elites, que dogmaticamente reivindicam uma compreensão privilegiada da verdade".[54]

53 Ver Fred Alford, *The Self in Social Theory: A Psychoanalytic Account of Its Construction in Plato, Hobbes, Locke, Rawls, and Rousseau* [O *self* na teoria social: Uma abordagem psicanalítica de sua construção em Platão, Hobbes, Locke, Rawls e Rousseau] (New Haven: Yale University Press, 1991).

54 Citado em McCarthy, *Critical Theory of Jürgen Habermas* [A teoria crítica de Jürgen Habermas], p. 206.

E, finalmente, muitos modelos de liderança de comunidade terapêutica existentes não são recomendados para as suas qualidades democráticas. Aqui vêm à mente as Igrejas organizadas de forma hierárquica. É evidente que estas não são organizações movidas pela pretensão de que seus membros obtenham autonomia; em razão disso, deixam-nos com transferências infantis que simplesmente os vinculam à organização.

VII. Incorporando o modelo psicoterapêutico à teoria democrática

Por todas essas razões, o modelo terapêutico não se presta a direcionar a incorporação à teoria democrática. Mas está claro também que a democracia discursiva, se não for o caso de simplesmente assumir a autonomia, demanda algum tipo de dimensão terapêutica. Desse modo, a questão se torna a seguinte: se o modelo terapêutico não se presta a direcionar a incorporação ao modelo democrático, pode ele de algum modo ser incorporado indiretamente? Podemos conceber equivalentes funcionais em política? É evidente que a política não pode se tornar um reino da psicoterapia: nenhum grupo político pode lidar com deslocamentos profundos do *self*. Estes vão continuar a ser questões para as esferas intensamente íntimas e protegidas. A questão é ligeiramente diferente: podem pessoas que são *selves* relativamente funcionais, e que não obstante estão sujeitas a bloqueios internos que interrompem processos de tomada de decisão em grupo – inseguranças, ansiedades, excesso de confiança e assim por diante –, tornarem-se mais autônomas caso esses grupos se façam sujeitos à democratização?

Habermas sugere que encontremos um modelo positivo de crítica política terapêutica em novos movimentos sociais, como o feminista e o movimento verde.[55] A razão de ele posicionar um potencial terapêutico mais em movimentos sociais do que, digamos, em instituições do próprio

55 Habermas, *Jürgen Habermas on Politics and Society* [Jürgen Habermas sobre política e sociedade], p. 297-298; Jürgen Habermas, "On Social Identity" [Sobre identidade social], *Telos* 19 (primavera de 1974), p. 91-103, especialmente p. 99-100; ver Offe, *Contradictions of the Welfare State* [Contradições do estado de bem-estar], cap. 11; Cohen e Arato, *Civil Society and Political Theory* [Sociedade civil e teoria política], cap. 11.

governo, é a de que as exigências institucionais da crítica terapêutica traçam um paralelo com as exigências do discurso. Assim como o discurso, a crítica terapêutica demanda uma situação protegida das obrigações cotidianas. Em psicoterapia, propriamente, o paciente tem de estar livre para o que quer que ele queira, motivado pelos interesses de expressão e protegido das consequências que ele de ordinário poderia esperar. A crítica em instituições políticas demandaria proteções semelhantes, em especial as que possibilitam as esferas públicas. Por isso Habermas sugere que, se a crítica psicoterapêutica tem um lugar na política, este será o das instituições que estão "próximas da base" e que contam com a comunicação para coordenar ações e instituições coletivas, instituições que, em razão de seu tamanho, têm um elevado potencial para a "autorreflexão" [*self-reflection*], sendo, porém, limitadas em seus poderes de ação coletiva.

Ainda assim, nem todas as instituições conduzem à crítica terapêutica, ainda que disponham das proteções formais das esferas públicas. Embora a abordagem por Habermas da democratização especifique o nível organizacional em que podemos situar expectativas transformadoras, as questões-chave acima suscitadas – questões sobre os limites do modelo terapêutico em política – mantêm-se não respondidas em relação às estruturas institucionais da democracia discursiva.

Grupos auto-organizados [self-organized]

Podemos começar a responder a essas questões, porém, olhando para o modo como os interesses, identidades e funções que definem a existência do grupo estruturam as motivações para crítica e discurso. Considerados dessa perspectiva, os "grupos auto-organizados" [*self-organized*] democraticamente, tipificados pelos novos movimentos sociais a que Habermas se refere, não são inequivocamente promissores como modelos de instituições autotransformadoras [*self-transformative*]. Esses grupos constituem identidades, causas e problemas comuns: as pessoas se juntam porque compartilham estilos de vida, têm imagens comuns do futuro, desejam insistir numa causa comum ou têm problemas comuns. Mas uma vez que se baseiam em interesses e identidades comuns, a maior parte carece de imperativos internos para crítica e discurso.[56] O caráter voluntário desses grupos e a facilidade de sair deles vão significar serem eles relativamente homogêneos e autosselecionadores [*self-selecting*] para valores e estilos de vida. Nesses casos, identidades dogmáticas ideológicas ou religiosas podem se reforçar mutuamente, e tentativas de crítica e discurso podem ser consideradas desafios bem-vindos à solidariedade do grupo. E no caso de muitos interesses políticos e grupos de pressão, a propensão à crítica e ao discurso é baixa não apenas por essa razão, mas também porque os objetivos são orientados para a ação. Isso tenderá a afastar a comunicação da crítica e do discurso, direcionando-a às preocupações estratégicas.

As exceções importantes entre grupos auto-organizados [*self-organized*] (e são certamente estes que Habermas tem em mente) são *contra-hegemônicas* e orientadas para a *autoajuda* [*self-help*]. Elas incluem grupos de elevação da consciência compostos por homens e mulheres, alguns grupos étnicos de autoajuda [*self-help*], grupos compostos de indivíduos desiludidos com a ética do desempenho corporativo e afins. O que distingue esses grupos é que a sua razão para ser está em criticar identidades culturais prevalecentes à medida que elas se relacionem ao *self*. Uma vez que esses tipos de grupos têm o objetivo de restaurar a autonomia dos indivíduos contra normas e expectativas predominantes que os privam de autonomia, tais tipos envolvem uma dimensão psicoterapêutica e dessa maneira se compreendem. O interesse compartilhado que define esses grupos *está* em desenvolver autonomia, de modo que de fato podemos esperá-los para cultivar a autonomia de modos que são intrínsecos a suas atividades políticas.

Grupos funcionalmente organizados: locais de trabalho

Com a exceção dos grupos contra-hegemônicos de autoajuda [*self-help*], porém, melhor faríamos se buscássemos modelos de democratização autotransformadora [*self-transformative*] mais em grupos que são funcionalmente organizados do que nos auto-organizados [*self-organized*].

56 Ver Dennis Thompson, *The Democratic Citizen* [O cidadão democrático] (Cambridge, Mass.: Cambridge University Press, 1970), p. 89-90.

A razão está em que as funções externas podem impor imperativos para crítica e discurso, ponto este que nada tem de óbvio se tentarmos aplicar o modelo do grupo psicoterapêutico (que requer proteções contra demandas externas) diretamente à política. Mas em situações que não são construídas tendo-se a psicoterapia em mente, demandas externas para o desempenho podem alterar os critérios para a adesão (isso longe da autosseleção [*self-selection*] com base na identidade), enquanto atribuem um valor à interação cognitiva (desse modo a desestabilizar e checar transferências).[57] Os locais de trabalho democráticos proporcionam bons exemplos sobre o porquê de isso ser assim. Nos locais de trabalho, é muito provável que os indivíduos passem muito tempo juntos em razão da necessidade, selecionada por suas habilidades, e que se relacionem entre si mediante divisões do trabalho. Ali os indivíduos não necessariamente são atraídos por identidades ou causas comuns, de modo que uma única organização pode ser bastante diversa em termos de estilo de vida, gênero, raça, etnia, orientação religiosa e classe, ou pelo menos tal organização há de ser mais diversa do que num grupo autosselecionado [*self-selected*]. Em princípio, os imperativos estruturais para crítica e discurso derivam dos modos pelos quais os locais de trabalho atraem indivíduos com diferentes identidades e interesses na busca de um objetivo: a necessidade de desempenho torna custoso para o grupo ignorar conflitos e falhas na comunicação. Esses custos podem, sob muitas condições, induzir pessoas com identidades e interesses diferentes a trabalharem juntas, a motivarem-se uma à outra, a apreciar ou pelo menos tolerar diferenças e a produzir um grupo de trabalho, apesar do fato de que a maioria não optaria por esse grupo em *particular* se tivesse escolhido apenas com base

---

57 *Em Civil Society and Political Theory* [Sociedade civil e teoria política], Cohen e Arato acompanham Habermas ao supor que as transformações democráticas do *self* têm a máxima propensão a se posicionar no âmbito de movimentos sociais localizados na sociedade civil, e isso porque os imperativos externos dos mercados não interferem em processos de autorreflexão. Ver p. 416-417, p. 560-562. Em contraste, enquanto admitem que alguns tipos de movimentos sociais têm em vista produzir essas transformações, estou sugerindo que a dinâmica da autosseleção, que opera na relativa liberdade da sociedade civil, pode igualmente produzir pressões estruturais contra o discurso, enquanto as pressões estruturais dos mercados ou da administração podem impor limites em organizações que demandem discurso.

na identidade. De maneira ideal, um grupo funcionalmente organizado valorizará tanto o desenvolvimento de capacidades cognitivas quanto o consenso, simplesmente porque uma solidariedade de pessoas maduras possibilita ao grupo discutir, decidir e organizar ações coletivas.[58]

Para a tese da autotransformação [*self-transformation*], é importante que processos transformadores se intensifiquem com a democratização. No caso dos locais de trabalho, nós de fato esperaríamos que esse fosse o caso. Em locais de trabalho não democráticos, os desempenhos, não raro, podem ser mantidos por meio da imposição de regras e do reforço das éticas de trabalho tradicionais. Quando os locais de trabalho se democratizam, contudo, eles já não podem depender de regras, papéis e identidades impostos com vistas a seu desempenho. Com frequência, o tipo de acordo necessário para que uma organização realize um desempenho demandará dela a recorrência à crítica e discurso terapêuticos. E quando diferenças de interesse e identidade em tais organizações se fazem empoderadas, elas podem servir ao modo de uma comparação com um consenso prematuro, sendo aquele que não está baseado na autonomia dos participantes. Finalmente, podemos também esperar que a democratização dos locais de trabalho não proporcione uma checagem com identidades prejudiciais à competência cognitiva. Isso se dá porque a tomada de decisão democrática faz crescer as demandas cognitivas junto a indivíduos, não em razão de seu envolvimento no governo de si [*self-government*], mas dando-se igualmente, porque uma organização democrática é suscetível a ter uma divisão de trabalho menos rígida, havendo com isso um aumento das arenas de competência do indivíduo.

É evidente que isso não quer dizer que os locais de trabalho hoje incorporem o ideal discursivo, embora haja bem poucos que o realizem. Trata-se, isto sim, de sugerir que as patologias típicas dos locais de trabalho (alienação, ansiedade, falta de motivação e tédio, alcoolismo e uso de drogas, falhas de comunicação, lentidão de produtividade e inovação,

58 Michel Schalbe, *The Psychosocial Consequences of Natural and Alienated Labor* [As consequências psicossociais do trabalho natural e alienado] (Albany: State University of New York Press, 1986).

absenteísmo etc.) são em parte resultado das relações de poder que não levam em conta identidades terapêutica e discursivamente geradas, ponto este que é cada vez mais reconhecido na literatura de negócios.[59]

Liderança como crítica

Ainda que imperativos estruturais para crítica e discurso existam no âmbito de um grupo, continua pouco claro o modo como uma dimensão terapêutica pode ser incorporada sem suscitar as qualidades inerentemente não democráticas das situações terapêuticas a que me referi acima. A questão tem a ver com o tipo de autoridade inerente à psicoterapia. Ainda uma vez, a interpretação por Habermas de Freud não é isenta de fontes. Freud foi ambíguo quanto à fonte da autoridade do psicoterapeuta: embora achasse importante a "confiança" de um paciente (fonte intersubjetiva de autoridade), seu esforço em ver a psicanálise como uma ciência natural sugeria que a autoridade do psicoterapeuta seria técnica por natureza. A autoridade a emanar do conhecimento técnico é não democrática, uma vez que o paciente carece de *expertise* para questionar as considerações e a "cura" do psicoterapeuta.

Habermas observa que o modelo científico seria falho em descrever o tipo de autoridade que o psicoterapeuta estabelece no âmbito mesmo do processo psicoterapêutico.[60] Com base na leitura que Habermas faz de Freud, o psicoterapeuta não pode depender de certificação profissional para ter autoridade, mas a estabelece por meio de sua habilidade em auxiliar o paciente a reformular manifestações, até que estas se façam alinhadas a sentimentos, fontes de ansiedade e mensagens corporais.[61] O objetivo do psicoterapeuta é incentivar o paciente a ter

59 John Kotter e James Heskette, *Corporate Culture and Performance* [Cultura corporativa e desempenho] (Nova Iorque: Free Press, 1992).

60 Habermas, *Knowledge and Human Interests* [Conhecimento e interesses humanos], cap. 11.

61 Eugene Gendlin, "A Philosophical Critique of the Concept of Narcissism" [Uma crítica filosófica ao conceito de narcisismo], *Pathologies of the Modern Self: Postmodern Studies on Narcissism, Schizophrenia, and Depression* [Patologias do *self* moderno: Estudos pós-modernos sobre narcisismo, esquizofrenia e depressão], David M. Levin (Org.) (Nova Iorque: New York University Press, 1987).

uma conversa consigo próprio, e não o de realizar uma cura. Embora o conhecimento do psicoterapeuta seja crucial, ele se manifesta como autoridade mantendo em funcionamento o processo de autointerpretação [*self-interpretation*]: um bom psicoterapeuta reformula manifestações e faz perguntas com o objetivo de produzir no paciente um sentido de certeza que ele próprio formulou cognitivamente com outras partes do *self* já "conhecidas". O modelo de autoridade conversacional em ampla medida depende do conhecimento de si mesmo [*self-knowledge*] que somente o paciente pode ter, e que é dotado de valor terapêutico somente à medida que o paciente o traz para o domínio da linguagem. A autoridade do psicoterapeuta depende de se aumentar a autonomia do paciente, esta que o paciente vivencia como efeito do próprio diálogo. Isso significa que a autoridade do psicoterapeuta é, em última instância, discursiva em sua estrutura e tem "força" somente à medida que o diálogo passe da crítica ao discurso. Tal autoridade é intrinsecamente democrática.

A redescrição por Habermas das bases comunicativas da autoridade em psicoterapia sugere um tipo análogo de autoridade nas esferas públicas, autoridade compatível com a democracia, *a assumir que a estrutura da organização impõe uma solidariedade de interesses em desempenho cognitivo*, solidariedade esta que sugeri estar presente em grupos funcionalmente organizados. Em tais grupos, frequentemente há indivíduos cujas personalidades e habilidades de comunicação os dispõem a atuar como mediadores e facilitadores, obtendo autoridade (discursiva) no âmbito do grupo, uma vez que são muito bons em ouvir, sondar, extrair opiniões, interpretar, oferecer opções e reafirmá-las. Tais pessoas muitas vezes percebem quando as posições se tornam polarizadas, ou seja, quando são resultados de ameaças à autoestima [*self-esteem*], podendo recomendar o adiamento de decisões, com isso, dando um tempo para desembaraçar motivos. Tem-se aí o tipo de autoridade detido por um presidente que serve ao prazer do encontro, ou então exercida durante um período específico no âmbito de uma organização. Uma vez que os poderes formais do cargo são limitados, a autoridade reside em meios discursivos, e o êxito muitas vezes depende de sua capacidade de desempenhar um papel quase terapêutico.

É evidente que esse é um modelo ideal transformador, baseado em estruturas organizacionais que no momento não estão disseminadas. Essas estruturas teriam de se basear em relações de poder que não são desiguais, a ponto de crítica e discurso poderem entrar em curto-circuito em favor de meios coercivos de organização. Em locais de trabalho, presumivelmente, isso demandaria alguma forma de propriedade e autogerenciamento [*self-management*] do trabalhador, a fim de que se exerça pressão interna, tendo em vista os meios discursivos de resolução de problemas. Além disso, tais organizações teriam de encontrar meios de pôr de lado, no interior delas próprias, "esferas públicas" que estejam protegidas contra as restrições imediatas à ação. Toda uma variedade de dispositivos pode ser usada para resolver diferentes tipos e níveis de problemas em diferentes cenários, com diferentes quantidades de pessoas. A forma de crítica e discurso pode ser bastante fluida e determinada, em parte pelo tipo de problema a ser resolvido – indo de divisões de trabalho e recompensas apropriadas a decisões de investimento, a problemas operacionais cotidianos ou formas sutis de racismo ou sexismo. A estrutura de autogerenciamento [*self-management*] do trabalhador teria de ser tal, que as regras internas a governar as distribuições de recompensas naturalmente se tornariam um tópico, de modo que indivíduos seriam postos na posição de ter de se engajar em discursos morais acerca da justiça distributiva. Além disso, os locais de trabalho democráticos teriam de dividir trabalhos de um modo tal que, mesmo fora de suas "esferas públicas", todos os membros se engajassem em tarefas cognitivamente demandadas e, com isso, estariam mais bem preparados para as mais difíceis demandas de crítica e discurso.

As experiências envolvendo o trabalho estão entre as mais amplas da vida cotidiana e sugerem que, se a democracia pode aí ser desenvolvida, isso então não apenas fará a maior diferença para a maior parte das pessoas, como também deveria produzir capacidades que transbordariam para as arenas políticas, nas quais o potencial transformador fosse limitado por tamanho ou estrutura.

VIII. A transparência pública do *self*

Doravante, passarei a concluir apontando para um perigo que resulta do modo como Habermas constrói a relação entre discurso e *self*: suas construções tendem a assimilar o *self* a suas dimensões públicas – isto é, aos aspectos do *self* que podem ser formulados no âmbito do *medium* da linguagem. A reconstrução, por Habermas, de Freud em termos de seu modelo de comunicação, por exemplo, interpreta impulsos e experiências interiores como sendo pré-linguísticos, consistindo em símbolos e sinais que ainda não se encontram formulados em formas publicamente acessíveis. Conforme um de seus críticos, isso exerce o efeito "de um embotamento da distinção categorial entre o linguístico e o não linguístico nos seres humanos", tendendo a "negar a existência do inconsciente como um 'substrato não linguístico'".[62]

O perigo se deve ao motivo de a "conversa" não linguística do corpo não poder ser transmitida em forma linguística, e ela chegará a parecer ilegítima, algo que incide fora dos interesses e necessidades do *self*. Essa possibilidade se evidencia na abordagem por Seyla Benhabib da democracia discursiva, abordagem esta que recorre fortemente a Habermas. Ela escreve que o "conceito comunicativo de autonomia sugere que o que resiste à articulação, ainda que para consigo próprio, origina-se nos recessos obscuros da psique, não tendo perdido a sua 'linguisticalidade paleossimbólica'". Nós não podemos epistemicamente afirmar que *todas* as necessidades que permitem a articulação linguística sejam verdadeiras, e sim somente que as que *não* permitem a articulação linguística não podem ser verdadeiras. Em última instância é o *processo* do discurso, "o qual designei como experiência transformadora da moral, que estabelece a verdade e a falsidade de nossas necessidades".[63]

62 Joel Whitebook, "Reason and Happiness: Some Psychoanalytic Themes in Critical Theory" [Razão e felicidade: Alguns temas psicanalíticos em teoria crítica], *in Habermas and Modernity* [Habermas e a modernidade], Richard J. Bernstein (Org.) (Cambridge, Mass.: MIT Press, 1985), p. 156.

63 Benhabib, *Critique, Norm and Utopia* [Crítica, norma e utopia], p. 338.

Essas implicações não têm desaparecido nas críticas realizadas por Habermas, ele que por vezes sugere que o seu enfoque na racionalidade da linguagem ameaça uma tirania do discurso exercida sobre a necessária e desejável ambiguidade da experiência interior.[64] A questão aqui não é de cunho romântico, mas sim um reconhecimento da manifesta inadequação da linguagem para com a experiência interior. Essa experiência, embora possa ser formulada no discurso, ancora partes do *self* que não apenas "são incômodas" à linguagem, mas também dão conta da felicidade, da unicidade e da diferença. Tomada como uma teoria do *self*, a abordagem de Habermas ameaça cortar a autonomia da felicidade e produzir uma tirania do discurso sobre a necessidade, algo que ele não pretende.

Quão importante é essa crítica para a democracia discursiva? Ela é importante somente se confundimos uma teoria da transformação discursiva do *self* com uma teoria do *self* enquanto tal. Diferentemente de Freud, Habermas não inicia com as demandas do *self* contra a sociedade, e sim com problemas *políticos*. A importância da problemática inicial de Habermas não pode ser supervalorizada. Sua questão é: o que temos de demandar do *self se* desejamos que nossa vida política seja governada mais por conversas do que por coerção, estruturas autônomas ou consenso cego? É por essa perspectiva que Habermas chega ao *self*, mas tem-se aí *somente um alcance*, somente um interesse naquelas competências que possam melhor ajustar as demandas do *self* às da vida política – e quanto a elas não temos modo *a priori* de saber se são as mesmas. Ao contrário, temos de suspeitar que o ajuste pode não ser perfeito; que, em razão de suas inerentes demandas de universalidade, as expressões públicas podem jamais exaurir o *self*. A vida pública estanca onde o inarticulado se inicia; um *self* completo, um *self* saudável estará sempre para além da linguagem.[65]

64 Ver William Connolly, *Identity/Difference* [Identidade/Diferença], p. 161-163; Donald Moon, "Constrained Discourse and Public Life" [Discurso restrito e vida pública], *in Political Theory* 19 (1991), p. 202-229, especialmente p. 219-222.

65 Richard Rorty apreende algo desse aspecto em *Contingency, Solidarity, and Irony* [Contingência, ironia e solidariedade] (Cambridge, Mass.: Cambridge University Press, 1989), onde ele propõe que a vida política demanda universais, enquanto a individualidade criativa demanda ironias que na vida pública são intoleráveis. Embora Rorty inadequadamente assimile sua distinção à paisagem política contemporânea, sua questão poderia ser

O único meio de que dispomos para lidar com esse problema no momento presente é, penso eu, estar consciente dos limites e perigos das teorias políticas do *self*. Eles não devem ter em vista teorias abrangentes do *self* (assumindo que poderia haver tal coisa), muito embora eles tenham de lançar mão de abordagens alternativas do *self* – em literatura, na dramaturgia e na psicologia, por exemplo – para situar abordagens políticas, bem como iluminar a permeabilidade e ambiguidade de arenas políticas. De modo semelhante, as abordagens alternativas do *self* nos fazem lembrar de que o valor da autonomia decorre das dimensões *políticas* da condição humana. Nem tudo o que valorizamos pode ser alcançado politicamente, e descrições diferentes do *self* iluminarão valores situados de modo diferente. Se tal for por nós compreendido, também desconfiaremos de qualquer teoria que não seja explicitamente limitada por uma problemática que ela busque iluminar. A teoria de Habermas, segundo creio, proporciona novas e promissoras abordagens da teoria democrática uma vez que ela problematiza comunalidades implícitas no discurso, tendo-se aí os únicos meios por nós conhecidos de conduzir a vida política de um modo consistente com o respeito aos indivíduos. Mas essa teoria não problematiza intimidade, ironia ou silêncio e parecerá canhestra e tirânica quando a compreendermos como estando a agir assim.

---

recuperada ao se olhar para tensões entre linguagem e silêncio, entre sentidos universais e situados. A possibilidade é extensivamente desenvolvida no *Identity/Difference* [Identidade/Diferença] de William Connolly.

9 Democracia e o *Rechtsstaat*: *Faktizität und Geltung* de Habermas

Kenneth Baynes

Uma versão do projeto da democracia radical, com suas raízes em Rousseau e Marx, tem sido expressa na visão de uma auto-organização racional da sociedade ou de uma "identidade racional coletiva". No passado, Jürgen Habermas alinhou-se a essa versão e, com algumas importantes qualificações, continua a fazê-lo em seu novo livro, *Faktizität und Geltung* [Facticidade e validade].[1] Contudo, dois pontos de partida de seu posicionamento anterior particularmente se destacam: em primeiro lugar, Habermas realiza um grande esforço para se distanciar da concepção holística ou totalizante que frequentes vezes acompanha essa versão da democracia, na qual a sociedade é vista como uma espécie de macrossujeito integrado pela via de uma agência central (o Estado) ou princípio organizador (trabalho).[2] Em segundo lugar, o novo livro atribui ao direito e à comunidade jurídica de modo geral um papel mais positivo e proeminente no processo de legitimação.[3] A primeira mudança resulta do prolongado engajamento de Habermas com a teoria dos sistemas

---

1 *Faktizität und Geltung* [Facticidade e validade] (Frankfurt: Suhrkamp, 1992). Fiz uso de uma tradução realizada por William Rehg, pela MIT Press, e toda a paginação citada no texto é da edição alemã.

2 Habermas recentemente sugeriu que traços dessa concepção holística podem ser encontrados, por exemplo, em seu *Structural Transformation of the Public Sphere* [A transformação estrutural da esfera pública]; ver seu "Further Reflections on the Public Sphere" [Reflexões adicionais sobre a esfera pública], *in Habermas and the Public Sphere* [Habermas e a esfera pública], Craig Calhoun (Org.) (Cambridge, Mass.: MIT Press, 1992), p. 433s.

3 Essa avaliação do direito reflete uma mudança mesmo em relação à *Teoria da ação comunicativa*, que mantém uma concepção mais ambivalente do direito, tanto como uma "instituição" responsável pela integração quanto como um "*medium*" pelo qual o mundo da vida poderia ser colonizado (ver vol. II, p. 365).

de Niklas Luhmann; a segunda reflete uma valorização intensificada da identificação por Talcott Parsons da "comunidade social" (e particularmente do direito) como complexo institucional primário responsável pela integração social em sociedades altamente diferenciadas e pluralistas.[4] Consequentemente, não é mais a sociedade como um todo – nem mesmo todos os corpos governamentais –, mas sim a "associação de consociados livres e iguais sob a lei (*Rechtsgenossen*)" que se torna simultaneamente sujeito e objeto primordial – fonte e meta – da democratização. A democracia radical, em suma, tem de exercer uma espécie de "autocontrole inteligente", que reconheça as divisões sistêmicas de sociedades modernas e altamente complexas a realinhar-se de um modo mais criativo com o *Rechtsstaat* [Estado de direito] liberal.[5]

Além dessa reavaliação da importância da teoria dos sistemas para o pensamento jurídico e político, o *Faktizität und Geltung* [Facticidade e validade] também se ocupa de debates atuais em teoria política "anglo-americana" –, em especial no que diz respeito à natureza e aos limites da democracia liberal. Com isso, deveria ser possível constituir um juízo inicial sobre o modo como a "teoria do discurso do direito" e o modelo de "democracia procedimental" de Habermas podem se sair quando confrontados com algumas das mais prementes questões em

4 Para uma discussão sobre as implicações dessa rejeição das concepções holísticas da sociedade para a teoria política, ver N. Luhmann, *Political Theory in the Welfare State* [Teoria política no estado de bem-estar] (Nova Iorque: De Gruyter, 1990); para a discussão de Parsons sobre a comunidade societal, ver "Equality and Inequality in Modern Society, or Social Stratification Revisited" [Igualdade e desigualdade na sociedade moderna, ou estratificação social revisitada], *in Social Systems and the Evolution of Action Theory* [Sistemas sociais e a evolução da teoria da ação] (Nova Iorque: Free Press, 1977).

5 Para enunciados anteriores e breves dessa versão "reconstruída" da democracia radical, ver "The New Obscurity", *The New Conservatism* ["A nova obscuridade", O novo conservadorismo] (Cambridge, Mass.: MIT Press, 1990) e "What Does Socialism Mean Today? The Rectifying Revolution and the Need for New Thinking on the Left" [Que significa socialismo hoje? Revolução recuperadora e necessidade de revisão da esquerda], *New Left Review* 183 (1990), p. 3-21; ver também a discussão em Jean Cohen e Andrew Arato, *Civil Society and Political Theory* [Sociedade civil e teoria política] (Cambridge, Mass.: MIT Press, 1992), em especial o capítulo 9. Seria igualmente instrutivo comparar (e contrastar) o esforço de Habermas em reconciliar o projeto de democracia radical ao constitucionalismo, valendo-se das propostas radicais democráticas de Roberto Mangabeira Unger, Cornelius Castoriadis e Sheldon Wolin.

teoria democrática liberal. Nessas discussões, três questões se destacam: em primeiro lugar, há um duradouro debate sobre a relação entre a democracia e outros ideais políticos (como a igualdade política, o Estado de direito e a garantia de direitos e liberdades fundamentais). Estarão esses valores políticos em conflito com o ideal de democracia ou poderão eles se tornar compatíveis entre si?[6] Em segundo lugar, tem havido uma alentada discussão sobre o ideal de neutralidade liberal.[7] A pretensão de que o Estado liberal não deveria atuar por meios destinados a promover uma concepção particular do bem se fará defensável quando, por um lado, a diversidade de culturas e formas de vida distintas for cada vez mais ameaçada por mercados globais e, por outro, quando as fundações éticas da sociedade liberal estiverem sendo postas em causa por regimes não liberais? Em terceiro lugar, ao modo de uma extensão da crítica à neutralidade, o "dilema da diferença" (Minow) propõe um desafio diferente à ideologia liberal: será preciso que qualquer tentativa de abordar a "diferença" sob os ideais liberais de igualdade, imparcialidade e tolerância necessariamente perpetue injustiças e cometa violência contra categorias e classes não tradicionalmente reconhecidas como internas à norma? Essa questão tem sido suscitada particularmente (ainda que não exclusivamente) na recente jurisprudência feminista.[8]

No que segue, devo primeiramente indicar os modos pelos quais *Faktizität und Geltung* dá continuidade a alguns temas básicos introduzidos na *Teoria da ação comunicativa* (seção I). Sem uma certa familiaridade com as afirmações centrais da principal obra de Habermas

6 Dois esforços recentes visando a uma reconciliação podem ser encontrados em John Ely, *Democracy and Distrust* [Democracia e desconfiança] (Cambridge, Mass.: Harvard University Press, 1980) e Robert Dahl, *Democracy and Its Critics* [A democracia e seus críticos] (New Haven: Yale University Press, 1989).

7 Ver, por exemplo, as críticas aos comunitaristas (como Charles Taylor) ou os "estudos jurídicos críticos", ver, por exemplo, Mark Tushnet, *Red, White and Blue* [Vermelho, branco e azul] (Cambridge, Mass.: Harvard University Press, 1988).

8 Ver, por exemplo, os ensaios reunidos em *Feminist Jurisprudence* [Jurisprudência feminista], Patricia Smith (Oxford: Oxford University Press, 1992); em termos mais gerais, ver Iris Young, *Justice and the Politics of Difference* [Justiça e a política da diferença] (Princeton: Princeton University Press, 1990); e William Connolly, *Identity/Difference* [Identidade/Diferença] (Ítaca: Cornell University Press, 1991).

não será possível apreciar o atual projeto. Passarei então a esboçar alguns dos principais elementos do novo livro, em especial a sua reinterpretação do "sistema de direitos" de Kant, de um modo que sinalize como a autonomia privada e pública dos cidadãos mutuamente pressupõem uma à outra (seção II), e sua proposta de uma democracia procedimental centrada numa concepção em duas vias da política deliberativa (seção III). Na conclusão, retornarei aos três recém-mencionados desafios à democracia liberal, a fim de ver como podem ser abordados no âmbito da perspectiva teórica de Habermas (seção IV).

I. Razão comunicativa e a tensão entre facticidade e validade

Uma tese central da *Teoria da ação comunicativa* é a de que as concepções de razão e racionalidade usadas na maior parte das teorias sociais não proporciona uma base para responder ao problema hobbesiano de ordem social ou, indo além disso, para adequadamente descrever os processos de modernização. Nem o modelo de racionalidade instrumental (familiar na teoria da escolha racional) nem o modelo de racionalidade funcional (encontrado, por exemplo, no marxismo e na teoria dos sistemas) podem explicar a contribuição do autoentendimento normativo de atores sociais (subsequentemente encarnados em instituições sociais) para os processos de reprodução e integração social.[9] Essas autointerpretações empregam idealizações (ou "ficções") que não podem ser consideradas pelos participantes como "meras" ficções sem prejuízo à sua eficácia social. Habermas remete essas idealizações de volta às suposições que os atores têm de esposar sempre que buscam se comunicar entre si – suposições em relação a um mundo objetivo, à identidade do sentido linguístico, à mútua responsabilização dos atores e à validade de pretensões à verdade e à correção transcendentes quanto ao contexto (18).[10]

9 Para uma crítica da teoria da escolha racional, ver A. Sen, "Rational Fools" [Tolos racionais] e outros ensaios em *Beyond Self-Interest* [Para além do autointeresse], Jane Mansbridge (Org.) (Chicago: University of Chicago Press, 1990).

10 Para uma discussão sobre essas idealizações e seu tratamento em teoria social, ver Thomas McCarthy, *Ideals and Illusions* (Cambridge, Mass.: MIT Press, 1991) e Jürgen

A comunicação não é redutível a fazer alguém acreditar em alguma coisa. Para Habermas, ela consiste (paradigmaticamente) em alcançar um entendimento com alguém sobre alguma coisa, no qual o "alcançar um entendimento" recorre a suposições (inevitáveis) constitutivas de uma forma fraca e frágil (não obstante socialmente eficaz) de reconhecimento mútuo: alcançar um entendimento com alguém sobre alguma coisa implica que um indivíduo também esteja preparado para fornecer garantias às pretensões suscitadas com seus enunciados – caso tais pretensões sejam contestadas – e que o indivíduo reconheça o outro como alguém livre para assumir uma posição sim/não em relação àquelas pretensões. A razão comunicativa então se refere a essa força ilocucionária racionalmente vinculativa/aderente, presente em toda ação comunicativa, enquanto a "liberdade comunicativa" se refere ao "direito" ou capacidade fundamental de assumir uma posição sim/não em relação a qualquer oferecimento de ato da linguagem. (152)

Um segundo tema assumido pela *Teoria da ação comunicativa* é o de que os processos de reprodução cultural, integração social e socialização inevitavelmente dependem dessas idealizações implícitas na ação e razão comunicativas. A transmissão de conhecimento e valores, a manutenção de ordenamentos sociais e a formação de identidades e planos de vida individuais não podem se dar sem referência às suposições comuns de um mundo objetivo, de um sentido idêntico, de atores responsabilizáveis e da validade das pretensões à verdade e à correção. Embora tais idealizações invariavelmente envolvam pressupostos contrafactuais, não obstante elas são eficazes em processos reais de integração e reprodução social.

> O momento ideal da incondicionalidade encontra-se profundamente atrelado a processos factuais de alcance de entendimento, uma vez que as pretensões de validade apresentam uma face de Janus: como pretensões, excedem todo e qualquer contexto; ao mesmo tempo, elas têm de ser a um só tempo suscitadas e aceitas aqui e agora caso devam sustentar um acordo eficaz tendo em

---

Habermas, *Justification and Application: Remarks on Discourse Ethics* [Justificação e aplicação: Observações sobre a ética do discurso] (Cambridge, Mass.: MIT Press, 1993), p. 54-55.

> vista a coordenação – pois nesse caso não há contexto nulo. A universalidade da aceitabilidade racional asseverada rompe todos os contextos, mas somente o ato de aceitação local e vinculativo capacita as pretensões de validade a suportar o peso de uma prática cotidiana vinculada a um contexto. (37)

Essa referência a idealizações contrafactuais eficazes para a coordenação social – a uma razão de existir *na* sociedade transcendente ao contexto – está na origem da tensão entre "facticidade e validade" a estruturar o novo livro de Habermas. Num viés mais sociológico, Habermas analisa vários modos pelos quais as sociedades têm de contar com essa tensão mediante a confiança em pressupostos de fundo compartilhados em interações cotidianas ou pela criação de "fortes instituições" (como a religião) que fusionem os momentos de validade e facticidade (39f). A pretensão que Habermas persegue no novo trabalho é a de que, na sequência de secularização e desencanto, sociedades altamente diferenciadas e pluralistas são coagidas a se fiar menos em tradições e "instituições fortes" a fim de transpor a tensão entre facticidade e validade, devendo assim olhar em outra direção para realizar as tarefas de reprodução e integração social. Em tal situação, o direito apresenta os seus próprios meios de lidar com a tensão entre facticidade e validade:

> Na dimensão de uma validade jurídica, facticidade e validade entrelaçam-se uma vez mais, porém desta vez os dois momentos não se vinculam – como o fazem nas certezas do mundo da vida ou na autoridade subjugante de instituições fortes afastadas de qualquer discussão – num amálgama indissolúvel. No modo jurídico de validade, a facticidade da aplicação do direito pelo Estado encontra-se entrelaçada a uma força de fundamentação da validade de um processo legislativo que se pretende racional por garantir a liberdade. A tensão entre esses dois momentos distintos é a um só tempo intensificada e operacionalizada pela via do comportamento. (46)

Quando a tensão entre facticidade e validade se move em direção ao próprio *medium* jurídico – no que Habermas chama de tensão "interna"

–, ela se reflete na pretensão do direito de alcançar juízos que a um só tempo sejam racionais e certos (ou previsíveis), e se reflete também em sua pretensão de emitir ordens legítimas que possam ser coercivamente impostas. Ao mesmo tempo, o próprio sistema jurídico se torna o principal meio pelo qual as sociedades modernas são capazes de enfrentar a tensão "externa" entre uma pretensão de ordenamento político a ser legítimo e sua confiança no reconhecimento *de facto* por seus membros. Para resumir a tese de Habermas: em sociedades altamente diferenciadas e pluralistas, a tarefa da coordenação e integração social cabe aos procedimentos institucionalizados de legislação legítima que transformam em decisões vinculativas as opiniões públicas mais difusas, inicialmente produzidas pela rede de comunicação anônima de uma esfera pública frouxamente organizada e em ampla medida autônoma.

Pode ser providencial ilustrar essa tensão "externa" entre facticidade e validade fazendo referência à recente abordagem da razão pública por Rawls como estando no cerne de um princípio liberal de legitimidade. Rawls propõe que a justificação de princípios para regular a estrutura social básica tem de ser "política, não metafísica" – ou seja, ela não pode recorrer a coisa alguma "de fora" da prática da justificação pública entre cidadãos livres e iguais –, ainda que não deva ser "política" de maneira errada – ou seja, ela não pode ser um mero *modus vivendi* ou impasse entre posições de interesse concorrentes ou concepções incompatíveis do bem.[11] Nessa conexão, ele introduz um "princípio liberal de legitimidade" no qual se lê: "Nosso exercício de poder político se faz plenamente adequado somente quando é exercido de acordo com uma Constituição; quanto aos elementos essenciais desta, espera-se que todos os cidadãos, sendo livres e iguais, os endossem à luz de princípios e ideais aceitáveis à sua razão humana comum", ou, como ele também observa, tais elementos devem ser "aceitáveis para eles como razoáveis e racionais".[12] Ainda assim, se instituições que satisfazem esse critério forem também estáveis,

11 Ver John Rawls, "The Domain of the Political and Overlapping Consensus" [O domínio do político e consenso em sobreposição], *New York University Law Review* 64 (1989), p. 234.

12 *Political Liberalism* [Liberalismo político] (Nova Iorque: Columbia University Press, 1993), p. 137 e 217.

os ideais implícitos nessa "razão humana comum" (ou concepção do "razoável e racional") não podem existir somente no nível da teoria ideal, mas têm de ser o foco de um "consenso de sobreposição" no âmbito da cultura política pública.[13] O momento de validade presente na ideia de justificação pública demanda a "facticidade" estabilizadora de um amplo consenso de sobreposição.[14] Contudo, à medida que Rawls reconhece uma certa tensão entre facticidade e validade – entre a questão da estabilidade e as condições de justificação ou aceitabilidade –, ele tende a assumir que a referida tensão esteja suficientemente superada no âmbito de uma cultura política liberal ou ao menos que tenhamos de proceder *como se* assim estivesse. Habermas, por contraste, torna explícita a tensão a fim de considerar de que modo, em sociedades modernas, ela pode ser transposta pelo direito como o meio pelo qual razões comunicativas geradas num processo de formação de opinião discursiva e de formação de vontade são transformadas em decisões coletivamente vinculantes.

Apesar dessas e de outras importantes diferenças, não obstante existe uma afinidade mais profunda entre os respectivos apelos à "razão pública" (Rawls) e à "razão comunicativa" (Habermas) ao modo de uma resposta à questão da legitimidade. Ambas as concepções invocam uma noção básica de autonomia como capacidade de dar razões, sendo ela fundada numa concepção dos poderes morais fundamentais dos cidadãos (Rawls) ou numa suposição mútua alimentada por aqueles que agem comunicativamente (Habermas).[15]

---

13 *Ibid.*, Conferência IV.

14 Para uma discussão sobre a complexa relação entre justificação e estabilidade na obra de Rawls, ver Joshua Cohen, "Moral Pluralism and Political Consensus" [Pluralismo moral e consenso político], *in The Idea of Democracy* [A ideia de democracia], David Copp (Org.) (Cambridge, Mass.: Cambridge University Press, 1993); compare também as observações de Habermas que, a versar sobre os dois estágios no projeto de Rawls, estão em *Faktizität und Geltung* [Facticidade e validade], p. 79s.

15 Quanto a isso, tanto Rawls quanto Habermas encontram-se engajados em tentativas análogas de "destranscendentalizar" a concepção por Kant da razão prática a fim de aplicá-la ao problema da legitimidade — comparar, por exemplo, as observações de Rawls quanto à ligação, por Kant, entre razão e liberdade em *Political Liberalism* [Liberalismo político] (p. 222, nº 9) e a observação de Habermas em *Faktizität und Geltung* [Facticidade e validade] (p. 537), onde ele enuncia que a ideia de autonomia é um elemento "dogmático" (ainda que

II. Teoria do discurso, o princípio da democracia e o sistema de direitos

Na sequência, Habermas se volta à questão centralmente importante da legitimidade do direito: o que torna a autoridade legal legítima? Na verdade, Habermas defende uma sofisticada versão da teoria do consentimento (que depende não do consentimento real ou hipotético, mas daquele em que o ordenamento jurídico-político mantém suas raízes em processos de sociação comunicativa). Ele rejeita a posição jurídica positivista, defendida também por Luhmann, de que o direito é legítimo caso tenha sido autorizado de acordo com procedimentos jurídicos estabelecidos. Ao mesmo tempo, contudo, o apelo à teoria natural do direito é impossibilitado com base no próprio comprometimento de Habermas com a democracia radical. Como ele observa, "nada é dado antes do exercício, pelo cidadão, de autodeterminação além do princípio do discurso, que é erigido sobre as condições da sociação comunicativa em geral e sobre o *medium* jurídico enquanto tal" (161-162). Assim, conforme o que foi por ele argumentado de início, "a modernidade tem de gerar a sua própria normatividade com base nela própria", ele agora afirma que a legalidade tem de corresponder à sua própria legitimidade. Em resumo, a estratégia de Habermas é mostrar que a legitimidade da lei se baseia numa racionalidade imanente à lei, ainda que a racionalidade seja dependente das dimensões da razão (comunicativa) e aberta a elas, razão esta que se estende para além do *medium* jurídico. "Também em sociedades modernas, o direito pode satisfazer a função de estabilizar expectativas somente à medida que preserva uma conexão interna com a força socialmente integrativa da ação comunicativa" (111).

Habermas aborda a questão da legitimidade da legalidade mediante uma dificuldade central ao pensamento político de Kant, frequentemente debatida na literatura secundária. A dificuldade se reflete na questão sobre se Kant é mais bem compreendido como teórico dos direitos naturais ou

---

inevitável) em sua teoria; ver também o meu próprio "Constructivism and Practical Reason in Rawls" [Construtivismo e razão prática em Rawls], *Analyse und Kritik* 14 (1992), p. 18-32.

do contrato social. Habermas concorre com aqueles que argumentam que Kant está mais próximo da tradição do direito natural, à medida que o seu "Princípio Universal do Direito (*Recht*)" é geralmente considerado como uma "fórmula subsidiária" (Nell) do imperativo categórico, portanto sendo derivado da lei moral e estando subordinado a ela. Contudo, isso implica que o Princípio Universal do Direito, bem como o sistema de direito público e privado (*Recht*) que Kant gera a partir dele, em última instância, não depende do consentimento (real ou hipotético) das partes ao contrato social.[16]

Numa leitura provocativa e original, Habermas sugere que a tensão entre um contrato social e uma leitura dos direitos naturais surge de uma ambiguidade no conceito de autonomia ou de autogoverno de Kant. À medida que Kant toma essa noção de Rousseau, ele sugere a ideia de, a um só tempo, autolegislação individual *e* coletiva: "Uma pessoa não se encontra sujeita a lei alguma a não ser à que ela (sozinha ou em parceria com outros) dá a si mesma".[17] Para Kant, o conceito de autonomia individual é quase que sinônimo do de moralidade, enquanto a noção de autodeterminação coletiva encontra-se identificada à ideia do contrato social. Contudo, à medida que o argumento de Kant para o estabelecimento da sociedade (ou do Estado) civil depende somente do Princípio Universal do Direito, que garante uma igual liberdade subjetiva para todos, a noção de autodeterminação coletiva encontra-se subordinada a um princípio moral (ou direito natural). Como propõe Habermas, isso desencadeia uma dialética na tradição da dogmática jurídica entre positivismo (direito objetivo como comando do soberano) e direito natural (que ressalta liberdades subjetivas), e nessa dialética a noção de autodeterminação coletiva pouco a pouco se apagou. No entanto, proceder desse modo é algo que falha em dar conta da legitimidade do direito, já que em última instância

16 Ver J. W. Gough, *The Social Contract* [O contrato social] (Oxford: Oxford University Press, 1936), p. 173; Patrick Riley, *Will and Political Legitimacy* [Vontade e legitimação política] (Cambridge, Mass.: Harvard University Press, 1982); e, mais recentemente, Mullholland, *Kant's System of Rights* [O sistema de direitos de Kant] (Nova Iorque: Columbia University Press, 1990), p. 293.

17 Kant, *Metaphysik der Sitten* [Metafísica dos costumes] (Hamburgo: Meiner, 1966), p. 223.

remove o direito dos processos de legislação democrática e/ou priva o direito da liberdade subjetiva de qualquer relação com uma concepção de autonomia pública.[18] É algo que falha, em outras palavras, em reconciliar as autonomias públicas e privadas dos cidadãos de um modo capaz de, por sua vez, garantir a legitimidade da legalidade.[19]

É evidente que Habermas não está interessado no sistema de direitos de Kant somente por razões históricas. Ele usa a problemática de Kant para clarear a estrutura básica de sua própria teoria do discurso e para responder a algumas críticas que a ela inicialmente foram feitas.[20] Agora ele insiste, por exemplo, num delineamento mais nítido operado entre o princípio do discurso – "são válidas somente aquelas normas de ação com as quais todos os possivelmente afetados possam concordar na condição de participantes em discursos racionais" (138) – e a sua especificação como uma regra de argumentação *moral*, ou seja, como princípio de universalidade (ou Princípio U).[21] O princípio do discurso é então concebido como princípio mais geral aplicável a todas as normas de ação prévias a qualquer distinção entre normas morais e legais. O Princípio U é então introduzido *de modo simultâneo* ao princípio da democracia – sendo aproximadamente equivalente à ideia do contrato social segundo Kant –, que especifica um procedimento geral para o legislar legítimo (ver 141). O princípio da democracia enuncia:

---

18 *Faktizitat und Geltung* [Facticidade e validade], p. 117; ver também o abrangente estudo de Ingeborg Maus, *Zur Aufklärung der Demokratietheorie* [sobre a ilustração da teoria democrática] (Frankfurt: Suhrkamp, 1992).

19 Para uma leitura comparável da preocupação política primordial de Rousseau como esforço de incorporar duas noções distintas de liberdade (autonomia social e liberdade cívica) num sistema coerente, ver Frederick Neuhouser, "Freedom, Dependence and the General Will" [Liberdade, dependência e a vontade geral], *Philosophical Review* 102 (1993), p. 363-395.

20 Quanto à ambiguidade na ética do discurso de Habermas, muitos têm argumentado sobre se U é um princípio moral ou um princípio de justiça política — ver, por exemplo, Albrecht Wellmer, *The Persistence of Modernity* [A persistência da modernidade] (Cambridge, Mass.: MIT Press, 1991), p. 148.

21 Para a formulação inicial de Habermas sobre a relação entre o princípio do discurso e o princípio da universalizabilidade, ver "Discourse Ethics", *in Moral Consciousness and Communicative Action* (Cambridge, Mass.: MIT Press, 1990), p. 65-66. Sua nova posição ainda deixará aberta a questão sobre a derivação "precisa" de D dos "pressupostos pragmáticos do argumento", uma vez que, na obra anterior, D era dependente da derivação de U.

"Só podem reivindicar validade legítima os enunciados jurídicos capazes de se juntar ao acordo de todos os consociados jurídicos num processo discursivo de legislação que, por sua vez, tenha sido legalmente constituído" (141). Embora distintos, os dois princípios não são hierarquicamente ordenados como em Kant; em vez disso, são complementares e, de importantes modos, o princípio da democracia (como princípio de legitimação para o direito positivo) suplementa vários "déficits" que necessariamente acompanham uma moralidade racional pós-convencional. Eles incluem, por exemplo, a indeterminação cognitiva que surge com um princípio moral a demandar que todos os aspectos relevantes de uma situação sejam levados em consideração, bem como a incerteza motivacional resultante do fato de que a compreensão moral não garante a adesão a ela. Em ambos os casos, desse modo as normas legais são capazes de complementar normas morais, ainda que as primeiras devam também permanecer abertas de vários modos a processos de argumentação moral.[22]

Ainda mais importante do que essa relação complementar entre o princípio moral básico e um princípio para a legislação legítima é a afirmação paralela de Habermas, de que o princípio da democracia não se subordina a um sistema de direitos. Pelo contrário, Habermas afirma que eles são "equiprimordiais" ou "co-originais" (*gleichursprünglich*) (155) e "reciprocamente explicam um ao outro" (123). O sistema de direitos é o "lado reverso" (123) do princípio da democracia, e o "princípio da democracia só pode aparecer como o coração de um sistema de direitos" (155). Essas observações indicam o comprometimento de Habermas com uma reconciliação da democracia com outros valores políticos, em especial um sistema de direitos e liberdades básicos. Uma vez que, de acordo com Habermas, os esforços iniciais para se alcançar tal reconciliação não têm sido bem-sucedidos (111), passarei a resumir o que tomo como os principais passos do próprio esforço do pensador.

A principal estratégia de Habermas é a de fazer atentar para "o sentido intersubjetivo" de liberdades subjetivas legalmente concedidas (118).

---

22 Ver *Faktizität und Geltung* [Facticidade e validade], p. 144 para uma discussão mais aprofundada sobre o caráter distinto, ainda que complementar, das normas jurídicas e morais.

A ecoar tanto Hegel quanto Kant, ele ressalta o fato de que direitos não são primordialmente coisas que os indivíduos possuem, mas sim relações que têm a sua base numa forma de reconhecimento mútuo – ainda que seja circunscrita e artificial.[23]

> Num *nível conceitual*, os direitos não imediatamente se referem a indivíduos atomistas e distanciados que se encontrem possessivamente dispostos uns contra os outros. Pelo contrário, como elementos do ordenamento jurídico, eles pressupõem a colaboração entre sujeitos que se reconhecem um ao outro, em seus direitos e deveres reciprocamente relacionados, ao modo de consociados livres e iguais sob a lei. Esse reconhecimento mútuo é constitutivo de um ordenamento jurídico do qual os direitos acionáveis são derivados. Nesse sentido "subjetivo", os direitos emergem equiprimordialmente com o direito "objetivo". (117)

Os direitos básicos não existem de uma forma determinada num prévio estado de natureza. Eles são algo que os indivíduos mutuamente se conferem entre si, à medida que realizam a regulação de sua vida comum pela via do direito positivo e, assim, consideram-se um ao outro como consociados livres e iguais sob o direito.

De modo mais específico, a afirmação de Habermas é a de que o sistema de direitos (juntamente com o princípio da democracia) pode ser desenvolvido com base na "interpenetração" (*Verschränkung*) do princípio do discurso e da forma legal (154). Conforme a compreendo, essa "derivação" – Habermas fala de uma "gênese lógica" (*logische Genese*)

---

23 Críticas comunitárias recentes à "conversa sobre direitos" foram antecipadas já por Hegel, que, não obstante, enfatizou a sua importância social como *uma* forma de reconhecimento: "Se alguém está interessado apenas por seu direito formal, isso pode ser pura teimosia, como frequentemente se tem em pessoas emocionalmente limitadas; isso porque pessoas não aculturadas insistem mais em seus direitos, enquanto as de mente mais nobre buscam descobrir quais outros aspectos existem para o assunto em questão" (*Elementos da filosofia do direito*, § 37A). Para uma defesa equilibrada da conversa sobre direitos contra a crítica comunitarista, ver Jeremy Waldron, "When Justice Replaces Affection: The Need for Rights" [Quando a justiça substitui o afeto: A necessidade de direitos], *Harvard Journal of Law and Public Policy* 11 (1988).

– de um sistema de direitos ocorre em dois estágios: em primeiro lugar, a noção de direito não pode ser limitada aos aspectos semânticos de normas gerais e abstratas. Em vez disso, o direito formal burguês foi sempre identificado à garantia de um igual direito à liberdade subjetiva.[24] Isso se reflete no Princípio Universal do Direito (*Recht*) de Kant, bem como no Primeiro Princípio de Rawls, ambos os quais garantem o maior montante de liberdade compatível com uma liberdade semelhante para todos. Para Habermas, esse elo entre direito positivo e liberdade individual significa que, à medida que os indivíduos realizam a regulação de sua vida comum por meio da forma legal, eles têm de fazê-lo de um modo que concede a cada membro um igual direito à liberdade.

Contudo – e este é o segundo passo – muito embora a forma legal esteja conceitualmente ligada à ideia de direitos subjetivos, ela sozinha não é capaz de fundar nenhum direito específico (162). Um sistema de direitos só pode ser desenvolvido se e quando se faz uso da forma legal pelo soberano político num exercício da autonomia pública dos cidadãos. Essa autonomia pública em última análise se refere ao princípio do discurso, que implica o "direito" de se submeter unicamente às normas com que se poderia concordar num discurso. É evidente que, em conexão com o princípio do discurso, esse "direito" tem apenas o estatuto "quase transcendental" de um ato comunicativo e não traz consigo nenhuma autorização coercitiva. Ele só pode adquirir uma autorização coercitiva quando, como princípio da democracia, ela se realiza no *medium* jurídico juntamente com um sistema de direitos.

> O princípio do discurso pode assumir a forma de um princípio da democracia pelo *medium* da lei apenas se o princípio do discurso e o *medium* jurídico se interpenetrarem e *se desenvolverem* num sistema de direitos que leva a autonomia privada e pública a uma relação de mútua pressuposição. Ao inverso, todo exercício de autonomia política significa uma interpretação e configuração desses direitos, em princípio "não saturados", por um legislador histórico. (162)

24 Algum apoio a essa afirmação pode ser encontrado já no fato de que o "*Recht*" alemão, assim como o "*droit*" francês, significa "direito [*right*] subjetivo", bem como "direito [*law*] objetivo".

Desse modo, Habermas espera ter reconciliado democracia e direitos individuais de um modo que não subordine nem um nem o outro. "O sistema de direitos não pode ser reduzido nem a uma leitura moral dos direitos humanos [como em Kant e na tradição dos direitos naturais] nem a uma leitura ética da soberania popular [como em Rousseau e em alguns comunitaristas], uma vez que a autonomia privada dos cidadãos não deve nem ser posta acima nem se fazer subordinada à sua autonomia política" (134). Em vez disso, a co-originalidade ou "equiprimordialidade" do sistema de direitos e do princípio da democracia, que também reflete a pressuposição mútua da autonomia pública e privada dos cidadãos, é derivada dessa "interpenetração" da forma legal e do princípio do discurso "quase transcendental", que "deve" acontecer caso os cidadãos tenham de regular sua vida em comum por meio do direito positivo.

Em conexão com a estratégia esboçada acima, Habermas introduz cinco categorias básicas de direitos (155-156):

(1) Direitos básicos que resultem do desenvolvimento politicamente autônomo do *direito a liberdades subjetivas iguais*;

(2) Direitos básicos que resultem do desenvolvimento politicamente autônomo do *estatuto de um membro* numa associação voluntária de consociados sob a lei;

(3) Direitos básicos que resultem imediatamente da *acionabilidade* dos direitos e do desenvolvimento politicamente autônomo de *medidas legais*;

(4) Direitos básicos a chances iguais de participação nos processos de formação de opinião e de vontade, nos quais os cidadãos exercem sua *autonomia política* e por meio dos quais tornam o direito legítimo;

(5) Direitos básicos que garantam as condições de vida, incluindo proteção social, técnica e ambiental, necessárias sob dadas circunstâncias para uma igual chance de usar os direitos civis arrolados em (1) até (4).

As três primeiras categorias cobrem esses direitos tradicionalmente identificados com as "liberdades subjetivas", que garantem a autonomia privada dos cidadãos e são constitutivas do *medium* jurídico em que cidadãos se confrontam entre si como *destinatários jurídicos* – liberdade de expressão, consciência e a pessoa sob a categoria (1); direitos de associação sob (2); e direitos à proteção legal, ao devido processo e assim por diante sob (3). Existem, contudo, direitos "possibilitantes" e assim, de acordo com Habermas, eles não podem ser adequadamente construídos como uma limitação da soberania do legislador (162).[25] A quarta categoria, por contraste, aponta para o papel dos sujeitos jurídicos como *autores* do direito e com isso garantem sua autonomia pública sob a forma de direitos à participação política. Por fim, a última categoria, à qual Habermas atribui um estatuto mais derivativo, inclui vários direitos ao bem-estar e às condições necessárias para uma oportunidade eficaz de exercer a primeira das quatro categorias de direitos.

Duas observações finais sobre esse sistema de direitos são dignas de nota: em primeiro lugar, Habermas afirma que o sistema de direitos é universal não no sentido de ele especificar um conjunto pré-dado de direitos naturais, mas no sentido de apresentar um esquema geral, ou "marcador de lugar não saturado" (160) que os sujeitos jurídicos têm de pressupor se quiserem regularizar seu viver juntos por meio do direito positivo. Desse modo ele se faz constitutivo para o *medium* jurídico, ainda que ao mesmo tempo não seja fixado ou determinado. O sistema de direitos tem de ser "desenvolvido de maneira politicamente autônoma" por cidadãos no contexto de suas próprias tradições e história particulares.[26]

Em segundo lugar, em resposta à afirmação de Albrecht Wellmer, de que os cidadãos têm um "direito a *não* ser racional", Habermas reconhece a existência de um paradoxo envolvido na "juridificação da liberdade

---

25 Aqui Habermas busca uma estratégia similar à de Ely e Dworkin, embora a sua seja uma estratégia que se inicia com os conceitos de razão e liberdade comunicativa e com a concepção "abstrata" de autonomia neles implícita; ver a seção IV deste ensaio.

26 Ver p. 163-164; compare também a discussão de Rawls sobre a especificação das liberdades básicas num esquema coerente em *Political Liberalism* [Liberalismo político], Conferência VIII. Para alguns dos problemas envolvidos, ver a minha própria discussão em *The Normative Grounds of Social Criticism: Kant, Rawls, and Habermas* [As fundações normativas da crítica social: Kant, Rawls e Habermas] (Albany: State University of New York Press, 1992), p. 154s.

comunicativa" (165).[27] Os direitos a garantir a autonomia pública, como os que garantem a autonomia privada, têm de assumir a forma de liberdades subjetivas. Isso significa que se deixa aos próprios cidadãos optar por exercer a sua liberdade comunicativa. "As liberdades subjetivas autorizam o indivíduo a *sair da* ação comunicativa, a recusar obrigações ilocucionárias; elas fundam um reino privado liberto do fardo de uma liberdade comunicativa reciprocamente reconhecida e esperada" (153). Ao mesmo tempo, contudo, essa juridificação da liberdade comunicativa também revela o fato de que a legitimidade da legalidade não é garantida somente pela forma jurídica, mas depende das fontes que estão além de seu controle, quais sejam, a realização de uma opinião pública e de uma formação da vontade racional numa esfera pública autônoma (165).

Com essa derivação do sistema de direitos a garantir a autonomia pública e privada dos cidadãos, Habermas acredita estar dando conta da legitimidade da legalidade. Isso não se baseia nem na forma jurídica tomada isoladamente (tal como mantida pelos positivistas) nem por sua conformidade com um conjunto extralegal de direitos naturais ou da lei natural. Em vez disso, a legitimidade do direito deriva do fato de que ele tem a sua própria racionalidade, assegurada pela garantia mútua da autonomia privada e pública dos cidadãos, esta que em última instância remete à força ilocucionária de adesão/vinculação e é inerente à razão e ação comunicativas.

III. O *Rechtsstaat* [Estado de direito], a democracia procedimental e os públicos "fraco" e "forte"

Se a legitimidade do direito depende do fato de que ele preserva "uma conexão interna com a força socialmente integrativa da ação comunicativa" (111), então o sistema de direitos (incluindo os direitos de autonomia pública) tem de ser institucionalizado, e o poder comunicativo

27 Albrecht Wellmer, "Models of Freedom in the Modern World" [Modelos de liberdade no mundo moderno], *in Hermeneutics and Critical Theory in Ethics and Politics* [Hermenêutica e teoria crítica em ética e política], Michael Kelly (Org.) (Cambridge, Mass.: MIT Press, 1990), p. 245.

– que se dá sempre que, na frase de Arendt, as pessoas atuem de maneira concertada – tem de ser mobilizado e efetivamente assegurado no âmbito do próprio *medium* jurídico. Essa exigência revela ainda outro aspecto da tensão interna entre facticidade e validade: tornar o direito socialmente eficaz demanda um poder político centralizado, com a capacidade de fazer cumprir coletivamente decisões vinculativas; ao mesmo tempo, contudo, o direito é o único *medium* pelo qual o poder comunicativo dos cidadãos pode ser transformado em poder administrativo.

Habermas introduz primeiramente um conjunto de "princípios do Estado constitucional" (*Rechtsstaat*) que especifica diretrizes institucionais gerais tanto para a *geração* do poder comunicativo (mediante a institucionalização do sistema de direitos) quanto para o *exercício* do poder (garantindo uma conexão entre o poder comunicativo e o administrativo).[28] Estes incluem o princípio da soberania popular, a garantia da proteção legal, a legalidade da administração e a separação entre Estado e sociedade (208ss). A discussão de Habermas procura localizar essas doutrinas clássicas no arcabouço de sua própria teoria do discurso. Tomados em conjunto, os princípios devem explicar a ideia do Estado constitucional mostrando como "o direito legítimo é gerado pelo poder comunicativo, e este último, por sua vez, é convertido em poder administrativo pela via do direito aprovado legitimamente" (209).

Embora essa discussão não possa ser resumida aqui, está claro que Habermas deseja estabelecer duas observações de caráter geral. Em primeiro lugar, em contraste com Hannah Arendt, a noção de poder comunicativo não deve ser compreendida de modo excessivamente substantivo como a expressão (mais ou menos espontânea) de uma vontade comum, mas sim como o produto de uma sobreposição e de um entremear de uma variedade de discursos pragmáticos, ético-políticos e morais (mais ou menos institucionalizados) (207). O poder comunicativo nem pressupõe um autoentendimento compartilhado de modo ético-político nem se

28 Habermas já observou essa importante distinção entre a geração e o exercício do poder em seu ensaio sobre Arendt; ver "Hannah Arendt's Communications Concept of Power" [O conceito de poder nas comunicações de Hannah Arendt], *in Power* [Poder], S. Lukes (Org.) (Nova Iorque: New York University Press, 1986), p. 84.

orienta para o ideal de um consenso racional no modo constitutivo (para Habermas) da argumentação moral. Em vez disso, ele é identificado à realização de uma formação da opinião pública racional e de uma formação da vontade num processo de legislação que compreenda uma complexa rede de processos de alcance de entendimento *e* de barganha (221). Essa interpretação do poder comunicativo deve também advertir contra uma identificação abertamente apressada e excessivamente direta da argumentação moral (que objetiva o consenso) com o discurso político.

Em segundo lugar, o *exercício* legítimo do poder só pode ocorrer pelo *medium* do direito, mas de um modo que, não obstante, mantém-se atrelado à sociação comunicativa: o governo pelo povo tem de ser um Estado de direito, mas o Estado de direito tem de se unir ao governo pelo povo, ou, como expressou Frank Michelman, enraizado numa "política jurisgenerativa".[29] Uma abordagem do discurso teórico proporciona um meio de entender essa conexão entre o Estado de direito e a soberania popular sem recorrer a uma noção "transcendente" da razão ou sobrecarregar as capacidades dos cidadãos para a virtude pública. Isso prevê também uma interpretação menos concretista do princípio clássico da separação de poderes, à medida que as funções da legislatura, do judiciário e da administração possam agora ser diferenciadas de acordo com várias formas de comunicação e com um correspondente potencial para razões:

> Leis regulam a transformação do poder comunicativo em administrativo, na medida em que surgem de acordo com um procedimento democrático, no qual fundam uma proteção do direito garantido por tribunais independentes e no qual *subtraem* da administração implementadora o tipo de argumentos normativos portadores das resoluções legislativas e das decisões judiciais. Essas razões normativas pertencem a um universo em que legislativo e judiciário compartilham o trabalho de justificar e aplicar normas. Uma administração limitada ao discurso pragmático deve perturbar qualquer coisa nesse universo com suas contribuições;

29 Frank Michelman, "Law's Republic" [A república do direito], *Yale Law Journal* (1988), p. 1502.

ao mesmo tempo, ela deriva daí as premissas normativas que têm de fundamentar sua própria tomada de decisões empiricamente informada e racional/motivada. (235)

Essa análise dos princípios do Estado constitucional e sua justificação – que eu pude indicar de modo apenas aproximado – são, não obstante, unilaterais, a não ser que sejam acompanhadas de uma abordagem do *processo* pelo qual cidadãos devam se governar a si mesmos ou se engajar numa "política jurisgenerativa". É nesse ponto que o modelo de uma "democracia procedimental" é introduzido. No contexto das discussões norte-americanas, contudo, esse rótulo pode ser desvirtuador, uma vez que o termo "procedimento" não é usado em contraste com uma concepção "substantiva" da democracia (como se tem, por exemplo, na influente abordagem de Ely).[30] Em vez disso, pelo modo como Habermas usa o termo, este designa a tentativa de realizar os direitos da autonomia pública e privada por meio de um *design* institucional que incorpore vários discursos práticos. Com isso, a democracia procedimental encontra-se mais próxima do que recentemente foi chamado de abordagem das "razões públicas".[31]

30 Ver John Ely, *Democracy and Distrust* [Democracia e desconfiança] e a concepção procedimental de Brian Barry em "Is Democracy Special?" [A democracia é especial?]: "Eu sigo... aqueles que insistem em que a 'democracia' deve ser compreendida em termos procedimentais. Isso equivale a dizer que rejeito a noção de que o indivíduo deva incorporar à 'democracia' quaisquer restrições ao conteúdo dos resultados produzidos, como a igualdade substantiva, o respeito aos direitos humanos, a preocupação com o bem-estar geral, a liberdade pessoal e o estado de direito" (*Philosophy, Politics, and Society* [Filosofia, política e sociedade], Peter Laslett (Org.) (Oxford: Blackwell, 1979), p. 155-156. O modelo de Habermas não é procedimental nesse sentido, uma vez que recorre à noção de liberdade comunicativa, articulada nas autonomias pública e privada dos cidadãos, implícita à noção de razão comunicativa.

31 Para exemplos dessa abordagem das "razões públicas", que é influenciada pelas obras de Rawls e Scanlon, ver em especial Joshua Cohen, "Deliberation and Democratic Legitimacy" [Deliberação e legitimidade democrática], *in The Good Polity* [O bom governo], Alan Hamlin e Philip Pettit (Orgs.) (Oxford: Blackwell, 1989), p. 17-34 e diversos ensaios de Samuel Freeman: "Constitutional Democracy and the Legitimacy of Judicial Review" [Democracia constitucional e a legitimidade da revisão judicial], *Law and Philosophy* 9 (1990-1991), p. 327-370; "Original Meaning, Democratic Interpretation, and the Constitution" [Sentido original, interpretação democrática e a Constituição], *Philosophy and Public Affairs* 21 (1992), p. 3-42; e "Reason and Agreement in Social Contract Views" [Razão e acordo

Habermas introduz o seu modelo de democracia procedimental por meio de um contraste entre duas alternativas altamente estilizadas: a liberal e a republicana (ou comunitarista). Estas se tornaram pontos de referência familiares em discussões recentes. Cass Sunstein, por exemplo, recentemente bem resumiu o modelo liberal: "O autointeresse, não a virtude, é entendido como força motivacional usual do comportamento político. A política é, de modo característico, quando não sempre, um esforço de agregar interesses privados. É envolta por verificações, sob a forma de direitos, a proteger a liberdade privada e a liberdade pública da intrusão pública".[32] Em contraste, de modo característico o republicanismo insere maior ênfase no valor das virtudes públicas dos cidadãos e ativa a participação política. A política é considerada mais como um processo deliberativo no qual os cidadãos buscam chegar a um acordo quanto ao bem comum, e o direito não é visto como um meio de proteger direitos individuais, mas como a expressão da práxis comum da comunidade política.

A democracia procedimental de Habermas procura incorporar os melhores aspectos de ambos os modelos, enquanto evita as insuficiências de cada um deles. Em particular, com o modelo republicano, ela rejeita a visão do processo político bem como, de modo primordial, a competição entre preferências privadas e a agregação de tais preferências. Contudo, estando mais em sintonia com o modelo liberal, ela considera irrealista a visão republicana de uma cidadania unida e ativamente motivada por uma concepção compartilhada da vida boa em sociedades modernas e pluralistas.[33] À medida que, como vimos, os discursos políticos envolvem barganhas e negociações, bem como a argumentação moral, a noção

---

em visões do contrato social], *Philosophy and Public Affairs* 19 (1990), p. 122-157. Para um debate sobre algumas dificuldades a esse respeito, ver Bruce Brower, "The Limits of Public Reason" [Os limites da razão pública], *Journal of Philosophy* 91 (1994), p. 5-26.

32 "Preferences and Politics" [Preferências e políticas], *Philosophy and Public Affairs* 20 (1991), p. 4.

33 Habermas cita o "Law's Republic" [República da lei] de Frank Michelman como um exemplo desse tipo de republicanismo; ele pode ter feito referência também a alguns dos escritos de Charles Taylor. Contudo, a posição do próprio Habermas parece mais próxima do republicanismo "madisoniano" de Cass Sunstein; ver "Beyond the Republican Revival" [Para além da revivescência republicana], *Yale Law Journal* 97 (1988), p. 1539-1590.

republicana ou comunitarista de um diálogo ético-político compartilhado também parece por demais limitada (347). "A teoria do discurso tem o êxito da política deliberativa como dependente não de uma cidadania que atua coletivamente, mas da institucionalização dos correspondentes procedimentos e condições de comunicação, bem como do entrejogo de processos deliberativos institucionalizados com opiniões públicas informalmente constituídas" (361-362). O que há de central não é um *ethos* compartilhado, mas discursos institucionalizados para a formação da opinião política racional.

A ideia de uma "política deliberativa" adequadamente interpretada se liga ao centro da democracia procedimental de Habermas. Numa política deliberativa, a atenção se afasta do ato final do voto e dos problemas de escolha social que a acompanham.[34] O modelo procura levar a sério o fato de que, com bastante frequência, preferências não são exógenas ao sistema político, mas, "em vez disso, são adaptativas a um amplo espectro de fatores – incluindo o contexto das preferências expressas, das regras legais existentes, das escolhas de consumo passadas e da cultura em geral".[35] O objetivo de uma política deliberativa é prover a transformação de preferências em resposta às consideradas concepções de outros e à "lavagem" ou filtragem de preferências irracional e/ou moralmente repugnantes, de modos que não sejam excessivamente paternalistas.[36] Por exemplo, ao realizar o *design* de instituições de formação da vontade política de modo que elas reflitam a estrutura de preferências mais complexa de indivíduos, em vez de simplesmente registrar as reais preferências que os indivíduos têm num dado instante, as condições para uma política mais racional (isto é, um processo político em que os resultados sejam

34 Ver também B. Manin, "On Legitimacy and Political Deliberation" [Sobre a legitimidade e a deliberação política], *Political Theory* 15 (1987), p. 338-368 e David Miller, "Deliberative Democracy and Social Choice" [Democracia deliberativa e escolha social], *Political Studies* 40 (1992), Special Issue, p. 54-67.

35 Sunstein, "Preferences and Politics" [Preferências e políticas], p. 5; ver também Jon Elster, *Sour Grapes* [Uvas amargas] (Cambridge, Mass: Cambridge University Press, 1983).

36 Ver Robert Goodin, "Laundering Preferences" [Preferências de lavagem], *in Foundations of Rational Choice Theory* [Fundamentações da teoria da escolha racional], Jon Elster (Org.) (Cambridge, Mass.: Cambridge University Press, 1985), p. 75-101.

mais fundamentados, orientados para o futuro e relacionados ao outro) podem ser aperfeiçoadas.[37] Poder-se-ia falar até mesmo de uma extensão da democracia às próprias preferências, uma vez que a questão é sobre se as razões oferecidas em apoio a elas são razões que poderiam satisfazer as exigências da justificação pública.[38] O que é importante para essa noção de deliberação, no entanto, é menos a condição de que todos participem – ou mesmo a de que o voto seja tornado público – e mais a de uma presunção garantida de que a opinião pública seja formada tendo como base a informação adequada, além das razões relevantes, e que aqueles cujos interesses estejam envolvidos tenham uma oportunidade igual e eficaz de tornar conhecidos os seus próprios interesses (e as razões para eles).

Dois outros aspectos servem para distinguir o modelo de democracia procedimental de Habermas e a política deliberativa de outras versões recentes. Em primeiro lugar, essa versão da política deliberativa se estende para além do sistema político formalmente organizado até a vasta e complexa rede de comunicações que Habermas chama de "a esfera pública".

> [A política deliberativa] encontra-se atrelada às exigentes pressuposições comunicativas de arenas políticas que não coincidem com a formação da vontade institucionalizada em órgãos parlamentares, mas igualmente se estendem à esfera pública política e

---

37 As propostas específicas para a realização dos ideais de uma política deliberativa poderiam variar de algo como a ideia, por James Fishkin, de uma "pesquisa de opinião deliberativa" a procedimentos alternativos de votação e a modos de representação; ver Fishkin, *Democracy and Deliberation* [Democracia e deliberação] (New Haven: Yale University Press, 1990); Ian McLean, "Forms of Representation and Systems of Voting" [Formas de representação e sistemas de votação], *in Political Theory Today* [Teoria política hoje], David Held (Org.) (Stanford: Stanford University Press, 1991), p. 172-196; e Iris Young, "Polity and Group Difference" [Governo e diferença de grupo], *Ethics* 99 (1989), p. 250-274 (que debate a questão da representação especial ou de grupo).

38 Embora eu entenda que Donald Moon esteja a superestimar os perigos da "conversa sem restrições", em especial para os direitos de privacidade individual, ele salienta a difícil questão dos tipos de *design* institucional apropriados para ajudar a garantir que as deliberações conduzidas numa "conversa sem restrições" influenciem o processo de tomada de decisão. Seria o caso de se ter ali, por exemplo, um sistema de votação pública? Ver "Constrained Discourse and Public Life" [Discurso restrito e vida pública], *Political Theory* 19 (1991), p. 202-229.

> a seus contexto cultural e base social. Uma prática deliberativa de autodeterminação só pode se desenvolver na interação entre, por um lado, a formação da vontade parlamentar institucionalizada em procedimentos legais e programada para chegar a decisões e, por outro, a formação da opinião política através de canais informais de comunicação política. (334)

O modelo sugere um processo "em duas vias" no qual exista uma divisão do trabalho entre "públicos fracos" – a esfera pública informalmente organizada a variar das associações privadas à mídia de massa situada na "sociedade civil" – e "públicos fortes" – órgãos parlamentares e outras instituições formalmente organizadas do sistema político.[39] Nessa divisão do trabalho, os "públicos fracos" assumem uma responsabilidade central, que é a de identificar e interpretar problemas sociais: "Boa parte das expectativas normativas conectadas à política deliberativa agora incide nas estruturas periféricas da formação da opinião. As expectativas são direcionadas à capacidade de perceber, interpretar e apresentar problemas sociais abrangentes de um modo que, a um só tempo, prenda a atenção e seja inovador" (434). No entanto, a responsabilidade pela tomada de decisões – bem como outras "filtragens" de razões via procedimentos parlamentares mais formais – mantém-se como tarefa de um público forte (ou seja, o sistema político formalmente organizado).

Em segundo lugar, juntamente com essa divisão de trabalho entre públicos forte e fraco e como consequência de seu crescente reconhecimento do caráter "descentrado" das sociedades modernas, Habermas propõe que a prática democrática radical tenha de assumir uma forma "autolimitante". A democratização agora encontra-se centrada não na sociedade como um todo, mas no sistema jurídico amplamente concebido (370). Em particular, ele assevera, ela tem de respeitar as fronteiras dos subsistemas

39 / Habermas toma esses termos de Nancy Fraser, que os empregou para descrever a concepção em duas vias da esfera pública por Habermas; ver "Rethinking the Public Sphere: A contribution to the Critique of Actually Existing Democracy" [Repensando a esfera pública: Uma contribuição para a crítica à democracia atualmente existente], *in Habermas and the Public Sphere* [Habermas e a esfera pública].

político-administrativo e econômico que se tornaram relativamente libertos da força integrativa da ação comunicativa, sendo, nesse sentido, "autônomos". O fracasso ao fazê-lo, ele acredita, no mínimo explica parcialmente o fracasso do socialismo de Estado.[40] O objetivo da democracia radical torna-se assim não a organização democrática desses subsistemas, e sim uma espécie de direcionamento indireto desses subsistemas pelo *medium* do direito. Nesse contexto, ele descreve também a tarefa de uma esfera pública formadora de opinião como sendo a tarefa de empreender um sitiamento ao sistema político formalmente organizado, circundando-o com razões, mas sem, contudo, intentar derrubá-lo ou substituí-lo.[41]

Isso vem suscitar uma série de difíceis questões sobre o escopo e os limites da democratização. Dado o frequente caráter metafórico de sua discussão (ver, por exemplo, as referências à colonização, a sitiamentos e eclusas), não está claro quais propostas específicas para se realizar a mediação entre públicos fraco e forte se seguiriam desse modelo.[42] Houve quem questionasse, por exemplo, se isso não seria fazer concessões excessivas à teoria dos sistemas, e Nancy Fraser, numa instrutiva discussão sobre a concepção por Habermas da esfera pública, levanta a questão sobre se não poderia haver outras possíveis "divisões do trabalho" entre públicos forte e fraco.[43] A reação de Habermas, creio eu, seria a de que uma resposta a essas questões não será encontrada no nível da teoria normativa, mas

40 Ver "Que significa socialismo hoje?", *New Left Review* 183 (1990), p. 3-21.

41 Ver "Die nachholende Revolution" [A revolução recuperadora], *in Die Nachholende Revolution* [A revolução recuperadora] (Frankfurt: Suhrkamp, 1990), p. 199 e "Volkssouveraentitaet als Verfahren" [Soberania do povo como experiência], *in Faktizität und Geltung* [Facticidade e validade].

42 Não está claro, por exemplo, quão receptivo seria o modelo de Habermas em relação a propostas que digam respeito a diferentes modos de representação de interesse, tanto dentro quanto fora da arena formal do governo, ao uso de sistemas de cupons para sustentar associações secundárias como instituições semipúblicas ou à introdução de direitos de grupo especial para minorias persistentes – todas essas questoes vindas a desafiar modos mais tradicionais de representação territorial.

43 Propostas específicas para uma "divisão do trabalho" compartilhada podem ser encontradas em discussões recentes sobre democracias "neocorporativistas" e "associativas". Com relação a isso, ver em especial Joshua Cohen e Joel Rogers, "Secondary Associations and Democratic Governance" [Associações secundárias e governança democrática], *Politics and Society* 20 (1992), p. 393-422 e as discussões a seguir.

dependerá das descobertas empíricas de complexos estudos comparativos. Uma questão mais geral, entretanto, surgida no contexto desse modelo de democracia, versa sobre se a confiança de Habermas no efeito racionalizante dos procedimentos se encontra, por si só, bem fundada. Tendo em vista a sua própria descrição do "público fraco" como "selvagem", "anárquico" e "irrestrito" (374), pode-se ao menos levantar a suspeita sobre se procedimentos discursivos serão suficientes para provocar uma opinião pública racional. Certamente ele enuncia que uma política deliberativa depende de um "mundo da vida racionalizado" (a incluir uma "cultura política liberal") "que com ela entre em acordo".[44] Mas sem uma maior atenção às "virtudes liberais" particulares que compõem a cultura política e originam alguma noção de propostas compartilhadas, fica difícil não empatizar com a observação de Sheldon Wolin sobre as recentes políticas da diferença. Ao descrever a situação de um indivíduo desejoso de que a sua pretensão à exclusividade cultural seja reconhecida, e que ao mesmo tempo resista a algo mais do que a inclusão mínima na comunidade política, no seio dela Wolin expõe um incômodo paradoxo:

> Desejo ser atrelado somente por um vínculo de inclusão fraco e atenuado, ainda que minhas demandas pressuponham um Estado forte e capaz de me proteger de uma sociedade cada vez mais racista e violenta, e de me assistir, em meio a prospecções econômicas cada vez mais incertas. Uma sociedade com uma quantidade enorme de diferenças organizadas, vigorosas e autoconscientes produz não um Estado forte, mas um Estado errático, capaz de

44 *Faktizität und Geltung* [Facticidade e validade], p. 366; comparar também a correspondente observação, por Habermas, de que uma moralidade pós-convencional "é dependente de uma forma de vida que entra em acordo com ela... Tem de haver um mínimo ajuste entre moralidade e instituições sociopolíticas" [*Moral Consciousness and Communicative Action* (Consciência moral e ação comunicativa)] (Cambridge, Mass.: MIT Press, 1990), p. 207-281, e o interessante ensaio sobre esse tópico, de autoria de Claus Offe, "Binding, Schackles, Brakes: On Self-Limitation Strategies" [Vinculação, algemas, freios: Sobre as estratégias de autolimitação], *in Cultural-Political Interventions in the Unfinished Project of Enlightenment* [Sobre as intervenções político-culturais no projeto inacabado da Ilustração], Axel Honneth, Thomas McCarthy, Claus Offe e Albrecht Wellmer (Orgs.) (Cambridge, Mass.: MIT Press, 1992).

> temerárias aventuras militares no exterior e ações sectárias e arbitrárias no próprio país... ainda assim, ele se reduz à impotência quando tenta remediar injustiças estruturais ou se engajar num planejamento de longo prazo em temas como a educação, a proteção ambiental, relações raciais e estratégias econômicas.[45]

Habermas sem dúvida compartilha algumas dessas mesmas preocupações quanto às condições necessárias à manutenção de uma cultura política liberal, bem como o seu próprio enfoque na forma abstrata do reconhecimento mútuo, tendo na base uma comunidade de direito que possa tornar as exigências de inclusão menos rigorosas do que Wolin sugere: não obstante, mantém-se a questão sobre se a atenção quase exclusiva de Habermas a questões de *design* institucional e procedimentos discursivos fornece uma base adequada para se lidar com esse paradoxo ou se ele não teria de suplementar seu modelo com uma abordagem mais específica das "virtudes liberais" ou das "fundamentações éticas" que "entrem em acordo com elas".[46]

IV. Três desafios à democracia liberal

Eu gostaria agora de abordar o modo como a teoria de Habermas se sai com respeito aos três problemas observados na introdução: o projeto de reconciliação, a questão da neutralidade liberal e o dilema da diferença.

1. Pela discussão que se tem na seção II deste ensaio, está claro que o livro de Habermas representa um esforço importante para reconciliar a democracia com outros ideais políticos. Uma vez que ele afirma que até agora ninguém foi bem-sucedido nesse projeto, convém considerar como essa visão difere de outros esforços recentes.

45 Sheldon Wolin, "Democracy, Difference and Re-cognition" [Democracia, diferença e recognição], *Political Theory* 21 (1993), p. 480.

46 Tenho em mente algo como as recentes observações de Dworkin sobre as "fundações éticas" do liberalismo em "The Foundations of Liberal Equality" [As fundações da igualdade liberal], *The Tanner Lectures* [As Conferências Tanner] (Salt Lake City: University of Utah Press, 1990), vol. 11, e a discussão de Stephen Macedo em *Liberal Virtues* [Virtudes liberais] (Oxford: Clarendon, 1990); ele também relatou as críticas ao "patriotismo constitucional" de Habermas por uma perspectiva hegeliana – Andrew Buchwalter, "Hegel's Concept of Virtue" [O conceito de virtude de Hegel], *Political Theory* 20 (1992), p. 576.

Em *A democracia e seus críticos*, Robert Dahl reconhece o potencial conflito entre uma democracia "procedimental" e um conjunto "substantivo" de direitos básicos e esforços para resolvê-lo, argumentando que o direito ao autogoverno mediante o processo democrático é básico e que outros direitos políticos podem ser derivados desse direito fundamental.[47]

> Esses direitos específicos – vou chamá-los de *direitos políticos primários* – são essenciais ao processo democrático. Eles não são ontologicamente separados do processo democrático – ou prévios ou superiores a tal processo. À medida que o processo democrático existe num sistema político, todos os direitos políticos primários igualmente têm de existir. À medida que os direitos políticos primários estão ausentes de um sistema, o processo democrático não existe.[48]

Essa estratégia enfrenta duas sérias objeções. Em primeiro lugar, não está claro se outros direitos "não políticos" podem ser representados de maneira semelhante e, mesmo nesse caso, isso não redundaria numa instrumentalização da autonomia privada em benefício da autonomia pública. Em segundo lugar, embora se trate de uma abordagem "substantiva" não "procedimental", a estratégia de Dahl padece de uma dependência de uma concepção "agregativa" de democracia, que ao final se faz semelhante à concepção procedimental de Ely, previamente referida. Isso é sugerido, por exemplo, em seu endosso de uma leitura razoavelmente utilitária do "princípio da igual consideração de interesses", em contraste com a concepção que, baseada na autonomia, encontra-se implícita na abordagem de Habermas.[49]

Num ensaio recente, Ronald Dworkin também tentou reconciliar democracia e direitos básicos.[50] Ele inicia com a observação de Ely de que muitas das "disposições incapacitantes" da Constituição dos Estados Unidos (na prática, a Declaração dos Direitos) podem ser vistas como

---

47 *Democracy and Its Critics* [A democracia e seus críticos], p. 169-170.

48 *Ibid*., p. 170.

49 Para o princípio da consideração igual de interesses, ver Dahl, p. 85; para uma crítica semelhante (da qual sou devedor), ver a resenha por Joshua Cohen de *Democracy and Its Critics* [A democracia e seus críticos], *in Journal of Politics* 53 (1991), p. 221-225.

50 "Equality, Democracy and Constitution: We the People in Court" [Igualdade, democracia e Constituição: Nós, as pessoas no tribunal], *Alberta Law Review* 28 (1990), p. 324-346.

"funcionalmente estruturais" ao processo democrático, e desse modo não entram em conflito com ele. O direito à liberdade de expressão é um exemplo: "Uma vez que as eleições democráticas testemunham a vontade do povo somente quando o público está plenamente esclarecido, impedir autoridades de censurar o discurso é algo que mais protege do que subverte a democracia... Assim, em nosso catálogo, um direito constitucional à livre expressão é considerado tão funcionalmente estrutural quanto incapacitante".[51] Entretanto, como Ely reconhece, essa estratégia não funcionará para todas as "disposições incapacitantes" – por exemplo, a Cláusula de Estabelecimento da Primeira Emenda ou os direitos que regulam os processos criminais –, e assim, Dworking conclui, "o resgate da democracia por Ely com base na Constituição é um êxito apenas parcial".[52]

A própria reação de Dworkin ao "suposto conflito entre democracia e Constituição" (330) inicia-se pela distinção entre uma "leitura estatística da democracia" (ou seja, a concepção agregativa previamente referida) e uma "leitura comunal da democracia" (ou seja, a vontade geral de Rousseau).[53] Dworkin então argumenta em favor de uma versão específica desta última, que ele chama de "democracia como integração". Esse modelo é especificado em conexão com três princípios: o princípio de participação, a demandar que cada cidadão tenha oportunidade igual e eficaz de fazer diferença no processo político; o princípio de interesse, a demandar que cada pessoa seja reconhecida ou apresentada a igual interesse; e o princípio de independência, a especificar que os indivíduos sejam responsáveis por seus próprios juízos. Dworkin então conclui que, de acordo com esse modelo, muitas das disposições incapacitantes rejeitadas por Ely podem ser consideradas como funcionalmente estruturais e, assim sendo, não antidemocráticas: "Na concepção comunal, a democracia e a restrição constitucional não são antagônicas, mas parceiras em princípio".[54]

O modelo de Dworkin é claramente preferível às concepções agregativas. Os três princípios recorrem diretamente à assunção de papel ideal,

51 *Ibid.*, p. 328.

52 *Ibid.*

53 *Ibid.*, p. 330.

54 *Ibid.*, p. 346.

ideais de autonomia e reconhecimento mútuo, e as análises da democracia (bem como do direito) em conexão com a integridade das práticas e atitudes de uma comunidade apontam para fora de uma concepção metafísica ou substancialista de comunidade. Por outro lado, como ele reconhece, seu "princípio de participação" ameaça se tornar um "buraco negro no qual todas as demais virtudes políticas entram em colapso".[55] Sua reação, contudo – que é a de reivindicar que o princípio demande não que cada indivíduo manifeste igual interesse, mas que exista um "esforço de boa fé" – parece desvalorizar a autonomia pública dos cidadãos.

A proposta de Habermas, como vimos, reconcilia soberania popular e direitos humanos no sentido de que das autonomias pública e privada se diz que mutuamente pressupõem uma à outra. Uma virtude do modelo está em ele relacionar esses ideais num nível abstrato: as autonomias pública e privada são duas dimensões do "direito" fundamental à liberdade comunicativa, tal como essa é expressa na forma jurídica. Se um indivíduo inicia com essa noção de liberdade comunicativa, é possível considerar a Constituição como uma espécie de "estatuto público", e o sistema de direitos como uma forma de "pré-compromisso" que os cidadãos assumem com o intuito de regular sua vida comum pelo direito público.[56] Como tal, a proposta reconciliação entre democracia e direitos nem subestima a autonomia pública nem sobrecarrega a autonomia privada. Ela não se baseia numa concepção compartilhada do bem, e sim numa forma mais abstrata de reconhecimento, contida na ideia de consociados livres e iguais ao abrigo da lei.

Ao mesmo tempo, a principal força dessa abordagem pode se mostrar também como a sua maior fraqueza. Dado o caráter abstrato da reconciliação entre as autonomias pública e privada, difícil é determinar de que modo ela pode contribuir para debates constitucionais mais específicos, por exemplo, no que se refere à interpretação da Cláusula de Estabelecimento

55 *Ibid.*, p. 339.

56 Para esse uso da noção de "pré-compromisso" e da Constituição como um "estatuto público", ver Samuel Freeman, "Original Meaning, Democratic Interpretation, and the Constitution" [Sentido original, interpretação democrática e a Constituição], *Philosophy and Public Affairs* 21 (1992), p. 3-42.

da Primeira Emenda ou ao escopo e conteúdo mais específicos do direito à privacidade. Com maior probabilidade, Habermas afirmaria que o sistema de direitos é "insaturado", devendo ser preenchido com referência à tradição e à história particulares de uma comunidade política, fazendo-o em resposta a contínuas deliberações no âmbito da esfera pública. Tal pode ser assim, mas também parece razoável esperar que a proposta geral para uma reconciliação entre democracia e direitos básicos deveria prover alguma orientação para debates mais específicos sobre direitos (por exemplo, isto viria a sustentar um direito constitucional ao aborto como condição para garantir a autonomia pública das mulheres?). Na verdade, eu suspeito de que a teoria seja capaz de proporcionar tal orientação, mas há muito mais trabalho a ser feito nessa faixa intermediária situada entre concepções gerais e enumeração de direitos e liberdades específicos.

2. Em que pese a sua ênfase em "públicos fracos" e na sociedade civil pluralista, o modelo por Habermas da democracia procedimental e da política deliberativa autoriza uma versão "não restritiva" ou "tolerante" do princípio de neutralidade liberal (374s). Esse princípio tem sido criticado por comunitaristas e outros, os quais argumentam que ele seria excessivamente individualista ou atomista em sua concepção do cidadão, ou que pressupõe a sua própria concepção do bem, sendo assim intrinsecamente contraproducente (uma vez que ele não pode levar em conta a promoção de valores exigida para uma sociedade liberal).[57] Em particular, tem sido proposto que o princípio da neutralidade liberal não é compatível com a busca, pelo Estado, de medidas destinadas a promover ou manter uma sociedade civil diversa e uma robusta esfera pública.[58] Será o endosso de um

57 Ver, por exemplo, Charles Taylor, "Cross-Purposes: The Liberal-Communitarian Debate" [Propostas cruzadas: O debate liberal-comunitário], *in Liberalism and the Moral Life* [Liberalismo e a vida moral], Nancy Rosenblum (Org.) (Cambridge, Mass.: Harvard University Press, 1989); Joseph Raz, "Facing Diversity" [Em face da diversidade], *Philosophy and Public Affairs* 19 (1990), p. 3-46; e Michael Walzer, "The Communitarian Critique of Liberalism" [A crítica comunitarista ao liberalismo], *Political Theory* 18 (1990), p. 6-23. Na seção a seguir, recorro a aspectos de meu "Liberal Neutrality, Pluralism, and Deliberative Politics" [Neutralidade liberal, pluralismo e política deliberativa], *Praxis International* 12 (1992), p. 50-69.

58 Walzer, "Communitarian Critique of Liberalism" [A crítica comunitarista ao liberalismo].

princípio de neutralidade por Habermas consistente com a sua afirmação do valor de uma esfera pública robusta?

É importante que o sentido da neutralidade liberal, pelo menos em sua melhor interpretação, não seja mal compreendido. Em primeiro lugar, o princípio da neutralidade não é em si um princípio neutro ou não moral. Ele não implica uma neutralidade meramente procedimental no tocante a quaisquer concepções da vida boa que os cidadãos possam ter. Trata-se, em vez disso, de um ideal introduzido em conjunção com um princípio do direito (por exemplo, o Princípio Universal de Kant ou o Princípio da Igual Liberdade de Rawls), e com isso o indivíduo se fará tendencioso contra concepções do bem incompatíveis com os direitos e liberdades básicos especificados por tal princípio.[59] Em segundo lugar, o princípio de neutralidade não demanda, nem mesmo que o Estado dispense, tratamento igual a qualquer concepção permissível do bem que os cidadãos possam ter, ou que as políticas buscadas pelo Estado tenham de exercer o mesmo efeito sobre toda e qualquer concepção (permissível) da vida boa. Essa forma de neutralidade, chamada de neutralidade de efeito ou consequencial, é uma neutralidade a um só tempo não prática e não desejável. A neutralidade liberal, por sua vez, acarreta a "neutralidade de objetivo" ou "neutralidade de base", no sentido de que os argumentos e considerações introduzidos em apoio a princípios ou políticas específicas não devem recorrer a concepções particulares da vida boa, devendo sim considerar todos os cidadãos e suas concepções (permissíveis) com igual interesse e respeito.[60]

Mesmo nessa interpretação, o princípio pode ser contestado. Podem as políticas ser neutras em seu modo de justificação ou será o caso de que tais pretensões de neutralidade devem evitar recorrer a algumas

59 Ver "The Idea of Overlapping Consensus" [A ideia do consenso sobreposto], *Oxford Journal of Legal Studies* 7 (1987), p. 9.

60 Rawls, "The Priority of the Right and the Ideas of the Good" [A prioridade do direito e as ideias de Bem], *Philosophy and Public Affairs* 17 (1988), p. 260-268; Peter de Marneffe, "Liberalism, Liberty, and Neutrality" [Liberalismo, liberdade e neutralidade], *Philosophy and Public Affairs* 19 (1990), p. 253-274; e Will Kymlicka, "Liberal Individualism and Liberal Neutrality" [Individualismo liberal e neutralidade liberal], *Ethics* 99 (1989), p. 883-884.

concepções (permissíveis) do bem em detrimento de outras? Uma versão da neutralidade sugerida pela noção por Ackerman de "conversa restrita" e pelo "método de evitação" de Rawls é passível de ser assim contestada ao indevidamente restringir as questões que possam ser inseridas na agenda política ou suscitadas em discussões públicas, havendo o risco de reforçar o *status quo* e de inibir o entendimento mútuo.[61] Essa estratégia sugere também a existência de uma distinção relativamente estabelecida e clara entre os assuntos que são apropriados para discussão pública e os que não o são.

Uma interpretação alternativa da neutralidade liberal é capaz de evitar essa objeção. De acordo com essa interpretação, o princípio de neutralidade não é entendido como parte de uma estratégia geral de evitação, e sim como parte do que é demandado ao se mostrar igual interesse e respeito num sentido mais forte: o Estado não deve atuar de modo destinado a promover uma concepção particular da vida boa, uma vez que esta constituiria um fracasso em manifestar para cada cidadão igual interesse e respeito. Diferentemente do método de evitação, essa interpretação da neutralidade não exige que se mantenham questões controversas afastadas da agenda política, a fim de se evitarem conflitos sociais e morais. Pelo contrário, ela é de todo consistente com a visão de que o Estado atua para promover discussões racionais com o intuito de resolver conflitos sociais e morais potencialmente divisionistas.[62] Com base nessa interpretação, a neutralidade é compatível com a tentativa de assegurar uma forma de respeito mútuo ou uma "tolerância militante", na qual a diferença é não apenas tolerada, e sim nela os indivíduos buscam compreender um ao outro em suas diferenças e chegar a uma solução para o assunto em questão, tendo em vista um reconhecimento comum de um pelo outro como cidadãos livres e iguais.

---

61 Ver Bruce Ackerman, "Why Dialogue?" [Por que diálogo?], *Journal of Philosophy* 86 (1989), p. 5-22, e a discussão em Seyla Benhabib, "Liberal Dialogue versus a Critical Theory of Discursive Legitimation" [Diálogo liberal *versus* uma teoria crítica da legitimação discursiva], *in Liberalism and the Moral Life*, p. 143-156.

62 Amy Guttman e Dennis Thompson, "Moral Conflict and Political Consensus" [Conflito moral e consenso político], *in Liberalism and the Good* [Liberalismo e o Bem], G. Mara, B. Douglass e H. Richardson (Orgs.) (Nova Iorque: Routledge, 1990), p. 125-147.

A essa visão talvez se possa objetar que, para além da neutralidade liberal, ela conduz a um perfeccionismo liberal ou "modesto". De fato, argumento semelhante, em favor de uma esfera pública mais robusta e pluralista, recentemente foi proposto por Michael Walzer.[63] Por paradoxal que possa parecer, tendo em vista os extraordinários efeitos "normalizadores" da economia de mercado e do Estado burocrático, tem-se escassas razões para supor que ou uma esfera pública robusta e pluralista ou as demais condições sociais gerais para uma política mais deliberativa possam ser asseguradas sem a intervenção e assistência (autorreflexivas) do Estado. Porém, se argumentei que o Estado pode ser justificado ao atuar de modo que garanta tais fóruns, não vejo como isso possa demandar a adoção de uma abordagem perfeccionista do liberalismo, em detrimento do princípio de neutralidade alternativo esboçado aqui. Afinal de contas, com base nessa interpretação, para Habermas, como foi esboçado na seção II, as ações do Estado são justificadas não em razão de sua contribuição para um particular modo de vida ou de concepção do bem, mas sim uma vez que fóruns deliberativos robustos e pluralistas são condições necessárias para o exercício eficaz de direitos básicos de autonomia pública e privada que daí resultam. O Estado por vezes pode ser justificado ao atuar com o intuito de promover ou assegurar as condições para uma sociedade civil pluralista, e isto não por ele considerar uma sociedade pluralista como um bem para seus cidadãos, mas sim por considerar tais condições como exigências da razão prática no sentido de que a deliberação fundamentada e racional não pode ser alcançada sem elas.

3. Por fim, questões suscitadas na crítica à neutralidade liberal tornam a surgir, de forma intensificada, no "dilema da diferença". Isso porque a pretensão agora é a de que a busca por "justiça" mediante a forma jurídica burguesa (isto é, a lei geral destinada a assegurar direitos iguais) necessariamente desvaloriza diferenças e produz violência contra indivíduos, grupos e práticas que sejam desviantes da norma estabelecida.[64] O dilema da diferença, que tem sido debatido com mais vagar na

63 "Communitarian Critique of Liberalism" [Crítica comunitarista ao liberalismo], p. 19.

64 Ver Iris Young, *Justice and the Politics of Difference* [Justiça e a política da diferença] e Martha Minow, *Making All the Difference* [Fazendo toda a diferença] (Ítaca: Cornell University Press, 1990).

recente jurisprudência feminista, encontra-se intrinsecamente entrelaçado ao princípio fundamental da igualdade jurídica. "Tratar os iguais de maneira igual" requer um juízo sobre os aspectos pelos quais duas coisas são iguais e sobre o que significa tratá-las de forma igual. Ocorre que isso resulta no seguinte dilema:

> Ao levar em conta a diferença de outra pessoa quando se atribuem bens ou se distribuem responsabilidades, corre-se o risco de reiterar a importância de tal diferença e, de modo potencial, o seu estigma e consequências estereotipadas. Mas quando não se leva em conta a diferença de outra pessoa – num mundo que faz com que tal diferença importe –, pode-se também recriar e estabelecer tanto a diferença quanto as suas implicações negativas. Se se elaboram leis ou se as impõem, pode-se temer que os efeitos das leis não sejam neutros, quer se leve em conta as diferenças, quer se as ignore.[65]

Os esforços para garantir a igualdade jurídica em geral têm buscado ou um "modelo assimilacionista" (que enfatiza a medida em que somos todos semelhantes) ou um "modelo de acomodação" (que busca criar "direitos especiais" com base em diferenças "reais"). Como observam algumas feministas, contudo, ambos os modelos tropeçam no mesmo problema. Ao tentar determinar quais diferenças merecem remédios jurídicos e quais devem ser ignoradas, as normas de fundo – que estabelecem termos de relevância à luz dos quais os juízos de semelhança e diferença são emitidos – com muita frequência se mantêm não contestadas.[66]

Uma reação a isso tem sido a de resistir por completo a emitir juízos de semelhança e diferença.[67] Contudo, uma vez que o problema é enquadrado da maneira descrita, isto é, não como um problema de juízos de semelhança

---

65 Martha Minow, "Justice Engendered" [Justiça engendrada], *in* Smith, *Feminist Jurisprudence* [Jurisprudência feminista], p. 232.

66 Ver Christine Littleton, "Reconstructing Sexual Equality" [Reconstruindo a igualdade sexual], *in* Smith, *Feminist Jurisprudence* [Jurisprudência feminista]; Dehorah Rhode, *Justice and Gender* [Justiça e gênero] (Cambridge, Mass.: Harvard University Press, 1989); e a discussão de Habermas em *Faktizität und Geltung* [Facticidade e validade], p. 509s.

67 Ver Catharine MacKinnon, "Difference and Dominance", em seu *Feminism Unmodified* [Feminismo não modificado] (Cambridge, Mass.: Harvard University Press, 1987).

e diferença *per se*, mas como crítica às normas e critérios subjacentes que os orientam, a atenção migra para o processo pelo qual tais normas têm sido definidas. E aqui, creio eu, irrompe a força da abordagem de Habermas: os esforços que garantem direitos iguais e a proteção da lei para cada cidadão têm de caminhar lado a lado com os esforços em garantir o exercício da autonomia pública de todos os cidadãos. As autonomias pública e privada mutuamente supõem uma à outra e têm de ser realizadas em conjunto, a fim de assegurar processos de legítima legislação. Com esse modelo em vista, seria possível então aceitar a sugestão de algumas feministas, segundo a qual a questão não é a de o direito se fazer "cego" à diferença, tampouco a de reparar diferenças particulares mediante a introdução de "direitos especiais", mas sim a de "tornar as diferenças algo isento de custos".[68]

Com relação a esses três desafios lançados à democracia liberal, concluo que o caráter abstrato e altamente procedimental da versão por Habermas do projeto de democracia radical vem a ser a sua força e fraqueza primárias. A sua força está em que, em conexão com a sua teoria da razão e ação comunicativas, Habermas gera um argumento único e poderoso a favor de um modelo de democracia em que as autonomias pública e privada dos cidadãos recebam a mesma consideração. Tal modelo gera uma abordagem intersubjetiva dos direitos básicos e uma democracia procedimental mais atraente do que quaisquer abordagens liberais ou republicanas atualmente disponíveis. Além disso, ele proporciona um forte argumento em favor do *design* de instituições, que facilitará discussões calcadas no respeito mútuo. Por outro lado, o caráter altamente abstrato da proposta sugere que mais trabalho ainda precisa ser feito se o intuito for o de contribuir *diretamente* para debates mais específicos sobre direitos básicos, sobre os "dilemas da diferença" ou o que

68 Essa posição, que ela chama de "modelo de aceitação", é proposta por Christine Littleton em "Reconstructing Sexual Equality" [Reconstruindo a igualdade sexual]. Não quero sugerir (tampouco Littleton o deseja) que tal seja uma tarefa simples, pois, como observa Charles Taylor em discussão relacionada ao tema, podem surgir conflitos entre a "política da igual dignidade" e a "política da diferença" – conflitos, por exemplo, entre oportunidade igual e adesão cultural – que não podem ser resolvidos facilmente (ver *Multiculturalism and "The Politics of Recognition"* [Multiculturalismo e "A política do reconhecimento"], Princeton: Princeton University Press, 1992, p. 37).

quer que conte como correspondência apropriada (ou como o "vir a entrar em acordo") entre virtude liberal e *design* institucional. Tal trabalho, como Habermas admite, é requerido para que as noções de democracia procedimental e de política deliberativa sejam eficazmente realizadas no mundo contemporâneo.

10 Discurso e práticas democráticas

Simone Chambers

Habermas sempre sugeriu que a ética do discurso contém uma teoria da legitimação democrática ou conduz a ela.[1] Apenas recentemente, porém, ele deu início a uma investigação sistemática do potencial político do discurso.[2] Ele e grande parte do debate crítico mais amplo têm se centrado no passado da ética do discurso como filosofia moral – uma ética cognitiva inserida na tradição neokantiana, que se propõe a articular o ponto de vista moral moderno da imparcialidade. Ao modo de uma contribuição para a filosofia moral, Habermas com frequência ressalta que a ética do discurso é mais descritiva do que normativa, já que representa "uma reconstrução das intuições cotidianas subjacentes ao juízo imparcial dos conflitos morais de ação".[3]

Recorrendo à filosofia da linguagem e a uma análise do que referimos quando dizemos que tal e tal é moralmente correto, Habermas conclui que o que queremos dizer é que poderíamos resgatar essa pretensão numa conversa ideal. Dito de outra maneira, acreditar que algo seja correto é acreditar que temos boas razões para sustentar essa posição. Acreditar que temos boas razões implica a ideia de que, dado tempo suficiente, dados interlocutores de boa vontade e dado um ambiente livre de restrições, todos chegariam à mesma conclusão a que chegamos. Desse

---

1 Jürgen Habermas, *Legitimation Crisis* [Crise de legitimação], tradução de Thomas McCarthy (Boston: Beacon Press, 1975).

2 Jürgen Habermas, *Faktizität und Geltung: Beiträge zur Diskurstheorie des Rechts und des demokratischen Rechtsstaats* [Facticidade e validade: Contribuições à teoria do discurso do direito e do Estado de direito democrático] (Frankfurt: Suhrkamp, 1992).

3 Jürgen Habermas, *Moral Consciousness and Communicative Action* [Consciência moral e ação comunicativa], tradução de Christian Lenhardt e Shierry Weber Nicholsen (Cambridge, Mass.: MIT Press, 1990), p. 116.

modo, juízos imparciais são juízos que chegariam a um acordo universal numa comunidade de comunicação ideal.

A conversa ideal substitui o teste de universalização monológica do imperativo categórico por um teste dialógico de universalização. A moralidade ainda versa sobre universalizar a máxima da ação de um indivíduo. Mas eis que agora o teste de universalização bem-sucedida já não pode ser encontrado na questão: será o mundo regulado por uma máxima logicamente consistente? Tomando como base a perspectiva discursiva, a pergunta que fazemos a nós mesmos é: será que todos concordariam em ser regulados pela minha máxima?

O teste de universalização discursiva surgiu sob um certo volume de críticas.[4] Um dos problemas parece ser o de que jamais pode haver um resultado determinado para tal teste. Habermas propõe substituir o teste monológico do imperativo categórico por um teste dialógico. Mas, para que esse teste seja genuinamente dialógico, ele não pode ser empreendido como um experimento de pensamento contrafactual. O teste não consegue ser dialógico caso ele equivalha para mim ao ato de imaginar uma conversa universal em minha mente. Com isso, Habermas insiste em que o discurso de fato se realize por agentes sociais reais.[5] Mas ao insistir em que o teste tenha de se realizar de fato, podemos ter a certeza de que jamais chegaremos a um juízo moral plenamente justificado. As condições da conversa ideal jamais podem ser plenamente satisfeitas no mundo real e menos do que ideal. Todo e qualquer consenso efetivo é sempre um consenso finito e, desse modo, jamais poderá ser um consenso universal.

A estipulação de que o discurso tenha de ser realizado na verdade levou muitos teóricos a concluir ser ele mais apropriado como modelo de

4 Para a mais sistemática e abrangente abordagem dos problemas a envolver o teste de universalização dialógica, ver Albrecht Wellmer, "Ethic and Dialogue: Elements of Moral Judgment in Kant and Discourse Ethics" [Ética e diálogo: Elementos de juízo moral em Kant e discurso ético], *in The Persistence of Modernity* [A persistência da modernidade], tradução de David Midgley (Cambridge, Mass.: MIT Press, 1991), p. 113-231.

5 Jürgen Habermas, *The Theory of Communicative Action* [Teoria da ação comunicativa], vol. II, tradução de Thomas McCarthy (Boston: Beacon Press, 1987), p. 95. Ver também Habermas, *Moral Consciousness and Communicative Action* [Consciência moral e ação comunicativa], p. 67.

legitimação democrática do que de validade moral.[6] A validade moral, por definição, deveria transcender comunidades concretas, mas a legitimação democrática é situada no âmbito de comunidades concretas. Se entendermos a legitimidade democrática como a significar que instituições e normas sejam legítimas caso os cidadãos deem a elas o seu livre consentimento, o discurso pode então servir como um teste para tal livre consentimento. Esse consentimento não precisa abarcar uma comunidade de comunicação ideal, e sim tão só as pessoas que terão de viver ao abrigo das leis.

Quero sugerir que os problemas suscitados pela comunidade de comunicação ideal não desaparecem quando passamos à política. Tampouco toda e qualquer conversa vem a ser um discurso. As conversas são mais ou menos discursivas à medida que se aproximam das condições *ideais* do discurso. Isso é tão verdadeiro para o discurso político quanto o é para discursos morais. Essas condições não podem ser mais plenamente satisfeitas por cidadãos que discutem o que se encontra em seus interesses concretos gerais do que por pessoas que discutem o que é o interesse abstrato universal. Uma teoria discursiva da legitimação política inicia-se com uma imagem ideal do discurso, e uma das tarefas de tal teoria é explicar o que significaria para pessoas reais viver vidas reais para se engajar num discurso como prática presencial.

Mantendo sempre o ideal como pano de fundo, este ensaio investiga quatro questões: (1) O que se espera que um discurso como prática presencial realize? (2) Por que é importante que nos engajemos em tal prática? (3) O que se exige de nós para que nos engajemos em tal prática? E (4) qual o lugar que tal prática realisticamente pode ter no âmbito da política democrática? Muito brevemente, as respostas a essas questões são as seguintes: (1) Do discurso como prática presencial se supõe que realize uma racionalização da opinião pública e da formação da vontade. (2) É importante que nos engajemos em tal prática, porque somente pela racionalização do processo pelo qual acreditamos que algo é legítimo podemos

---

6 Wellmer, "Ethics and Dialogue" [Ética e diálogo], p. 145-188. Jean Cohen e Andrew Arato, *Civil Society and Political Theory* [Sociedade civil e teoria política] (Cambridge, Mass.: MIT Press, 1992), p. 350-351.

reconciliar justiça e estabilidade. (3) Engajar-se num discurso demanda que nos esforcemos para ser mais atores discursivos do que estratégicos. Por fim, (4) o discurso, aquém da comunidade de comunicação ideal, não tem nenhum mecanismo pelo qual possamos produzir um fechamento. Isso significa que ele tem a desempenhar um papel limitado, não obstante essencial, na tomada democrática de *decisão*.

I. "Ser convencido pela razão"

Um modo de compreender a mudança da teoria moral para a teoria política é dizer que, em vez de uma versão reformulada do imperativo categórico, a ética do discurso representa uma versão reformulada do princípio de publicidade de Kant.[7] A "publicidade" (*Publizität*) reconcilia as exigências de direito (justiça/interesse geral) com as exigências de política (obediência/estabilidade).[8] A ideia de direito público encontra expressão no seguinte princípio: "Todas as ações que afetem os direitos de outros seres humanos estão equivocadas se sua máxima não for compatível com o seu ser tornado público".[9] A ideia é a de que o soberano seja o guardião do interesse geral, e, com isso, ele não deve ter razão alguma para temer o debate público sobre a legitimidade de suas ações. Na verdade, um soberano que teme o debate público é um soberano que teme que suas ações não sejam de interesse geral: "(uma máxima) que não possa ser publicamente reconhecida, sem com isso inevitavelmente

7 Seyla Benhabib faz essa sugestão em "Liberal Dialogue versus a Critical Theory of Discursive Legitimation" [Diálogo liberal *versus* uma teoria crítica da legitimação discursiva], *in Liberalism and the Moral Life* [Liberalismo e vida moral], Nancy Rosenblum (Org.) (Cambridge, Mass.: Harvard University Press, 1989), p. 144. Para uma comparação entre Kant, Rawls e Habermas sobre a questão da publicidade, ver Kenneth Baynes, *The Normative Grounds of Social Criticism: Kant, Rawls, Habermas* [Os fundamentos normativos da crítica social: Kant, Rawls, Habermas] (Albany: State University of New York Press, 1992), p. 4-5. Para uma discussão do entendimento da publicidade segundo Kant, ver Howard Williams, *Kant's Political Philosophy* (Nova Iorque: St. Martin's Press, 1983), p. 149-161.

8 Immanuel Kant, "Perpetual Peace" [Paz perpétua], *in Kant's Political Writings* [Escritos políticos de Kant], Hans Reiss (Org.) (Cambridge, Mass.: Cambridge University Press, 1970), p. 130.

9 *Ibid.*, p. 126.

suscitar a resistência de quem quer que seja a meus planos, pode apenas ter incitado essa oposição necessária e geral (portanto, previsível *a priori*) contra mim por ser ela própria injusta e assim constituir uma ameaça a quem quer que seja".[10]

Além de servir como um teste negativo para a justeza das leis, a publicidade serve também como um meio de obter obediência ao mesmo tempo que respeite cada cidadão como um agente moral autônomo, capaz de fazer juízos racionais: "Tem de haver um *espírito de liberdade*, pois em todos os temas relativos a direitos humanos universais cada indivíduo demanda ser convencido, uma vez que a coerção que prevalece é legítima, e de outro modo ele estaria em contradição consigo mesmo".[11] Assim, ao tornar públicos os motivos para uma ação do Estado e ao submeter esses motivos à força crítica do "pensamento independente e público",[12] pode-se garantir que o Estado tenha razões justas para suas ações e também que os cidadãos acreditem que essas razões sejam justas.

Kant, como sabemos, não foi nenhum democrata em nosso sentido moderno. O mandato de governo do soberano poderia ser explicado pela ideia de um contrato e, consequentemente, por meio de consentimento, mas não se trataria de uma questão de consentimento real, universal e renovável. Além disso, se os cidadãos não deveriam ser desencorajados a julgar as ações do soberano, eles deveriam decididamente ser desencorajados a se opor de maneira ativa ao soberano.[13] Assim, embora o princípio de publicidade estabeleça os rudimentos de uma teoria da legitimação política, ele se encontra limitado pelo fato de que Kant não o atrela a uma teoria da soberania popular. Kant ainda estava interessado no problema que consumira o pensamento político inglês do século XVII: entre povo e soberano, quem julgará quando eles fizerem reivindicações de direito

10 *Ibid.*

11 Immanuel Kant, "On the Common Saying: 'This May be True in Theory, but It Does Not Apply in Practice'" [Sobre o dito comum: Isso pode ser verdadeiro na teoria, mas não se aplica na prática], *in Kant's Political Writings* [Escritos políticos de Kant], p. 85 (doravante "Theory and Practice" [Teoria e prática]).

12 *Ibid.*, p. 85.

13 *Ibid.*, p. 81.

opostas?[14] A adjudicação de tais reivindicações concorrentes pressupõe que "acima da cabeça do Estado haveria de se ter outra cabeça a mediar entre este último e o povo, o que é autocontraditório".[15]

Quando aderimos à ideia de publicidade segundo Kant, com noções modernas de democracia, chegamos a uma teoria deliberativa da legitimidade democrática. Em vez de puro consentimento, essa teoria ressalta os processos deliberativos que conduzem ao consentimento e às razões que consolidam o consentimento. A ideia central é a de que os cidadãos deveriam ser "convencidos pela razão" de que as instituições e as normas de sua comunidade sejam de interesse geral. No sentido inverso, as instituições e normas da comunidade não são de interesse público quando os cidadãos não podem ser convencidos pela razão de que assim o sejam.

Mas o que significa ser "convencido pela razão"? Ao responder a essa pergunta, Kant apelou à distinção entre os usos público e privado da razão.[16] A razão é usada privadamente quando posta a serviço dos interesses privados de alguém ou quando se pensa em termos de seu posto ou cargo particular: como oficial de polícia, como advogado, como pessoa de negócios. A razão é usada publicamente quando posta a serviço do bem comum ou do interesse geral. Aqui temos de procurar nos alçar acima de nossos lugares particulares na sociedade e avaliar questões e políticas públicas por uma perspectiva mais geral. Para Kant, ser "convencido pela razão" significava ser convencido pela razão pública. Mas de que modo sabemos se os cidadãos são realmente convencidos pela razão pública ou simplesmente aquiescem às regras impostas a eles? Kant não sugere um teste. Além do mais, ele esteve propenso a pensar que somente os altamente educados, em particular os filósofos, acostumados a ver as questões de um ponto de vista impessoal, são capazes de usar a razão publicamente.[17] O público geral, ao

14 Julian Franklin, *John Locke and the Theory of Sovereignity* [John Locke e a teoria da soberania] (Cambridge, Mass.: Cambridge University Press, 1978).

15 Kant, "Theory and Practice" [Teoria e prática], p. 81.

16 Immanuel Kant, "An Answer to the Question: What is Enlightenment?" [Resposta à pergunta: O que é esclarecimento?], *in Kant's Political Writings* [Escritos políticos de Kant], p. 55.

17 Kant, "What is Enlightenment?" [O que é esclarecimento?], p. 55. Williams, *Kant's Political Philosophy* [A filosofia política de Kant], *in Kant's Political Writings*, p. 155-157.

formar suas opiniões, deveria aproveitar e tomar a sua deixa desses "homens de conhecimento".

A ética do discurso a um só tempo democratiza essa ideia de razão pública e sugere diretrizes procedimentais para assegurar o uso público da razão. A estrutura do discurso estabelece o que é implicado e pressuposto pela ideia de ser convencido pela razão ou pela opinião racional e pela formação da vontade. Quanto isso se encontra atrelado à ideia de legitimidade democrática, temos uma imagem do que é implicado pela opinião *pública* racional e pela formação da vontade.

O discurso é uma versão idealizada e formalizada da ação comunicativa. Na ação comunicativa, os participantes buscam o entendimento mútuo ao oferecer argumentos que poderiam comandar o assentimento. Em oposição à ação estratégica, na qual os participantes estão interessados sobretudo em produzir uma desejada resposta comportamental, na ação comunicativa os participantes estão interessados em produzir um entendimento genuíno. Por exemplo, na ação estratégica os participantes, não raro, tentam influenciar um ao outro, introduzindo influências não relacionadas aos méritos de um argumento, por exemplo, ameaças, subornos ou coerção. Tais persuasões podem produzir o comportamento desejado mesmo em situações em que o outro jogador não esteja convencido de que existem razões intrinsecamente boas para agir daquela forma.

Quando persuasões externas são trazidas à tona com o intuito de forçar os participantes a aceitar uma afirmação, entender a afirmação pode se tornar irrelevante. John pode entender que se ele não fizer X, Susan vai lhe bater na cabeça – e com isso ele entendeu o sentido da ameaça. Mas John não (necessariamente) chega a ver por que Susan quer que ele faça X em primeiro lugar, de modo que ele não tem um pleno entendimento da afirmação de Susan. Tampouco (necessariamente) chega a ver por que motivo ele, independentemente da ameaça de Susan, tenha qualquer boa razão para fazer X. Isso não quer dizer que questões de, digamos, benefício ou risco material não tenham lugar no âmbito da ação comunicativa. As pessoas têm interesses econômicos legítimos, cuja satisfação pode se apresentar como uma razão intrinsecamente boa.

Os atores comunicativos estão fundamentalmente interessados no entendimento mútuo como oposto ao comportamento externo. Por essa razão, eles tentam se convencer um ao outro de que existem razões intrinsecamente boas para buscar uma linha de ação em detrimento de outra. Somente a "força do melhor argumento" deveria ter o poder de convencer participantes. O discurso, como uma idealização desse tipo de atividade, tem de estabelecer condições tais que somente o convencimento racional, isto é, o convencimento argumentativo, está autorizado a se dar. Ele tem de ser uma estrutura imunizada de um modo especial contra a repressão e a desigualdade.[18]

A imunização é obtida por meio de um conjunto de regras destinado a garantir igualdade, liberdade e jogo justo discursivos: ninguém com a competência de falar e agir pode ser excluído do discurso; a todos é permitido questionar e/ou introduzir qualquer asserção que seja, bem como expressar suas atitudes, desejos e necessidades; ninguém pode ser impedido, por coerção interna ou externa, de exercer esses direitos.[19]

Se em seus primeiros escritos essas regras estavam associadas ao discurso prático ou moral, Habermas agora acrescenta mais dois tipos de discurso: o pragmático e o ético.[20] O discurso pragmático se concentra em questões de meios-e-fins, o discurso ético se concentra no autoentendimento de indivíduos e grupos, e o discurso moral, em princípios morais geralmente válidos. São todos governados pelas regras de igualdade, liberdade e jogo justo. Todos são direcionados ao entendimento mútuo por meio do poder do argumento fundamentado. Contudo, somente o discurso moral impõe a si mesmo o alto padrão do consenso racional.

A deliberação democrática comporta todos os três tipos de discurso.[21] Quanto mais a questão sob discussão pública envolve questões de

---

18 Habermas, *Moral Consciousness and Communicative Action* [Consciência moral e ação comunicativa], p. 88.

19 *Ibidem*, p. 89. Coerção externa implica em coisas como ameaças e subornos; coerção interna, em coisas como pressão psicológica, manipulação retórica e fraude.

20 Jürgen Habermas, *Erläuterungen zur Diskursethik* [Elucidações sobre a ética do discurso] (Frankfurt: Suhrkamp, 1991), p. 100-118. Habermas, *Faktizität und Geltung* [Facticidade e validade], p. 138-143.

21 Habermas, *Faktizität und Geltung* [Facticidade e validade], p. 349-398.

justiça profundamente fundacionais, mais importante se torna o consenso. Contudo, a racionalidade da opinião pública e da formação da vontade em geral não depende de os cidadãos chegarem a um consenso racional sobre todas as questões. Uma opinião pública discursivamente formada pode representar um processo de *Bildung* ou educação no qual os cidadãos constroem fundações melhores para suas opiniões por meio da interação discursiva. Por meio da interação discursiva em variadas questões, desde o "quem somos nós?" aos melhores meios de assegurar a redução de um *déficit*, os cidadãos tornam-se mais informados sobre as questões; eles se tornam conscientes do que outros pensam e sentem; reavaliam as suas posições à luz de críticas e argumentação; em suma, ao defender suas opiniões com razão, tais opiniões tornam se mais fundamentadas. O resultado de tal interação é o de que a opinião pública e o exercício da responsabilidade democrática encontram-se integrados em convicções fundamentadas, embora as convicções raciocinadas nem sempre precisem refletir um consenso sobre uma questão. As questões de legitimidade, por outro lado, são também questões de justiça, e a esse respeito o consenso ainda tem de ser atingido.

Mesmo que entendamos o discurso como nem sempre visando a um consenso racional, uma opinião pública discursivamente formada exige mais do que garantir que alguém esteja excluído do discurso, que todos possam falar a sua parte e que ninguém possa ser coagido. Sob as condições supramencionadas, o discurso será bem-sucedido somente se os participantes adotarem atitudes de igual respeito e imparcialidade. As regras do discurso estipulam que temos de nos tratar um ao outro como parceiros iguais no processo de deliberar sobre princípios que governarão nossa interação coletiva, quem somos nós e o que desejamos, bem como os meios de atingir um bem coletivo. Isso significa que cada indivíduo deve ter a oportunidade de falar a sua parte e de levantar-se e dizer sim ou não a uma proposta. Porém, em adição à exigência negativa de que os indivíduos recebam espaço e oportunidade para falar, os discursos produtivos contêm a exigência positiva de que eles ouçam um ao outro, respondam um ao outro e justifiquem suas posições um ao outro. Tratar um ao outro como igual parceiro de diálogo significa que temos de iniciar com a premissa de que cada participante tem algo de potencialmente valioso para contribuir com o discurso; de que cada participante mereça ter suas afirmações levadas em conta. Isso é algo que encarna a ideia kantiana de que o respeito envolve tratar as pessoas como fins em si mesmas e não meramente como meios. Atores estratégicos veem seus parceiros de diálogo como meios: como ou limitando-os ou viabilizando-os na busca por seus fins. Os atores comunicativos veem seus parceiros de diálogo como fins em si mesmos: como agentes autônomos cuja capacidade de juízo racional tem de ser respeitada. A maior parte da interação dia a dia é uma combinação dessas duas orientações. O discurso, como uma idealização da ação comunicativa, pede aos participantes que excluam todas as atitudes estratégicas e instrumentais para com os interlocutores da conversa.[22]

A imparcialidade é alcançada com a inserção do indivíduo na posição do outro e com a tentativa de ver a situação da perspectiva desse outro. Somente ao se tentar compreender como o mundo parece a outras pessoas é que os participantes tornar-se-ão suficientemente flexíveis e abertos para realizar uma avaliação genuína de suas opiniões. O discurso é direcionado ao entendimento mútuo. Num nível mínimo, isso significa entender as questões reais que separam você de seu interlocutor. Num nível máximo, significa vir para um entendimento compartilhado. Mesmo o caso mínimo demanda imparcialidade. O desacordo profundo nem sempre, nem mesmo fundamentalmente, é um caso de mal-entendido. O desacordo profundo é frequentemente um caso de entender bem demais

22 Não é de todo correto dizer que o discurso não contém nenhum cálculo instrumental. O discurso é orientado no sentido de que os participantes estejam a buscar os melhores meios para atingir o objetivo do entendimento mútuo. Assim, não é a racionalidade de meios e fins que está excluída do discurso, e sim apenas a visualização do parceiro de diálogo de um indivíduo como meio de atingir os próprios fins desse indivíduo. Além disso, em que pese meu exemplo exagerado de ação estratégica, a distinção entre ação comunicativa e estratégica ou ação instrumental não pretende implicar que a ação estratégica seja sempre ou necessariamente ruim. Se o objetivo é o entendimento mútuo, a ação estratégica não se dá. Mas existe uma série de objetivos bastante legítimos a demandar que calculemos de maneira estratégica. Na verdade, Habermas agora aceita que o ato de barganhar seja parte legítima do processo democrático (*Faktizität und Geltung* [Facticidade e validade], p. 204-206).

o hiato que separa você dos outros. Porém, o desacordo, assim como o acordo, pode ser mais ou menos racional, a depender das razões que se tenha. O desacordo racional demanda que você entenda a afirmação que está rejeitando, e isso requer que se ponha no lugar do outro. Se os participantes estão pouco dispostos a fazer um esforço sincero para avaliar seus motivos, fins e necessidades à luz dos motivos, fins e necessidades de seus interlocutores, o processo discursivo, não importa o quão estruturalmente ele seja igual, não levará a parte alguma.

O igual respeito e a imparcialidade encontram-se implicados pela estrutura de argumentação racional. Se (e este, é claro, é um grande "se") estamos interessados em convencer com razão, devemos lidar com nosso interlocutor como alguém que *poderia ser* convencido com razão, ou seja, como um agente racional autônomo. Se resistimos a qualquer esperança de êxito nessa empreitada, então temos também de estar dispostos a fazer com que nossos argumentos recorram ao ponto de vista do outro. Embora essas exigências contenham substanciais premissas morais sobre o modo como devemos conversar entre nós, tais exigências ainda são formais, uma vez que não determinam o modo como a conversa resultará, ou mesmo sobre o que deveríamos falar.

A teoria da legitimidade democrática que emerge dessa análise é uma teoria pela qual os cidadãos são convocados a avaliar coletiva e criticamente as instituições e normas de sua sociedade mediante os procedimentos do discurso. Esses procedimentos asseguram que o processo de avaliação seja justo e que a deliberação seja racional. Mas o que viria a significar a realização de tal conversa? De que modo a traduzimos para as práticas do mundo real? Quando tentamos imaginar o discurso como algo concreto que os cidadãos realizam, dois aspectos vêm à tona. O primeiro é o de que as atitudes internas de igual respeito e imparcialidade se tornam centrais. As regras de inclusão, a igualdade e a não coerção não garantem que a opinião discursiva e a formação da vontade venham a se dar. Somente quando os cidadãos abordam as disputas mais como atores discursivos do que como estratégicos é que temos uma *prática* discursiva. Em segundo lugar, quanto mais o debate público se conforma com o ideal do discurso, menos útil ele é como ferramenta da tomada democrática de decisão. O discurso envolve uma troca entre eficiência e o objetivo do entendimento mútuo. Quanto mais nossas conversas se encontram direcionadas para o entendimento mútuo, menos eficiente elas serão em produzir um determinado resultado que possa se concretizar. Entretanto, isso não marginaliza o discurso como um componente essencial da legitimidade democrática.

II. Estabelecendo um discurso

Embora a ética do discurso aponte para um princípio geral da formação democrática da vontade, ela já não indica um modo particular de organizar essa formação. Não se tem apenas que não podemos determinar *a priori* o que será dito num discurso; tampouco podemos determinar *a priori* como, quando, onde e mesmo se algo será dito. A forma institucional da formação da vontade democrática deve ela própria entrar num acordo com os padrões de validade discursiva.[23] Isso parece conduzir a um círculo: os arranjos institucionais que tornam o discurso possível têm de ser justificados por um discurso. Se o mandato para se criar um discurso só pode ser conferido num discurso, ficamos sem meio algum de justificar o estabelecimento inicial do discurso.

A questão de todo mandato original para justificar o estabelecimento de um discurso só aparece se assumirmos que o discurso representa uma prática revolucionária que tem de novamente ser estabelecida. Porém, um discurso político não é criado do modo como uma assembleia constituída é criada. O ideal político contido numa ética do discurso está centrado numa realização mais reflexiva e disseminada de uma atividade que tem já um lugar em nossa vida.

Conforme Habermas afirmou, a comunicação não tem de ser estabelecida como uma obrigação.[24] A comunicação é o modo com que

---

23 Jürgen Habermas, *Communicative Action and the Evolution of Society* [Ação comunicativa e a evolução da sociedade], tradução de Thomas McCarthy (Boston: Beacon Press, 1979), p. 185-186.

24 Jürgen Habermas, "A Reply to my Critics", *in Habermas Critical Debates*, John Thompson e David Held (Orgs.) (Cambridge, Mass.: MIT Press, 1982), p. 227.

transmitimos e reproduzimos nosso mundo da vida. De modo mais particular, podemos identificar três atividades que funcionam como transmissoras do mundo da vida: a reprodução cultural, pela qual as tradições e os sentidos culturais são transmitidos; a integração social, pela qual reconhecemos normas de cooperação e interação; e, finalmente, a socialização, pela qual adquirimos identidades tanto como coletivos quanto como indivíduos.[25] Essas três funções são simbolicamente mediadas. Nós repercutimos entendimentos culturais, aprendemos a viver em conjunto sob certas regras e a formar nossa identidade conversando e nos comunicando com os outros.

Seguindo Durkheim e Weber, Habermas propõe que instituições sociais e políticas não podem ser mantidas exclusivamente por meio da força ou da manipulação estratégica.[26] Muito embora a ameaça de sanções ou a perspectiva de recompensas frequentemente sejam parte do que motiva os cidadãos a seguir as leis, por si mesmas tais persuasões não podem garantir a lealdade de massa, e, com isso, a estabilidade. A estabilidade requer que "as razões para a obediência possam ser mobilizadas", o que "pelo menos parece justificado aos olhos dos interessados".[27]

> As leis precisam ser intersubjetivamente reconhecidas pelos cidadãos; elas têm de ser legitimadas como corretas e apropriadas. Isso lega à cultura a tarefa de fornecer razões pelas quais um ordenamento político existente merece ser reconhecido.[28]

Quando as razões que a cultura fornece já não são convincentes, o frágil sistema de manutenção de uma norma se desfaz. Nesse ponto tem de ser realizado um processo pelo qual a mobilização é regenerada ou deslocada para uma norma alternativa. E mobilizar razões para a obediência é algo que se atinge mediante a prática comunicativa de convencimento

25 Habermas, *Theory of Communicative Action* [Teoria da ação comunicativa], vol. II, p. 63.

26 Habermas, *Communicative Action and the Evolution of Society* [Ação comunicativa e evolução da sociedade], p. 178s.

27 Habermas, *Moral Consciousness and Communicative Action* [Consciência moral e ação comunicativa], p. 62.

28 Habermas, *Theory of Communicative Action* [Teoria da ação comunicativa], vol. II, p. 188.

recíproco de que existem realmente (ou não) bons motivos para reconhecer uma norma. Sem tal processo de regeneração, que não se encontra simplesmente à nossa disposição, mas constantemente em uso, o pano de fundo compartilhado de nosso mundo social se desfaria.

De acordo com Habermas, esse processo não raro se dá de maneira irrefletida, no que ele chama de "negociação de uma nova definição de situação". A negociação é informal e parcial, caracterizada por uma "comunicação difusa, frágil, continuamente revisada e apenas momentaneamente bem-sucedida, na qual os participantes contam com pressupostos problemáticos e não esclarecidos e encontram seu caminho com base numa comunalidade ocasional com o próximo".[29] Assim, tem-se a imagem de um mundo no qual continuamente renegociamos, em escala pequena e por vezes grande, o pano de fundo normativo para nossas ações. A força decisiva nessas renegociações é a comunicação: alcançamos entendimentos parciais por meio de uma interação simbólica na qual justificamos, convencemos, defendemos, criticamos, explicamos, argumentamos e expressamos nossos sentimentos e desejos internos, enquanto interpretamos os dos outros. Sem entendimentos parciais entre os membros de uma comunidade, não se pode dizer que a regularidade normativa se verifica.

Ocorre que os entendimentos parciais são, na verdade, apenas parciais. Esses entendimentos nem são plenamente reflexivos, nem plenamente racionais. O que isso significa é que eles, não raro, penetram muito profundamente nas pressuposições de fundo que mantêm um modo de vida, no que Habermas chama de contexto do mundo da vida. Além disso, eles não são plenamente racionais no sentido de que, no âmbito da comunicação cotidiana, outras influências são filtradas no processo, de modo que os resultados não são exclusivamente advindos da "força do melhor argumento". Também adulamos, ameaçamos, sutilmente persuadimos (*überreden*), subornamos, exploramos, manipulamos e mentimos à nossa maneira nas novas definições de situação. Nossas conversas raramente são exaustivas, inclusivas ou "convincentes" (*überzeugend*). Vozes

29 Habermas, *Theory of Communicative Action* [Teoria da ação comunicativa], vol. I, p. 100-101.

muitas vezes são silenciadas e conclusões unilaterais, impostas. Por vezes queremos ouvir somente o que queremos ouvir.

A "negociação de novas definições de situação" é o processo pelo qual a validade social de uma norma é reproduzida. Mas uma norma socialmente válida, ou seja, uma norma que é reconhecida por um certo grupo de pessoas, não pode pretender estar correta simplesmente com base em que tal seja de fato reconhecido. A tarefa de uma teoria da legitimidade discursiva é formalizar, esclarecer e universalizar a pressuposição inevitável de que por detrás de cada norma legítima há uma boa razão, e ao fazê-lo racionaliza-se a "comunicação difusa, frágil, continuamente revisada, apenas momentaneamente bem-sucedida" pela qual nós, de maneira irrefletida, renovamos normas sociais. Desse modo, chegamos a um método justo, racional e imparcial de reflexivamente testar a legitimidade de uma norma. Esse procedimento serve à função dual de produzir normas que *estejam* nos interesses gerais, bem como normas que são *reconhecidas* como estando no interesse geral.

Numa teoria discursiva existem dois aspectos. Em primeiro lugar, tem-se o reconhecimento e a análise dos processos do mundo real, por meio dos quais um órgão cidadão gera o reconhecimento necessário para se sustentar num sistema estável de justiça. Cultura e comunicação alicerçam esse processo. Essa análise produz a fundação consensual de todos os sistemas estáveis de regras e normas. Sobreposta a essa análise social, encontra-se a análise teórica/ética, que assinala as condições ótimas sob as quais esse processo deve se dar caso os resultados sejam os de representar o que se encontra no interesse comum. Desse modo, o racionalismo é introduzido não como um plano racional para a sociedade, mas como um processo de racionalização das fundações consensuais da sociedade. Assim como a exigência da publicidade de Kant, a ética do discurso reúne as exigências de estabilidade (de que as pessoas efetivamente acreditam que as instituições sejam de seu interesse) com as exigências de justiça (de que as instituições realmente sejam do interesse de todos). É isso que Habermas tem em mente ao juntar o momento de facticidade (*Faktizität*) ao de validade (*Geltung*).

Não será algo controverso sustentar que os sistemas políticos estáveis demandam alguma crença subjacente na legitimidade do sistema. Mais controverso será sustentar que essa legitimidade tenha de ser racionalmente construída por meio de um debate público democrático. Basta pensar na observação de Madison, de que apelos frequentes ao público destruiriam "aquela veneração que o tempo confere a todas as coisas, e sem a qual os governos mais sábios e mais livres não possuem a estabilidade requerida".[30] Madison está ecoando a visão conservadora de que a estabilidade seja mantida por meio de motivações não cognitivas e afetivas como reverência, respeito e patriotismo. Mas a ascensão do pluralismo no mundo moderno tem tornado cada vez mais implausível a dependência de tais sentimentos comunitariamente compartilhados. O pluralismo não necessariamente compromete a substância dos modos tradicionais; em vez disso, compromete "a *santidade* de uma política atrelada aos modos tradicionais".[31] O pluralismo desafia a autoridade mais do que o seu conteúdo. Quando essa autoridade é desafiada, reverência e respeito têm então de ser conquistados; ela não pode simplesmente ser assumida como subproduto natural da passagem do tempo.

As circunstâncias históricas em que nos encontramos nas modernas democracias liberais apontam para a conclusão de que não mais dependemos da veneração inquestionada de nossa estabilidade. Não mais compartilhamos uma visão religiosa comum, nem um ponto de vista moral abrangente. Num mundo em que as perspectivas "não tradicionais" adquirem uma voz cada vez mais forte, a autoridade da tradição tem sido em ampla medida enfraquecida. Temos muito pouca homogeneidade para tornar a incidir no trabalho de manter nosso mundo reunido quando surge uma disputa normativa. Sendo assim, temos de construir um consenso; já não podemos apelar a um consenso pré-fabricado.[32]

30 Alexander Hamilton, James Madison e John Jay, *The Federalist Papers* [Os documentos federalistas] (Nova Iorque: Penguin, 1987), nº 49.

31 Michael Oakeshott, "Rationalism in Politics" [O racionalismo em política], *in* Oakeshott, *Rationalism in Politics and Other Essays* [O racionalismo em política e outros ensaios] (Londres: Methuen, 1962), p. 22; ênfase minha.

32 Habermas, *Theory of Communicative Action* [Teoria da ação comunicativa], vol. II, p. 342-343.

As condições para produzir, reproduzir ou manter um consenso no mundo político moderno sugerem a necessidade de racionalizar e democratizar nossos debates públicos. Além disso, sem uma fundamentação racionalizada das normas geralmente reconhecidas, sempre haverá um risco de distorção. Isso equivale a dizer que os cidadãos afirmam reverenciar instituições que eles não apenas não compreendem, mas que também são desmentidas por suas atitudes e ações cotidianas. E isso no longo prazo pode comprometer as próprias instituições.

Para o bem do argumento, temos de afirmar que as sociedades liberais democráticas pressupõem uma norma de não coerção: sempre que possível, devemos tentar resolver nossas disputas com meios pacíficos. Essa norma tem força unicamente à medida que um número suficiente de pessoas compartilhar do entendimento (ainda que de modo vago e encoberto) de que a força é um meio ilegítimo de resolver nossas disputas normativas.

Os entendimentos compartilhados são fluidos e mudam com o tempo. Têm uma tendência a erodir, a deslocar-se sutilmente e a mudar. Por que motivo um compromisso com a não coerção não há de se erodir da mesma forma que, por exemplo, o compromisso com a intolerância religiosa no século XVI? A resposta não pode ser simplesmente a de que o princípio de não coerção esteja certo e a intolerância religiosa, errada. A continuidade de um entendimento ao longo do tempo não depende de *existirem* bons motivos para tal entendimento, mas de que tais bons motivos e tal entendimento sejam reproduzidos no âmbito de uma cultura. Se rejeitamos, como penso que devemos fazê-lo, quaisquer pretensões em relação ao necessário curso da história, então não há razão pela qual entendimentos historicamente específicos tenham de continuar. Que entendimentos historicamente específicos possam ser justificados com base em motivos anistóricos não contingentes (teoria dos direitos naturais, neokantismo e que tais), isso não há de ser a razão pela qual eles *vão continuar*; é apenas uma razão pela qual talvez *devam continuar*. E se esses entendimentos devem continuar, as razões pelas quais devem fazê-lo têm de ser mantidas acesas no âmbito do sistema cultural de crenças da comunidade. Uma racionalização discursiva do processo pelo qual valores modernos são reproduzidos é a via para fazê-lo.

Mesmo Herbert McClosky – este que em seu famoso ensaio "Consensus and Ideology in American Politics" [Consenso e ideologia na política americana] propôs que "uma sociedade democrática pode sobreviver apesar dos popularmente disseminados equívocos e desacordos quanto aos valores democráticos e constitucionais básicos" – preocupa-se com até quando tal sociedade pode sobreviver:

> É evidente que não tenho a intenção de sugerir que uma nação não corre riscos quando um grande número de seus cidadãos é incapaz de apreender os princípios essenciais com base nos quais se funda a sua Constituição. Entre os americanos, contudo, o principal perigo não está em eles rejeitarem ideais democráticos em favor de alguma ideologia hostil, mas em serem incapazes de compreender as próprias instituições que acreditam defender, podendo acabar mais por comprometê-las do que por salvaguardá-las.[33]

McClosky acrescenta que o acordo, mesmo sendo um pseudo-acordo, pode desempenhar um importante papel na manutenção de um sistema estável:

> Isso não apenas impede os conflitos de irromper, mas também permite às pessoas em discórdia que continuem a se comunicar e, com isso, que talvez convertam o seu pseudoconsenso de valores democráticos num consenso genuíno.[34]

A conversão de um pseudoconsenso, potencialmente comprometedor, num consenso genuíno exige um debate público racionalizado, motivado por um interesse em entendimento mútuo. A racionalização envolve uma abordagem reflexiva e crítica da formação da opinião; envolve razões a favor e contra as normas serem dadas e publicamente

33 Herbert McClosky, "Consensus and Ideology in American Politics" [Consenso e ideologia na política americana], *American Political Science Review*, nº 58 (1964), p. 376-377.

34 McClosky, "Consensus and Ideology" [Consenso e ideologia], p. 376.

avaliadas; envolve a participação pública na qual a comunicação é elevada a um nível discursivo. Uma racionalização do processo por meio do qual a cultura, a integração social e a socialização são reproduzidas permite que cidadãos reflexivamente reproduzam ou modifiquem esses aspectos de seu mundo da vida compartilhado, para o qual eles pensam que existem e não existem boas razões.

Tudo isso aponta para a conclusão de que não há a necessidade de um mandato especial para estabelecer o discurso. Como versão racionalizada dos processos pelos quais a cultura e a integração social são reproduzidas, o discurso não se dá em nenhuma instituição especialmente designada. Ele pode acontecer onde quer que a opinião pública esteja constituída, e isso significa em todos os níveis da sociedade – dos debates individualizados em cenários informais aos debates no Parlamento.[35] O que isso significa é que a definição das características do discurso não pode ser fundada em nenhum conjunto de regras institucionais. Certas regras institucionais podem ser condições *necessárias* para o discurso, mas não suas condições suficientes. Por exemplo, no âmbito mais geral, os direitos institucionalizados são parte do contexto que pode nos capacitar à busca de soluções discursivas. A proteção legal da livre expressão é parte de tal contexto capacitador. Mas a Primeira Emenda não implementa as exigências recíprocas do discurso prático. Ela não exige que *ouçamos* o que os outros têm a dizer; não exige que tentemos *compreender* o ponto de vista do outro; não exige que *nos abstenhamos* de manipular ou enganar os outros; não exige que sejamos *influenciados* pela força do melhor argumento.

Ao diferenciar a democracia discursiva dos ideais republicanos ou comunitários de democracia, Habermas sugere que o discurso não depende de um *ethos* comunitário compartilhado ou da criação de um sujeito coletivo que atue como tal.[36] Esses são ideais irrealistas num contexto pluralista moderno. Em vez disso, a democracia discursiva depende, por um lado, da institucionalização dos procedimentos e condições necessárias (mas não suficientes) de comunicação e, por outro, da interação entre a tomada de

35 Habermas, *Faktizität und Geltung* [Facticidade e validade], p. 361-366.

36 *Ibid.*

decisão institucionalizada e a opinião pública informal, mas racionalmente formada.[37] Contudo, ao evitar as armadilhas do comunitarismo e a necessidade de um alto nível de virtude cívica, ele sobrecarrega as exigências puramente procedimentais da democracia discursiva. O discurso de fato depende da institucionalização dos procedimentos e condições necessárias de comunicação. Mas ele depende também da participação dos cidadãos como atores discursivos no discurso a um só tempo institucionalizado e informal. Se os cidadãos não têm essa disposição, então, não importando o quão bem planejados sejam os arranjos institucionais para as finalidades do discurso, o discurso não se dará. Qualquer um pode ter a oportunidade de falar, mas, se ninguém estiver ouvindo, ter-se-á o equivalente a uma torre de Babel. Habermas não nega que o discurso exige um interesse no entendimento mútuo, mas jamais se ocupa plenamente com a possibilidade de que os cidadãos possam, de modo geral, carecer de tal interesse ou não deter as competências para perseguir tal interesse. Num mundo em que a negociação, os intercâmbios instrumentais e a barganha estratégica são as rotas mais comuns para se chegar ao "acordo" coletivo e resolver disputas, é plausível que a mais séria barreira ao discurso possa ser encontrada nos hábitos conversacionais a que os cidadãos se habituaram.

O discurso ético substitui a imagem do debate público como um mercado de ideias entre elites, em meio às quais, visando à dominação, interesses e entendimentos, reciprocamente competem pela ideia de um debate público como fórum democratizado no qual cooperativamente construímos entendimentos comuns e trabalhamos por meio de nossas diferenças. Parte dessa transformação pode se dar ao se abrirem oportunidades de participação, incluindo vozes excluídas, democratizando o acesso à mídia, instituindo "reuniões da cidade", politizando os despolitizados, empoderando os sem poder, descentralizando a tomada de decisão, financiando comissões públicas para examinar a opinião pública e assim por diante. Ocorre que todas essas iniciativas hão de falhar em produzir uma opinião pública discursivamente formada caso os cidadãos não estejam dispostos ou interessados em atuar de maneira discursiva.

37 *Ibid.*, p. 362.

III. O problema da eficiência

Qualquer um que já tenha participado de um grupo que tenha a regra de decisão como consensual sabe quão difíceis e demoradas essas deliberações podem ser. O discurso é livre de restrições. Isso significa que ninguém pode forçar um fechamento. A conversa continua até que (idealmente) cada participante individual esteja de pleno acordo. Quanto maior e mais diverso o grupo, mais difícil e demorado é o processo. Está claro que não se tem aí um modelo realista para todas as decisões que associamos ao governo democrático. A questão então se torna a de quais decisões devem ser tomadas discursivamente e quais devem sê-lo por meios mais eficientes. Uma resposta é a de que quanto mais fundamental for a questão, a lidar com a legitimidade das regras, mais estaremos sob a obrigação de incluir todos os cidadãos.

Em que sentido uma conversa individualizada entre todos os cidadãos vem a ser um modelo factível de legitimação democrática? Imaginamos uma série de assembleias constituintes individualizadamente participativas? Nas grandes democracias modernas isso é impossível. O problema aqui é que estamos imaginando um discurso prático como um procedimento de decisão com um resultado determinado. Pensar no discurso desse modo sempre nos trará de volta a grupos pequenos e administráveis. Um procedimento de decisão implica um conjunto de regras que governem o fechamento. Essas regras nos dizem quando o processo se finda – o que conta como uma decisão justa que pode ser posta em prática. Agora, ao modo de uma regra de decisão, o discurso estipula qual acordo pleno e racional, sob as condições ideais do discurso de todos os afetados por uma norma, constitui o ponto de fechamento. Contudo, quando traduzido para o mundo real da política, revela-se que esse ponto pode jamais ser definitivamente alcançado. Uma vez que os acordos reais jamais podem ser perfeitamente universais, eles nunca assentam uma questão de uma vez por todas. Por meio da ideia de uma comunidade de comunicação ideal, podemos imaginar as condições para um consenso perfeitamente racional e, por conseguinte, o critério de uma legitimidade ideal. Mas como jamais podemos atingir o ideal no mundo real, a questão se torna o grau em que podemos e devemos tentar nos aproximar daquele ideal sob condições reais. O discurso não é um contrato onde existe um momento privilegiado e promissor, que então esteja a vincular todas as partes para todo o sempre. Os discursos têm de ser entendidos como não limitados e falíveis. Isso significa que o discurso é contínuo e que as conclusões e os acordos alcançados por meio dele estejam sempre abertos à revisão.

A noção de formação consensual da vontade não pode ser entendida como o resultado de uma conversa constituinte, mas tem de ser vista como o produto cumulativo de muitas conversas cruzadas ao longo do tempo e muitas vezes de um longo tempo. A conversa individual, tal como representada na filosofia moral, ajuda a explicar a complicada rede de conversas que empreendemos no mundo real. Porém, entendido de modo excessivamente literal, o modelo de conversa individual pode ser desvirtuador. A dinâmica argumentativa de uma rede de conversas é um tanto diferente daquela da conversa individual.

Alguns críticos sugeriram que quanto mais abertos e livres de restrições forem nossos debates, menor a probabilidade de se chegar a um acordo.[38] Isso é verdadeiro se olharmos apenas para a conversa individual. Não raro demandamos que presidentes, mediadores, juízes ou limites de tempo atuem para *forçar* o fechamento. Não gostamos de admitir que estamos errados, mesmo diante de evidências; somos muito apegados às nossas próprias posições; muitas vezes entramos em conversas com um conjunto de opiniões e as deixamos com o mesmo conjunto de opiniões. Além do mais, existem e sempre existirão diferenças reais de opinião: questões acerca das quais o acordo é improvável.[39]

38 Michael Walzer, "A Critique of Philosophical Conversation" [Crítica da conversa filosófica], *Philosophical Forum*, nº 21 (1989), p. 182-196.

39 Conforme observou Rawls, o pluralismo é simplesmente um fato a nosso respeito e se caracteriza por disputas e diferenças irreconciliáveis de opinião, numa pletora de questões profundas. Contudo, é importante lembrar que "irreconciliável" não necessariamente descreve toda e qualquer disputa particular, mas sim um estado de coisas geral: sempre haverá coisas com que os indivíduos discordem; e nem sempre serão as mesmas coisas. O que é disputado e contestado hoje pode não ser disputado e contestado amanhã. E o que é incontroverso hoje pode amanhã originar uma cruenta disputa.

O fato de uma conversa individual "isenta de restrições", em especial sobre um assunto altamente espinhoso, parecer muito mais propensa a terminar em desacordo do que em acordo não é uma evidência forte contra o poder da argumentação racional. Contudo, trata-se de um argumento em favor do motivo de o discurso não ser apropriado para todas as decisões políticas. Se dermos um passo atrás quanto ao modelo da conversa individual, veremos que as pessoas de fato modificam seu modo de pensar; não apenas encontram novos argumentos, posições e perspectivas mais convincentes do que as de antes, mas também são influenciadas por argumentações. Contudo, esse processo continua ao longo do tempo; não se dá como se deu com Polemarco na *República*. Frequentemente se reavalia uma posição mais entre uma conversa e outra do que no interior de conversas. O indivíduo por vezes nem mesmo tem consciência de que a posição foi sutilmente deslocada, em resposta a uma crítica ou contestação ou como reflexão sobre elas. O processo não apenas é gradual, mas é fragmentário e parcial. O indivíduo reavalia fragmentos de sua visão de mundo de um indivíduo, alinhando-os a um argumento convincente; não se reavalia uma inteira visão de vida de um indivíduo, ou ao menos se o faz muito raramente.

Assim sendo, pensar na dinâmica argumentativa de uma rede de conversas altera o que temos em mente com acordo. Embora o consenso represente um acordo geral, não se trata de um acordo no sentido de podermos indicar um período ou um lugar particular em que o acordo se deu. Um acordo geral pode se dar como o produto de muitas conversas individuais, mesmo quando nenhuma delas termine em acordo. O acordo consensual, se e quando se dá, dá-se gradualmente e é fragmentário e parcial.

A questão aqui é simplesmente a de realçar a natureza difusa que um discurso real teria de ter se o seu resultado fosse um consenso aquiescente a uma norma social legítima. Com base nessa leitura, então, o discurso é um processo de longo prazo de formação de um consenso, e não um procedimento de decisão. O elemento democrático da ética do discurso não deveria ser identificado numa proximidade excessiva com os procedimentos cotidianos de decisão democrática e de elaboração de políticas.

Os discursos potencialmente sustentam e justificam arranjos democráticos; não são uma alternativa a tais arranjos.

O discurso irrestrito é altamente ineficiente. Quanto mais perto nossas conversas chegam de encarnar um ideal, mas ineficientes elas são. Quanto mais geral a norma em discussão, mais difusa, fragmentada e complicada será a rede do discurso, sem contar que o processo provavelmente vá demandar mais tempo. Tendo isso em mente, torna-se difícil até mesmo conversar sobre uma decisão sendo tomada num discurso; em vez disso, temos de visualizar o discurso como o lugar em que as interpretações coletivas são construídas. Na verdade, quanto mais as partes de um discurso são condicionadas pela necessidade de tomar uma decisão, menos motivadas elas estarão para agir discursivamente e mais motivadas para agir estrategicamente. Para ilustrar esse aspecto, quero concluir com um exemplo do mundo real. O debate constitucional canadense ilustra a um só tempo a razão de opinião pública e formação da vontade serem tão importantes, mas também o quão difícil é chegar à interação, comentada por Habermas, entre a opinião pública informalmente construída e a tomada de decisão institucionalizada.

IV. Discurso e barganha no debate constitucional canadense

Em razão de algumas circunstâncias históricas bastante complexas, até 1982 o Canadá carecia de uma Constituição escrita como ato do Parlamento Canadense. Em 1982, nove províncias e o governo federal concordaram em repatriar uma Constituição emendada.[40] De língua francesa, o Quebec, representando cerca de um quarto da população, absteve-se de endossar o documento porque este não proporcionava ao Quebec poderes adicionais para proteger a língua e a cultura francesas. A Constituição de 1982 é juridicamente vinculante, porque antes de 1982, a fórmula para emendar a Constituição não exigia o apoio unânime de todas as províncias. Contudo, o documento de 1982 estabelece a

40 A Constituição foi "repatriada" porque antes de 1982 a Constituição canadense era um ato do Parlamento Britânico.

unanimidade como o padrão para todas as modificações estruturais futuras. Em suma, a própria Constituição estipula a unanimidade como padrão de legitimidade, ainda que careça do apoio da minoria mais ampla do país. Com isso, o Canadá fez-se em posição de ter uma Constituição jurídica cuja legitimidade não é universalmente aceita. Desde 1982 tem havido um contínuo diálogo político sobre como chegar à unanimidade e sobre por que é importante fazê-lo.

O Canadá, como todas as democracias ocidentais, é uma sociedade pluralista. Apesar desse pluralismo, ou mais precisamente em razão dele, há um ponto em que todos os canadenses parecem concordar: uma Constituição legítima deve repousar num acordo geral. Esse ponto é frequentemente referido como um padrão impossível de ser satisfeito. Ele tem mantido os canadenses num limbo constitucional durante anos. Mas a natureza arrastada do debate não aponta para a impossibilidade do acordo, e sim para um padrão mais exigente de acordo, necessário em sociedades modernas e pós-convencionais.

Mas o que conta como acordo real? Quem entra em acordo? Em 1989, a tentativa de chegar a um endosso unânime pelas dez legislaturas provinciais e pelo governo federal, conhecida como acordo Meech Lake, fracassou. A legislatura de Manitoba foi frustrada pela oposição nativa canadense, e a legislatura de Newfoundland não se mostrou disposta a endossar um acordo de cuja realização ela percebia que não tinha participado. Não obstante o fato de oito em dez províncias terem concordado em acordar, o fracasso produziu uma reavaliação geral, de costa a costa, da situação constitucional.

Muitos então observaram que não era o documento *per se* que se mostrava falho, mas o processo pelo qual o documento fora trazido aos canadenses.[41] Tal processo estivera dominado por barganhas entre as elites, por contrapartidas e táticas de pressão por parte do governo federal. E a discussão sobre o que exatamente estava errado com as barganhas

41 Grande parte da culpa por isso recaiu sobre o primeiro-ministro, Brian Mulroney. Conforme observou um jornalista, "a tentativa frustrada de Mulroney (para garantir um acordo) foi amplamente criticada uma vez que o contrato foi 'cozinhado' por trás de portas fechadas por ele e pelos primeiros-ministros" (*The Gazette*, Montreal, 2 nov. 1990, A1).

entre as elites, as contrapartidas e táticas de pressão inseriu as condições de legitimidade democrática na agenda discursiva. Por exemplo, na esteira de Meech Lake, o governo federal foi forçado a ver que um acordo constitucional que funcionava entre as elites – sem, porém, ancorar-se firmemente nas crenças, atitudes e convicções dos cidadãos – estaria aquém de ser uma Constituição real. Num documento que descrevia as propostas de reavivamento do debate constitucional após o Meech Lake, o governo reconheceu que havia fracassado em lidar de maneira suficientemente séria com esse aspecto da política constitucional.

> Uma Constituição tem duas propostas-chave: uma legal, outra simbólica. Ela fixa as leis por meio das quais um povo se governa a si mesmo. Porém, ela igualmente transmite um sentido pelo qual as regras são elaboradas como são, pelo qual os valores as configuram, e propostas e características identificam o povo a que se aplicam. Todos os canadenses deveriam ser capazes de se relacionar com a descrição das qualidades que definem o país a que estão vinculadas por nascimento ou por escolha. No que tange à nossa Constituição, esse segundo componente simbólico é particularmente fraco.[42]

Num esforço de trazer mais canadenses para o processo, uma série de novas iniciativas constitucionais foi lançada. Uma de tais iniciativas foi o Citizens Forum on Canada´s future [Fórum dos Cidadãos para o Futuro do Canadá]. Criado pelo governo federal, esse fórum não pretendia apenas conferir aos canadenses comuns a oportunidade e o espaço público para articular suas perspectivas sobre o futuro do Canadá, mas destinava-se também a fomentar discussões entre diversos grupos pelo país afora.[43] Além do Citizens Forum, uma força-tarefa itinerante, que veio a ser a Beaudoin-Edwards Commission [Comissão Beaudoin-Edwards],

---

42 *Shaping Canada's Future Together: Proposals* [Formando juntos o futuro do Canadá: Propostas] (Governo do Canadá, 1991), p. 9.

43 A iniciativa incluía, entre outras coisas, um satélite a conectar diferentes comunidades, uma "linha direta" e reuniões de pequena escala em cidades e comunidades de todo o país. Ao inaugurar a iniciativa, o primeiro-ministro afirmou que "todo canadense que o desejar terá voz" (*The Gazette*, Montreal, 2 nov. 1990, A1).

estabeleceu-se para examinar cuidadosamente a opinião nacional sobre a questão específica de uma fórmula de modificação apropriada. Também vale notar que cinco conferências sobre temas regionais foram realizadas no país.[44] Entre os participantes estavam representantes de comunidades culturais, grupos minoritários visíveis, deficientes, mulheres, nativos canadenses, acadêmicos e um sem-número de outras partes interessadas. Qualquer canadense que desejasse participar dessas conferências poderia inserir seu nome numa lista, da qual 10 por cento dos lugares em cada conferência eram sorteados.

Essas iniciativas indicam que uma das lições aprendidas com o colapso do acordo Meech Lake foi a de que o discurso tem de ser inclusivo para ser justo e de que acordo significa mais do que reunir os dez primeiros em dado tempo e lugar a fim de assinar sobre a linha pontilhada. O importante dessas iniciativas foi que seu objetivo não era o de chegar a uma solução negociada, mas sim criar espaços públicos para a articulação e troca de ideias, para queixas e reivindicações.

Quando a busca de um acordo por meio de negociação e barganha se desvirtuou, uma empreitada mais discursiva engrenou na direção de um entendimento. Essa empreitada tinha como objetivo produzir um melhor entendimento das questões, dos princípios e valores em questão no debate, bem como um melhor entendimento dos vários interesses, necessidades e reivindicações das partes envolvidas. De uma certa perspectiva teve-se aí um retrocesso, já que a possibilidade de uma solução rápida e inequívoca para a questão constitucional diminuiu. De outra perspectiva, a ampliação do debate constitucional foi um movimento em direção à construção do tipo de consenso necessário para aquiescer a quaisquer "soluções" futuras. A formação do consenso é possível somente quando o foco do debate

44 Essas conferências foram uma resposta aos esforços iniciais, não de todo bem-sucedidos, da Castonguay-Dobbie Commission [Comissão Castonguay-Dobbie] (mais tarde Beaudoin-Dobbie Commission [Comissão Beaudoin-Dobbie]). Em razão do planejamento em estágio pouco avançado e de uma visão pouco clara do que está envolvido na consulta em larga escala, a Castonguay-Dobbie Commission [Comissão Castonguay-Dobbie] teve uma série de começos falsos e altamente criticáveis. Não obstante, seu relatório final foi bastante útil ao identificar e articular interesses e valores que os canadenses compartilham (*Renewal of Canada Conferences* [Renovação das Conferências do Canadá], Governo do Canadá, 1992).

migra de prazos fixados, da barganha entre poderes consolidados e das onze cobiçadas assinaturas para um documento constitucional. Quando essas modalidades de restrição ao discurso são suprimidas, tem-se liberdade para racionalizar e democratizar o debate no sentido de se lidar com questões e razões de um modo mais substancial e inclusivo.

Não se chega ao consenso mediante negociação; o consenso é produzido por argumentação e discussão sustentadas, nas quais as pessoas contemplam, analisam e articulam os princípios fundamentais que devem governar a sua interação. Conforme o enunciado por outro documento do governo: "a Constituição tem de ser um arcabouço que reflete nossos valores, aspirações e o melhor do que os canadenses realmente são".[45] A estabilidade de longo prazo da Constituição canadense depende da reconhecida argúcia dessa reflexão. Esta, por sua vez, só pode ser obtida mediante uma conversa pela qual os canadenses vêm a compreender quais valores e aspirações são compartilhados por eles. Hoje em dia, "negociar um acordo" pode proporcionar um alívio de longo prazo à crise constitucional canadense, mas, sem um acordo moral de princípios que seja mais profundo e popular, os canadenses carecerão de compromisso e lealdade, necessários para sustentar uma Constituição ao longo do tempo.

Contudo, quando tudo está dito e feito, uma decisão deve ser tomada. E decisões democráticas são tomadas pela contagem de votos, não pela avaliação da racionalidade da deliberação que precede o voto. No contexto canadense isso significa um referendo sobre o chamado "acordo de Charlottetown". Em 26 de outubro de 1992, 55 por cento dos canadenses rejeitaram o acordo que tinha sido firmado pelas elites em agosto daquele ano em Charlottetown, na Ilha do Príncipe Eduardo. Que interação existia entre o processo discursivo anteriormente instaurado e a decisão tomada pelos canadenses naquele 26 de outubro? Podemos dizer que, no mínimo, entraram na agenda alguns pontos que antes não estavam nela. O mais notável, evidentemente, foi o princípio de autogoverno aborígene. Embora a maioria de votantes nativos, bem como

45 *Shared Values: The Canadian Identity* [Valores compartilhados: A identidade canadense] (Governo do Canadá, 1991), p. 2.

muitos canadenses, tenha rejeitado o acordo por ser excessivamente vago quanto à questão do autogoverno aborígene, o *princípio* do autogoverno aborígene encontra-se agora amplamente aceito. Esse é o resultado da inclusão de indivíduos aborígenes no *mainstream* do debate público sobre assuntos constitucionais.

Alain Noel expôs uma interpretação ainda mais otimista da interação entre deliberação e decisão. Contra os que afirmam que o voto "Não" esteve "baseado mais em emoção e hipérbole do que em razão" e que isso teria representado a vitória do preconceito, do racismo e do interesse próprio sobre o bem da comunidade, Noel argumenta que "a deliberação democrática desempenhou um importante papel em auxiliar os canadenses a se decidir sobre o acordo de Charlottetown".[46] Um importante jornalista canadense faz eco a essa interpretação, observando que "os canadenses levavam extremamente a sério o seu dever cívico como tomadores de decisões, debruçando-se sobre documentos, questionando os detalhes e votando em massa".[47]

Noel propõe que uma nova era da política deliberativa seja inaugurada na década de 1980, tornando-se realidade após o fracasso do acordo Meech Lake. "A deliberação democrática genuína", argumenta, "pode ser assinalada por 'significativos' movimentos de opinião, por referências explícitas a concepções de justiça e pelo surgimento de um conjunto de alternativas claro e limitado". Em contraste, "a política 'racional' do interesse próprio apresenta preferências e motivações estáveis, primordialmente as de caráter econômico, sem falar nas concepções amorfas da coisa pública".[48] Não posso detalhar aqui tudo o que é por ele evidenciado, mas Noel, usando pesquisas de opinião pública, uma análise de declarações e questões públicas, além de edificar sobre a obra de importantes analistas

46 Alain Noel, "Deliberating a Constitution: The Meaning of the Canadian Referendum of 1992" [Deliberando uma Constituição: O sentido do referendo canadense de 1992], *in Constitutional Predicament: Canada after the 1992 Referendum*, Curtis Cook (Org.) (Montreal: McGill-Queen's University Press, 1994), MS p. 3

47 Graham Fraser, "What Does It Mean for Government? How to Decide What to Do Next?" [O que isso significa para o governo? Como decidir o que fazer em seguida?], *Globe and Mail*, 27 out. 1992, A1, citado *in* Noel, "Deliberating a Constitution", p. 3.

48 Noel, "Deliberating a Constitution" [Deliberando uma Constituição], p. 12.

políticos canadenses, como Alan Cairns e Charles Taylor, defende de modo plausível a afirmação de que a maior parte do debate que conduziu ao referendo pode ser caracterizada como deliberativa no sentido definido. De acordo com essa visão, a maioria teve boas razões para rejeitar o acordo de Charlottetown, e desse modo os canadenses chegaram a um desacordo racionalmente motivado.

Apesar dessa leitura otimista, Noel também reconhece que, na medida em que a data do referendo se aproximava, o processo discursivo dava lugar a um complicado processo de barganha.[49] Na reta final das campanhas publicitárias, as elites tocaram nos medos e fizeram uso de táticas de pressão para obter o resultado desejado. De certo modo, isso foi um tiro pela culatra, uma vez que o voto pelo "Não" refletia também uma disseminada insatisfação por parte de muitos canadenses com as elites e com a manipulação, por elas, de questões constitucionais. Mas não estou interessado nas razões particulares para o voto pelo "Não". Mais interesse tenho pela questão estrutural de como prazos e decisões afetam o processo deliberativo.

O aspecto mais geral aqui é o de que a tomada de uma decisão, isto é, a possibilidade de fechamento, haverá sempre de impor uma restrição ao processo discursivo. Quanto mais próximo e definitivo for o ponto de fechamento, mais os participantes estarão motivados a atuar de maneira estratégica, em vez de discursivamente. Habermas por certo está com a razão ao dizer que o ato de barganhar tem um lugar na política democrática. Mas o modo de mantê-lo em seu lugar é que é o verdadeiro problema. Com relação a questões fundamentais, como os princípios constitucionais, é importante que os cidadãos tenham a oportunidade de discutir e deliberar num fórum isento de restrições. Isso, por sua vez, significa que os fóruns institucionais, em que visualizamos as práticas discursivas tendo lugar, devem, por um lado, ser isolados das pressões envolvidas na tomada de decisões e, por outro, têm de informar sobre as decisões tomadas. O período entre o fracasso do Meech Lake e a campanha final para o referendo representou um momento de respiro para

49 *Ibid.*, p. 22.

os canadenses.[50] Muitos reclamaram que tais discussões eram amorfas e pouco focadas, uma vez que os participantes não tinham diante dos olhos um cronograma claro. Meu argumento é o de que, precisamente em razão de os participantes não terem um cronograma claro da decisão, eles foram capazes de se libertar das restrições e debater questões no nível da razão pública. É evidente que isso não significa que a democracia discursiva implique indecisão. Ela implica, isto sim, que um equilíbrio bastante cuidadoso tem de ser atingido entre deliberação e tomada de decisão. O discurso é essencialmente aberto. A tomada de decisão é essencialmente fechada. Um modelo realista de democracia deliberativa tem de conceder que as regras de decisão em grandes democracias vão sempre impor restrições ao diálogo isento de restrições. Isso significa que o potencial para uma política mais racional é encontrado no fomento e promoção dos diálogos cujo objetivo é o entendimento mútuo e não necessariamente uma decisão vinculante.

50 Noel propõe que o reavivamento da deliberação envolveria recapturar "o espírito das conferências de 1992" – *ibid.*, p 21. Trata-se das conferências que uniram os canadenses para debater questões e denúncias, não para chegar a uma decisão.

PARTE V
A defesa da modernidade

11 O *outro* significante de Habermas

Tracy B. Strong e Frank Andreas Sposito

> No entendimento profano, quem quer que esteja interessado igualmente pelos mais recentes escritos alemães é um kantiano. No entendimento erudito, um kantiano é tão só aquele que acredita ser Kant a verdade e que, caso a diligência postal de Königsberg alguma vez vier a sofrer um acidente, ficará sem acesso à verdade por algumas semanas.
>
> F. Schlegel, *Athenaeum*, fragmento 104

> Temos de estar a postos pelas nossas tradições... Se não quisermos desautorizar-nos a nós mesmos.
>
> Jürgen Habermas, "Sobre o uso público da história"

Se nas páginas a seguir pareceremos críticos, isso não se dá por não sabermos apreciar as conquistas reais da obra de Jürgen Habermas. A teoria da ação comunicativa propõe que a racionalidade seria um relevante conceito moral *social*. E de que a fala humana com e para cada outro coloca-os, como ele faz ver, numa relação moral, simplesmente em razão da realidade do fato de tal fala. Habermas elabora essa posição numa defesa crítica da modernidade em torno de uma visão das "esferas públicas autônomas, que também se põem em comunicação umas com as outras tão logo o potencial é aproveitado para a auto-organização e para o emprego auto-organizado dos meios de comunicação".[1] Tem-se aí uma imagem democrática baseada no potencial igualitarismo de uma participação não coagida no discurso.

---

1 Jürgen Habermas, "Die Moderne: ein unvollendetes Projekt" [Os modernos: Um projeto inacabado], *in Kleine Politische Schriften* [Pequenos escritos políticos], I-IV (Frankfurt: Suhrkamp, 1981), p. 462. Tradução na "Introduction" de Richard Wolin ao *The New Conservatism* [O novo conservadorismo] de Habermas (Cambridge, Mass.: MIT Press, 1989), p. xxvi.

A reconfortante afirmação que se tem em Habermas é a de que os recursos intelectuais para esse projeto ético-político democrático residem na tradição anglo-americana e europeia. Nenhum leitor de Habermas pode deixar de ficar impressionado com a gama das fontes do autor, e tanto mais pela constante assimilação de material novo. Tal como os que participaram da elaboração da grande *Encyclopédie* do século XVIII, Habermas busca submeter toda a atividade humana a um único projeto. Ocorre que suas ambições vão além das de Diderot, de D'Alembert e outros. Quase todo pensador, desde aproximadamente Rousseau, tem um lugar a assumir e uma contribuição a fazer para a grande e contínua empreitada da civilização ocidental. Na obra de juventude de Habermas, essa modalidade foi quase que, poderíamos dizer, hegeliana. Parecia haver pouco que não fosse utilizado na história do pensamento dos séculos XIX e XX.

Quaisquer que fossem as intenções de Habermas, um dos efeitos de sua obra, pelo menos até a década de 1980, esteve em tornar a legitimar a tradição da filosofia ocidental associada ao Esclarecimento. Deve-se notar que ele não buscou reabilitar o pensamento ocidental como pensamento *ocidental*, mas sim por sobre uma base universalista. O projeto do Esclarecimento, tal como aparece em Habermas, gira em torno do fato ou da afirmação de que a habilidade em comunicar racionalmente separa humanos de não humanos. Para a defesa dessa afirmação, fica claro que ele direcionou sua inteligência e sua escrita, tanto filosófica quanto tópica. Mas de que modo, podemos perguntar, o projeto do Esclarecimento *precisa* de preservação e continuação? Uma porção considerável da resposta tem de advir da terrível política que esse século presenciou. O que quer que se faça da natureza e das origens do nacional-socialismo e ideologias concomitantes, não é possível encontrar nada dessas políticas que esteja em consonância com o espírito do Esclarecimento.

No curso da obra de Habermas, a questão voltada à proteção do projeto do Esclarecimento modificou-se em certa medida. Em sua obra de juventude – a da varredura "hegeliana" –, até onde sabemos, ele apenas de modo levemente explícito esteve preocupado com os problemas associados ao que Lukács chamou de "a destruição da razão". Foi o suficiente para que o projeto crítico "seguisse imanentemente o movimento do pensamento".[2] Nietzsche, por exemplo, é abordado em *Conhecimento e interesses humanos* (1968; tradução para o inglês em 1971) como um elo importante entre Comte e Max Weber, com ideias que, de modo bastante interessante, seriam cognatas às de Freud. Mas nesse livro Nietzsche não é uma ameaça.

Em anos recentes, contudo, a síntese abrangentemente diacrônica que caracterizou um livro como *Conhecimento e interesses humanos* descobriu uma resistência à sua pretensão à universalidade. Isso aparece no grupo que Habermas refere como o dos "neoconservadores". Aí Nietzsche é uma ameaça; e pensadores que a ele retornam pela via "Derrida e Heidegger" são politicamente perigosos. Está claro que porções consideráveis da preocupação de Habermas ali são politicamente motivadas, sendo-o de modo mais especial por acontecimentos em sua Alemanha natal. O renascimento de grupos neofascistas, e, mais importante, a sua inadvertida legitimação por um grupo de historiadores revisionistas alemães, ameaça tudo o que foi alcançado desde a Segunda Guerra Mundial. Em 1982, Habermas escreve:

> A cultura política da República Federal estaria em piores condições do que as em que hoje se encontra se não tivesse adotado e assimilado ideias da cultura política americana durante as primeiras décadas após a guerra. Pela primeira vez, a República Federal se abriu sem reservas ao Ocidente; à época adotamos a teoria política do Esclarecimento, acabamos por compreender o poder de moldar as atitudes de um pluralismo sustentado inicialmente por seitas religiosas, e viemos a conhecer o espírito democrático radical do pragmatismo americano, de Pierce a Mead e Dewey.[3]

2 Jürgen Habermas, *Knowledge and Human Interests* [Conhecimento e interesses humanos] (Boston: Beacon Press, 1971), p. vii. Note-se que este livro apareceu originalmente na Alemanha em 1968, encontrando-se no contexto do pensamento europeu, que à época era um tanto conservador; já nos Estados Unidos, onde se acabava de redescobrir a tradição ocidental, ele se encontra no campo da esquerda progressista.

3 Habermas, *New Conservatism* [O novo conservadorismo], p. 42.

Há uma boa dose de ansiedade nesse parágrafo. Considerem-se as seguintes afirmações implícitas: (1) ser "ocidental" envolve a adoção da "teoria política do Esclarecimento". (2) A Alemanha não era incondicionalmente "ocidental" até depois da Segunda Guerra Mundial. (3) Essa transformação foi em certo grau um ato de vontade ou de escolha. (4) O que estava faltando na Alemanha – o que a impedia de ser ocidental – era a aceitação da possibilidade de uma sociedade fundada na racionalidade, uma racionalidade modificada de maneira importante pelo pragmatismo democrático importado do outro lado do Atlântico. De modo geral, o senso de fragilidade da cultura política alemã contemporânea é extraordinário, assim como o senso de que ela precisa ser protegida.[4]

Habermas vê o pós-modernismo e o neoconservadorismo europeus como a serviço de um "novo paganismo", pelo qual ele se refere a uma *Weltanschauung* [visão de mundo], na qual diferentes referenciais de valores competem para ver qual será mais forte. A crítica de Habermas aos pensadores "pós-modernistas", bem como aos historiadores revisionistas, é a de que eles tentam dizer "adeus à modernidade". Se a essência da modernidade é a manutenção de uma atitude crítica para com as próprias fundações,[5] os pós-modernos neoconservadores são conservadores uma vez que negam que uma atitude crítica para com as próprias fundações pode ser uma atitude acessível. Isto significa que eles negam que nosso enraizamento na história pode ser parte de uma consciência moral universal que seja sua própria.

O que então significa, na prática, dizer adeus à modernidade? Entendemos que a resposta possui duas partes. De modo mais geral, significa dar as costas à história. E a história, Habermas tem isto bem claro, deu-nos o "universalismo moral". Na verdade, tal universalismo é o resultado de uma luta e ação humanas, e a filosofia "faria bem em evitar de maneira altiva esses movimentos [sociopolíticos] e a dimensão histórica mais ampla da qual emanam".[6] O segundo aspecto, e mais específico, de dizer

4 *Ibid.*, p. 44-45.

5 Jürgen Habermas, *The Philosophical Discourse of Modernity* [O discurso filosófico da modernidade] (Cambridge, Mass.: MIT Press, 1987), p. 336-337.

6 Jürgen Habermas, *Moral Consciousness and Communicative Action* [Consciência moral e ação comunicativa] (Cambridge, Mass.: MIT Press, 1990), p. 208 (doravante MCCA).

"adeus à modernidade" já é familiar. Significa negar o fato do nazismo. O nazismo, diz Habermas, foi uma "catástrofe moral [que] trouxe consigo... oportunidades". Ele tornou e torna não apenas possível, mas necessário pensar em termos universalistas. Habermas continua:

> Em primeiro lugar... tendo sido arrancados das continuidades, estamos sujeitos à limitação de sermos capazes de nos relacionar com o passado somente por meio de uma atitude reflexiva... Em segundo lugar, podemos agora nos apropriar de tradições somente em termos, precisamente, das orientações de valor universalistas, que de modo tão sem precedentes foram violadas naquele momento.[7]

Isso quer dizer que "nós" (abordaremos a questão desse "nós" subsequentemente) *temos de* pensar em termos universalistas ético-políticos tanto quanto nos lembramos do fato do nazismo. Se essa história dos dois séculos passados não fosse suficiente para fazer assentar a questão do necessário universalismo da ética, o fato do nacional-socialismo então o é. O risco dos historiadores revisionistas é o de eles intentarem tornar a experiência de Auschwitz algo de não excepcional na história humana recente (com a única exceção do feito técnico da gasificação). De maneira similar, um pensador pós-modernista como Jacques Derrida, argumenta Habermas, é salvo da "insensibilidade político-moral e da falta de gosto estético de um novo paganismo" pela presença não autoconsciente em seu pensamento de um misticismo cabalístico judeu que o leve de volta ao "contexto do monoteísmo" e "ao local histórico em que o misticismo se transformou em Esclarecimento".[8] Por implicação, Habermas está a propor que o desenvolvimento natural do pensamento de Derrida com base em sua crítica ao fonocentrismo redundaria em tão somente iniciar uma reconstituição mais ou menos sem sentido do projeto do Esclarecimento

---

7 *New Conservatism* [O novo conservadorismo], p. 210; ver p. 233.

8 *Philosophical Discourse of Modernity* [O discurso filosófico da modernidade], p. 167, 184. Um conjunto mais favorável de movimentos, ainda que semelhante ao que Habermas realiza em relação a Derrida, foi realizado em relação a Freud por David Bakan, *Sigmund Freud and the Jewish Mystical Tradition* [Sigmund Freud e a tradição mística judaica] (Princeton: Van Nostrand, 1958).

tal como ele se iniciou em fins do século XVIII. A religião já não é uma alternativa moderna, pois, à medida que Deus está morto, o modo religioso se torna monstruoso.

Para Habermas, a experiência do nacional-socialismo tem consequências que não podem ser evitadas. Ele parece estar dizendo que já não há mais qualquer projeto que seja um projeto humano e não seja universalista, democrático, igualitário. Tal projeto pode ser evitado, mas não em favor de um projeto alternativo: ele pode ser evitado somente à custa de negar a humanidade completamente. Mas há uma ambiguidade aqui, e ela vem do uso por Habermas da primeira pessoa do plural. Demos aqui alguns exemplos. Eis agora outro:

> *Nossa* própria vida está vinculada ao contexto de vida em que Auschwitz foi possível não apenas pelas circunstâncias contingentes, mas intrinsecamente. *Nossa* forma de vida está conectada à de nossos pais e avós por meio de uma rede de... Nenhum de *nós* pode escapar desse *milieu*.[9]

Quem é esse "nós"? É o "nós" universal, ou significará "nós, alemães"? Ou talvez signifique ainda que, em razão de sua experiência histórica, os alemães estejam agora a carregar o fardo histórico mundial do universal. Em caso afirmativo, Habermas talvez estivesse numa desconfortável proximidade com a afirmação de Heidegger de que "quando [outros] querem filosofar, eles falam alemão".[10] Deveríamos observar que, quem quer que esteja aqui concebido pelo "nós", ele é pelo menos "nós, europeus". Ao final desse livro sobre a modernidade, encontramos: "Quem mais a não ser a Europa poderia extrair de suas próprias tradições a compreensão, a energia, a coragem da visão – tudo o que seria necessário para retirar das... premissas de uma compulsão cega à manutenção do sistema e à expansão do sistema o seu poder de moldar nosso modo de pensar".[11]

9 *New Conservatism* [O novo conservadorismo], p. 233, ênfase nossa.

10 Citado por Jacques Derrida, *De l'esprit* [Sobre o espírito] (Paris: Galilée, 1987), p. 111.

11 *Philosophical Discourse of Modernity* [O discurso filosófico da modernidade], p. 367.

Gostaríamos de explorar a relação entre a invocação da experiência alemã por Habermas e suas pretensões ao universalismo. Queremos sugerir que a ferocidade e a inteligibilidade com que ele ataca o pós-modernista e o neoconservador, talvez de modo merecido, ao final não foram bem-sucedidas, e que as razões para esse tiro em falso têm a ver com as complexidades não solucionadas em sua relação com Kant, ou, mais precisamente, com a ambiguidade do pensamento de Kant. Habermas, tal como Kant, deseja uma inteligibilidade em sua abordagem da razão. As consequências dessa demanda são o que nos interessa aqui.

A posição oficial de Habermas sobre Kant é razoavelmente direta e está em consonância com a estrutura sistemática da teoria da ação comunicativa: Kant proporciona o momento original da autocrítica da modernidade, mas fatidicamente opta por interpretar a razão mais de uma perspectiva "centrada no sujeito" do que "intersubjetiva" ou "comunicativa".[12] A contribuição da filosofia crítica de Kant ao projeto da modernidade, Habermas reconhece, é enorme; mas a ênfase desvirtuadora de Kant no "princípio da subjetividade" em sua crítica à razão força-o a inadvertidamente afirmar muitas das qualidades negativas que Nietzsche, Heidegger, Foucault e o restante dos "neoconservadores" desacreditaram de modo tão completo. Desse modo, Habermas é capaz de identificar Kant com Descartes, os utilitaristas e mesmo Max Weber como participantes de pleno direito na filosofia da consciência subjetiva, sendo esse o modo de filosofia que deu início ao pleno florescimento do período do Esclarecimento.[13]

A diferença entre a orientação "subjetiva" da razão que ele atribui a Kant (e a outros) e a posição "intersubjetiva" da teoria da ação comunicativa é essencial ao sistema de Habermas. A própria afirmação da modernidade em si é baseada na seguinte distinção: "A crítica ao idealismo subjetivo é ao mesmo tempo uma crítica à modernidade; só mesmo desse modo essa última firma o seu conceito e assegura a sua própria estabilidade".[14]

12 *Ibid.*, p. 18. Historicamente, segundo observação de Habermas, o princípio da subjetividade foi estabelecido "pela Reforma, pelo Esclarecimento e pela Revolução Francesa" (p. 17).

13 *Ibid.*, p. 18 e *The Theory of Communicative Action* [Teoria da ação comunicativa], vol. II: *Lifeworld and System* [Mundo da vida e sistema] (Boston: Beacon Press, 1987), p. 95.

14 *Philosophical Discourse of Modernity* [O discurso filosófico da modernidade], p. 201.

Habermas, assim sendo, necessita de uma interpretação de Kant – ou, de modo ainda mais veemente: a modernidade em si necessita de tal interpretação. Porém, Habermas oferece apenas o contorno mais geral de como essa interpretação pode parecer. Propõe que o problema principal que se tem com a versão subjetiva da razão reside em sua confiança injustificada no princípio extenuado da "autorreflexão especulativa". Esse princípio retira a razão do contexto, removendo-a de seu inerente enraizamento social. Desse modo, Habermas afirma que o agente racional de Kant se posiciona a certa distância do mundo, aplicando a razão de modo abstrato, incorpóreo e desconectado. A razão aqui é pura, e ainda assim é também paradoxalmente "distorcida".[15] O efeito líquido que se tem aí é uma política de exclusão, a mesma política que tem sido o ponto fulcral de grande parte da crítica pós-moderna ao Esclarecimento. A "razão", observa Habermas, "como reduzida à faculdade subjetiva do entendimento e à atividade intencional corresponde à imagem de uma razão exclusiva".[16]

Para Habermas, a crítica à modernidade aponta para os profundos problemas associados a essa visão da razão (por demais limitada, kantiana). Assumindo a posição do neoconservador, ele vê a qualidade "tirânica" e "totalizadora" de uma razão alienada de práticas sociais concretas.[17] A teoria da ação comunicativa reconhece e retifica a filosofia da "razão subjetiva" substituindo-a por uma razão enraizada na linguagem e por práticas compartilhadas de atores comunicativos. Desse modo, Habermas afirma estar iniciando um novo período no discurso filosófico do Esclarecimento, que joga fora a água subjetiva do banho enquanto retém o bebê racional. De modo não insignificante, ele promete "uma *nova orientação* para a crítica da razão instrumental".[18]

Ocorre que essa maneira de se distinguir de Kant (da qual depende a maior parte de sua "nova orientação") talvez não esteja tão clara quanto Habermas gostaria que estivesse. Na verdade, é algo notável que, até onde sabemos, em parte alguma da obra de Habermas se tenha uma alargada

15 *Ibid.*, p. 311.

16 *Ibid.*, p. 305.

17 *Ibid.*, p. 315 e 341.

18 *Ibid.*, p. 312; ênfase acrescentada.

análise crítica de Kant, do tipo daquelas a que submete Hegel, Mead, Freud e muitos outros.[19] Consideremos por um momento as concepções de Kant sobre razão, subjetividade e comunicação. Kant pensou a *Crítica da razão pura* como algo que trazia uma nova *orientação* ao mundo da filosofia e ao mundo da política. A "revolução copernicana" de Kant foi de fato uma "mudança de ponto de vista", que proporcionaria à "voz universal" da razão uma "fundação segura", mediante a inauguração de um "reinado duradouro e pacífico da razão sobre [o] entendimento e sobre os sentidos".[20] A nova orientação foi invocada à luz do conflito antinômico que colocava a razão contra si mesma, fragmentando o público racional e eliminando a possibilidade de uma razão abrangente e de um discurso coerente. Antes da revolução crítica, Kant argumenta, as escolas metafísicas em conflito eram incapazes até mesmo de ouvir uma à outra, e isso simplesmente porque a própria razão carecia de um solo comum. Não poderia haver nenhuma reconciliação da razão, nem consenso algum, até que a própria razão viesse a se corrigir. E era isso que Kant, de modo não diferente de Habermas, punha-se a fazer. Estabelecer a possibilidade de uma comunicação justa e de uma razão abrangente já estava no coração do novo ponto de vista de Kant.

Uma exploração do paralelo entre a empreitada de Kant e a de Habermas pode ser algo instrutivo ao revelar algumas das limitações inerentes ao próprio projeto de Habermas. Pois Kant, devemos sustentar, deparou-se com questões sobre a solução em relação à qual ele se mostrava ambivalente. Habermas, intentaremos mostrar, ao não se engajar numa crítica a Kant, evitou defrontar-se com problemas em sua própria filosofia. E, finalmente, evitar esses problemas significa que a sua crítica aos chamados "pós-modernos" é, como pensamos, ineficaz e possivelmente

19 A falta de um interesse prolongado (publicado) em Kant por parte de Habermas deriva, pode-se crer, de sua insistência em examinar Kant pela perspectiva de Hegel, este que, para Habermas, é o "primeiro filósofo a elaborar um conceito claro de modernidade". Na verdade, há uma quase resistência a Kant, e Habermas passa um tempo considerável a distinguir a sua "ética do discurso" da ética kantiana (ver MCCA, p. 195-211).

20 I. Kant, *Critique of Pure Reason* [Crítica da razão pura] (Nova Iorque: St. Martin's Press, 1969), Bxxii, fn; A463/B491 (p. 422, tradução de N. K. Smith); e A465/B493 (p. 423).

mesmo nociva ao seu próprio pensamento. A força do pensamento de Habermas deve exigir que ele mantenha os pós-modernos na condição de outro, sem buscar eliminá-los como inimigos.

Passemos agora a uma ponderação sobre Kant. O feito ostensivo da primeira *Crítica* esteve em extirpar a possiblidade de ceticismo em quaisquer de suas formas, ainda que sem negar a persistência da reivindicação do cético. O ceticismo, como Kant o vê, redunda na afirmação de que o que tomamos como o evidente "mundo público" na verdade se compõe apenas de infinitos localismos e fragmentação. Para a atitude cética, qualquer expressão de unidade ou inteligibilidade é sempre contingente, jamais final, e muitas vezes nada além de um "amontoado" casual de fragmentos não relacionados, como Hume outrora apontou. O cético duvida da validade racional dos vigentes "princípios transcendentais" de unidade sob qualquer forma, em especial as que fazem afirmações normativas sobre nosso comportamento. A razão não é exceção à posição cética: ela nega que a fundamentação de uma razão seja algo que se arranque do tecido de uma existência solipsisticamente limitada. Com a negação de quaisquer princípios legítimos de uma comunidade de discurso mais ampla, a razão jamais nos faz passar do local ao geral. Se a razão é realmente "subjetivista", como afirma o cético, se ela é irreconciliável e paradoxal em seu cerne, então para Kant ela está morta. A posição cética é a "eutanásia" do ato de reciprocamente conferir sentido. Se devemos duvidar da possibilidade de princípios transcendentais, com isso devemos duvidar da própria razão. Assim, para Kant, a ameaça do cético é uma ameaça à *comunicação*.

Kant propõe, desse modo, que "na ausência dessa crítica a razão encontra-se como que no estado de natureza, podendo estabelecer e assegurar suas asserções e afirmações unicamente por meio da guerra. A crítica, por outro lado, ao chegar a todas as suas decisões à luz de princípios fundamentais de sua própria instituição, a autoridade que ninguém pode questionar, garante a paz de um ordenamento jurídico."[21] Kant buscou essa solução por algum tempo. "Tudo passa num fluxo", ele medita, numa reflexão frequentemente citada do período pré-crítico, "e os

21 *Ibid.*, A751-752/B779-780 (p. 601-602).

variados gostos e diferentes configurações de homens tornam todo o jogo incerto e enganador. Onde encontro os pontos fixos da natureza que o homem não pode deslocar e lhe dão os signos marcadores da margem à que ele deve aderir?". Os pontos fixos foram articulados na primeira *Crítica*. O "sistema" da filosofia crítica destina-se a estabelecer um quadro *abrangente* para a *comunicação*; a crítica da razão *pura* nos proporciona a perspectiva que não é subjetiva, a perspectiva da própria razão. A razão é amansada – "dessubjetivada", se quiser – por meio do condicionante da dialética, que proporciona a fundação para a certeza em todo o fluxo. Kant deixa-o claro na seção da primeira *Crítica* intitulada "Disciplina da razão pura". Ali ele escreve:

> A parte em oposição temos de sempre buscar em nós mesmos. Pois a razão especulativa em seu emprego transcendental é *em si* dialética; as objeções que temos a recear estão em nós mesmos. Devemos buscá-las, tal como faríamos no caso de afirmações que, mesmo velhas, jamais se tornam antiquadas, e isso para que, ao anulá-las, estabeleçamos uma paz mais permanente. A aquiescência externa é meramente capciosa.[22]

O reconhecimento do "outro" – a parte em oposição – é um momento essencial, na visão de Kant, um primeiro passo no estabelecimento da razão sobre fundamentos mais seguros, estando assim afinado ao *Leviatã* legislativo de Hobbes.[23] A qualidade dialética da razão é tanto a sua virtude quanto o seu vício. A sua viciosidade reside em ela conduzir a ilusões necessárias quanto às nossas questões mais prementes. A sua virtude está em ela igualmente proporcionar as ferramentas com que podemos chegar a uma verdade intersubjetiva, às fundações para a ação coletiva. Só mesmo uma inteligência não discursiva, completa em

22 *Ibid.*, A778/B806 (p. 617-618).

23 Kant comenta: "Desse modo, as infinitas disputas de uma razão meramente dogmática por fim nos obrigam a buscar alívio em alguma crítica da própria razão e na legislação baseada em tais críticas. Conforme Hobbes propõe, o estado de natureza é um estado de injustiça e violência, e não temos nenhuma opção a não ser abandoná-lo e nos submetermos às restrições da lei..." (*Ibid.*, A778/B806 [p. 617-618]).

seu entendimento, é que não teria necessidade do "outro" – para ela, não poderia haver outro.

Todos os argumentos morais, políticos e epistemológicos que se seguem à revolução copernicana gravitam em torno do *receio*, por Kant, do *subjetivismo racional.* Na primeira *Crítica*, ele enuncia claramente esse caso: "A pedra de toque pela qual decidimos se nosso apego a uma coisa como verdadeira vem a ser convicção ou mera persuasão é, por conseguinte, externa, ou seja, é a possibilidade de comunicá-la e tomá-la como válida para toda razão humana".[24] Ao comunicar a nossa experiência a outros, somos capazes de nos assegurar de que nossas afirmações não são o "jogo de minha fantasia", um "mero sonho" ou mesmo, como o cético o consideraria, "o jogo cego de representações".[25] A certeza da experiência, esta que a *Crítica da razão pura* é concebida para garantir, encontra-se intimamente relacionada a uma aplicação intersubjetiva da razão.

> O que a experiência me ensina sob certas circunstâncias ela tem sempre de ensinar a mim e a todos; ela e a sua validade não estão limitadas ao sujeito nem a seu estado em um dado momento... Por essa razão, a validade objetiva e a universalidade necessária (para todos) são termos equivalentes...[26]

A filosofia moral funciona precisamente da mesma forma. A ameaça da subjetividade é sobrepujada ao se fazer ver que, se existe algo que possamos chamar de moralidade, ela não pode ser privada, mas impreterivelmente carrega consigo um comando universal e necessário para todos os indivíduos racionais. A perspectiva de Kant sobre a razão é inescapavelmente intersubjetiva; erigir a fundação para a comunicação e para a ação comunicativa é o objetivo mais essencial de toda a empreitada crítica, objetivo que vem à luz somente após a experiência do ceticismo.

O projeto crítico gravou essa visão da comunicação em pedra transcendental. Tendo em mente a razão intersubjetiva, Kant pôde argumentar

---

24 *Ibid.*, A820/B848 (p. 645).

25 As primeiras duas citações são de A202/B247 (p. 227). A terceira é de A112 (p. 139).

26 *Prolegomena* [Prolegômenos], p. 46-47.

que todos os atos de fala humanos têm de ser direcionados para a comunicação, a fim de evitar todo e qualquer tipo de "distorção" subjetiva. Com isso, ele se dirige ao ceticismo, já que este afirma que toda fala é, em certo sentido, uma distorção, simplesmente porque não existe um ideal de fala pura. Assim, o "*telos* da linguagem", que é o mais elevado princípio da nova orientação da razão por Habermas, vem a ser central já ao ponto de vista revolucionário de Kant. A comunicação intersubjetiva é o objetivo de toda linguagem, e qualquer uso dela para o contrário representa a mais profunda violação de nossa natureza humana. Para Kant, por essa razão, a mentira, a insinceridade e a manipulação retórica são vícios supremos, assim como o uso de um poder para restringir a liberdade de expressão. Na "Doutrina da virtude", na *Metafísica dos costumes*, ele argumenta:

> Mas a comunicação dos próprios pensamentos a alguém através de palavras que, entretanto, (intencionalmente) contêm o contrário daquilo que pensa o discursador sobre o assunto constitui um fim em direta oposição ao natural propósito da faculdade do discursador de comunicar seus pensamentos, e constitui, assim, uma renúncia da parte do discursador à sua personalidade, e um tal discursador é uma mera aparência enganosa de um ser humano, não um ser humano ele próprio... O ser humano, como ser moral, não pode utilizar a si mesmo como um ser natural na qualidade de mero meio (uma máquina falante), como se seu ser natural não estivesse vinculado ao fim interior (de comunicar pensamentos).[27]

A obrigação de conferir sentido é derivativa de nosso caráter como seres humanos – seres humanos racionais. A linguagem se baseia num compromisso teleológico de ser compreensível a outros, de esforçar-se para ser compreensível. Não estamos falando de máquinas; somos agentes comunicativos.

A real posição de Kant sobre a razão é assim difícil de reconciliar com a interpretação desta por Habermas. O conceito de compreensibilidade

27 *Metaphysics of Morals* [Metafísica dos costumes], tradução de Mary Gregor (Cambridge, Mass.: Cambridge University Press, 1991), p. 226 (p. 429-430 na edição Ak.).

– de tornar a si mesmo e a sua posição disponível a outros – é a espinha dorsal de toda a virada crítica de Kant. A política de Kant, por sua vez, está claramente atrelada a essa concepção: ela testemunha os argumentos infinitos dos "ensaios populares" sobre a importância primordial da liberdade de razão na esfera pública. Sua suposta "razão subjetiva" necessita de um público falante tanto quanto Habermas, e a política de Kant é verdadeiramente uma política de razão e inteligibilidade dialéticas. Mas a questão aqui não está em apenas indicar os paralelos aparentemente infinitos que existem entre Kant e Habermas. Muito do que se tem aí são águas passadas, conforme Lyotard o mostrou, e em si não muito interessantes.[28] O que importa observar, no entanto, é que em Kant existe uma lição sobre a política da razão e da inteligibilidade, lição que é valiosa para se compreender a posição de Habermas sobre o seu "outro", os chamados "neoconservadores".

Se recuarmos para o discurso filosófico da modernidade, as implicações da política de inteligibilidade tornam-se claras. Habermas sustenta que a história da Contrailustração é, na verdade, a história do romantismo.[29] Como ele afirma, podemos conferir sentido à radical crítica ao pós-modernismo tomando-o como um fator de ataque generalizado à razão centrada no sujeito, de Kant e outros, razão esta que, segundo ele, está aberta a tais ataques. O "outro" da razão tem muitas vozes – o sentimento de Schlegel, o ser de Heidegger, a escrita de Derrida, o poder de Foucault –, mas somente um antagonista: o sujeito racional. Cada um desses temas, visto como um espécime do romantismo, é abordado no *Discurso filosófico da modernidade* com uma boa dose de profundidade e habilidade.

A história de Habermas, no entanto, é apenas parcialmente persuasiva. A questão do "outro", que está no coração tanto da visão da razão intersubjetiva de Kant quanto da de Habermas, de modo mais preciso é assumida pelo pensamento da Contrailustração sob a forma de uma *tensão entre o compreensível e o incompreensível*. Em parte alguma essa tensão é mais clara do que no único tratado formal de Kant sobre a

28 J. F. Lyotard, *Post-Modernism Explained* [Pós-modernismo explicado] (Mineápolis: University of Minnesota Press, 1993), p. 2-4.

29 *Philosophical Discourse of Modernity* [O discurso filosófico da modernidade], p. 309.

inteligibilidade, a saber, a *Crítica do juízo*. A terceira *Crítica* tem de ser compreendida como a contribuição de Kant ao discurso de uma "metacrítica da razão pura", que necessariamente se seguiu à publicação da *Crítica da razão pura*. Como Habermas aponta, o projeto de uma metacrítica foi concebido com o intuito de abordar as problemáticas premissas que Kant foi obrigado a assumir em sua refutação do ceticismo.[30] A principal dentre essas premissas era "fato de razão" – o fato de nossa inteligibilidade para com nós mesmos e para com outros, nosso caráter de ser racional, capaz de ser persuadido pelo argumento de Kant.[31] O paradoxo central da *Crítica da razão pura* reside no fato de que a sistemática exaustividade do projeto crítico foi uma revolução, um ponto de vista transformado, desprovido de toda e qualquer associação com os sistemas do passado. A nova *orientação* de Kant foi fundamentalmente original e, ainda assim, completamente inteligível. Kant precisou esclarecer para si mesmo: de que modo ele poderia ser original e abrangente ao mesmo tempo?

Contrariamente a isso, a "metacrítica da razão pura", conforme desenvolvida por Hamann (que inventou o termo) e Herder, foi concebida para mostrar que a razão se encontra necessariamente enraizada em contextos concretos da vida social. Algo de suas críticas obviamente soa como Habermas. Conforme este sintetiza: "Não há razão pura que só posteriormente vestiria roupagens linguísticas. A razão é originalmente uma razão encarnada tanto nos contextos de ações comunicativas como nas estruturas do mundo da vida".[32] Contudo, para Herder e Hamann, pioneiros da metacrítica, a afirmação de uma "encarnação" equivalia a uma abordagem das origens "estéticas" da razão. O que a interpretação estética oferecia era um modo de compreender como é possível conferir sentido de modos completamente novos. A metacrítica era uma discussão sobre as condições de inteligibilidade e, como tal, um discurso sobre o "outro" da razão.

---

30 *Ibid.*, p. 322.

31 Ver Frederick C, Beiser, *Introduction to The Fate of Reason* [Introdução ao destino da razão] (Cambridge, Mass.: Harvard University Press, 1987), p. 6, 37-43; e Lewis White Beck, "The Meta-Critique of Pure Reason" [A metacrítica da razão pura], *in Essays on Kant and Hume* [Ensaios sobre Kant e Hume] (New Haven: Yale University Press, 1978), p. 20-37.

32 *Philosophical Discourse of Modernity* [O discurso filosófico da modernidade], p. 322.

A compreensão da metacrítica da razão pura é a de que a inteligibilidade de um sistema de razão não pode estar baseada na própria inteligibilidade e a de que uma certa quantidade de *ininteligibilidade* é necessária para possibilitar uma compreensão "sistemática" ou "completa". O "outro da razão", compreendido como o que se põe fora de um sistema de razão existente, ou é impedido por este, é o *fundamento* da razão à medida que os indivíduos, a fim de conferir sentido, têm de ser orientados de tal modo que possam de fato se compreender mutuamente. A própria orientação não pode vir de dentro do sistema, uma vez que o sistema em si nela se baseia. Para Herder, cujas *Ideias para uma filosofia da história da humanidade* constituem-se no primeiro esforço metacrítico,[33] isso significa que os indivíduos têm de compartilhar uma história comum e uma tradição concreta que proporcione substância a suas pretensões racionais. Mas também, e o mais importante, isso proporciona um pano de fundo a partir do qual novos pontos de vista revolucionários podem ser compreendidos.

São precisamente esses os temas que Kant abordou na *Crítica do juízo*. A finalidade da terceira *Crítica* está em fazer ver que na contemplação do incompreensível nós efetivamente ampliamos nossa perspectiva, modificamos nosso ponto de vista. Os juízos estéticos, Kant argumenta, exercem o efeito de nos tirar de nosso entendimento limitado do mundo à nossa volta, abrindo-nos para que pensemos pelo "ponto de vista do outro". Juntamente com o "pensar por si mesmo" e com o "pensar de modo consistente", o *pensar do ponto de vista dos outros* é o fator essencial da revolução crítica, a nova posição "alargada" ou "ampliada" da "voz universal", ou seja, é o ponto de vista de Kant, que podemos chamar de perspectiva plena do *Esclarecimento*.

> Parece que comumente chamamos alguém de limitado (de mente *estreita* em oposição a uma mente *ampla*) se seus talentos forem

33 Ver Luanne Frank, "Herder and the Maturation of Hamann's Metacritical Thought: A Chapter in the Pre-History of the Metakritik" [Herder e a maturação do pensamento metacrítico de Hamann], *in Johann Gottlieb Herder: Innovator through the Ages* [Johann Gottlieb Herder: Inovador ao longo de eras], Wulf Koepke (Org.) (Bonn: Verlag Herbert Grundmann, 1982), p. 157-189.

> insuficientes para um uso de qualquer magnitude (acima de tudo para um uso intensivo). Mas não estamos falando aqui de um poder de cognição, e sim de um *modo de pensar* [que envolva] fazer com que esse poder tenha um uso intencional; e isso não importando quão discretos possam ser a gama e o grau dos dons naturais de uma pessoa, caso ela ultrapasse as condições de juízo privadas e subjetivas, às quais tantos outros estão aferrados, e não importando se ela reflete sobre o seu próprio juízo de um ponto de vista universal (que ela pode determinar transferindo-se ao ponto de vista dos outros).[34]

Na *Antropologia*, Kant identifica-o como o princípio dos "liberais quc sc acomodam aos conccitos dc outros".[35]

A "orientação da razão", que a virada crítica promete a fim de repelir a ameaça de ceticismo e de assentar a razão em fundamentos seguros, é idêntica a essa "liberalidade" da mente. Mas como então chegamos a isso? A resposta está na contemplação do belo. Kant propõe que, ao emitir um juízo estético, estamos na verdade avaliando o grau em que um objeto incompreensível pode, mediante a transformação de nosso ponto de vista, vir a fazer sentido para nós. "Julgar um objeto pelo gosto", Kant afirma, "é julgar se a liberdade no jogo da imaginação se harmoniza ou entra em conflito com o entendimento".[36] Todas as experiências incompreensíveis iniciam colidindo com nosso entendimento limitado, com nossos pontos de vista limitados; somente após uma reflexão, que produz novas regras para o entendimento, é que potencialmente chegaremos a uma harmonia. Desse modo, Kant argumenta que o juízo dos objetos belos é um momento anterior na cognição do estranho e depende, por sua vez, de uma orientação anterior da mente.[37] Os juízos de beleza dizem respeito à

34 I. Kant, *Critique of Judgment* [Crítica do juízo], tradução Pluhar, § 40, p. 295 (p. 161 em Pluhar).

35 I. Kant, *Anthropology* [Antropologia], § 59, p. 228 (p. 128).

36 *Ibid.*, Ak., p. 241.

37 *Critique of Judgment* [Crítica do juízo], "Introduction", § VI, p. 187 (p. 27). Ele sustenta: "É somente em razão de a mais comum das experiências ser impossível, que viemos a misturar [o prazer no belo] com a mera cognição sem ter disso nenhuma percepção especial".

configuração das faculdades cognitivas que tornam a comunicação possível por meio do entendimento.

Desse modo, contida nos juízos reflexivos do gosto encontra-se uma *tensão* entre o estímulo apresentado por meio de algo que parece incomunicável a nós e a satisfação advinda da construção de um princípio ou regra que vai lhe conferir sentido. Assim sendo, a *Crítica do juízo* tem uma participação no debate metacrítico, uma vez que procura compreender a relação entre compreensibilidade e incompreensibilidade, que *necessariamente* aparece em qualquer sistema de comunicação. Essa tensão adquire sua máxima evidência na teoria do gênio de Kant, a qual, diferentemente da de Herder e das de românticos posteriores, é profundamente ambivalente. A incompreensibilidade necessária para ampliar a mente e assumir o ponto de vista de outros é, mais do que qualquer outra coisa, a obra estética do gênio.[38] O que faz do gênio algo único é que, em princípio, ele tem plena liberdade para a incompreensibilidade na criação de obras de arte. O gênio, sustenta Kant, não pode ser restringido ao entendimento nem por regra nem por limite. Na verdade, o gênio é definido pela *originalidade*, que, para Kant, significa apenas que a obra não pode ser apreendida dentro dos limites de qualquer entendimento sistemático.[39]

A obra do gênio, então, estará em transportar o entendimento, com todas as suas limitações, a uma posição em que possa se tornar mais compreensível e conferir mais sentido a um maior número de indivíduos. Ela chega a isso mediante o emprego de "ideais estéticos". Kant sustenta que o gênio "põe em movimento o poder das ideias do intelecto" e, com efeito, "faz a razão pensar mais".[40] O que resulta desse emprego estético é a nova perspectiva, uma visão nova de uma natureza agora compreensível: "A imaginação (como poder produtivo cognitivo) é bastante poderosa

---

38 A teoria kantiana do gênio frequentemente recebe pouca atenção no sistema crítico, uma vez que o próprio Kant frequentemente menospreza gênios e obras de arte em geral em favor do belo natural. Todavia, a distinção na verdade é ilegítima, em razão de sua natureza, que, em última instância, está por trás tanto da arte genial quanto da natural. Ver *Critique of Judgment* [Crítica do juízo], § 46, p. 307 (p. 174).

39 *Ibid.*, § 47, p. 308 (p. 176).

40 *Ibid.*, § 49, p. 315 (p. 183).

quando cria como que outra natureza com base no que a natureza material efetivamente lhe dá".[41] Desse modo, o gênio é de fato análogo ao entendimento, por Kant, do lunático que se recusa a reconhecer a restrição que a razão lhe impõe.

> Tal paciente imagina compreender o incompreensível... Nesse tipo de distúrbio mental existe não meramente desordem e desvio das leis que governam a razão, mas também uma desrazão positiva, isto é, *uma regra diferente, um ponto de vista totalmente diferente para o qual a alma é*, por assim dizer, *transportada*. De tal perspectiva, *a alma olha os objetos de outra forma* e... vê-se transportada para um lugar longínquo.[42]

A questão é que a criatividade genial sempre transcende o sistema, parecendo sempre extraordinária. O gênio demanda o sistema a fim de ser gênio. O sistema existe, pode-se dizer, em razão de seus limites em todos os lados e, de sua parte, requer tais limites para a sua realidade. Não tardará para que essa questão aqui se faça significativa.

Uma série de consequências importantes se segue do entendimento do gênio por Kant e de sua relação com o problema da "ampliação da mente", que fundamenta o ponto de vista da concepção crítica da razão. A principal dentre essas consequências está no fato de que a incompreensibilidade do gênio não pode ela própria ser levada em conta. "O homem de gênio", escreve Kant na *Antropologia*, "não pode explicar para si mesmo a sua irrupção ou o modo como ele chegou a uma habilidade cuja obtenção não precisou se esforçar para aprender".[43] A própria natureza extraordinária da obra do gênio posiciona-se fora do horizonte de entendimento disponível à razão tal como ela se apresenta. Por isso o gênio é incompreensível, *porém isso explica também o papel que o incompreensível e extraordinário necessariamente desempenha na criação de um sistema de razão.* Se a originalidade do outro pode fazer sentido sob a razão de um sistema, então seus

41 *Ibid.*

42 *Anthropology* [Antropologia], § 52, p. 216 (p. 113).

43 *Ibid.*, § 58, p. 225 (p. 125); ver também *Critique of Judgment* [Crítica do juízo], § 46, p. 308 (p. 175).

efeitos transformadores, seu novo ponto de vista, não podem ser estabelecidos. Por esse motivo, observa Kant, o gênio se parece a algo próximo do *fanático*: "A originalidade da imaginação é chamada 'gênio' quando se harmoniza com noções. Se a originalidade não se harmoniza com noções, ela é chamada 'fanatismo'".[44] Mas a questão vem a ser: com quais noções tem de se harmonizar o gênio? Com a dos indivíduos que o deparam como algo incompreensível? Isso sugeriria o gênio interpretado sempre como um fanático. Ou com a noção daqueles que, ampliando a sua perspectiva, compartilham de seu ponto de vista? Esse paradoxo fundamental – o de que o aparecimento de uma tentativa de comunicar depende do ponto de vista, da razão de um indivíduo – é o mesmo que Habermas encontra em seu esforço de conferir sentido à qualidade extraordinária da Contrailustração. Claro está, contudo, que *não deve haver resposta* para essa questão, não deve haver resolução para o paradoxo.

É preciso dizer, porém, que Kant de modo algum se encontra feliz instalado sobre a questão do gênio e da incompreensibilidade. O problema com o gênio para Kant situa-se precisamente no fato de que o gênio constitui sempre uma *ameaça* à ordem de razão estabelecida. Não podemos estar certos de que o gênio é sincero em seu esforço de comunicar, simplesmente porque não temos ideia de como a comunicação pode se parecer – *de que ponto de vista*.[45] A presença do gênio, da radical incompreensibilidade é tal qual a ameaça cética que rejeita a um só tempo a validade (poderíamos dizer "finalidade") de práticas e de pontos de vista estabelecidos. Em ambos os casos, o medo é o de que um autêntico *sensus communis* – um legítimo ponto de vista da razão – será suplantado por algo meramente privado, meramente subjetivo, o *sensus privatus*, um ponto de vista pessoal.[46] A resposta de Kant a essa ameaça é posicionar a

44 *Anthropology*, § 30, p. 172.

45 Embora não a possamos desenvolver aqui, a linha de descendência desse entendimento pode ser encontrada em Søren Kierkegaard, "On the Difference between a Genius and an Apostle" [Sobre a diferença entre um gênio e um apóstolo], *The Present Age* [A era presente] (Nova Iorque: Harper and Row, 1962), p. 89s e *On Authority and Revelation* [Sobre autoridade e revelação] (Princeton: Princeton University Press, 1966), p. 92-139.

46 *Anthropology*, § 53, p. 219 (p. 117).

livre incompreensibilidade do gênio sob a restrição das regras do discurso aceito, as regras do gosto – gosto entendido como tradição estética. O poder conservador do gosto tem sido reconhecido desde Rousseau. E Kant agora vem empregar o gosto não como um meio de liberalizar a nossa orientação, mas de restringi-la.

> O gosto é [...] a disciplina do gênio; ele corta-lhe as asas, torna-o civilizado e polido; mas ao mesmo tempo dá-lhe uma orientação, indicando-lhe em que sentido e até onde ele deve estender-se para poder permanecer pertinente e, na medida em que introduz clareza e ordem na profusão dos pensamentos, torna as suas ideias consistentes, capazes de obterem uma aprovação duradoura e ao mesmo tempo universal e de serem seguidas por outros e assim promoverem uma cultura sempre crescente.[47]

O conservadorismo inerente a Kant, e do qual ele é autoconsciente, evidencia-se em suas bem conhecidas visões sobre a arte. Pressagiando Hegel, ele argumenta que a criativa "arte [do gênio] estanca em certo ponto, já que uma fronteira é definida para ela, a qual provavelmente *há muito foi alcançada e já não pode ser ampliada*".[48] Por essa razão, todas as novas obras de arte e as novas expressões da tensão entre o compreensível e o incompreensível

> têm de ser compostas numa linguagem a um só tempo erudita e morta; morta, de modo que não terá de passar pelas mudanças que inevitavelmente afetam as vivas, estas que a expressão torna chatas, familiares e arcaicas, com as recém-criadas entrando em circulação por pouco tempo; eruditas, de modo que terão uma gramática que, sem estar sujeita aos caprichos da moda, detém a sua própria regra inalterável.[49]

Em outras palavras, Kant procura aí permitir a possibilidade do gênio e ao mesmo tempo amansá-la. Seu esforço em restringir a liberdade

---

47 *Critique of Judgment* [Crítica do juízo], § 50, p. 319 (p. 188).

48 *Ibid.*, § 47, p. 309 (p. 177), ênfase nossa.

49 *Ibid.*, § 17, p. 232 fn (p. 79).

do gênio aos limites do gosto é na verdade um esforço em eliminar a tensão entre compreensibilidade e incompreensibilidade, que necessariamente funda todos os sistemas de razão. A ameaça do gênio, como a do cético, é uma ameaça necessária, o estímulo que nos força a uma crescente liberalidade, a pontos de vista cada vez mais amplos. A estrutura sistemática do edifício crítico é, em última instância, a sua destruição; Kant extrai de sua teoria do gênio uma visão conservadora da política.

Contudo, igualmente evidente na teoria kantiana do gênio é uma resistência às exigências de sua própria teoria da inteligibilidade. Como vimos, a manutenção da tensão entre o compreensível e o incompreensível fez-se necessária para que a compreensibilidade fosse humana e intersubjetivamente disponível. A teoria do gênio de Kant na *Crítica do juízo* é assim elucidativa para a abordagem, por Habermas, do neoconservadorismo. Kant, como Habermas, é confrontado com os defensores da possibilidade da incompreensibilidade – que para Kant são Schlegel, Herder e outros; para Habermas, os pós-modernos. A questão é o que fazer com eles e, aqui para nós, o que fazer com a análise de Habermas.

Poderíamos abordar a análise de Habermas desses interlocutores, mostrando que ele toma seus alvos de maneira equivocada, ou pelo menos que as conclusões que ele extrai não contrariam outras leituras. O material sobre Nietzsche, por exemplo, parece-nos simplesmente incorreto no modo como o acusa de romântica nostalgia estética. Para Habermas, Nietzsche "se despede da modernidade" em favor de um posicionamento (associado por Habermas tanto ao pós-modernismo quanto ao arcaísmo) que abandona a possibilidade de construir um consenso intersubjetivamente raciocinado.[50] À medida que a associação de Nietzsche ao pós-modernismo se mantém – e até certo ponto ela tem de se manter –, Nietzsche e os pós-modernistas parecem tornar a ação política impossível, sem sentido ou desprovida de parâmetros. Esse é o âmago da crítica habermasiana. Ainda

50 Uma crítica alentada à posição de Habermas foi realizada por David Wellbury, "Nietzsche – Art – Postmodernism: A Reply to Jürgen Habermas" [Nietzsche – arte – pós-modernismo: Uma réplica a Jürgen Habermas], *in Nietzsche in Italy* [Nietzsche na Itália], Thomas Harrison (Org.) (Stanford: Stanford University Press, 1988), p. 77-100.

assim, Nietzsche explicitamente nega o desejo de retornar aos gregos,[51] e em sua "Autocrítica" de 1886 ele passa um bom tempo a contrapor leituras que poderia ter não intencionalmente possibilitado dezesseis anos antes, por ocasião da publicação de *O nascimento da tragédia.*

Quando Habermas examina vários "pós-modernistas", sobretudo em *O discurso filosófico da modernidade*, seu viés retórico torna-se bastante característico. Há um toque de desdém, uma insinuação de *naiveté*, como se seus objetos não soubessem que estavam a brincar com algo perigoso. O pressuposto ali é o de que há uma violência sombria dirigida à humanidade, da qual os autores arrolados – Nietzsche, Bataille, Heidegger, Derrida – são *apprentis sorciers* [aprendizes de feiticeiros]. E não será por Mickey Mouse que teremos a evidência histórica de que o que estão fazendo pode ser perigoso.

Entretanto, não achamos que seja possível ler os ensaios sobre a pós-modernidade sem o sentimento de que se aprendeu muito sobre Bataille, Castoriadis e outros com a crítica de Habermas. Se Habermas estiver certo, esses autores terão construído meros castelos de cartas, bastante interessantes, sobre fundações obviamente insustentáveis. Falando em termos gerais, e com a exceção parcial de seus ensaios sobre Foucault, o que Habermas tem a dizer sobre "pós-modernistas" não nos parece lá muito envolvente. Não queremos dizer nem mesmo que esteja incorreto; mas é algo que produz apenas resistência nos que com ele já não concordem, uma vez que seus oponentes são brindados tão só com a oportunidade de admitir seus erros – dificilmente o são com o material do diálogo. Aqui não estamos interessados em tentar mostrar que Habermas entende mal seus oponentes.

51 Ver Tracy B. Strong, *Friedrich Nietzsche and the Politics of Transfiguration* [Friedrich Nietzsche e a política da transfiguração] (Berkeley e Los Angeles: University of California Press, edição ampliada, 1988), p. 135-185 e "Aesthetic Authority and Tradition: Nietzsche and the Greeks" [Autoridade estética e tradição: Nietzsche e os gregos], *History of European Ideas* 11 (1989), p. 989-1007. Ver Nietzsche, "We must overcome even the Greeks" ("Die fröhliche Wissenschaft" [Gay Science] [A gaia ciência]), *in Nietzsche Werke*, Giorgio Colli e Mazzino Montinari [Orgs.] (Berlim: De Gruyter, 1973), Abteilung [seção] 5, Band [volume] 2, § 340; ver também o problema de Sócrates em "Götzendämmerung" [O crepúsculo dos ídolos], *in Nietzsche Werke*, Abteilung [seção] 6, Band [volume] 3, § 9.

Há algo mais acontecendo. Vamos abordar essa questão tomando uma direção diferente. Habermas sente-se impelido a atacar os vários pós-modernistas reafirmando os princípios elementares da lógica formal.

> Esses discursos não querem nem pretendem prestar contas sobre o lugar que ocupam... Essas "teorias" ... suscitam pretensões de validade apenas para renunciar a eles... Aparece sempre uma simbiose de coisas incompatíveis, uma amálgama que, no fundo, se opõe à análise científica "normal".[52]

Tomamos os argumentos de Habermas aqui como sendo filosóficos (ou seja, sobre como podemos ter uma crítica válida da razão a proceder com "uma imprudente desconsideração de suas próprias fundações")[53] *e* políticos, isto é, a serem direcionados contra as possíveis consequências para a vida real que tal pensamento possa ter ou legitimar. Habermas considera que os pós-modernistas reivindicam para seus esforços um estatuto especial, não intersubjetivamente fundável. Eles recuam para um "estatuto especial de discurso extraordinário".

Em outras palavras, os pós-modernistas negam que um "nós" que seja universal esteja na base de qualquer discurso objetivo moral. Para Habermas, a intersubjetividade não parece demandar uma tensão com aquilo de que não posso falar. Agora, não faz nenhum real sentido visualizar essa tensão como estando entre um *self* individual e aquilo de que o *self* não pode falar. A tensão teria de estar entre uma coletividade (dotada de uma linguagem, com tradições, com uma gramática – poderia ser uma população ou o discurso da moralidade) e o que não pode ser dito com tal linguagem. Isso é exemplificado, por exemplo, num enunciado característico de Wittgenstein: "Quando falamos, dizemos...", que invoca os *limites* do "nós" a fim de atualizar o "nós". O nós da universalizabilidade faz-se assim dependente da disponibilidade do não universal – não apenas do particular, mas do que não pode ser compreendido nos termos daquele mundo.

---

52 *Philosophical Discourse of Modernity* [O discurso filosófico da modernidade], p. 336.

53 *Ibid.*, p. 337.

Habermas, aqui, toma a autoestrada que Kant, aliás, tomou, mas sem trilhar os caminhos que o conduziram a ela. Em sua teoria do gênio, Kant tentou, ou pareceu tentar não refutar o ceticismo, mas sim manter o apelo deste como parte necessária da possibilidade de fazer sentido. Ocorre que nada disso aparece no caminho pelo qual Habermas chega à sua noção de ética do discurso. Ele sente a necessidade de passar por Kant, mas o faz pela mais simples das maneiras.

Para Habermas, Kant escolhe "um conceito estreito de moralidade", centrando-se exclusivamente em "como os conflitos de ação podem ser resolvidos tendo por base a ação racionalmente motivada". A ferramenta principal é o imperativo categórico, que, muito embora tenha a "forma gramatical de um imperativo", na verdade é um "princípio de justificação".[54] Habermas tem por problemáticos em Kant os aspectos a seguir. Em primeiro lugar, o hiato "intransponível" na distinção que Kant parece operar entre os reinos inteligível e fenomênico. Em segundo lugar, o pressuposto por Kant de que o "indivíduo testa as máximas de sua ação na... solidão de sua alma" e o pressuposto concomitante de que toda consciência transcendentalmente estabelecida estará de acordo. Por último se tem a localização da eficácia do "tu deves" moral na autonomia em vez de, tal como acontece na ética do discurso, na intersubjetividade do discurso.[55]

Contra todos esses problemas, Habermas faz movimentos que são fundamentalmente hegelianos: eles consistem em trazer as questões morais e suas respostas para o mundo e torná-los parte da vida prática. A diferença entre razão prática e razão pura, com efeito, encontra-se ultrapassada. Somos deixados com o estabelecimento do ponto de vista moral inerente ao discurso. *Ora, se assim for, o que então é deixado para a filosofia?* Ser a "guardiã da racionalidade" (e Habermas como filósofo desfruta dessa condição).[56] "O que a teoria moral pode e deve fazer, sendo confiável para tanto", ele observa, "é esclarecer o cerne universal de nossas intuições morais e, desse modo, *refutar* o ceticismo de valores".[57] O filósofo

54 MCCA, p. 197-198.

55 *Ibid.*, p. 202-204.

56 *Ibid.*, p. 20.

57 *Ibid.*, p. 211, ênfase nossa.

não tem o privilégio de conhecer respostas; ele (ou ela) detém apenas a responsabilidade de manter o entendimento de que as respostas têm de ter a qualidade da racionalidade e a de que a racionalidade seja acessível. Segundo essa visão, a racionalidade é algo que os seres humanos precisam manter em função dessas respostas.

"O ceticismo de valores" é o que incomoda Habermas – a afirmação contra toda afirmação de razão de que não há quaisquer afirmações racionais que possam ser feitas. E, como vimos, isso o incomoda filosófica e politicamente. E o incomoda porque para ele existe um primo proteano do que Kant chama de *Schwärmerei* – entusiasmo, fanatismo.[58] Habermas encontra-se angustiado em razão de o ceticismo de valores ter renascido em anos recentes, e a sua intenção é a de eliminá-lo. Kant, porém, já na *Primeira crítica*, apresentou a possibilidade do fato de o ceticismo (e o fanatismo) terem sido erigidos na condição humana, tal possibilidade sendo ela própria uma condição para o nosso conhecimento. De maneira célebre:

> A razão humana tem esse destino peculiar segundo o qual uma espécie de seu conhecimento encontra-se carregada de questões que, conforme o prescrito pela própria natureza da razão, ela não é capaz de ignorar, mas, o que transcende todos os seus poderes, tampouco é capaz de responder.[59]

A insistência em responder à questão que os seres humanos são incapazes de ignorar, e tampouco a ela podendo responder, nós a tomamos como a fundação do ceticismo e a recusa em manter essa questão como a fundação do fanatismo.[60] Com base nessa leitura, seria possível dizer que a tarefa da *Primeira crítica* (e a do gênio) não esteve em estabelecer a racionalidade às *expensas* do sentido, com sua dúvida e suas certezas, mas em estabelecer a racionalidade como um *equilíbrio* entre o subjetivo e o objetivo, sem negar nenhum deles. Para Kant, a existência de dois mundos, que

58 I. Kant, *Critique of Pure Reason* [Crítica da razão pura], B 128, p. 128.

59 *Ibid.*, A vii, p. 7.

60 Trata-se do problema de Édipo e Otelo, entre outros.

tanto angustia Habermas, é a formulação da *ambivalência* como qualidade necessária do conhecimento que é conhecimento humano.[61]

Uma das consequências desse modo de abordar Kant está na mudança do enfoque do ceticismo, e isso inclui o ceticismo de valores. Penso que do precedente segue-se que o ceticismo faz referência não ao que não pode ser conhecido, mas ao que pode sê-lo. Tem-se aí que precisamente o que é racional é também o reino do ceticismo. Segue-se daí, podemos considerar, que se tentamos erradicar o ceticismo (enquanto Habermas vem se juntar a nós no tocante a valores), nós também desistimos do conhecimento. E se isso é assim, então por todos os seus exageros e por todos os disparates de alguns de seus epígonos, devemos pensar que somos devedores dos que são atacados por Habermas em *O discurso filosófico da modernidade*. Eles podem ter acabado de nos encontrar em alguma via para o conhecimento.

Por que Habermas não quer pensar nisso a respeito de Kant? Ou, pode-se perguntar, por que motivo Habermas pensa que Kant é isento de problemas? Cremos que a resposta é dada no modo como ele entende a linguagem. Ele assinala que qualquer "expressão provida de sentido... pode ser identificada por uma dupla perspectiva, tanto como evento observável quanto como objetificação inteligível de sentido. Podemos descrever, explicar ou prever um ruído equivalente aos sons de uma sentença falada, sem termos a menor ideia do que esse enunciado significa".[62] Assim, para Habermas existe um "uso puramente cognitivo, não comunicativo da linguagem" que "*diz respeito* ao mundo" (itálicos dele). Esse uso ou tipo de linguagem não nos envolve numa comunidade de discurso. Estar de posse de uma linguagem que diga respeito ao mundo é questão de epistemologia; estar de posse de uma linguagem de uma comunidade é questão de hermenêutica. Habermas segue a mostrar que a hermenêutica nos envolve num processo racional (e não meramente interpretativo).[63]

61 Aqui apoiamo-nos sobretudo em Stanley Cavell, *In Quest of the Ordinary* [Em busca do comum] (Chicago: University of Chicago Press, 1988), p. 30-32.

62 MCCA, p. 23.

63 *Ibid.*, p. 24-26.

Com isso, estamos de volta à distinção clássica entre *Naturwissenschaften* [ciências da natureza] e *Geisteswissenschaften* [ciências do espírito], com a diferença de que a racionalidade objetiva pode ser encontrada também nessas últimas, e isto, por conseguinte, pode ser claramente distinguido de "crítica literária, literatura [ou] religião".[64] O desenvolvimento por Habermas de sua posição é engenhoso e complexo. Mas ele implica apenas uma codificação das conclusões mais padronizadamente positivistas sobre a relação entre conhecimento e literatura (ou religião,[65] mas este já é outro assunto).[66] A destituição – pois é disto que se trata – da literatura como não tendo relações importantes com a filosofia é algo de muito revelador. Para Habermas, a poesia não aparece como parte do conhecimento. Nós não pretendemos resolver essa questão aqui, mas podemos afirmar que ela não pode ser resolvida como algo óbvio.

Um modo de pensar o pós-modernismo – modo que Habermas tem de negar, em razão de seu positivismo residual – é o de que ele busca manter a necessidade da tensão entre o compreensível e o incompreendido. Esse tem sido sempre o milagre da literatura. Pós-modernismo não é literatura, uma vez que ele busca criar essa tensão em vez de exemplificá-la. Mas ele compreende a sua relação com a literatura e está constantemente em busca de elaborá-la. Durante a sua discussão em torno do ensaio de Foucault sobre "O que é Esclarecimento?" de Kant, Habermas expressa surpresa por Foucault ter se apresentado como herdeiro do Esclarecimento.[67] Ele não precisava disso. Foucault estava ciente, segundo pensamos, do que Schlegel tinha realizado 150 anos antes: "É igualmente desastroso para o pensamento ter um sistema e não ter nenhum. Será preciso apenas combinar os dois".[68]

64 *Ibid.*, p. 28.

65 Para algumas noções sobre o motivo de essa atitude positivista para com a religião não ser sustentável, ver Tracy B. Strong, "How to Write Scripture: Words and Authority in Thomas Hobbes" [Como escrever um texto: Palavras e autoridade em Thomas Hobbes], *Critical Inquiry* (outono de 1993).

66 Num contexto um tanto diferente, isso tem sido observado por Richard Rorty em *Objectivity, Relativism, and Truth* [Objetividade, relativismo e verdade], vol. I., *Philosophical Papers* [Artigos filosóficos] (Cambridge, Mass.: Cambridge University Press, 1991), p. 168.

67 *New Conservatism* [O novo conservadorismo], p. 178.

68 F. Schlegel, *Athenaeum* [Ateneu], fragmento nº 53.

Uma questão ainda. Quando Habermas ataca os historiadores revisionistas, ele o faz em nome do que chama de "as melhores tradições em nossa história" e da posição do que ele assim denomina.[69] Pouco antes dessa passagem, ele é explícito quanto à ligação intrínseca entre a forma de vida em que Auschwitz foi possível e a "nossa forma de vida", pela qual podemos ter em mente tão só o indivíduo alemão. É difícil escapar da conclusão de que é Auschwitz que exige de todos os alemães que falem em termos que sejam universais. Certo – mas onde isso vai deixar o restante de nós? Não pode ser o caso de que Habermas considere (como se pode conjecturar que Rawls faz[70]) suficiente dizer que os ocidentais não alemães assimilaram completamente o espírito do Esclarecimento. Para tal conclusão haveria dois problemas. Em primeiro lugar, a evidência não é de todo convincente – em vinte e cinco anos, Rawls identificou como evidências somente a escravidão e a tolerância religiosa. Suspeitamos que haja um fascismo em todos nós ou, melhor, negamos que exista o risco de sucumbir a ele. Em segundo lugar, a crítica romântica ao Esclarecimento nos obriga à necessidade de não negar que o Esclarecimento demande a sua crítica. *Ninguém pode ser o guardião da racionalidade* – isto significa que o papel que Habermas reserva ao filósofo precisa ser abordado com grande cautela.

Essas reflexões de modo algum negam os reais feitos do projeto de Habermas. Contudo, pensamos que os consideram numa escala reduzida, em razão de muitos dos que admiram Habermas (e que são identificados, quando não em si mesmos, como "habermasianos") passarem boa parte de seu tempo tentando fazer ajustes menores à obra do filósofo, procurando atrair para ela ainda mais teóricos. É possível que isso seja um sinal da abertura de sua obra a outros; é possível que se tenha aí um sinal de uma necessidade de atrair todos os que puderem estar ao nosso lado na fortaleza, antes que cheguem os bárbaros.

---

69 *New Conservatism* [O novo conservadorismo], p. 234.

70 John Rawls, "Justice as Fairness: Political Not Metaphysical" [Justiça como equidade: Política não metafísica], *Philosophy and Public Affairs* 14, nº 3 (outono de 1985), p. 223-251, reimpresso *in* Tracy B. Strong, *The Self and the Political Order* [O *self* e o ordenamento político] (Oxford: Blackwell, 1992).

12 O *outro* da justiça: Habermas e o desafio ético do pós-modernismo[1]

AXEL HONNETH

A injustiça é o *medium* da justiça real.
Theodor W. Adorno

Se em seus primórdios o movimento filosófico do pós-modernismo esteve, ao que tudo indica, expressamente direcionado contra todo e qualquer tipo de teoria normativa, de lá para cá essa relutância inicial tem dado espaço a uma atitude drasticamente modificada. Filósofos como Derrida e Lyotard, de início essencialmente preocupados com uma perpetuação radical da crítica à razão, hoje a tal ponto se voltam a questões de ética e justiça, que comentadores já falam de uma virada ética.[2] O campo da teoria moral, que até recentemente constituiu, para todos os representantes do pós-estruturalismo, um exemplo particularmente saliente do universalismo compulsório da modernidade, tem agora se tornado o verdadeiro *medium* para o desenvolvimento posterior de teorias pós-modernas. A mudança de atitude que acompanha tal reorientação pode ser em parte entendida como reação a uma crítica que há algum tempo é alimentada por filósofos e teóricos políticos. De modo bastante precoce em

1 Sou grato a Rainer Forst, John Farrell e Stephen White pelas críticas e sugestões. Traduzido do alemão por John Farrell.

2 Ver, entre outros, Simon Critchley, *The Ethics of Deconstruction: Derrida and Levinas* [A ética da desconstrução: Derrida e Levinas] (Oxford: Blackwell, 1992); Richard J. Bernstein, *The New Constellation: The Ethical-Political Horizons of Modernity/Post-modernity* [A nova constelação: Horizontes ético-políticos da modernidade/pós-modernidade] (Cambridge: Polity Press, 1991); Stephen K. White, *Political Theory and Postmodernism* [Teoria política e pós-modernismo] (Cambridge, Mass: Cambridge University Press, 1991); Andrew Benjamin (Org.), *Judging Lyotard* [Julgando Lyotard] (Londres/Nova Iorque: Routledge, 1992).

seu desenvolvimento, não apenas os críticos, mas também os partidários do pós-modernismo objetaram que se o programa da crítica filosófica encontra-se exaurido pela subversão teórica da linguagem da metafísica, isso necessariamente conduzirá a uma indeterminação em relação a assuntos ético-políticos; afinal de contas, tanto com um interesse na expansão da liberdade humana quanto com o objetivo de simplesmente destruir sistemas estabelecidos, faz-se possível direcionar críticas e protestos às ideias uniformes da tradição intelectual europeia. Com isso, a fim de evitar o risco da indiferença ética, faz-se necessária a especificação adicional das orientações político-normativas, de acordo com as quais a crítica à metafísica deve ser guiada. Contudo, é provável que não só a tentativa de invalidar objeções desse tipo teria recentemente ocasionado a reincidência de considerações éticas no movimento filosófico do pós-modernismo. A própria intenção de criticar a metafísica traz consigo certas consequências político-normativas, como revela o exemplo da filosofia de Adorno: quem quer que procure descobrir o separado e o excluído nos sistemas de pensamento da tradição filosófica, este por fim será conduzido, com certa necessidade, a conclusões éticas – pelo menos quando, em relação a esses "outros", seja questão não de alternativas cognitivas, mas de sujeitos humanos. Em tais casos, parece justificado compreender o elemento sacrificado ao pensamento uniforme, isto é, a particularidade inequívoca de pessoas concretas ou grupos sociais como o núcleo essencial de toda e qualquer teoria da moralidade ou da justiça. Por essa razão, a ética do pós-modernismo hoje também atua teoricamente com base na ideia de se considerar moralmente o particular, o heterogêneo. De um modo que não difere da teoria da moralidade não escrita de Adorno, essa ética gira em torno da ideia de que é só mesmo lidando de maneira apropriada com o não idêntico que a pretensão de justiça humana pode ser resgatada.

É evidente que nada de muito relevante tem sido enunciado ao meramente se fazer referência a esse motivo central, uma vez que diversas formas de ética podem ser elaboradas com base nele. Tudo depende do modo como se determina tanto o sentido do que é digno de proteção particular quanto o tipo de proteção moral a ser proporcionado. De imediato surge todo um espectro de alternativas possíveis, cada uma das quais constituindo uma versão diferente de uma ética pós-moderna. O elemento de particularidade ameaçado pode ser visto na singularidade de um jogo de linguagem social, na diferença irreversível de todos os seres humanos ou na necessidade de auxílio, constitutiva do ser humano individual; e o tipo de consideração, que está em proteger moralmente aquele elemento, pode ser compreendido como uma forma estendida de tratamento socialmente igual, como uma intensificação da sensibilidade ética ou como uma obrigação assimétrica entre as pessoas. Minha reconstrução das várias abordagens equivalerá à tese de que apenas a última dentre essas três alternativas conduz a uma modalidade de ética pós-moderna que representa um desafio real às teorias modernas da moralidade na tradição kantiana. Enquanto as preocupações éticas das duas primeiras alternativas podem ser justificadas de modo mais apropriado no âmbito do arcabouço, constituído pela ética do discurso habermasiana, a terceira abordagem mantém-se conceitualmente intratável para tal ética. Eu aqui gostaria de fazer ver que a particularidade é introduzida como um ponto de referência moral, de modo tal que a sua consideração seja garantida não por uma expansão da perspectiva da justiça, mas por seu outro, que são os cuidados humanos. O ponto de vista moral do *tratamento igual*, como veremos, demanda contínuas correções e suplementações por um ponto de vista devedor de nossa obrigação concreta para com sujeitos individuais necessitados de auxílio. Eu gostaria de prosseguir, em primeiro lugar (I), apresentando as reflexões realizadas por Jean-François Lyotard com o intuito de justificar uma ética pós-moderna. É possível mostrar não apenas que essa concepção é compatível com a ética do discurso, mas também que ela pode ser mais bem articulada no âmbito daquele arcabouço, uma vez que o seu cerne normativo nada mais é do que uma ideia radicalizada de tratamento igual. Num segundo passo (II), eu gostaria de me voltar às inovadoras reflexões de Stephen K. White, que remetem às ideias do Heidegger tardio, a fim de esboçar os traços fundamentais de uma ética pós-moderna. Em comparação com o kantismo convencional, a sua contribuição de fato dá vazão a novas perspectivas; porém, estas são constituídas de forma tal que podem ser produtivamente explicadas no arcabouço da ética do discurso. Só mesmo nas reflexões com que Jacques Derrida recentemente tem se envolvido, apoiadas na obra de Emmanuel Levinas, é que se tem o surgimento de pontos de vista morais que vão além dos horizontes conceituais da ética do discurso. Sua contribuição para uma ética pós-moderna, que abordarei na terceira parte (III), vem atrelar à responsabilidade moral para com o outro concreto uma perspectiva que não é congruente com a ideia de tratamento igual, mas sim entra em conflito com essa ideia. Com base nessa perspectiva – num passo final (IV) e na crítica às ideias de Habermas –, o cuidado ou a assistência podem ser elaborados como o ponto de vista moral a formar um contraponto à perspectiva da justiça tão necessário quanto o ponto de vista da solidariedade o é no outro lado.

I

Já ao final de seu estudo sobre a "condição pós-moderna", Lyotard fez a primeira referência a um conceito de justiça que, em contraste com a tradição do universalismo moral, deve garantir a proteção do heterogêneo. Essas observações um tanto casuais foram então seguidas – numa obra cujo título faz alusão a Kant: *Le différend: Phrases en dispute* [O diferente: Frases em disputa] – de um argumento que, embora ainda críptico, é, em seu todo, mais fácil de reconstruir.[3] O ponto de partida das reflexões que formam o núcleo filosófico-moral de ambos os livros é uma versão específica da tese de que hoje vivemos sob as condições do pensamento pós-metafísico – e isso de um modo que de fato é irreversível. Sob a pressão das experiências históricas, que de modo significativo deram forma ao século XX, qualquer possibilidade de legitimar narrativamente o curso da

3 Jean-François Lyotard, *The Postmodern Condition: A Report on Knowledge* [A condição pós-moderna: Um relatório sobre o conhecimento], tradução de Geoff Bennington e Brian Massumi (Mineápolis: University of Minnesota Press, 1984); *The Differend: Phrases in Dispute* [O diferendo: Frases em disputa], tradução de George Van Den Abbeele (Mineápolis: University of Minnesota Press, 1988). Sobre o contexto filosófico, ver Wolfgang Welsch, *Unsere postmoderne Moderne* [Nossos modernos pós-modernos] (Weinheim: VCH, Acta humaniora, 1988), caps. 7 e 8.

história humana com referência a um sujeito supraindividual esvaneceu de uma vez por todas. Para Lyotard, o fim das "grandes narrativas", tal como exemplarmente representado pelas filosofias da história do marxismo e do liberalismo, faz-se acompanhar também pela dissolução das pretensões universais de razão que as ciências até agora poderiam indiscutivelmente asseverar para si mesmas; afinal, sua precedência sobre outras formas de conhecimento esteve garantida contra objeções somente à medida que, de modo parasitário, elas poderiam se valer da circunstância de que a elas constantemente se atribuiu o papel de uma força emancipatória em todas as reconstruções guiadas por uma filosofia da história. Se, por essa razão, com a superação do pensamento metafísico, a fonte legitimadora das ciências também tiver secado, pela primeira vez se evidenciará que nenhuma forma de conhecimento será, por natureza, provida de uma competência epistemológica superior; em vez disso, numerosas formas de conhecimento linguisticamente articuladas se confrontam uma com a outra numa realidade social, e com base na razão não é possível decidir quais delas podem suscitar uma legítima pretensão à validade. Assim, tal como Rorty, Lyotard inicia com a premissa de que a verdade de uma pretensão de validade linguisticamente articulada é mensurada pelo grau com que alcançou predominância social.

Com base nessa primeira tese, que evidentemente não passou incontestada,[4] num segundo passo Lyotard realizou uma análise detalhada das características que o campo dos enunciados linguísticos possui. Em seu breve estudo sobre a "condição pós-moderna" tem-se uma ideia prevalecente que lembra as "ordens do discurso" de Foucault, muito embora ela seja introduzida com referência a Wittgenstein. De acordo com essa ideia, a linguagem humana fornece um potencial de possibilidades estéticas de expressão, enquanto grupos sociais permanentemente competem para se

4 Ver, dentre outros, Seyla Benhabib, "Epistemologies of Postmodernism: A Rejoinder to Jean-François Lyotard" [Epistemologias do pós-modernismo: Uma tréplica a Jean-François Lyotard], *New German Critique* 33 (1984), p. 103-126; Axel Honneth, "An Aversion against the Universal: A Commentary on Lyotard's Postmodern Condition" [Uma aversão ao Universal: Comentário sobre a condição pós-moderna de Lyotard], *Theory, Culture & Society* 2, nº 3 (1985), p. 147-157.

apropriar dessas possibilidades. Em *Le différend*, por contraste, surge um modelo um tanto distinto, modelo que de novo é explicado fazendo-se referência a Wittgenstein, ainda que desta vez manifeste certa proximidade com a cibernética. Alcançar um entendimento (*Verständigung*) na linguagem é apresentado aqui como um processo anônimo em que as sentenças estão interligadas de acordo com certas regras e com isso possibilitando um intercâmbio entre o emissor e o receptor.[5] Agora, na visão de Lyotard, esse processo é caracterizado pela circunstância de que um princípio de absoluta incomensurabilidade prevalece entre os vários sistemas de regras, segundo os quais a possibilidade específica de relacionar sentenças é mensurada: todo sistema de regras ou, como afirma o *Le différend*, todo gênero de discurso segue uma lógica de argumentação que, num sentido estrito, é incompatível com a lógica de qualquer outro gênero de discurso. Por essa razão, não pode haver nenhuma transição racionalmente verificável entre os vários jogos de linguagem cujo emprego obedeça a tal gênero particular de discurso; em vez disso, a colisão de duas sentenças pertencentes a diferentes gêneros de discurso significa uma "disputa" (*Widerstreit*)[6] no sentido de que uma comparação (de qualquer tipo que seja) entre elas não é mais possível. Assim, Lyotard necessita apenas extrair as conclusões dessa argumentação para chegar à tese surpreendente de que cada sentença pode esconjurar o enunciado anterior sem deixar vestígio; afinal, se as duas sentenças pertencem a diferentes gêneros de discurso, a pretensão de validade da primeira é completamente obliterada pela pretensão de validade da segunda, uma vez que a primeira não pode ser nem percebida nem articulada na lógica da segunda.

Lyotard vale-se dessa última tese como uma ponte argumentativa para as conclusões filosófico-morais de suas reflexões; contudo, a ideia básica por trás dessas conclusões não é tão obscura quanto a teoria da linguagem aqui esboçada poderia levar a crer. Em primeiro lugar, Lyotard traduz o que ele até aqui descreveu como um evento puramente linguístico em

5 Lyotard, *The Differend* [O diferendo], p. xiff.

6 Nota do tradutor [do tradutor para o inglês, John Farrell]: "Der Widerstreit" [A disputa] é o título em alemão da obra *O diferendo* de Lyotard.

um evento de caráter moral: o fato moralmente neutro de que a pretensão de validade de um enunciado linguístico não é satisfeita por uma réplica apropriada agora se torna o fato de uma "injustiça" que a sentença subsequente perpetra contra a precedente.[7] Já que a suposição pouco plausível de que as entidades linguísticas desfrutam de direitos (de qualquer tipo) teria de ser associada a tal pretensão, o passo seguinte de Lyotard consiste em reimportar sujeitos humanos em seu sistema teórico de conceitos. Se num primeiro momento eles foram totalmente ostracizados do evento linguístico (*Sprachegeschehen*) em razão de uma abordagem objetivista, agora eles, inesperadamente, reaparecem em tal evento como agentes de enunciados linguísticos. Isso se torna aparente, por exemplo, nos exemplos introduzidos para provar historicamente a injustiça da intraduzibilidade de um jogo de linguagem em outro: os sobreviventes dos campos de concentração nazistas, cujas queixas morais estão sendo gradualmente silenciadas, já que não encontram um *medium* apropriado de articulação no gênero de discurso constituído pelo direito formal; e os trabalhadores, cujo protesto contra condições de trabalho inaceitáveis termina em silenciosa indignação, por não poder encontrar expressão na linguagem da eficiência econômica. Caso exemplos desse tipo forem sistematicamente generalizados, teremos a intuição que provavelmente representa o cerne filosófico-moral das reflexões de Lyotard: uma vez que em nossa sociedade certos gêneros de discurso, particularmente os do direito positivo e da racionalidade econômica, alcançaram uma predominância institucionalmente assegurada, certos jogos de linguagem com um tipo diferente de validade mantêm-se quase que permanentemente excluídos da articulação social. A fim de resgatar essa disputa "silenciosa" do risco de ser esquecida, faz-se necessária uma orientação ético-política, e tal orientação pode auxiliar os socialmente reprimidos, o lado anômalo, a encontrar articulação.

A essa altura, Lyotard poderia escolher entre duas alternativas a fim de desenvolver um modelo para a ética filosófica com base em suas intuições

---

7 *Ibid.*, p. xi e 3s. [Tradução da nota do tradutor (do tradutor para o inglês, John Farrell): o termo francês "*tort*" (errado) é vertido como "*Unrecht*" (errado) na tradução alemã e como "*wrong*" (errado) na tradução inglesa do livro de Lyotard; ver *ibid.*]

morais. Ele poderia se reconciliar com a dominância social de certos jogos de linguagem e atribuir à ética a resignada tarefa de continuamente dar "testemunho" à existência de interesses e necessidades desarticulados. A proteção moral do particular significaria então a tentativa incessante, mas na prática ineficaz, de preservar na memória, bem como no *medium* de outra linguagem, experiências socialmente reprimidas de sofrimento. Ou então Lyotard poderia visualizar uma crítica à predominância de certos jogos de linguagem e voltar-se à justificação de uma ética filosófica cujo objetivo normativo fosse abrir a comunicação social para jogos de linguagem até então ostracizados. A proteção moral do particular significaria então a tentativa politicamente ineficaz de prover todos os sujeitos com igual oportunidade de articular publicamente seus interesses e necessidades. Até o momento Lyotard não chegou a uma decisão definitiva entre esses dois modelos – se é que eu o li corretamente. Evidências suficientes podem ser encontradas em seus escritos, tanto para a ideia de a ética meramente testemunhar quanto para a noção de visualizar uma nova forma de justiça com o auxílio dessa ética. O primeiro modelo, que apresenta uma tênue semelhança com algumas ideias de Adorno, dificilmente pode ser satisfatório para Lyotard, uma vez que significaria renunciar a toda e qualquer implementação prática de justiça. À medida que ele mantém a intenção de produzir uma nova forma de justiça[8] com a sua concepção de "pós-modernismo", teremos de escolher o segundo modelo. Contudo, operar nessa direção demandaria de Lyotard uma argumentação a apontar na direção a que até agora ele se opôs de maneira enfática e consistente; na verdade, a ética do discurso habermasiana baseia-se também na ideia – como seu motivo moralmente propulsor – de que todo sujeito deve ter igual oportunidade de articular seus interesses e necessidades.

Ao contemplar nosso mundo atual, Habermas, como Lyotard, assume um pluralismo constitutivo de ideias de vida e orientações de valor concorrentes; e assim como Lyotard, ele conta com uma sociedade em que barreiras institucionais e linguísticas sejam responsáveis pelo fato de que apenas algumas dessas disposições alcancem um nível de articulação

8 Ver Lyotard, *The Postmodern Condition* [A condição pós-moderna], p. 66s.

pública. Em contraste com Lyotard, contudo, Habermas desde o início se convenceu de que uma crítica a essas circunstâncias necessita do desenvolvimento de uma teoria moral cujo caráter seja normativo: para ele, não há dúvida de que as restrições à comunicação social têm de ser descritas como "injustiças" somente se ficar provado que elas são violações de pretensões justificadas, suscitadas por seres humanos. Habermas intentou proporcionar tal justificação moral com o seu esboço de uma ética do discurso. Em seu cerne, essa ética contém aquele caldo de princípios universalistas dos quais Lyotard não pode abrir mão de todo, caso deseje continuar a elaborar sua concepção na direção de uma crítica às dadas relações de comunicação.

Habermas chegou aos pressupostos básicos da ética do discurso tomando como ponto de partida uma premissa que ele compartilha com a inteira tradição kantiana de teorias morais:[9] sob condições modernas, os ideais de vida individuais divergem a tal ponto que, em vista dos conflitos prático-morais, a ética já não pode normativamente recomendar valores práticos, podendo proporcionar apenas um procedimento específico de resolução de conflitos; e para tanto, por sua vez, para ser capaz de satisfazer pretensões morais, esse procedimento tem de expressar a convicção substancial de que todos os seres humanos têm de respeitar um ao outro como pessoas livres e iguais. Em contraste com a tradição, contudo, Habermas defende a tese de que Kant extrai conclusões falsas de sua tese, inicialmente correta, quando continua a determinar o procedimento apropriado. A formulação do imperativo categórico evoca a enganadora impressão de que todo sujeito tenha de se defender sozinho em conflitos morais e se pôr separado de todos os demais afetados pelo abismo da ausência de fala. É por isso que Habermas, em cooperação com Karl-Otto Apel, confere ao procedimento proposto por Kant uma formulação que procura levar em conta a intersubjetividade linguística do sujeito; de acordo com isso, o teste

9 Jürgen Habermas, "Morality and Ethical Life: Does Hegel's Critique of Kant Apply to Discourse Ethics?" [Moralidade e vida ética: A crítica de Hegel a Kant se aplica à ética do discurso?], *in Moral Consciousness and Communicative Action* [Consciência moral e ação comunicativa], tradução de Christian Lenhardt e Shierry Weber Nicholsen, introdução de Thomas McCarthy (Cambridge, Mass.: MIT Press, 1990), p. 195-215.

de universalização (com cujo auxílio Kant, de maneira individual e subjetiva, verifica se a validade moral pode ser atribuída às normas práticas de uma ação) tem agora de ser concebido como um procedimento que pode encontrar aplicação apropriada somente numa discussão entre todos os potencialmente afetados. Por essa razão, um sujeito tem de agora explorar se uma norma em disputa pode resgatar a pretensão, a validade universal, não apenas à luz de seus próprios argumentos particulares, mas também contra o pano de fundo dos argumentos de todos os que desse modo são afetados. Habermas, porém, vê um argumento adicional conectado a essa reformulação do imperativo categórico, argumento que já ali pode ser entendido como uma referência indireta ao padrão normativo de uma concepção de justiça: se uma norma moral pode ser considerada justificada somente sob a condição de que todos os potencialmente afetados tenham concordado com ela, então devemos ser capazes de assumir – e em princípio fazê-lo sempre – que cada um deles tenha tido igual oportunidade de assumir (livre de constrangimentos) uma posição (*Stellungsnahme*) a favor ou contra isso; pois sem tal pressuposição, não estaríamos em condições de considerar o acordo alcançado como expressão dos interesses de todos os envolvidos. Nessa medida, todavia, a possibilidade de tornar a validade das normas dependente de um procedimento de formação discursiva da vontade encontra-se atrelada à ideia transcendental de um discurso livre de dominação.

Havendo muitas consequências a acompanhar essa ideia teórico-moral basilar, só mesmo as que podem esclarecer os problemas normativos associados à concepção de uma disputa são de interesse aqui. Em diversos níveis de sua argumentação, Lyotard, contra suas próprias intenções, é forçado a empregar ideias morais do tipo presente na ética do discurso. Até mesmo o ponto de partida de sua análise de forma alguma pode ser descrito sem o recurso ao princípio normativo da formação discursiva da vontade. Somente se pressupusermos que todos os envolvidos num conflito prático tenham de fato sido capazes de articular seus interesses e visões é que poderemos estabelecer se, em primeiro lugar, existe uma "disputa" entre diferentes gêneros de discurso. Por outro lado, se for o caso de que alguns dos envolvidos não tenham sido capazes de expressar suas convicções sem restrições, por terem sido impedidos de fazê-lo por barreiras institucionais ou de linguagem, o discurso ético então intercederá num segundo nível. Ora, daí podemos inferir quais padrões normativos temos de pressupor na crítica aos blocos de comunicação que são operativos; por exemplo, em certos mecanismos ostracizadores, na regulação política da linguagem ou no exercício psicológico da violência.[10] Quando esses dois níveis teóricos tiverem sido alcançados, tendo-se à mão um caso de formação discursiva da vontade, então finalmente surgirá a possibilidade de que as partes envolvidas possam divergir em suas convicções de valor ou em seus interesses, a ponto de não poder se chegar a um consenso prático-moral. Uma vez que a ética do discurso não assume nenhuma força (de qualquer tipo) necessária para se chegar a um acordo, sob tais condições empiricamente pouco frequentes, tal ética vai executar sua tarefa mediante a descrição das regras procedimentais de acordo com as quais compromissos justos possam ser alcançados numa "disputa".[11] Tomados em conjunto, todos os três níveis mostram, sem margem à ambiguidade, que Lyotard simplesmente não pode aceitar que ele, com Rorty, em alguns momentos pareça pretender que somente aquele jogo de linguagem ou aquele sistema de crenças – que, de modo bem-sucedido, tiver ele próprio se afirmado socialmente – pode suscitar uma pretensão à verdade. Em vez disso, ele deve estar convencido, e não sem um bom motivo, de que os jogos de linguagem socialmente reprimidos, ostracizados, contêm uma pretensão à verdade que, de maneira injusta, ainda não tenha obtido reconhecimento no âmbito da comunicação social. A fim de poder defender essa convicção, Lyotard faz-se dependente

10 Ver, por exemplo, a impactante análise de Albrecht Wellmer, "The Dialectic of Modernism and Postmodernism: The Critique of Reason since Adorno" [A dialética de modernismo e pós-modernismo: A crítica da razão desde Adorno], *in The Persistence of Modernity: Essays on Aesthetics, Ethics, and Postmodernism* [A persistência da modernidade: Ensaios sobre estética, ética e pós-modernismo], tradução de David Midgley (Cambridge, Mass.: MIT Press, 1991); Christoph Demmerling tem reelaborado essa abordagem de maneira elucidativa: ver *Sprache und Verdinglichung: Adorno und das Projekt einer kritischen Theorie* [Linguagem e reificação: Adorno e o projeto de uma teoria crítica] (Frankfurt: Suhrkamp, 1994). Foucault apresentou essa análise das barreiras à comunicação de uma perspectiva diferente — ver "The Discourse on Language" [O discurso sobre a linguagem], tradução de Rupert Swyer, *in The Archeology of Knowledge* [A arqueologia do conhecimento], tradução de A. M. Sheridan Smith (Nova Iorque, 1972), p. 215-237.

11 Habermas, "Morality and Ethical Life" [Moralidade e vida ética], p. 205.

da ideia da ética do discurso segundo a qual todo e qualquer sujeito deve ter iguais oportunidades de articular seus interesses de modo livre de restrições – e isto significa: livre de dominação. Sem um universalismo moral, que aqui está presente no sentido de Kant, de modo algum se pode compreender o que a defesa da particularidade do jogo de linguagem, suprimido contra o acordo dominante, supostamente significa.

Ocorre que, nos escritos de Lyotard, acima referidos, existe outra linha de argumentação que não toca na questão da proteção, e sim na da exploração afetiva dos jogos de linguagem ostracizados. Em primeiro plano encontra-se a ideia de que um alto nível de sensibilidade moral é sempre necessário para que se compreenda a injustiça feita aos alijados de uma sociedade. Precisamente, essa ideia é o ponto de partida das reflexões de Stephen K. White, nas quais ele procura esboçar os contornos de uma ética pós-moderna.

II

Se para Lyotard o verdadeiro erro da modernidade, que a ética pós-moderna viria a corrigir, é a repressão da existência da disputa; para White, o erro está na ignorância da particularidade do outro. Suas reflexões emanam da tese de que o universalismo moral da tradição kantiana é dependente de uma premissa ontológica que necessariamente conduz a uma percepção seletiva da realidade. Uma ontologia social atingiu uma predominância no pensamento moderno, ontologia esta que vincula a vida social unicamente aos processos dotados da característica de intervir ativamente no mundo. Em contraste com isso, todas as ações (*Handlungsvollzüge*) ou disposições que manifestam um caráter meramente passivo devem, de modo categórico, retroceder para o pano de fundo. No âmbito da ética moderna, esse viés ontológico entra em vigor na tendência a considerar o ponto de referência do juízo moral somente na ação humana que conduza a mudanças empiricamente perceptivas. Por outro lado, todas as ações que não desencadeiem um efeito prático no mundo mantêm-se excluídas dos horizontes da reflexão moral. É por isso que, para White, o pensamento ético da modernidade é moldado por um princípio que ele denomina a "responsabilidade de agir".[12] Com isso ele quer dizer que o ato de determinar o moralmente correto ou bom é sempre orientado pela questão de quais normas morais devem nos guiar na ação prática. Ora, não é difícil reconhecer qual questão teórica White tem em mente nesse ponto, mas o termo que ele emprega para caracterizá-la não é bem escolhido: o conceito de responsabilidade de agir dificilmente pode ser aplicado à ética kantiana uma vez que, evidentemente, ali, a qualidade moral de uma ação deve ser mensurada não de acordo com as consequências práticas, mas em termos de intenções individuais. Para evitar mal-entendido do tipo que surge da distinção (não pretendida por White) entre uma ética da intenção (*Gesinnungsethik*) e uma ética da responsabilidade, é provável que mais apropriado seria, no sentido de White, falar de uma orientação de atividade da parte da ética moderna. A ética da responsabilidade considera como temática e objetivo dos juízos morais somente ações que possuem um caráter ativo, à medida que elas já conduziram a uma mudança prática do mundo, ou devem contribuir para tal. Entretanto, o que White tem em vista com sua tese inicial só se fará de todo claro quanto examinarmos os aspectos básicos do ponto de vista ético que ele vê como estando a concorrer, hoje, com a teoria moral da modernidade.

Para White, é nas abordagens filosóficas de Nietzsche, Heidegger e Adorno que, pela primeira vez, emergem os contornos de uma ética que se posiciona a certa distância da orientação da atividade da moralidade moderna.[13] O que levou esse contramovimento ético a bom termo foi a compreensão de que na ação humana a fixação é necessariamente acompanhada por um estreitamento categórico do campo da percepção: sob a pressão de se agir moralmente de maneira apropriada e "responsável", nem a outra pessoa nem o mundo *in toto* pode ser percebido em sua diversidade interna. Nesse sentido, a tendência a reprimir a particularidade do outro encontra-se latentemente atrelada à fixação da ação da moderna teoria moral. Por mais que as normas universais possam ser apreendidas de modo específico, elas sempre contêm um apelo à ação dinâmica, esta que

12 White, *Political Theory and Postmodernism* [Teoria política e pós-modernismo], p. 20s.
13 *Ibid.*, p. 21s.

expressamente impede a possibilidade de a outra pessoa ser reconhecida em sua particularidade. A fim de combater essa tendência repressiva, os pioneiros filosóficos de uma nova ética normativamente distinguiram atitudes e modos de conduta pelos quais a compulsão a agir faz-se como que interceptada: trata-se do que Heidegger queria expressar com o conceito de *Gelassenheit* [serenidade], "deixar-se"[14] – o que em Adorno é a sua "reação mimética". Para White, nesses dois conceitos se tem a mesma referência a uma forma de atitude individual a assumir que é caracterizada por uma redução de atividade e pela correspondente elevação da atenção à particularidade do outro: na postura caracterizada como *Gelassenheit* ou na atitude "mimética", nós não mais percebemos o outro como um mero objeto em que desempenhamos nosso dever moral, em vez de desvelá-lo na completa diferenciação de sua pessoa. Estamos agora a um pequeno passo dessa visão para as reflexões que, White acredita, têm de constituir o cerne de uma ética pós-moderna nos dias de hoje.

White vê no pós-modernismo a culminância daquele movimento filosófico que reconheceu que o pensamento moderno conduz a uma percepção estreita e esquematizada do outro social. De acordo com isso, uma ética que intenta retificar esse equívoco central da modernidade tem de assumir a forma de uma doutrina moral por meio da qual um sentido da particularidade do outro pode voltar a ser despertado. Contudo, isso é passível de acontecer somente se os modos de conduta que contribuem para a sensibilização de nossa percepção das particularidades individuais forem declarados em sua condição como que de virtudes. Com isso, não chega a surpreender que White desenvolva a sua ideia de uma ética pós-moderna sob a forma de elaboração de uma doutrina da virtude. O que é normativamente discutido aqui são as atitudes e posturas que compartilham do recurso de enriquecer a nossa percepção das outras pessoas, com isso agudizando a nossa sensibilidade moral como um todo. Para White, as virtudes que devem chegar a esse ponto decorrem de uma

14 Nota do tradutor [do tradutor para o inglês, John Farrell]: Esta é a tradução de White [para o inglês], *ibid.*, p. 45; ele emprega também "releasement" [libertação]; para a tradução realizada por Anderson e Freund, ver Martin Heidegger, *Discourse on Thinking* [Discurso sobre o pensar], tradução de John H. Anderson e E. Hans Freund (Nova Iorque: Harper & Row, 1966).

generalização sistemática da atitude que Heidegger queria isolar no conceito de *Gelassenheit*. Desse modo, tem-se aí uma questão de posturas ou modos de orientação nos quais a tendência a intervir ativamente no mundo é bloqueada à medida que haja suficientes tempo e atenção para que sejam registradas nuanças e diferenças individuais. Como exemplos dessas virtudes da sensibilidade, White menciona a capacidade de ouvir, a disposição a estar emocionalmente envolvido e, por fim, a capacidade de aceitar – na verdade, encorajar – particularidades pessoais; em suma, hoje todos esses modos de conduta encontram-se sintetizados no conceito de "cuidado" (*Fürsorge*).[15]

Ora bem, White atribui a todas as referidas virtudes não apenas a função moral de tornar a obter uma apreciação da dimensão do particular em outras pessoas, dimensão que na modernidade foi reprimida sob a influência de uma falsa ontologia. Assim como Lyotard, também White considera a sua própria proposta de uma ética pós-moderna primeiramente e acima de tudo como um meio de conferir proteção moral ao elemento até aqui ignorado do heterogêneo e único. Com isso, no futuro os modos de conduta "miméticos" e *gelassen* [serenos] devem garantir que a particularidade específica da pessoa individual receba mais atenção e reconhecimento do que foi o caso no formalismo da teoria moral tradicional. Além disso, porém, White atribui às virtudes previamente esboçadas a tarefa de contribuir para a exploração da maneira prática pela qual a ideia universalista de um igual tratamento deva ser implementada na realidade social. A tese a lhe permitir concretizar essa segunda especificação da função advém da generalização de uma reflexão desenvolvida por Richard Rorty. O que desempenha um papel central em seu entendimento do liberalismo é a ideia de que o progresso moral de uma sociedade transparece não diretamente sob a forma de realização de melhorias normativas, mas sim negativamente, sob a forma de uma gradual eliminação da injustiça social. Mas uma vez que explorar tal injustiça é algo que sempre requer a habilidade do artista em familiarizar-nos de maneira criativa com o possível sofrimento de outra pessoa, para Rorty

15 White, *Political Theory and Postmodernism* [Teoria política e pós-modernismo], p. 99s.

é a sensibilidade estética que constitui o verdadeiro motor do progresso social.[16] White, para os fins de sua própria ética, pode agora concluir daí que a ideia moral de tratamento igual só pode ser realizada socialmente se as virtudes que possibilitam a percepção de particularidades individuais estiverem já socialmente dadas; afinal de contas, o modo como a injustiça é feita ao indivíduo, ou seja, o modo como ele é tratado de modo desigual, só pode ser explorado à medida que tenhamos sido capazes de nos familiarizar – em virtude de uma sensibilidade elevada – com seus atributos pessoais. O que Rorty pode assim confiantemente esperar da imaginação do artista, ou seja, uma maior habilidade de perceber variações e diferenças individuais, White gostaria de compreender basicamente como uma faculdade ética (*sittlich*) ancorada em cada sujeito: a cultura moral cotidiana como um todo deve ser permeada pelas virtudes que permitem que o sofrimento possível do outro seja visualizado de maneira imaginativa. No momento, porém, não é difícil ver, por essa perspectiva, que a ética esboçada por White na verdade suplementa a teoria moral que procura promover, com base nas premissas de uma teoria da intersubjetividade, as intenções de Kant, em vez de se opor a ela.

Para a ética do discurso, como é geralmente conhecida, uma série de problemas resulta da circunstância de que o teste de universalização é realizado não sob a forma de um autoexame monológico, mas mediante diálogos reais e efetivamente conduzidos. É óbvio que a vantagem de tal proposta consiste em reações meramente imaginadas sendo substituídas pelo factual a assumir uma posição por todos aqueles potencialmente afetados por uma norma contestada. Desse modo, o teste, com o qual temos de verificar se uma norma pode encontrar um acordo universal, evita o risco de ser uma projeção egocêntrica e torna-se um procedimento público no qual todos os afetados podem efetivamente ter voz. Contudo, um problema central dessa proposta está conectado a uma questão muito debatida sobre quais atributos e atitudes os sujeitos – de sua parte – têm de ser capazes de trazer a uma discussão para que a proposta seja realmente

16 Richard Rorty, *Contingency, Irony, and Solidarity* [Contingência, ironia e solidariedade] (Cambridge, Mass.: Cambridge University Press, 1989), em especial parte III.

considerada um discurso moral. Aqui, as reflexões com que White se envolve ao considerar a ética pós-moderna entram em contato com uma série de ideias que, nesse ínterim, têm sido desenvolvidas no contexto da ética do discurso. Uma certa congruência entre os dois modelos evidentemente se segue do fato de que a abordagem assumida por Apel e Habermas provém de uma crítica à teoria moral kantiana, semelhante àquela em que também White baseia o seu programa teórico: desde o início, a proposta da ética do discurso, de deixar o teste da universalizabilidade para um processo real de discussão comum, foi direcionada contra a tendência, presente em Kant, de não deixar espaço algum, nos procedimentos formais de justificação da norma, para uma exploração dos interesses factuais de todas as pessoas. A inteira ideia de um discurso moral apresenta, em primeiro lugar, nada além de um meio pelo qual todos os impactados por uma norma obtêm a oportunidade de articular publicamente a sua própria visão, e desse modo ela se torna visível como um indivíduo irrepresentável (*unvertretbar*).[17] Assim, como com White, foi a necessidade de assumir uma posição contra a ignorância do outro, predominante em Kant e em seus sucessores, que esteve na origem do chamado à existência da ética do discurso. Mas a congruência entre os dois modelos vai ainda mais longe, tão logo se torna claro que Habermas descreve o discurso como um tipo de argumentação intersubjetiva que deve ser aliviada de toda a pressão imediata para agir. A razão que ele apresenta para essa condição é comparável à objeção que White levanta contra a orientação de atividade da moderna teoria moral. Em ambos os casos, o argumento é o de que apenas sob a pressuposição de um distanciamento temporário da compulsão a agir é que se tem a possibilidade de reconhecer os argumentos ou visões de qualquer outra pessoa em sua particularidade individual. Por essa razão, tanto Habermas quanto White veem a oportunidade de levar a particularidade do indivíduo normativamente em consideração como dependente da medida em que a formação de um juízo moral encontra-se livre da pressão direta de lidar com problemas de ação.

17 Nota do tradutor [do tradutor para o inglês, John Farrell]: Isto é, um indivíduo que (ou cujos interesses) não pode(m) ser representado(s) por outro num discurso.

Contudo, essa última formulação dá origem à questão sobre como White efetivamente gostaria de ter seu ponto de vista da responsabilidade para com o outro compreendido quanto à formação de juízos morais. A depender de ser uma questão de um princípio moral independente ou de uma suplementação meramente corretiva do princípio kantiano de universalização, a relação com a ética do discurso varia. As reflexões com que White se envolve no contexto de seus empréstimos teóricos de Rorty de fato sugerem que, tendo em vista as duas alternativas, ele decidiu-se pela segunda possibilidade interpretativa. Isso significaria que as virtudes a que ele confere proeminência deveriam constituir não o conteúdo de um novo princípio moral, e sim tão somente a quintessência da atitude que temos de tomar quando tentamos aplicar a ideia de um tratamento igual com a sensibilidade necessária. Se esse for o caso, na condição de problema não solucionado na determinação da relação entre os dois modelos ainda persiste a questão sobre se as mencionadas virtudes não corresponderiam às atitudes sociocognitivas que Habermas tem de ser capaz de pressupor, quando descreve o discurso moral como um processo de intersubjetivamente se chegar a um acordo. O que está em questão aqui é um problema que já foi referido de forma breve: a ética do discurso deve igualmente enfrentar a questão da medida em que, de forma normativa, ela tem de distinguir os modos de conduta que, tomados em conjunto, podem garantir o êxito de um discurso moral.

Uma dificuldade particular que se tem ao responder a essa questão advém do fato de nela estarem contidos basicamente dois problemas. Em primeiro lugar, não está claro se o modelo do discurso moral é planejado de maneira que pressupõe modos particulares de conduta ou atitudes da parte das pessoas envolvidas. Assim, a questão versa sobre quais exigências sociocognitivas ou habituais encontram-se conectadas à ideia principal da ética do discurso, qual seja, a de confiar a resolução de todos os conflitos de ação morais a um procedimento de consulta intersubjetiva. Se essa questão for positivamente respondida no sentido de que a necessidade dessas atitudes é afirmada, ainda estará aberta a interrogação sobre se, com respeito a seu estatuto, elas deveriam ser normativamente distinguidas, se não como virtudes, pelo menos como padrões específicos de conduta. Desse modo, tocaríamos na explosiva questão sobre se a ética do discurso encontra-se tão internamente atrelada ao privilégio de uma forma de vida particular, a ponto de não ser de todo eticamente neutra. A questão relacionada aos padrões de conduta que, em primeiro lugar, possibilitam a participação num discurso moral é logicamente independente da questão referente a seu estatuto normativo; mas somente após responder a ambas as questões é que podemos determinar se a ética pós-moderna de White pode ser compreendida como a explicitação de uma implicação da ética do discurso.

Ao compreender quais atitudes e modos de conduta o discurso moral tem de pressupor, o modelo de assunção ideal de papéis desde o início serviu de paradigma. Remontando a George Herbert Mead, a ideia aí presente implica que os sujeitos só podem chegar ao entendimento comunicativo caso se coloquem no papel do outro. Ainda assim, esse modelo admite várias interpretações, cujas diferenças são mensuradas sobretudo de acordo com a possibilidade de o processo de assunção de papéis ser apreendido como cognitivo ou afetivo. Se a primeira alternativa acentua fortemente o caráter argumentativo que os discursos morais têm de possuir, uma vez que a universalizabilidade de normas deve ser testada neles de modo racional, a segunda alternativa, por contraste, enfatiza que tal procedimento intersubjetivo de testagem não pode ser bem-sucedido sem um certo grau de empatia recíproca. Para Habermas, que sempre defendeu resolutamente a interpretação cognitivista, a leitura emotivista inevitavelmente se faz acompanhar pelo risco de um particularismo afetivamente protegido: se se supõe que é primordialmente a empatia e o entendimento intuitivo que os sujeitos têm de mostrar um pelo outro, o discurso moral então rapidamente se torna dependente do acaso de laços e perdas emocionais, a função de ser uma busca cooperativa pela verdade relacionando-se tão somente com razões.[18] É por isso que Habermas

18 Jürgen Habermas, "Justice and Solidarity: On the Discussion Concerning Stage 6" [Justiça e solidariedade: Da discussão relativa ao estágio 6], *in The Moral Domain: Essays in the Ongoing Discussion between Philosophy and the Social Sciences* [O domínio moral: Ensaios sobre a permanente discussão entre filosofia e as ciências sociais], Thomas E. Wren (Org.) (Cambridge, Mass.: MIT Press, 1990), p. 224-251, aqui p. 232s.

adota, para a sua ética do discurso, unicamente os recursos do modelo de assunção ideal de papéis que se refiram à dimensão cognitiva de um entendimento reciprocamente alcançado. As capacidades necessariamente pressupostas encontram-se aqui reduzidas à mera habilidade de entender as pretensões linguisticamente articuladas de todos os afetados. Contra essa posição, obviamente que não será difícil levantar a objeção de que as pretensões normativas de outros sujeitos podem ser avaliadas em termos de seu peso moral somente se, ao mesmo tempo, as visões particulares – das quais decorrem essas pretensões – também forem entendidas. Posso obter um entendimento do valor que um interesse particular tenha para uma pessoa concreta somente à medida que procuro compreender também seus ideais individuais de vida e seus modos de orientação.[19] Tal interpretação não deve ser confundida com a tese proposta por Seyla Benhabib, segundo a qual, em todo e qualquer discurso moral, necessariamente, se chega a um nível em que as pessoas envolvidas têm de perceber uma à outra como outros concretos;[20] uma vez que isso de fato conduziria à consequência de que a discussão racional seria empurrada de tão longe para o pano de fundo – e os cuidados afetivamente carregados, trazidos para o primeiro plano –, que já não seria o caso de testar comunicativamente a universalizabilidade de normas morais. A proposta acima mencionada, por outro lado, deveria implicar apenas que essa realização conjunta dos sujeitos envolvidos requer mais do que meras capacidades cognitivas, muito embora um acordo mediado tão só por razões seja considerado seu objetivo. Esse é o caso uma vez que as pretensões normativas de pessoas individuais só podem ser avaliadas à medida que nós, com a

---

19 Thomas McCarthy aponta nessa direção; ver "Practical Discourse: on the Relation of Morality to Politics" [Discurso prático: Sobre a relação entre moralidade e política], *in Ideals and Illusions: On Reconstruction and Deconstruction in Contemporary Critical Theory* [Ideais e ilusões: Sobre a reconstrução e desconstrução na teoria crítica contemporânea] (Cambridge, Mass.: MIT Press, 1991), p. 181-199.

20 Seyla Benhabib, "The Generalized and the Concrete Other: The Kohlberg-Gilligan Controversy and Feminist Theory" [O generalizado e o outro concreto: A controvérsia Kohlberg-Gilligan e a teoria feminista], *in Feminism as Critique* [Feminismo como crítica], Seyla Benhabib e Drucilla Cornell (Orgs.) (Mineápolis: University of Minnesota Press, 1987), p. 77-95, especialmente p. 91s.

empatia apropriada, possamos também detectar o papel que elas desempenham em suas histórias de vida únicas e particulares. Nesse sentido, o êxito de um discurso moral depende também da pressuposição de que as pessoas afetadas compartilhem muitas das atitudes e modos de conduta (tantos quantos for possível) que, em seu modelo, White descreveu como capacidades de preocupação passiva (*Anteilnahme*). Quanto mais características desse tipo os debatedores possuírem, com mais probabilidade eles estarão em posição de se colocarem no papel do outro, a fim de chegar a um entendimento real dos interesses de cada um dos demais. Não obstante, é uma questão diferente saber se esses vários atributos de conduta devem ser também normativamente distinguidos como "virtudes" pelo simples fato de serem considerados desejáveis.

Duas posições diferentes sobre essa questão estão se evidenciando no marco teórico da ética do discurso em nossos dias. As diferenças particulares são aí mensuradas se uma abordagem empírica ou uma normativa for escolhida para descrever o modo como um discurso moral depende de certos padrões de conduta. No caso da primeira alternativa, confirmada pelas contribuições de Habermas, as atitudes e os modos de orientação relevantes, que possibilitam a participação na argumentação moral, são vistos como o resultado de um processo histórico de aprendizado. Com isso, eles agora se fazem socialmente disponíveis num alto grau. É por isso que a ética do discurso pode, por razões empíricas, depender de encontrar pelo caminho (*Entgegenkommen*) as formas de vida para as quais é apropriada, mas tal ética já não pode desejar que elas sejam normativamente distinguidas como modos de ação exemplares e mesmo virtuosos.[21] Em contraste com isso, a segunda alternativa defende a tese de que a posição adotada por Habermas seria, em certo sentido, inconsistente. Quem quer que venha a assumir que somente discursos práticos representam um modo justificado de resolver conflitos morais de ação, mas ao mesmo tempo conceda que certas capacidades, mesmo as meramente cognitivas, constituem a pressuposição do referido modo, ele ou ela deve extrair daí, em última instância, a conclusão

21 Habermas, "Morality and Ethical Life" [Moralidade e vida ética], p. 207.

adicional de que a aquisição dos correspondentes atributos de personalidade seja considerada algo pelo qual normativamente vale a pena lutar. Da perspectiva dessa segunda posição, tem-se aí simplesmente um modo enganoso de falar sobre o papel de Habermas quando ele afirma, num sentido funcionalista, que uma moralidade universalista "precisa" (*bedarf*) estar em "congruência" com formas pós-convencionais de consciência;[22] isso porque o que "necessita" vem significar aqui tem muito mais o sentido normativo de se referir a algo a que todos deveríamos mirar tão logo estivéssemos convencidos da validade de uma moralidade universalista. O princípio básico dessa última, que é a ideia de tratamento igual, demanda alguns poucos atributos de personalidade (ainda que muito formalmente determinados). Sua difusão não pode ser algo pelo qual temos esperança, e sim algo pelo qual normativamente lutamos. Vista desse modo, a ética do discurso encontra-se indiretamente conectada ao esboço de uma doutrina da virtude em que atitudes e os padrões de conduta, à medida que possibilitam uma participação na argumentação moral, são descritos como eticamente valiosos.[23] Se, em contraste com Habermas, as capacidades afetivas – conforme dadas, por exemplo, na empatia – forem igualmente contadas entre essas virtudes comunicativas, então já se chegou ao ponto em que podemos reconhecer, na ética pós-moderna de White, a elaboração de uma implicação da ética do discurso: o que ele, em referência a Heidegger, descreveu como capacidade de visualizar particularidades individuais é um elemento central das virtudes comunicativas passíveis de serem consideradas aqui como pressuposições pessoais de discursos morais.

---

22 *Ibid.*, p. 207. [Nota do tradutor (do tradutor para o inglês, John Farrell): Na tradução publicada, "*bedarf*" (requer) é traduzido por "has to be" (tem de ser)].

23 No contexto das várias abordagens visando a um aprofundamento da teoria moral kantiana hoje, fala-se também nesse sentido formal da necessidade de reintroduzir a categoria da virtude; uma breve visão geral é proporcionada por Mary Midgley, "Virtuous Circles. Gratitude, loyalty, responsibility and the solitary chooser" [Círculos virtuosos. Gratidão, lealdade, responsabilidade e o selecionador solitário], *Times Literary Supplement*, 18 de junho de 1993, 3s. Uma proposta interessante desse gênero é feita por Peter Rinderle, "Liberale Integrität" [Integridade liberal], *Deutsche Zeitschrift für Philosophie* (1994).

III

Os modelos pós-modernos da ética até agora encontrados na verdade não foram além desses horizontes normativos de pensamento, cujas fronteiras têm sido mais ou menos claramente esboçadas desde Kant pela ideia universalista de tratamento igual. Seja o desejo de Lyotard, de trazer as disputas "silenciosas" para a consciência ética, ou o de White, de argumentar pelo caso da particularidade específica da pessoa individual, essas tentativas mantêm-se sempre vinculadas à concepção teórico-moral pela qual Habermas deu continuidade ao projeto de Kant sob premissas teóricas da intersubjetividade: isso significa que todo e qualquer sujeito deve ter igual oportunidade de articular, livre de restrições, os seus interesses e pretensões num discurso prático que tenha de servir para resolver conflitos morais de ação de um modo orientado para se chegar a um entendimento. Nem Lyotard nem White podem, de nenhum modo que seja, abster-se da ideia assim esboçada, ainda que eles próprios possam vê-la de modo diferente. Ambos são dependentes do princípio universalista que encontra aplicação na ética do discurso, ou seja, são dependentes do ponto crucial quando buscam defender, em seus respectivos modelos, o heterogêneo e o particular contra o geral. O que, para além disso, Lyotard e White introduziram no debate em termos de compreensões novas e pós-modernas pode ser mais bem apreendido como expansão imanente da perspectiva moral esboçada na ideia de discurso prático: Lyotard, ao deixar claro que os impedimentos para atingir um entendimento sem restrições podem alcançar diretamente as zonas sociais de incompreensibilidade, pouco notadas pela teoria moral até agora; e White, ao indicar que a abertura intersubjetiva para a particularidade da pessoa individual depende das virtudes comunicativas, o que se estende diretamente à conduta afetiva. Contudo, por mais penetrante que as análises dos dois autores possam ser, por mais resolutamente que possam apontar para insuspeitas barreiras à comunicação humana, trata-se sempre de uma questão de expansão secundária do ponto de vista moral já formulado com maior diferenciação na ética do discurso: afinal de contas, alguém pode falar – num sentido normativo – de impedimentos para atingir o entendimento intersubjetivo, da necessidade de uma abertura afetiva à particularidade do outro somente se, em primeiro lugar, ele defender a ideia universalista de que todo e qualquer sujeito, em sua individualidade, deve ter a oportunidade de uma articulação irrestrita de suas pretensões. Em seus escritos, nem Lyotard nem White vão além dos horizontes de pensamento determinados por essa ideia. Tal movimento, contudo, pode ser encontrado no enfoque de uma ética que Jacques Derrida elaborou em linhas gerais nos últimos anos. Amparado pelas reflexões de Levinas, seus recentes escritos vão além do escopo das teorias até aqui abordadas, procurando combater a perspectiva kantiana de tratamento igual com um segundo ponto de vista moral.

Se a transição para a ética em Lyotard fundamenta-se – com certo rigor – no diagnóstico das vezes em que ele já a tinha elaborado, a forma comparável da motivação interna encontra-se completamente ausente em Derrida. É verdade que de fato não é difícil reconhecer, no ensaio de juventude que ele escreveu sobre a obra de Emmanuel Levinas, referências a motivos morais de uma espécie inteiramente única;[24] além disso, por certo que as interpretações desconstrutivistas, nas quais ele examinou textos filosóficos em termos de incontroláveis referências de sentido, podem ser apreendidas como evidência indireta não apenas de uma nova teoria do sentido, mas também de uma ética do entendimento correto.[25] Ocorre que mesmo isso tudo não basta para explicar de maneira apropriada a transição para um concepção normativa que Derrida consumou em seus escritos recentes. Em vez de meramente explicar pela via

---

24 Jacques Derrida, "Violence and Metaphysics: An Essay on the Thought of Emmanuel Levinas" [Violência e metafísica: Um ensaio sobre o pensamento de Emmanuel Levinas], *in Writing and Difference* [Escrita e diferença], tradução e introdução de Alan Bass (Chicago: University of Chicago Press, 1978), p. 79-153.

25 Ver Critchley, *The Ethics of Deconstruction* [A ética da desconstrução], em especial o capítulo I; Richard Kearney, "Derrida and the Ethics of Dialogue" [Derrida e a ética do diálogo], *Philosophy and Social Criticism* 19 (1993), p. 1-14. De um modo bastante instrutivo, Ruth Sonderegger também aponta nessa direção, ver "(Un)making Sense: Zur Kritik des bedeutungstheoretischen Objektivismus bei Derrida und Wittgenstein" [(Não) fazendo sentido: Uma crítica ao objetivismo teórico do significado em Derrida e Wittgenstein], tese de mestrado não publicada, Freie Universität, Berlim, 1993, p. 157s.

negativa a indeterminação das regras morais – conforme teriam sugerido todas as suas reflexões previamente elaboradas –, pode-se encontrar aí os contornos de todo positivos de uma ética que se encontra inteiramente intocada pela autorreserva desconstrutivista. O elo categorial que, não obstante, mantém a conexão com os escritos de juventude, é representado, tal como nos outros esboços de uma ética pós-moderna, pelo conceito de "particularidade individual". Assim, também Derrida está preocupado com a tentativa de identificar o ponto em que, no âmbito da filosofia moral, tenha de ser dada maior atenção teórica à unicidade da pessoa individual. Em contraste com White, ele não vê esse ponto crucial de intervenção como localizado no lugar ocupado pela perspectiva moral da justiça na tradição filosófica desde Kant. Em vez disso, sua tese é a de que somente uma perspectiva moral que esteja numa relação de oposição produtiva para com a ideia de tratamento igual pode chegar a um acordo com o sujeito individual em sua diferença em relação a todos os demais. É essa relação de tensão que Derrida procura elaborar em sua ética; o seu cerne teórico é constituído por uma fenomenologia da experiência moral que tem de carregar todo o ônus da justificação.

Para Derrida, os aspectos básicos da forma relevante da experiência moral evidenciam-se no fenômeno da amizade.[26] De Aristóteles a Kant, esse tipo de interação humana sempre desfrutou da especial atenção da filosofia prática, e isso porque na amizade, acreditava-se, poder-se-ia estudar como duas atitudes diferentes para com a moralidade formam uma unidade numa única relação social. O que era consistentemente visto pelos filósofos clássicos como traço particular da amizade foi o fato de que afeição e consideração, simpatia e respeito moral aqui emanam juntos sem muito renunciar à sua força individual. Derrida tem em mente essa tradição quando, em seu ensaio sobre "A política da amizade", ele se põe a abordar o fenômeno da moral pela perspectiva da experiência da amizade. O seu interesse primordial é a questão de como duas atitudes intersubjetivas, que se referem a tipos diferentes de responsabilidade

26 Jacques Derrida, "The Politics of Friendship" [A política da amizade], tradução de Gabriel Motzkin, *Journal of Philosophy* 85 (1988), p. 632-645.

humana, constituem uma síntese. Em toda relação de amizade, afirma Derrida, tem-se primeiramente uma dimensão da relação com o outro na qual ele ou ela aparece no papel da pessoa individual concreta e irrepresentável. Um princípio de responsabilidade está a viger aqui, princípio este que tem aspectos assimétricos, uma vez que sou obrigado a responder ao urgente pedido ou súplica sem considerar deveres recíprocos. Mas se as relações fossem determinadas unicamente por tal princípio de obrigação assimétrica e unilateral, já não mais se teria amizade, e sim amor. Somente na afeição que não for perturbada por nenhuma outra consideração é que experimento o outro como pessoa em relação à qual sou incondicionalmente obrigado, isto é, eu o sou para além de toda responsabilidade moral. É por isso que, para Derrida, uma segunda dimensão da intersubjetividade vem a ser um fator na amizade, e nessa dimensão a outra pessoa aparece no papel do outro generalizado. Nesse momento de generalidade é que emergem os princípios morais institucionalmente incorporados, os quais, no âmbito de uma sociedade – de acordo com direitos e deveres simetricamente distribuídos –, regulam a responsabilidade que eu tenho para com todas as outras pessoas.[27] Assim, em relação à amizade, deparo com o meu *vis-à-vis* num duplo papel, ao qual ele ou ela podem recorrer, por um lado, como nível afetivo de simpatia e afeição em relação às minhas obrigações assimétricas, mas ao mesmo tempo, por outro lado, quer ser respeitado(a) como pessoa moral, a exemplo de qualquer outra; e essa é a tensão insolúvel entre duas diferentes formas de responsabilidade, a qual estabelece em primeiro lugar o vínculo de amizade. Contudo, a cadeia de raciocínios apresentada até agora mostrou apenas que existem duas diferentes vias de se relacionar moralmente com sujeitos humanos. Numa relação de preocupação amorosa, o outro aparece como destinatário exclusivo de obrigações assimétricas, enquanto do ponto de vista das normas morais válidas ele ou ela é o destinatário(a) de obrigações compartilhadas de modo simétrico com todos os demais sujeitos. O que com isso evidentemente não foi esclarecido é a questão sobre até que ponto esses dois padrões de reconhecimento em princípio efetivamente se opõem

27 *Ibid.*, p. 640s.

um ao outro; além disso, trata-se de uma oposição que supostamente determina, sob a forma de uma tensão, o inteiro campo experimental da moral. As deliberações filosóficas que Derrida realiza nas partes restantes de seu ensaio não trazem uma resposta a isso. Em essência, elas servem para justificar a tese de que, no curso de uma amizade, vários subníveis estão constantemente sendo sobrepostos um ao outro, e esses subníveis resultam da manutenção de uma dentre duas responsabilidades. A posição de Derrida ficará clara apenas em seu ensaio sobre o direito moderno de um ponto de vista desconstrutivista.[28] Ali ele procura mostrar que o direito – de acordo com sua constituição mais íntima – tem de contribuir para com a justiça mediante a análise da oposição produtiva dos dois tipos de responsabilidade moral.

Em seu texto, Derrida não passa muito tempo voltado ao exame do conteúdo universalista que a relação jurídica recebeu sob as condições da modernidade. Na verdade, há pontos em que se tem a impressão de que a circunstância que ancora o direito moderno no princípio moral de tratamento igual não lhe está suficientemente clara. Desse modo, o que é de interesse para nós aqui não serão tanto as dificuldades que Derrida enfrenta com a justificação moral do direito formal na modernidade, mas as reflexões nas quais ele considera a aplicação do direito a casos concretos. Segundo ele, a situação de aplicação compartilha com a relação de amizade a característica de que dois diferentes princípios de responsabilidade humana se confrontam entre si, ambos a encarnar pontos de vista morais igualmente legítimos.

A fim de justificar essa tese, como um primeiro passo Derrida esboça o modo pelo qual as condições normativas fundadoras da relação jurídica formal na modernidade são constituídas. Todo e qualquer sistema moderno de direitos positivos faz-se acompanhado pela prescrição de regular possíveis conflitos de interesse de acordo com a noção de que todos os

28 Jacques Derrida, "Force of Law: The 'Mystical Foundations of Authority'" [Força de lei: "O fundamento místico da autoridade"], *Cardozo Law Review* 11 (1990), p. 919-1045. Ver também a oportuna resenha desse artigo por Christoph Menke, "Für eine Politik der Dekonstruktion. Jacques Derrida über Recht und Gerechtigkeit" [Para uma política da desconstrução. Jacques Derrida sobre direito e justiça], *Merkur* 47 (jan. 1993), p. 65-69.

sujeitos têm o direito a oportunidades iguais de exercitar suas liberdades legalmente restringidas. Como sabemos, a aplicação prática desse princípio de igualdade implica a tarefa de novamente esclarecer, em cada caso individual de uma disputa jurídica concreta, se, e em que sentido, ela deve ser vista como igual e como desigual. Uma vez que existem problemas interpretativos associados a isso, que devem ser solucionados, não de uma vez por todas, mas repetidas vezes, a aplicação do direito tem um caráter processual aberto e hermenêutico. De acordo com sua estrutura, trata-se do processo interminável de repetidamente verificar, no caso de cada novo conflito, o que tem de ser considerado como igual e o que tem de sê-lo como desigual em relação a todos os aspectos relevantes.

Até aí a apresentação de Derrida encontra-se ainda em amplo acordo com as correntes principais da recente filosofia jurídica. Apenas no segundo passo de sua apresentação ele se distanciará delas. Não é o princípio de igualdade que ele considera como o princípio pelo qual a prática de aplicar o direito deveria, em condições ideais, ser orientada; em vez disso, trata-se da ideia de uma justiça que considera o "infinito" do outro concreto. Em contraste com as concepções tradicionais, o que isso quer dizer torna-se provisoriamente claro quando se consideram as consequências da tese. A ideia normativa que deve guiar a interpretação da prescrição de igualdade orientada pela prática não advém das fundações morais do sistema jurídico, mas aborda-as de fora, sob a forma de um segundo princípio moral. Na relação jurídica, tal como na amizade, Derrida distingue dois níveis de referência que, constituídos por pontos de vista morais diferentes, são, porém, reciprocamente suplementares. A linha demarcatória que ele sugere aí corre "entre a justiça (infinita, incalculável, rebelde em relação à regra e estranha à simetria, heterogênea e heterotrópica) e o exercício de justiça como lei ou como direito, legitimidade ou legalidade, como algo estabilizável e estatutário, calculável, como um sistema de prescrições reguladas e codificadas".[29]

Por certo que tudo depende do que Derrida especificamente compreende por aquele ponto de vista moral, com base no qual a justiça deve ser feita, considerando a "diferença absoluta" da pessoa individual. No

29 Derrida, "Force of Law" [Força de lei], p. 959.

caso da amizade, trata-se de uma questão da perspectiva que adotamos quando amamos outra pessoa e temos um sentimento de obrigação incondicional para com ela. Mas o que vem corresponder a esse padrão de reconhecimento, ou seja, o amor, no nível social, neste em que estamos preocupados com o sistema moderno de direitos formais? Aqui é o caso de fazer uma breve referência às ideias éticas básicas que Derrida toma da obra de Emmanuel Levinas, filósofo da religião.

Para Levinas, as crenças éticas que até agora viemos a conhecer como o produto tardio do modo como o pós-modernismo reflete sobre suas próprias bases estão presentes já no início do caminho para a filosofia. O ponto de partida de sua obra teórica é a tese de que a relação intersubjetiva com outras pessoas possui um conteúdo normativo que a tradição filosófica não tem sido capaz de reconhecer, em razão de suas premissas ontológicas. Para Levinas, a exemplo do que se tem com muitos filósofos da religião de seu tempo que são judeus, a tradição religiosa da Bíblia representa uma fonte teórica de primeira ordem. É por isso que dela ele assume, mesmo antes de se voltar sistematicamente para a filosofia, os modelos normativos de acordo com os quais a comunicação entre humanos deve poder ser eticamente determinada em conceitos como bondade e empatia.[30] Ao tentar articular esses conteúdos morais de experiência no arcabouço conceitual proporcionado pelos seus mestres, Husserl e Heidegger, tornou-se inevitável que ele rapidamente deparasse com dificuldades sistemáticas: em que pesem as tantas diferenças entre eles, ambos estabeleceram o reino do ser (*Seiende*) da mesma forma, em termos de um contexto de circunstâncias dadas e finitas, de modo que não poderia haver lugar algum para a experiência que ocorre na comunicação direta entre seres humanos. Em encontros desse tipo – e para Levinas não havia a menor dúvida a esse respeito –, o outro ser humano encara-me sempre como uma pessoa carente de proteção e solicitude em grau tamanho, que me vi sobrecarregado em todas as minhas possibilidades finitas de agir e com isso, ao mesmo tempo, eu me torno consciente de uma dimensão

30 Emmanuel Levinas, *Ethics and Infinity* [Ética e infinito], tradução de Richard Cohen (Pittsburgh: Duquesne University Press, 1985).

de infinitude. Dessa reflexão, contudo, Levinas conclui algo que é muito mais do que meramente a necessidade de estender a ontologia tradicional (que continua até Husserl e Heidegger) através das categorias apropriadas. Em vez disso, ele extrai dali a conclusão de amplo alcance segundo a qual a relação entre ontologia e ética deve, em primeiro lugar, ser revertida com o intuito de expressar a prioridade existencial do encontro interpessoal sobre todos os reinos do ser. A construção categorial da realidade deve ser compreendida em termos do *Leitmotif* proporcionado pela experiência ética de interação, uma vez que aqui se tem uma referência intramundana a uma transcendência, a qual, em comparação com todas as outras ocorrências e acontecimentos, aparece como meramente secundária, derivativa ou reificada.[31] Nessa ideia, Levinas encontrou uma base teórica sobre a qual ele poderia continuar a elaborar a sua ética religiosamente motivada ao modo de uma disciplina filosófica fundamental.

Os passos teóricos que foram necessários para realizar esse programa constituem hoje as várias camadas da *oeuvre* [obra] filosófica de Levinas. É evidente que o seu cerne deve consistir numa demonstração fenomenológica do fato de que nós, ao encontrarmos outras pessoas, temos precisamente aquela experiência moral que pode ser interpretada como representante intramundana de um princípio da infinitude. Para Levinas, o ponto de partida para tal descrição é o sentimento presente na percepção visual de uma face humana. Bastando que esse processo ótico seja descrito com suficiente genuinidade, deve-se então evidenciar que a experiência de uma demanda ética há de ser igualmente sempre dada. Ante a visão da "face" (em alemão: *Antlitz*; em francês: *visage*) de outra pessoa, não temos outra escolha que não a de nos sentirmos obrigados a imediatamente ajudar essa

31 De maneira bastante boa e elucidativa, o estudo de Susan A. Handelman reconstruiu esse programa de suas fontes judaicas; ver *Fragments of Redemption: Jewish Thought and Literary Theory in Benjamin, Scholem and Levinas* [Fragmentos de redenção: Pensamento judeu e teoria literária em Benjamin, Scholem e Levinas] (Bloomington: Indiana University Press, 1991), ponto a. O artigo de Stéphane Mosès é igualmente proveitoso, ver "Gerechtigkeit und Gemeinschaft bei Emmanuel Levinas" [Justiça e comunidade em Emmanuel Levinas], *in Gemeinschaft und Gerechtigkeit* [Comunidade e justiça], M. Brumlik e H. Brunkhorst (Orgs.) (Frankfurt: Fischer, 1993), p. 364-384.

pessoa e auxiliá-la a lidar com problemas existenciais.[32] Entretanto, Levinas não esclarece se tal face se refere apenas às faces daqueles que objetivamente precisam de ajuda, ou seja, "o pobre" e "o estranho",[33] ou às faces de todos os demais seres humanos. Ainda assim, a resposta a essa questão indicaria até que ponto temos de considerar plausível a pretensão fenomenológica de que a referência cognitiva a uma obrigação moral esteja também sempre incluída nos horizontes de sentido de uma face que sejam visualmente dados. Se, por essa razão, o cerne empírico da ética de Levinas se mantém em certa medida obscuro,[34] a determinação das consequências necessárias daquela percepção faz-se tanto mais evidente: afinal de contas, ante a visão da face de outra pessoa, consta que não tenho escolha a não ser me sentir obrigado a cuidar dessa pessoa, devendo ter consciência de que me encontro limitado em minha autonomia individual, no sentido de que meus próprios interesses são de importância apenas subordinada. Em tal situação, que é a de uma privação involuntária de liberdade, existe o que Levinas acredita ser uma experiência intramundana de infinitude: o meu *vis-à-vis* é uma pessoa que, em sua irrepresentável individualidade, é de tal maneira incalculável que sou confrontado com a demanda de prestar-lhe auxílio infinitamente. Nessa medida, para Levinas o encontro intersubjetivo está estruturalmente atrelado à experiência de uma responsabilidade moral que contém a tarefa infinita de fazer justiça à particularidade da outra pessoa mediante um perene cuidar. Além disso, só mesmo ao aceitar tão inesgotável obrigação, mediante a qual é quebrado o egocentrismo de uma ação orientada para o interesse, o indivíduo pode amadurecer, tornando-se uma pessoa moral.

Nessa concepção básica da ética de Levinas, não é difícil reconhecer as referências de Derrida à ideia de uma justiça que considere a particularidade de cada sujeito individual. Como Levinas, ainda que sem a fundamentação

32 Emmanuel Levinas, *Totality and Infinity: An Essay on Exteriority* [Totalidade e infinitude: Um ensaio sobre a exterioridade], tradução de Alphonso Lingis (Pittsburgh: Duquesne University Press, 1969), em especial p. 194s.

33 Como exemplo característico, ver *ibidem*, p. 245.

34 Adicionalmente a isso, também pouco clara está a questão sobre se o conteúdo ético da interação deriva fundamentalmente das estruturas linguísticas ou dos componentes visuais do encontro com o outro. A fim de compensar as passagens que se referem à experiência ótica, ver, por exemplo, os comentários sobre o sentido ético do "discurso", *ibidem*, p. 195s.

fenomenológica numa análise do "cara a cara", Derrida vê como princípio central da moralidade a obrigação assimétrica de oferecer cuidados e auxílio ilimitados ao ser humano em suas necessidades individuais. Ocorre que Levinas não reduziu o domínio da moral a uma única perspectiva; em vez disso, suplementou-o num segundo nível, com uma perspectiva adicional que deveria estar em permanente tensão com a primeira. Aqui novamente encontramos uma construção teórica que antecipa aquela com que já deparamos em escritos recentes de Derrida. E Levinas, no processo de interação que ele até então havia descrito em sua análise fenomenológica, introduz uma segunda dimensão, na qual ele expande esse processo, acrescentando-lhe o papel de um observador neutro. A perspectiva desse último constitui uma autoridade [*Instanz*] de acordo com a qual, no caso normal de um conflito entre uma série de deveres referentes a cuidados, tenho de decidir como agir com justeza.[35] É fácil visualizar que essa autoridade de um "terceiro" generalizado representa o ponto de vista moral que, na tradição que remonta a Kant, foi sempre designado como "justiça"; com isso se tem em mente a perspectiva que adotamos tão logo direcionamos nossa ação de acordo com o padrão da universalizabilidade de pretensões normativas. Assim como com Derrida mais adiante, Levinas não hesita em devidamente equacionar esse ponto de vista de uma justiça imparcial com a esfera em que os princípios do direito moderno estão ancorados: à medida que são um componente do ordenamento jurídico fundado na igualdade, as normas jurídicas refletem, no nível das instituições de Estado, a perspectiva moral que nos exorta a promover um compromisso justo entre conflituosos deveres de cuidar. Assim, por meio do sistema de direitos formais, o que antes era a responsabilidade infinita e assimétrica para com o bem-estar do indivíduo faz-se rebaixado à condição de um dever recíproco de tratar a todos com igualdade. Desse modo, porém, surge para o sujeito individual, e na verdade mesmo para o ordenamento jurídico como um todo, uma tensão que permeia todos os conflitos moralmente relevantes; afinal de contas, não podemos situar uma perspectiva superordenada que poderia nos ajudar a decidir qual dos dois princípios de responsabilidade deveria

35 *Ibid.*, p. 212-215 ("The Other and the Others" [O outro e os outros]).

nos direcionar num caso concreto: "Na verdade, a justiça não me inclui no equilíbrio de sua universalidade; a justiça convoca-me a ir além da linha reta da justiça, e, dali para diante, nada pode assinalar o fim dessa marcha; por trás da linha reta do direito, a terra da bondade estende-se infinita e inexplorada, a necessitar de todos os recursos de uma presença singular".[36]

É evidente que o ponto dessa linha de raciocínio consiste no fato de que, de acordo com seu ponto de partida, Levinas diferencia as duas perspectivas sobre a moral, designando a ambas, porém, como atitudes de "justiça" a fim de ser capaz de formular a surpreendente tese de que a justiça sempre empurra para além da própria justiça. A orientação moral da bondade, interessada no cuidado ilimitado para com um indivíduo único e irrepresentável, contém um ponto de vista com base no qual se evidencia que a injustiça é perpetuada num indivíduo sempre que ele ou ela é tratado(a) como um igual entre iguais no arcabouço de uma orientação moral do direito. É apenas com base na perspectiva desse resultado provisório que Levinas pode chegar, no passo seguinte, à porção de sua obra filosófica cujas linhas gerais encontram-se na elaboração de uma ontologia social. A isso se atribui a tarefa de decifrar os constituintes elementares da vida social de um modo tal que seu surgimento se torna claro como um processo de violenta abstração com base na experiência primária que transparece no encontro intersubjetivo com o outro.[37] Contudo, podemos aqui nos abster de apresentar as ideias que Levinas desenvolve nesse domínio de sua ética, uma vez que o ponto teórico já foi alcançado lá onde podemos continuar a nos haver com a nossa questão. Isso é assim porque, para que Derrida fosse capaz de chegar à sua própria determinação do domínio da moral, ele tinha apenas de radicalizar um grau a mais no que Levinas indicara (na linha do raciocínio acima citado) como uma tensão entre duas orientações morais – a do "direito" e a da "bondade". Para Derrida, as perspectivas de igual tratamento e cuidado representam duas fontes diferentes de orientação moral, entre as quais não existe absolutamente nenhuma possibilidade para o tipo de *continuum* que Levinas

36 *Ibid.*, p. 245.

37 Ver, sobretudo, *ibid.*, seção II ("Interiority and Economy" [Interioridade e economia]).

parece assumir. Em vez disso, a aplicação do direito, ou seja, a esfera normativa em que a ideia de tratamento igual se encontra encarnada, sempre torna a encontrar casos concretos cuja resolução "justa" só pode ser atingida se o ponto de vista do bem-estar individual for adotado de maneira abrupta. A mudança de perspectiva que ocorre em tais situações traz consigo algo violento, uma vez que, sem legitimação alguma, ela tem de se dar numa ideia abrangente da moral.

Como ora devemos passar a visualizar, uma fraqueza dessa tese consiste em ter sido elaborada exclusivamente no sentido das diretrizes das relações jurídicas modernas; afinal, é aí que se tem uma série de arranjos especiais a contemplar a forma como, do interior dessas próprias relações jurídicas, o caso individual é considerado o mais abrangentemente possível e de maneira que Derrida possa apenas imaginar como a adição de uma perspectiva de bondade ou de cuidado desde fora. De momento, contudo, precisamos tão somente indicar que Derrida afirma – de forma reveladora – que uma relação de conflito violenta e insolúvel, mas ao mesmo tempo produtiva, é obtida entre os dois pontos de vista morais que Levinas distingue em sua ética. Esse conflito é insolúvel porque a ideia de tratamento igual demanda uma restrição da perspectiva moral com base na qual a outra pessoa, em sua particularidade, pode se tornar o receptor de meus cuidados; isso porque o meu ato de mostrar-lhe minha inesgotável preocupação e meu ilimitado provimento de auxílio significaria uma tendência a negligenciar os deveres morais resultantes do reconhecimento recíproco de seres humanos como iguais. E esse conflito é produtivo em razão de o ponto de vista do cuidado a todo o tempo proporcionar um ideal moral com base no qual o esforço prático de pouco a pouco dispensar tratamento igual pode assumir a sua orientação – de uma forma autocorretiva; isso se dá porque apenas esse tipo de responsabilidade é desenvolvido na preocupação amorosa para com pessoas individuais, tipo este que contribui para o senso moral com o qual o possível sofrimento de todos os demais seres humanos pode igualmente ser percebido. Com essa linha de raciocínio, porém, Derrida já ultrapassou os limites que hoje se encontram traçados na tradição da justiça que remonta a Kant, isso porque no momento se tem procurado integrar as duas diferentes perspectivas morais num quadro único de orientação.

IV

Durante a sua elaboração da ética do discurso, Habermas teve de se confrontar com a questão da relação entre a ideia moderna de tratamento igual e o princípio moral do cuidado. Com o desenvolvimento da teoria moral feminista em geral, e em especial com a subsequente pesquisa de Carol Gilligan, logo se deu voz à crítica de que a abordagem kantiana da ética do discurso negligencia as atitudes morais em que, sem considerar as obrigações recíprocas, nós nos ocupamos do outro concreto e, por nossa própria vontade livre, proporcionamos auxílio e apoio.[38] Se de novo reconstruirmos o programa da ética do discurso até o ponto em que ele se faça uma questão da importância das virtudes e capacidades comunicativas, logo se evidenciará que essa objeção se encontra justificada num sentido trivial, sem que no início, no entanto, tenha uma relevância sistemática. Toda e qualquer pessoa na verdade se encontra sempre incluída num discurso prático somente como indivíduo irrepresentável, mas as pressuposições de obtenção de simetria no discurso prático necessitam que todos os vínculos sejam desconsiderados e, consequentemente, que os pontos de vista do cuidado recuem para o pano de fundo. Não há problema em tal atitude, contanto que o discurso prático seja visto como um procedimento que sirva à resolução consensual de conflitos de interesse intersubjetivos. Isso se dá porque, no caso de interesses conflitantes, uma forma justa de resolução só pode ser alcançada caso todas

38 Ver a elucidativa visão geral proporcionada por Herta Nagl-Docekal, "Jenseits der Geschlechtermoral. Eine Einführung" [Para além da moral de gênero. Uma introdução], *in Jenseits der Geschlechtermoral* [Para além da moral de gênero], H. Nagl-Docekal e H. Pauer-Studer (Orgs.) (Frankfurt: Fischer, 1993), p. 7-32; na mesma ontologia, uma ética forte do cuidado é defendida, por exemplo, por Nel Noddings, "Warum sollten wir uns ums Sorgen sorgen?" [Por que deveríamos cuidar do cuidar?], *ibid.*, p. 135-171. Sobre a justificação de uma ética do cuidar, ver também Annette Baier, "The Need for More Than Justice" [A necessidade de mais do que justiça], *in Science, Morality, and Feminist Theory* [Ciência, moralidade e teoria feminista], Marscha Hanen e Kai Nielsen (Orgs.), *Canadian Journal of Philosophy*, volume suplementar 13 (1987), p. 41-58.

as pessoas envolvidas demonstrem, uma para com a outra, o mesmo respeito, sem permitir que sentimentos de simpatia e afeição entrem em jogo. Nessa medida, atitudes de responsabilidade assimétrica, nas quais, por exemplo, se baseiam o cuidado ou a benevolência, desde o início têm de se manter excluídas do procedimento de um discurso prático. É evidente que isso não responde à questão sobre como a perspectiva moral da ética do discurso de algum modo se relaciona com o princípio invocado pela ética feminista hoje, o qual se encontra (corretamente) sob a designação do "cuidado". É difícil negar que a nossa noção da moral não se esgota no conceito de tratamento igual e responsabilidade recíproca, mas ela inclui os modos de conduta que consistem em atos assimétricos de benevolência, prestatividade e filantropia. As conclusões teóricas que Derrida extraiu de sua pesquisa sobre o problema da aplicação no direito tampouco são úteis aqui, pois correm o risco de situar o princípio da benevolência no lugar errado. Numa visão do direito própria à ética do discurso, com facilidade se pode mostrar que, hoje, no próprio direito existem pontos de vista que, como o da "equidade", permitem que a justiça seja feita à particularidade de uma situação extremamente difícil, sem que no processo se invalide a norma básica de tratamento igual.[39] Assim, tendo em vista a questão sobre como a ética do discurso se relaciona com o princípio do "cuidado", a fundamentação moral do direito moderno não proporciona o ponto de partida apropriado. Por outro lado, contudo, a tese de Derrida – de acordo com a qual o princípio de tratamento igual encontra-se sempre num estado de insolúvel e produtiva tensão com o princípio da benevolência – retém algo de sua força penetrante, ainda que ela se prove falsa em relação ao direito. Afinal de contas, à luz dessa tese, evidencia-se que a tentativa de Habermas, de mediar entre os dois princípios morais, tem as características de uma reconciliação precipitada e inapropriada.

---

39 Com relação a isso, ver em especial Klaus Günther, *The Sense of Appropriateness: Application Discourses in Morality and Law* [O sentido de adequabilidade: Discursos de aplicação em moralidade e direito], tradução de J. Farrell (Albany: State University of New York Press, 1993); um desenvolvimento mais aprofundado se tem em *idem*, "Universalistische Normbegründung und Normanwendung in Recht und Moral" [Fundamentação universalista da norma e emprego da norma em direito e moral], *in Generalisierung und Individualisierung im Rechtsdenken* [Generalização e individualização no pensamento jurídico], M. Herberger, U. Neumann e H. Rüssmann (Orgs.) (Stuttgart: Franz Steiner, 1992), p. 36-76.

Mesmo que a ética do discurso não necessariamente entre em dificuldades imediatas como resultado do desafio da ética feminista, não obstante se faz necessário dar uma resposta à questão sobre como isso se relaciona com a íntegra do princípio do cuidado. Por essa razão, Habermas procurou desenvolver o seu próprio projeto de uma resposta num ensaio dedicado à então recente obra de Lawrence Kohlberg.[40] O seu argumento equivale à noção de que as pressuposições comunicativas do discurso, na verdade, não incluem o ponto de vista do cuidado, mas abarcam um princípio relacionado, no qual igualmente se trata do "bem-estar do semelhante": o ato de assumir uma orientação tomando a perspectiva moral da "solidariedade" encontra-se incorporado a todo e qualquer discurso prático porque neste os participantes têm de reconhecer um ao outro não apenas como pessoas iguais, e sim ao mesmo tempo como indivíduos irrepresentáveis. Desse princípio, que Habermas refere como o "outro" da justiça,[41] diz-se que compartilha com o cuidado o aspecto de uma preocupação (*Anteilnahme*) com o destino existencial de outros seres humanos, preocupação esta que se estende ao afetivo. Ele difere do cuidado à medida que a preocupação individual se aplica a todos os seres humanos na mesma medida, ou seja, sem que haja qualquer tipo de privilégio ou assimetria. Para Habermas, a solidariedade é o outro da justiça uma vez que, com ela, todos os indivíduos reciprocamente se ocupam do bem-estar do outro, com o qual compartilham também, na condição de seres iguais, a forma comunicativa da vida humana.

O que necessariamente se mantém pouco claro nessa forma generalizada de preocupação por certo que são os motivos e experiências particulares considerados capazes de conduzir, em primeiro lugar, a seu desenvolvimento. Nesse contexto, Habermas se refere a uma consciência da "adesão [de um indivíduo] a uma comunidade ideal de comunicação", consciência esta que surge da "certeza de parentesco íntimo num contexto de vida compartilhado".[42] Contudo, tal sentimento de uma adesão

40 Habermas, "Justice and Solidarity" [Justiça e solidariedade].

41 *Ibid.*, p. 244. (Nota do tradutor [do tradutor para o inglês, John Farrell]: Na tradução publicada *"Anderes"* [Outro] ele é traduzido como "the reverse side" [o lado reverso], *ibid.*)

42 *Ibid.*, p. 246.

social a uma forma de vida compartilhada pode ser formado, em primeiro lugar, somente à medida que o fardo, o sofrimento e as tarefas são experimentadas como algo compartilhado; e uma vez que tal experiência de fardos e dificuldades compartilhadas pode, por sua vez, desenvolver-se sob a condição de objetivos coletivos cuja definição, no entanto, faz-se possível somente à luz de valores comunalmente compartilhados, o desenvolvimento de um sentimento de adesão social mantém-se assim necessariamente atrelado à pressuposição de uma comunidade de valor. Por essa razão, a solidariedade – entendida como princípio moral de preocupação recíproca – não pode ser concebida sem o elemento de particularismo que é inerente ao desenvolvimento de toda e qualquer comunidade social, uma vez que seus membros se compreendem como estando em acordo com objetivos particulares e eticamente definidos, desse modo compartilhando a experiência de fardos específicos.[43] O ponto fixo de uma humanidade solidária pode ser de fato localizado numa escala normativamente graduada, mas somente com base na pressuposição extremamente idealizadora de que todos os seres humanos têm, sobre e acima de suas diferenças culturais, um objetivo compartilhado.[44] Por conseguinte, em contraste com a ideia universalista de tratamento igual, existe algo de abstratamente utópico, inerente à noção de uma humanidade a abarcar a solidariedade; no entanto, isso é tanto mais uma razão para não ser capaz de considerá-la um representante universalista do princípio moral, que, sob a forma de cuidado e benevolência unilaterais, tem sempre se constituído num elemento transcendente de nosso mundo social.

Seguindo Levinas, o que Derrida referiu como uma justiça cuidadora, que considera a particularidade infinita do ser humano individual, tem, em contraste com tratamento e solidariedade iguais, o caráter de

43 Ver minha reflexão sobre o conceito de "solidariedade" em *Kampf um Annerkennung: Zur moralischen Grammatik sozialer Konflikte* [Luta por reconhecimento: A gramática moral dos conflitos sociais] (Frankfurt: Suhrkamp, 1992), p. 196s.

44 É isso que eu vejo como uma deficiência das reflexões de outro modo bastante claras de Lutz Wingert, *Gemeinsinn und Moral: Elemente einer intersubjectivistischen Moralkonzeption* [Senso comum e moral: Elementos de uma concepção moral intersubjetivista] (Frankfurt: Suhrkamp, 1993), p. 210s.

uma preocupação de todo unilateral e não recíproca. A obrigação que a acompanha tenderá a ser sempre tão extensiva, que mesmo a sua própria autonomia em ação tem de ser restringida em alto grau.[45] Nessa medida, não se pode esperar de todos os seres humanos que assumam tal forma de responsabilidade do mesmo modo que o respeito à dignidade de cada indivíduo seja deles algo moralmente esperado. Geneticamente falando, contudo, a experiência desse princípio moral precede o encontro com todos os outros pontos de vista morais porque, sob circunstâncias favoráveis, ela se põe no início do processo de desenvolvimento da criança. Na verdade, talvez seja o caso de que um sensor para o que pode ser chamado, num sentido absoluto, de tratamento igual só possa ser desenvolvido, antes de tudo, se a própria pessoa alguma vez tiver tido a experiência de um cuidado ilimitado.[46] O que há entre os dois princípios, contudo, não é há apenas uma relação de primazia genética, e sim também uma relação de exclusividade recíproca: uma obrigação de cuidar e de ser benevolente só pode existir quando um indivíduo estiver num estado de tão extrema necessidade ou privação, que o princípio moral de tratamento igual não mais possa lhe ser aplicado de maneira equilibrada. Assim, os seres humanos que são física ou mentalmente incapazes de participar de discursos práticos merecem no mínimo o cuidado abnegado dos que deles estão próximos pela via dos laços emocionais. No sentido inverso, porém, no momento em que a outra pessoa é reconhecida como um ser igual entre todos os demais – momento em que ele ou ela pode participar de discursos práticos –, a relação unilateral de cuidado tem de chegar a um fim; uma atitude de benevolência nem sempre é permissível para com sujeitos capazes de articular suas crenças e visões publicamente.[47]

45 Will Kymlika deixou isso bastante claro em sua discussão sobre a ética feminista do cuidado, *Contemporary Political Philosophy: An Introduction* [Filosofia política contemporânea: Uma introdução] (Oxford: Clarendon, 1990), p. 238-292, especialmente p. 285.

46 As reflexões de Justin Oakley apontam na direção de tal pressuposto: ver *Morality and the Emotions* [Moralidade e as emoções] (Londres/Nova Iorque: Routledge, 1993), cap. 2.

47 Esse aspecto é precipitadamente excluído de todas as tentativas que anseiam por fundir a perspectiva do cuidado e o princípio do tratamento igual num princípio único. Como exemplo paradigmático disso a esse respeito, ver Nagl-Docekal, "Jenseits der Geschlechtermoral. Eine Einführung" [Para além da moral de gênero. Uma introdução].

Ainda assim, de modo algum – ao contrário de Levinas – extraímos de tudo isso a conclusão de que o cuidado ou a benevolência sejam declarados não apenas como fundação genética, mas também lógica de todos os princípios da moral. O que sob condições modernas compreendemos como o "ponto de vista moral" é explicado, antes de mais nada, pelo princípio universalista de tratamento igual. Mas o que até agora foi dito deve ser acompanhado também pela conclusão de que ao cuidado deve de novo ser concedido um lugar no domínio da moral, lugar este que com demasiada frequência tem sido negado na tradição da filosofia moral que remonta a Kant: da mesma forma que a solidariedade se constitui num contraponto necessário ao princípio de justiça, à medida que o provê de maneira particularista com os impulsos afetivos de um reconhecimento recíproco, por outro lado o cuidado representa o seu contraponto igualmente necessário uma vez que suplementa esse princípio da justiça com um princípio de auxílio unilateral, inteiramente desinteressado. O feito dos escritos recentes de Derrida está em haver descoberto a tensão insolúvel, mas produtiva, que prevalece no domínio da moral; em última instância, eles revelam que a ética pós-moderna de fato deu um passo pequeno, porém significativo, para além dos horizontes normativos que, constituídos pela ideia de tratamento igual, até aqui têm sido o fator determinante da modernidade.

Bibliografia

Esta bibliografia pretende proporcionar, para um público de língua inglesa, uma orientação básica quanto às principais obras de Habermas e quanto ao estado atual das controvérsias por elas gerado. A literatura secundária centra-se nas obras publicadas no final da década de 1980 e início da de 1990. Bibliografias selecionadas anteriores estão presentes em McCarthy (1982; ver registro na Seção III) e Rasmussen (1990; ver registro na Seção III). Um trabalho mais exaustivo se tem em René Görtzen, *Jürgen Habermas: Eine Bibliographie* [Jürgen Habermas: Uma Bibliografia] (Frankfurt: Suhrkamp, 1982).

Eu gostaria de agradecer a Patricia White, Songbai He, Jochen Kirsch e Mike Lipscomb por seu auxílio na compilação desta bibliografia.

I. Obras importantes de Habermas em alemão

(1954) "Das Absolute und die Geschichte: Von der Zweispaltigkeit in Schellings Denken". Dissertação não publicada, Universität Bonn.

(1961) *Student und Politik: Eine soziologische Untersuchung zum politischen Bewusstsein Frankfurter Studenten*. Com Ludwig von Friedeburg, C. Oehler, Neuwied/Berlim: Luchterhand.

(1962) *Strukturwandel der Öffentlichkeit: Untersuchungen zu einer Kategorie der bürgerlichen Gesellschaft*. Neuwied/Berlim: Luchterhand.

(1963) *Theorie und Praxis*. Neuwied/Berlim: Luchterhand. Edição ampliada, de 1971, da Suhrkamp.

(1967) "Zur Logik der Sozialwissenschaften". *Philosophische Rundshau* 14, suplemento 5. Edição ampliada, publicada em 1970 e 1982, da Suhrkamp.

(1968) *Erkenntnis und Interesse*. Frankfurt: Suhrkamp.

(1968) *Technik und Wissenschaft als "Ideologie"*. Frankfurt: Suhrkamp.

(1969) *Protestbewegung und Hochschulreform*. Frankfurt: Suhrkamp.

(1971) *Philosophisch-politische Profile*. Frankfurt: Suhrkamp. Edição ampliada, 1981.

(1971) *Theorie der Gesellschaft oder Sozialtechnologie: Was leistet die Systemforschung?* Com Niklas Luhmann. Frankfurt: Suhrkamp.

(1973) *Kultur und Kritik: Verstreute Aufsätze*. Frankfurt: Suhrkamp.

(1973) *Legitimationsprobleme im Spätkapitalismus*. Frankfurt: Suhrkamp.

(1974) *Zwei Reden: Aus Anlass der Verleihung des Hegel – Preises 1973 der Stadt Stuttgart an Jürgen Habermas am 19. Januar 1974*. Com Dieter Henrich. Frankfurt: Suhrkamp.

(1976) *Zur Rekonstruktion des Historischen Materialismus*. Frankfurt: Suhrkamp.

(1978) *Politik, Kunst, Religion: Essays über zeitgenössische Philosophen*. Stuttgart: Reclam.

(1979) *Das Erbe Hegels: Zwei Reden aus Anlass der Verleihung des Hegel – Preises 1979 der Stadt Stuttgart an Hans-Georg Gadamer am 13. Juni 1979*. Com Hans-Georg Gadamer. Frankfurt: Suhrkamp.

(1981) *Kleine Politische Schriften (I - IV)*. Frankfurt: Suhrkamp.

(1981) *Theorie des kommunikativen Handelns*. Vol. 1: *Handlungsrationalität und gesellschaftliche Rationalisierung*. Vol. 2: *Zur Kritik der funktionalistische Vernunft*. Frankfurt: Suhrkamp.

(1983) *Moralbewusstsein und kommunikatives Handeln*. Frankfurt: Suhrkamp.

(1984) *Vorstudien und Ergänzungen zur Theorie des kommunikativen Handelns*. Frankfurt: Suhrkamp.

(1985) *Die Neue Unübersichtlichkeit: Kleine Politische Schriften V*. Frankfurt: Suhrkamp.

(1987) *Eine Art Schadensabwicklung: Kleine Politische Schriften VI*. Frankfurt: Suhrkamp.

(1988) *Nachmetaphysisches Denken: Philosophische Aufsätze*. Frankfurt: Suhrkamp.

(1990) *Die Nachholende Revolution, Kleine Politische Schriften VII*. Frankfurt: Suhrkamp.

(1991) *Texte und Contexte*. Frankfurt: Suhrkamp.

(1991) *Erläuterungen zur Diskursethik*. Frankfurt: Suhrkamp.

(1992) *Fakitizität und Geltung: Beiträge zur Diskurstheorie des Rechts und des Demokratischen Rechtsstaats*. Frankfurt: Suhrkamp.

II. Obras importantes de Habermas em tradução inglesa

Livros

(1971) *Knowledge and Human Interests*. Tradução de Jeremy Shapiro. Boston: Beacon Press.

(1971) *Toward a Rational Society: Student Protest, Science and Politics*. Tradução de Jeremy Shapiro. Boston: Beacon Press.

(1973) *Theory and Practice*. Tradução de John Viertel. Boston: Beacon Press.

(1975) *Legitimation Crisis*. Tradução de Thomas McCarthy. Boston: Beacon Press.

(1979) *Communication and the Evolution of Society*. Tradução de Thomas McCarthy. Boston: Beacon Press.

(1983) *Philosophical-Political Profiles*. Tradução de Frederick Lawrence. Cambridge, Mass.: MIT Press.

(1984) *The Theory of Communicative Action*. Vol. I. *Reason and the Rationalization of Society*. Tradução de Thomas McCarthy. Boston: Beacon Press.

(1987) *The Philosophical Discourse of Modernity: Twelve Lectures*. Tradução de Frederick Lawrence. Cambridge, Mass.: MIT Press.

(1987) *The Theory of Communicative Action*. Vol. 2. *Lifeworld and System: A Critique of Functionalist Reason*. Tradução de Thomas McCarthy. Boston: Beacon Press.

(1988) *On the Logic of the Social Sciences*. Tradução de Shierry Weber Nicholsen e Jerry Stark. Cambridge, Mass.: MIT Press.

(1989) *The Structural Transformation of the Public Sphere: An Inquiry into a Category of Bourgeois Society*. Tradução de Thomas Burger. Cambridge, Mass.: MIT Press.

(1989) *The New Conservatism: Cultural Criticism and the Historians' Debate*. Organização e tradução de Shierry Weber Nicholsen. Cambridge, Mass.: MIT Press.

(1990) *Moral Consciousness and Communicative Action*. Tradução de Christian Lenhardt e Shierry Weber Nicholsen. Cambridge, Mass.: MIT Press.

(1992) *Postmetaphysical Thinking*. Tradução de William Mark Hohengarten. Cambridge, Mass.: MIT Press.

(1993) *Justification and Application: Remarks on Discourse Ethics*. Tradução de Ciaran P. Cronin. Cambridge, Mass.: MIT Press.

(1994) *The Past as Future*. Tradução de Max Pensky. Lincoln: University of Nebraska Press.

(1996) *Between Facts and Norms: Contributions to a Discourse Theory of Law and Democracy*. Tradução de William Rehg. Cambridge, Mass.: MIT Press.

Entrevistas e artigos selecionados recentes

(1989) "Work and Weltanschaung: The Heidegger Controversy from a German Perspective". *Critical Inquiry*, 15: 431-456.

(1990) "What Does Socialism Mean Today?" *New Left Review*, 183: 3-21.

(1991) "Comments on John Searle: Meaning, Communication, and Representation!" *In*: LEPORE, Ernest e VAN GULICK, Robert (Orgs.). *John Searle and His Critics*. Cambridge, Mass.: Blackwell, p. 17-55.

(1992) *Autonomy and Solidarity: Interviews*. Organização e introdução por Peter Dews. Londres: Verso, edição revisada.

(1992) "Citizenship and National Identity: Some Reflections on the Future of Europe!". *Praxis International*, 12: 1-33.

(1992) "Further Reflections on the Public Sphere". *In:* CALHOUN, Craig (Org.). *Habermas and the Public Sphere*. Cambridge, Mass.: MIT Press.

(1992) "Jürgen Habermas on the Legacy of Jean-Paul Sartre: An Interview." Entrevistado por Richard Wolin. *Political Theory*, 20: 496-501.

(1992) "Yet Again: German Identity — A Nation of Angry DM-Burghers?" *In:* JAMES, Harold e STONE, Maria (Orgs.). *When the Wall Came Down: Reactions to German Unification.* Nova Iorque: Routledge.

(1993) "Remarks on the Development of Horkheimer's Work". *In:* BENHABIB, Seyla; BONSS, Wolfgang e MCCOLE, John (Orgs.). *On Max Horkheimer*. Cambridge, Mass.: MIT Press, p. 49-65.

(1993) "Struggles for Recognition in Constitutional States." *European Journal of Philosophy*, 2: 128-155.

(1994) "Postscript to *Faktizität und Geltung*". *In: Habermas, Modernity and Law*. Edição especial de *Philosophy and Social Criticism*, 4: 135-150.

(1994) "Three Normative Models of Democracy." *Constellations*, 1: 1-10.

(1995) "Reconciliation through the Public Use of Reason: Remarks on John Rawls's *Political Liberalism*." *Journal of Philosophy*, 92: 109-131.

III. Livros selecionados em inglês sobre Habermas, ética comunicativa e teoria crítica

ADORNO, Theodor W. (Org.). *The Positivist Dispute in German Sociology*. Nova Iorque: Harper & Row, 1976.

ALFORD, C. Fred. *Science and the Revenge of Nature*. Gainesville: University of Florida Press, 1985.

BAYNES, Kenneth. *The Normative Grounds of Social Criticism: Kant, Rawls and Habermas*. Albany: State University of New York Press, 1992.

BENHABIB, Seyla. *Critique, Norm, and Utopia: A Study of the Foundations of Critical Theory*. Nova Iorque: Columbia University Press, 1986.

______. *Situating the Self: Gender, Community and Postmodernism in Contemporary Ethics*. Nova Iorque: Routledge, 1992.

BENHABIB, Seyla e DALLMAYR, Fred R. (Orgs). *The Communicative Ethics Controversy*. Cambridge, Mass.: MIT Press, 1990.

BERNSTEIN, Richard J. (Org.). *Habermas and Modernity*. Cambridge, Mass.: MIT Press, 1985.

BRAATEN, Jane. *Jürgen Habermas*. Albany: State University of New York Press, 1992.

CALHOUN, Craig (Org.). *Habermas and the Public Sphere*. Cambridge, Mass.: MIT Press, 1992.

CHAMBERS, Simone. *Discourse and Procedural Ethics*. Ítaca: Cornell University Press, 1997.

COHEN, Jean e ARATO, Andrew. *Civil Society and Political Theory*. Cambridge, Mass.: MIT Press, 1992.

COOKE, Maeve. *Language and Reason: A Study of Habermas' Pragmatics*. Cambridge, Mass.: MIT Press, 1994.

DALLMAYR, Fred. *Between Freiburg and Frankfurt: Toward a Critical Ontology*. Amherst: University of Massachusetts Press, 1992.

DEFLEM, Mathieu. "Habermas, Modernity and Law". Edição especial de *Philosophy and Social Criticism* 4, 1994.

DEHAVEN-SMITH, Lance. *Philosophical Critique of Policy Analysis: Lindblom, Habermas and the Great Society*. Gainesville: University of Florida Press, 1988.

D'ENTRÈVES, Maurizio Passerin e BENHABIB, Seyla (Orgs.). *Habermas and the Unfinished Project of Modernity: Critical Essays on "The Philosophical Discourse of Modernity"*. Cambridge: Polity Press, 1997.

DRYZEK, John. *Discursive Democracy: Politics, Policy, and Political Science*. Cambridge, Mass.: Cambridge University Press, 1990.

FAY, Brian. *Social Theory and Political Practice*. Nova Iorque: Allen and Unwin, 1975.

______. *Critical Social Science: Liberation and Its Limits*. Ítaca: Cornell University Press, 1987.

FORESTER, John. *Critical Theory, Public Policy and Planning Practice*. Albany: State University of New York Press, 1993.

______ (Org.). *Critical Theory and Public Life*. Cambridge, Mass.: MIT Press, 1985.

GEUSS, Raymond. *The Idea of a Critical Theory: Habermas and the Frankfurt School*. Cambridge, Mass.: Cambridge University Press, 1981.

GÜNTHER, Klaus. *The Sense of Appropriateness: Discourses of Application in Morality and Law*. Albany: State University of New York Press, 1993.

HELD, David. *Introduction to Critical Theory: Horkheimer to Habermas*. Berkeley: University of California Press, 1980.

HOLUB, Robert. *Jürgen Habermas: Critic in the Public Sphere*. Nova Iorque: Routledge, 1991.

HONNETH, Axel. *The Critique of Power: Reflective Stages in Critical Social Theory*. Tradução de Kenneth Baynes. Cambridge, Mass.: MIT Press, 1991.

HONNETH, Axel e JOAS, Hans (Orgs). *Communicative Action*. Tradução de Jeremy Gaines e Doris L. Jones. Cambridge, Mass.: MIT Press, 1991.

HONNETH, Axel; MCCARTHY, Thomas; OFFE, Claus; e WELLMER, Albrecht (Orgs). *Cultural-Political Interventions in the Unfinished Project of Enlightenment*. Cambridge, Mass.: MIT Press, 1992 (um dos dois volumes que formaram um *Festschrift* a Habermas).

______. *Philosophical Interventions in the Unfinished Project of Enlightenment*. Cambridge, Mass.: MIT Press, 1992 (um dos dois volumes que formaram um *Festschrift* a Habermas).

INGRAM, David. *Habermas and the Dialectic of Reason*. New Haven: Yale University Press, 1987.

______. *Critical Theory and Philosophy*. Nova Iorque: Paragon, 1990.

JAY, Martin. *Marxism and Totality: The Adventures of a Concept from Lukács to Habermas*. Berkeley: University of California Press, 1984.

______. *Fin de Siècle Socialism and Other Essays*. Nova Iorque: Routledge, 1988.

KEAT, Russell. *The Politics of Social Theory: Habermas, Freud and the Critique of Positivism*. Chicago: University of Chicago Press, 1981.

KELLY, Michael (Org.). *Hermeneutics and Critical Theory in Ethics and Politics*. Cambridge, Mass: MIT Press, 1990.

______. *Critique and Power: Recasting the Foucault/Habermas Debate*. Cambridge, Mass.: MIT Press, 1994.

KORTIAN, Garbis. *Metacritique: The Philosophical Argument of Jürgen Habermas*. Cambridge, Mass.: Cambridge University Press, 1980.

LEONARD, Stephen. *Critical Theory in Political Practice*. Princeton: Princeton University Press, 1990.

MATUSTIK, Martin. *Postnational Identity: Critical Theory and Existential Philosophy in Habermas, Kierkegaard and Havel*. Nova Iorque: Guilford, 1993.

MCCARTHY, Thomas A. *The Critical Theory of Jürgen Habermas*. Cambridge, Mass.: MIT Press, 1982, edição revisada.

______. *Ideals and Illusions: On Reconstruction and Deconstruction in Contemporary Critical Theory*. Cambridge, Mass.: MIT Press, 1991.

MEEHAN, Johanna (Org.). *Habermas and Feminism*. Nova Iorque: Routledge, 1995.

______. *New German Critique*. Edição especial sobre Jürgen Habermas, n. 35, 1985.

POSTER, Mark. *Critical Theory and Poststructuralism: In Search of a Context*. Ítaca: Cornell University Press, 1989.

PUSEY, Michael. *Jürgen Habermas*. Londres: Tavistock, 1987.

RAFFEL, Stanley. *Habermas, Lyotard and the Concept of Justice*. Nova Iorque: St. Martin's Press, 1992.

RASMUSSEN, David. *Reading Habermas*. Cambridge, Mass.: Blackwell, 1990.

ROCKMORE, Tom. *Habermas on Historical Materialism*. Bloomington: Indiana University Press, 1989.

RODERICK, Rick. *Habermas and the Foundations of Critical Theory*. Nova Iorque: St. Martin's Press, 1986.

SENSAT, Julius. *Habermas and Marxism: An Appraisal*. Beverly Hills: Sage, 1979.

SIEBERT, Rudolph. *The Critical Theory of Religion: The Frankfurt School. From Universal Pragmatics to Political Theology*. Amsterdã: Mouton, 1985.

THOMPSON, John B. *Critical Hermeneutics: A Study in the Thought of Paul Ricoeur and Jürgen Habermas*. Cambridge, Mass.: Cambridge University Press, 1981.

THOMPSON, John B. e HELD, David (Orgs.). *Habermas: Critical Debates*. Londres: Macmillan, 1982.

WELLMER, Albrecht. *The Persistence of Modernity*. Tradução de D. Midgley. Cambridge: MIT Press, 1991.

WHITE, Stephen K. *The Recent Work of Jürgen Habermas: Reason, Justice and Modernity*. Cambridge: Cambridge University Press, 1988.

______. *Political Theory and Postmodernism*. Cambridge, Mass.: Cambridge University Press, 1991.

WIGGERSHAUS, Rolf. *The Frankfurt School: Its History, Theories and Political Significance*. Tradução de M. Robertson. Cambridge, Mass.: MIT Press, 1994.

IV. Obras selecionadas em inglês sobre tópicos específicos

Contexto e herança intelectual

BENHABIB, Seyla (1986). Ver referência bibliográfica do livro, seção III.

DALLMAYR, Fred. Ver referência bibliográfica do livro, seção III.

FLEMING, Marie. "Habermas, Marx and the Question of Ethics." *In:* HONNETH, A. e WELLMER, A. (Orgs.). *Die Frankfurter Schule und die Folgen.* Berlim: De Gruyter, 1986, p. 139-150.

HELD, David. Ver referência bibliográfica do livro, seção III.

HOLUB, Robert. Ver referência bibliográfica do livro, seção III.

HONNETH, Axel. Ver referência bibliográfica do livro, seção III.

______. "Communication and Reconciliation: Habermas' Critique of Adorno". *Telos*, 39: 45-61, 1979.

INGRAM, David (1990). Ver referência bibliográfica do livro, seção III.

JAY, Martin (1984 e 1988). Ver referência bibliográfica do livro, seção III.

MCCARTHY, Thomas A. (1982). Ver referência bibliográfica do livro, seção III.

NUYEN, A. T. "Habermas, Adorno and the Possibility of Immanent Critique". *American Catholic Philosophical Quarterly*, 66: 331-340, 1992.

PENSKY, Max. "On the Use and Abuse of Memory: Habermas, Anamnestic Solidarity and the *Historikerstreit*." *Philosophy and Social Criticism*, 15: 351-380, 1989.

PHELAN, Shane. "Interpretation and Domination: Adorno and the Habermas--Lyotard Debate." *Polity*, 25: 597-616, 1993.

PULZER, Peter. "Germany: Whose History?". *Times Literary Supplement*, 2-8: 1076, 1088, out. 1987.

SCHEUERMAN, Bill. "Neumann versus Habermas: The Frankfurt School and the Case of the Rule of Law." *Praxis International*, 13: 50-67, 1993.

SCHMIDT, James. "Offensive Critical Theory." *Telos*, 39: 62-70, 1979.

SENSAT, Julius. Ver referência bibliográfica do livro, seção III.

TORPEY, John. "Ethics and Critical Theory: From Horkheimer to Habermas." *Telos*, 69: 68-84, 1986.

______. "Introduction: Habermas and the Historians." *New German Critique*, 44: 5-24, 1988.

VOGEL, Steven M. "New Science, New Nature: The Habermas-Marcuse Debate Revisited." *Research in Philosophy and Technology*, 11: 157-178, 1991.

WELLMER, Albrecht. Ver referência bibliográfica do livro, seção III.

WIGGERSHAUS, Rolf. Ver referência bibliográfica do livro, seção III.

Hermenêutica, epistemologia e ciências sociais

ADORNO, Theodor W. Ver referência bibliográfica do livro, seção III.

ALFORD, C. Fred. Ver referência bibliográfica do livro, seção III.

ANTONIO, Robert J. "The Normative Foundations of Emancipatory Theory: Evolutionary versus Pragmatic Perspectives." *American Journal of Sociology*, 94: 721-748, 1989.

APEL, Karl-Otto. "Types of Social Science in the Light of Human Interests of Knowledge". *Social Research*, 44: 425-470, 1977.

BAYNES, Kenneth. "Crisis and Life-World in Husserl and Habermas." *In*: DALLERY, A. B. (Org.). *Crises in Continental Philosophy.* Albany: State University of New York Press, 1990.

______. "Rational Reconstruction and Social Criticism: Habermas' Model of Interpretive Social Science." *Philosophical Forum*, 21: 122-145, 1989-1990.

BERNSTEIN, Richard J. "Fred Dallmayr's Critique of Habermas." *Political Theory*, 16: 580-593, 1988.

BOHMAN, James. "System and 'Lifeworld': Habermas and the Problem of Holism." *Philosophy and Social Criticism*, 15: 381-401, 1989.

DALLMAYR, Fred R. "Habermas and Rationality". *Political Theory*, 16: 553-579, 1988.

DAVEY, Nicholas. "Habermas' Contribution to Hermeneutic Theory". *Journal of the British Society for Phenomenology*, 16: 109-131, 1985.

FACTOR, Regis A. e TURNER, Stephen J. "The Critique of Positivist Social Science in Leo Strauss and Jürgen Habermas." *Sociological Analysis and Theory*, 7: 185-206, 1977.

FAY, Brian (1975 e 1987). Ver referência bibliográfica do livro, seção III.

FERRARA, Allessandro. "A Critique of Habermas' Consensus Theory of Truth." *Philosophy and Social Criticism*, 13: 39-67, 1987.

GADAMER, Hans-Georg. "Hermeneutics and Social Science." *Cultural Hermeneutics*, 2: 307-330, 1975.

______. "On the Scope and Function of Hermeneutical Reflection." *Continuum*, 8: 77-95, 1970.

GEUSS, Raymond. Ver referência bibliográfica do livro, seção III.

GIDDENS, Anthony. "Habermas' Critique of Hermeneutics." *In*: *Studies in Social and Political Theory*. Berkeley: University of California Press, 1977, p. 135-164.

HESSE, Mary. "Habermas' Consensus Theory of Truth." *In*: *Revolutions and Reconstructions in the Philosophy of Science*. Brighton J. Sussex: Harvester Press, 1980, p. 206-231.

JOHNSON, James. "Is Talk Really Cheap? Prompting Conversation between Critical Theory and Rational Choice." *American Political Science Review*, 87: 74-86, 1993.

KEAT, Russell. Ver referência bibliográfica do livro, seção III.

KOLB, David. "Heidegger and Habermas on Criticism and Totality." *Philosophy and Phenomenological Research*, 52: 683-693, 1992.

LEONARD, Stephen. Ver referência bibliográfica do livro, seção III.

MENDELSON, Jack. "The Habermas-Gadamer Debate." *New German Critique*, 18: 44-73, 1979.

MOUZELIS, Nicos. "Social Systems and Integration: Habermas' View." *British Journal of Sociology*, 43: 267-288, 1992.

NICHOLSON, Graeme. "Answers to Critical Theory." *In*: SILVERMAN, Hugh J. (Org.). *Gadamer and Hermeneutics*. Nova Iorque: Routledge, 1991.

NIELSEN, Kai. "Skeptical Remarks on the Scope of Philosophy: Rorty v. Habermas." *Social Theory and Practice*, 19: 117-160, 1993.

NUSSBAUM, Charles. "Habermas and Grünbaum on the Logic of Psychoanalytic Explanations." *Philosophy and Social Criticism*, 17: 193-216, 1991.

OLAFSON, Frederick. "Habermas as a Philosopher." *Ethics*, v. 100, 1990.

OVEREND, Tronn. "Enquiry and Ideology: Habermas' Trichotomous Conception of Science." *Philosophy of the Social Sciences*, 8: 1-13, 1978.

PARSONS, Stephen D. "Explaining Technology and Society: The Problem of Nature in Habermas." *Philosophy and Social Criticism*, 22: 218-230, 1992.

POWER, Michael. "Habermas and Transcendental Arguments: A Reappraisal." *Philosophy and Social Criticism*, 23: 26-49, 1993.

RICOEUR, Paul. "Ethics and Culture: Habermas and Gadamer in Dialogue." *Philosophy Today*, 2: 153-165, 1973.

ROCKMORE, Tom. Ver referência bibliográfica do livro, seção III.

SHALIN, Dimitri N. "Critical Theory and the Pragmatist Challenge." *American Journal of Sociology*, 98: 237-279, 1992.

THOMPSON, John. Ver referência bibliográfica do livro, seção III.

VOGEL, Steven. "Habermas and Science." *Praxis International*, 8: 329-349, 1988.

WHITE, Stephen K. "Toward a Critical Political Science." *In*: BALL, Terence (Org.). *Idioms of Inquiry*. Albany: State University of New York Press, 1987.

WHITTON, Brian J. "Universal Pragmatics and the Formation of Western Civilization: A critique of Habermas' Theory of Human Moral Evolution." *History and Theory*, 31: 299-312, 1992.

Linguagem, self *e ação comunicativa*

ALEXANDER, Jeffrey C. "Review Essay: Habermas' New Critical Theory: Its Promises and Problems." *American Journal of Sociology*, 91: 400-424, 1985.

ALFORD, C. Fred. "Habermas, Post-Freudian Psychoanalysis, and the End of the Individual." *Theory, Culture and Society*, 4: 3-29, 1987.

BOHMAN, James. "Formal Pragmatics and Social Criticism: The Philosophy of Language and the Critique of Ideology in Habermas' Theory of Communicative Action." *Philosophy and Social Criticism*, 11: 331-353, 1986.

CHEAL, David. "Ritual: Communication in Action." *Sociological Analysis*, 53: 363-374, 1992.

COOK, Maeve. Ver referência bibliográfica do livro, seção III.

COUTURE, Tony. "Habermas, Values, and the Rational, Internal Structure of Communication." *Journal of Value Inquiry*, 27: 403-416, 1993.

DALLMAYR, Fred R. "Life-World and Communicative Action." *In*: *Polis and Praxis*. Cambridge, Mass.: MIT Press, 1984, p. 224-253.

GEIMAN, Kevin Paul. "Habermas' Early Lifeworld Appropriation: A Critical Assessment." *Man and World*, 23: 63-83, 1990.

GIDDENS, Anthony. "Reason without Revolution? Habermas' *Theorie des kommunikativen Handelns*." *Praxis International*, 2: 318-328, 1982.

GORDON, David. "Reply to Chmielewski: Cooperation by Definition." *International Philosophical Quarterly*, 31: 105-108, 1991.

GRÜNBAUM, Adolf. "Critique of Habermas' Philosophy of Psychoanalysis." *In*: *The Foundations of Psychoanalysis: A Philosophical Critique*. Berkeley: University of California Press, 1984, p. 9-42.

NOAM, Gil G. "Beyond Freud and Piaget: Biographical Worlds – Interpersonal Self." *In*: WREN, Thomas (Org.). *The Moral Domain: Essays in the Ongoing Discussion between Philosophy and the Social Sciences*. Cambridge, Mass.: MIT Press, 1990.

SCIULLI, David. "Foundations of Societal Constitutionalism: Principles from the Concepts of Communicative Action and Procedural Legality." *British Journal of Sociology*, 39: 377-408, 1988.

SEARLE, John R. "Response: Meaning, Intentionality, and Speech Acts." *In*: LEPORE, Ernest (Org.). *John Searle and His Critics*. Cambridge, Mass.: Blackwell, 1991.

TUGENDHAT, Ernst. "Habermas on Communicative Action." *In*: SEEBASS, G. e TUOMELA, R. (Orgs.). *Social Action*. Dordrecht: Reidel, 1985, p. 179-186.

WAGNER, Gerhard e ZIPPRIAN, Heinz. "Intersubjectivity and Critical Consciousness: Remarks on Habermas' Theory of Communicative Action." *Inquiry*, 34: 49-62, 1991.

WHITEBOOK, Joel. "Intersubjectivity and the Monadic Core of the Psyche: Habermas and Castoriadis on the Unconscious." *Praxis International*, 9: 347-364, 1990.

YOUNG, R. E. "Habermas' Ontology of Learning: Reconstructing Dewey." *Education Theory*, 40: 471-482, 1990.

Ética comunicativa

ANDERSON, Heine. "Morality in Three Social Theories: Parsons, Analytical Marxism and Habermas." *Acta Sociologica*, 33: 321-339, 1990.

ARAGAKI, Hiro. "Communicative Ethics and the Morality of Discourse." *Praxis International*, 13: 154-171, 1993.

BAYNES, Kenneth. Ver referência bibliográfica do livro, seção III.

BEINER, Ronald. "Do We Need a Philosophical Ethics? Theory, Prudence and the Primacy of Ethics." *Philosophical Forum*, 20: 230-244, 1989.

BENHABIB, Seyla (1986 e 1992). Ver referência bibliográfica do livro, seção III.

BENHABIB, Seyla e DALLMAYR, Fred R. (Orgs.) (1990). Ver referência bibliográfica do livro, seção III.

BRAATEN, Jane. "The Succession of Theories and the Recession of Practice." *Social Theory and Practice*, 18: 81-111, 1992.

CHAMBERS, Simone (1994). Ver referência bibliográfica do livro, seção III.

CLEMENT, Grace. "Is the Moral Point of View Monological or Dialogical? The Kantian Background of Habermas' Discourse Ethics." *Philosophy Today*, 33: 159-173, 1989.

COLES, Romand. "Communicative Action and Dialogical Ethics: Habermas and Foucault." *Polity*, 25: 71-94, 1992.

DOEPKE, Frederick. "The Endorsements of Interpretation." *Philosophy of the Social Sciences*, 20: 277-294, 1990.

DOODY, John. "MacIntyre and Habermas on Practical Reason." *American Catholic Philosophical Quarterly*, 65: 143-158, 1991.

FUNK, Nanette. "Habermas and Solidarity." *Philosophical Inquiry*, 12: 17-31, 1990.

GUNTHER, Klaus. Ver referência bibliográfica do livro, seção III.

INGRAM, David. "The Limits and Possibilities of Communicative Ethics for Democratic Theory." *Political Theory*, 21: 294-321, 1993.

KELLY, Michael. "The Gadamer-Habermas Debate Revisited: The Question of Ethics." *Philosophy and Social Criticism*, 14: 369-389, 1988.

KELLY, Michael. "MacIntyre, Habermas and Philosophical Ethics." *Philosophical Forum*, 21: 70-93, 1989-1990.

LEVIN, David. "The Body Politic: The Embodiment of Praxis in Foucault and Habermas." *Praxis International*, 9: 112-132, 1989.

NIELSEN, Kai. "The Generalized Other and the Concrete Other: A Response to Marie Fleming." *Indian Philosophical Quarterly*, 17: 163-171, 1990.

REHG, William. "Discourse and the Moral Point of View." *Inquiry*, 34: 27-48, 1991.

______. "Discourse, Ethics and the Communitarian Critique of Neo-Kantianism." *Philosophical Forum*, 22: 120-138, 1990-1991.

SHEARMUR, Jeremy. "Habermas: A Critical Approach." *Critical Review*, 2: 39-50, 1988.

WARNKE, Georgia. "Rawls, Habermas and Real Talk: A Reply to Walzer." *Philosophical Forum*, 21: 197-203, 1990.

WELLMER, Albrecht. Ver referência bibliográfica do livro, seção III.

WHITE, Stephen K. (1988). Ver referência bibliográfica do livro, seção III.

Teoria política, democracia e capitalismo

BAYNES, Kenneth. Ver referência bibliográfica do livro, seção III.

BOHMAN, James. "Communication, Ideology and Democratic Theory." *American Political Science Review*, 84: 93-109, 1990.

CALHOUN, Craig. Ver referência bibliográfica do livro, seção III.

CHAMBERS, Simone. Ver referência bibliográfica do livro, seção III.

COHEN, Jean. "Discourse Ethics and Civil Society." *Philosophy and Social Criticism*, 14: 315-337, 1988.

COHEN, Jean e ARATO, Andrew. Ver referência bibliográfica do livro, seção III.

DEFLEM, Mathieu. Ver referência bibliográfica do livro, seção III.

DOODY, John A. "Radical Hermeneutics, Critical Theory and the Political." *International Philosophical Quarterly*, 31: 329-341, 1991.

DRYZEK, John. Ver referência bibliográfica do livro, seção III.

EDER, Klaus. "Critique of Habermas' Contribution to the Sociology of Law." *Law and Society Review*, 22: 931-944, 1988.

FLEMING, Marie. "Women and the Public Use of Reason." *Social Theory and Practice*, 19: 27-50, 1993.

FORESTER, John (1985 e 1993). Ver referência bibliográfica do livro, seção III.

HAGER, Carol. "Citizen Movements and Technological Policymaking in Germany." *Annals of the American Academy of Political and Social Science*, 528: 42-55, 1993.

HANKS, Craig. "Thinking about Democracy and Exclusion: Jürgen Habermas' Theory of Communicative Action and Contemporary Politics." *Southwest Philosophical Review*, 8: 145-155, 1992.

HOLTON, R. J. "The Idea of Crisis in Modern Society." *British Journal of Sociology*, 38: 502-520, 1987.

INGRAM, David. "Habermas and the CLS Movement on Moral Criticism in Law." *Philosophy and Social Criticism*, 16: 237-268, 1990.

KEANE, John. "Elements of a Radical Theory of Public Life: From Tönnies to Habermas and Beyond." *Canadian Journal of Political and Social Theory*, 6: 11-49, 1982 e 8: 139-162, 1984.

KELLY, Michael. Ver referência bibliográfica do livro, seção III.

LAKELAND, Paul. "Providence and Political Responsibility: The Nature of Praxis in an Age of Apocalypse." *Modern Theology*, 7: 351-362, 1991.

LANDES, Joan. "Jürgen Habermas' *The Structural Transformation of the Public Sphere:* A Feminist Inquiry." *Praxis International*, 12: 106-127, 1992.

MARA, Gerald. "After Virtue, Autonomy: Jürgen Habermas and Greek Political Theory." *Journal of Politics*, 47: 1033-1061, 1985.

MARSHALL, T. H. "Jürgen Habermas, Citizenship and Transition in Eastern Europe." *World Development*, 21: 1313-1328, 1993.

MARTIN, Bill. "The Enlightenment's Talking Cure: Habermas, *Legitimation Crisis*, and the Recent Political Landscape." *Southwest Philosophical Review*, 4: 33-43, 1988.

MATUSTIK, Martin J. Ver referência bibliográfica do livro, seção III.

______. "Havel and Habermas on Identity and Revolution." *Praxis International*, 10: 261-277, 1990-1991.

MILLER, James. "Jürgen Habermas, Legitimation Crisis." *Telos*, 25: 210-220, 1975.

NAGL, Ludwig. "The Enlightenment – a Stranded Project? Habermas on Nietzsche as a 'Turning Point' to Postmodernity." *History of European Ideas*, 11: 743-750, 1989.

PETERS, John D. "Distrust of Representation: Habermas on the Public Sphere." *Media, Culture, and Society*, 15: 541-571, 1993.

PICHÉ, Claude. "Art and Democracy in Habermas." *In*: SILVERMAN, Hugh J. (Org.). *Writing the Politics of Difference*. Albany: State University of New York Press, 1991.

PLANT, Raymond. "Jürgen Habermas and the Idea of Legitimation Crisis." *European Journal of Political Research*, 10: 341-352, 1982.

RASMUSSEN, Douglas B. "Political Legitimacy and Discourse Ethics." *International Philosophical Quarterly*, 32: 17-34, 1992.

THORP, Thomas R. "Derrida and Habermas on the Subject of Political Philosophy." *In*: DALLERY, A. B. (Org.). *Crises in Continental Philosophy*. Albany: State University of New York Press, 1990.

TREY, George A. "Modern Normativity and the Politics of Deregulation." *Auslegung*, 16: 137-147, 1990.

TUCKER, Kenneth H. "Ideology and Social Movements: the Contributions of Habermas." *Sociological Inquiry*, 59: 30-47, 1989.

TUORI, Kaarlo. "Discourse Ethics and the Legitimacy of Law." *Ratio Juris*, 2: 125-143, 1989.

WALKER, Brian. "Habermas and Pluralist Political Theory." *Philosophy and Social Criticism*, 18: 81-102, 1992.

WARREN, Mark. "Liberal Constitutionalism as Ideology: Marx and Habermas." *Political Theory*, 17: 511-547, 1989.

WELLS, George G. "Autonomy, Self-Consciousness and National Moral Responsibility." *History of European Ideas*, 16: 944-955, 1993.

Modernismo e pós-modernismo

BENHABIB, Seyla (1992). Ver referência bibliográfica do livro, seção III.

______. "Epistemologies of Postmodernism: a Rejoinder to Jean François Lyotard." *New German Critique*, 33: 103-126, 1984.

BERNSTEIN, J. M. "The Causality of Fate: Modernity and Modernism in Habermas." *Praxis International*, 8: 407-425, 1989.

______. "De-Divinization and the Vindication of Everyday-Life: Reply to Rorty." *Tijdschrift voor Filosofie*, 54: 668-692, 1992.

BERNSTEIN, Richard J. (1985). Ver referência bibliográfica do livro, seção III.

BERNSTEIN, J. M. "An Allegory of Modernity/Postmodernity." *In*: MADISON, Gary (Org.). *Working through Derrida*. Evanston: Northwestern University Press, 1993.

COOK, Deborah. "Remapping Modernity." *British Journal of Aesthetics*, 30: 35-45, 1990.

DALLMAYR, Fred R. (1992). Ver referência bibliográfica do livro, seção III.

______. "The Discourse of Modernity: Hegel, Nietzsche, Heidegger (and Habermas)." *Praxis International*, 8: 377-400, 1989.

DUMM, Thomas L. "The Trial of Postmodernism. The Politics of Postmodern Aesthetics – Habermas contra Foucault." *Political Theory*, 16: 209-228, 1988.

D'ENTRÈVES, Maurizio P. Ver referência bibliográfica do livro, seção III.

ESTEBAN, Joseba I. "Habermas on Weber: Rationality, Rationalization and the Diagnosis of the Times." *Gnosis*, 3: 93-115, 1991.

GASCHE, Rodolphe. "Postmodernism and Rationality." *Journal of Philosophy*, 85: 525-538, 1988.

HAYIM, Gila. "Naturalism and the Crisis of Rationalism in Habermas." *Social Theory and Practice*, 18: 187-209, 1992.

HODGE, Joanna. "Habermas and Foucault: Contesting Rationality." *Irish Philosophical Journal*, 7: 60-78, 1990.

HOY, David Couzens. "Splitting the Difference: Habermas' Critique of Derrida." *Praxis International*, 8: 447-464, 1989.

ISENBERG, Bo. "Habermas on Foucault." *Acta Sociologica*, 34: 299-308, 1991.

JAY, Martin (1988). Ver referência bibliográfica do livro, seção III.

KELLY, Michael. Ver referência bibliográfica do livro, seção III.

LOVE, Nancy. "Habermas and Foucault on Discourse and Democracy." *Polity*, 22: 269-293, 1989.

MARGOLIS, Joseph. "Postscript on Modernism and Postmodernism, Both." *Theory, Culture and Society*, 6: 5-30, 1989.

MCCARTHY, Thomas A. (1991). Ver referência bibliográfica do livro, seção III.

MISGELD, Dieter. "Modernity and Hermeneutics in Gadamer and Habermas." *In*: SILVERMAN, Hugh J. (Org.). *Gadamer and Hermeneutics*. Nova Iorque: Routledge, 1991.

NORRIS, Christopher. "Deconstruction, Postmodernism and Philosophy: Habermas on Derrida." *In*: WOOD, David (Org.). *Derrida: A Critical Reader*. Cambridge, Mass.: Blackwell, 1992.

PICKARD, Dean. "Applied Nietzsche: The Problem of Reflexivity in Habermas, A Postmodern Critique." *Auslegung*, 19: 1-21, 1993.

PIPPIN, Robert. "Hegel, Modernity and Habermas." *Monist*, 74: 329-357, 1991.

POSTER, Mark. Ver referência bibliográfica do livro, seção III.

RAFFEL, Stanley. Ver referência bibliográfica do livro, seção III.

RASMUSSEN, David. Ver referência bibliográfica do livro, seção III.

ROCKMORE, Tom. "Modernity and Reason: Habermas and Hegel." *Man and World*, 22: 233-246, 1989.

RORTY, Richard. "Habermas, Derrida and the Functions of Philosophy." *Revue Internationale de Philosophie*, 49 (194): 437-459, 1995.

SCHARFF, Robert C. "Habermas on Heidegger's *Being and Time*." *International Philosophical Quarterly*, 31: 189-220, 1991.

SCHMIDT, James. "Jürgen Habermas and the Difficulties of Enlightenment." *Social Research*, 49: 181-208, 1982.

SMITH, Nick. "The Spirit of Modernity in Habermas." *Radical Philosophy*, 60: 23-29, 1992.

STEUERMAN, Emilia. "Habermas versus Lyotard." *In*: BENJAMIN, Andrew (Org.). *Judging Lyotard*. Nova Iorque: Routledge, 1992.

VILLA, Dana. "Postmodernism and the Public Sphere." *American Political Science Review*, 86: 712-721, 1992.

VISKER, Rudi. "Habermas on Heidegger and Foucault: Meaning and Validity in the *Philosophical Discourse of Modernity*." *Radical Philosophy*, 61: 15-22, 1992.

WATSON, Stephen. "Jürgen Habermas and Jean-François Lyotard: Postmodernism and the Crisis of Rationality." *Philosophical and Social Criticism*, 10: 1-24, 1984.

WEINER, Richard R. "Retrieving Civil Society in a Postmodern Epoch." *Social Science Journal*, v. 28, 1991.

WELLBURY, David. "Nietzsche – Art – Postmodernism: A Reply to Jürgen Habermas." *In*: HARRISON, Thomas (Org.). *Nietzsche in Italy*. Stanford: Stanford University Press, 1988.

WELLMER, Albrecht. "Reason, Utopia and the Dialectic of Enlightenment." *Praxis International*, 3: 83-107, 1983.

WHITE, Stephen K. (1991). Ver referência bibliográfica do livro, seção III.

WOLIN, Richard. "Modernism vs. Postmodernism." *Telos*, 62: 9-29, 1984-1985.

Índice remissivo

B

C

M

S

Esta obra foi composta em sistema CTcP
Capa: Supremo 250 g – Miolo: Pólen Natural 70 g
Impressão e acabamento
Gráfica Santuário